全国高等教育自学考试指定教材

劳动和社会保障专业（本科）

劳动关系学

（2005 年版）

（附：劳动关系学自学考试大纲）

全国高等教育自学考试指导委员会　组编

程延园　主　编

高　云　副主编

中国劳动社会保障出版社

图书在版编目（CIP）数据

劳动关系学/程延园主编. —北京：中国劳动社会保障出版社，2005

ISBN 7-5045-4330-6

Ⅰ. 劳…　Ⅱ. 程…　Ⅲ. 劳动-生产关系-高等教育-自学考试-教材　Ⅳ. F246

中国版本图书馆 CIP 数据核字（2005）第 023122 号

中国劳动社会保障出版社出版发行

（北京市惠新东街 1 号　邮政编码：100029）

出版人：张梦欣

*

北京隆昌伟业印刷有限公司印刷装订　新华书店经销

880 毫米×1230 毫米　32 开本　17.75 印张　461 千字

2005 年 5 月第 1 版　2020 年 1 月第 28 次印刷

定价：**23.00** 元

读者服务部电话：（010）64929211/84209101/64921644

营销中心电话：（010）64962347

出版社网址：http://www.class.com.cn

组编前言

21世纪是一个变幻莫测的世纪，是一个催人奋进的时代。科学技术飞速发展，知识更替日新月异。希望、困惑、机遇、挑战，随时随地都有可能出现在每一个社会成员的生活之中。抓住机遇，寻求发展，迎接挑战，适应变化的制胜法宝就是学习——依靠自己学习，终身学习。

作为我国高等教育组成部分的自学考试，其职责就是在高等教育这个水平上倡导自学、鼓励自学，为每一个自学者铺就成才之路。组织编写供读者学习的教材就是履行这个职责的重要环节。毫无疑问，这种教材应当适合自学者增强创新意识、培养实践能力、形成自学能力，也有利于学习者学以致用，解决实际工作中所遇到的问题。具有如此特点的书，我们虽然沿用了“教材”这个概念，但它与那种仅供教师讲、学生听，教师不讲、学生不懂，以“教”为中心的教科书相比，已经在内容安排、形式体例、行文风格等方面都大不相同了。希望读者对此有所了解，以便从一开始就树立起依靠自己学习的坚定信念，不断探索适合自己的学习方法，充分利用已有的知识基础和实际工作经验，最大限度地发挥自己的潜能，达到学习的目标。

欢迎读者提出意见和建议。

祝每一位读者自学成功。

全国高等教育自学考试指导委员会

2004 年 7 月

编者的话

劳动关系是市场经济中极为重要的一个领域，劳动力市场越发展，劳动关系问题越重要。劳动关系学是研究劳动关系理论、制度和历史发展的学问。劳动关系学这门课程主要讲述了劳动关系的理论、历史发展，劳动关系的主体以及运行制度，如劳动合同制度、集体谈判和集体合同制度、三方协商机制和劳动争议处理制度等。本书对市场经济国家的劳动关系进行了深入系统的比较，概括了西方国家劳动关系的基本理论、学派、制度模式和理念，总结了市场经济国家调整劳动关系的基本制度和一般规律。尤其是分析了我国劳动关系问题的立法、政策和经验，介绍了我国劳动关系的主要制度，探索了在加入 WTO 背景下劳动关系所面临的挑战以及发展方向。

劳动关系学是高等教育自学考试劳动和社会保障专业的重要专业课程。本教材共包括十二章内容：第一章劳动关系导论，主要介绍劳动关系的概念、种类、实质以及劳动关系合作与冲突原理；第二章劳动关系理论，重点讲述劳动关系五种学派的基本观点、对劳动关系问题的价值判断以及劳动关系调整模式；第三章劳动关系的历史和制度背景，主要介绍劳动关系发展的一般规律及我国劳动关系的发展变化；第四章雇主，主要讲述雇主角色理论、管理模式、雇员参与制度和劳资合作；第五章工会，主要介绍工会的基本概念、分类、职能、工会化的原因，以及工会的组织结构和法律保障；第六章政府，主要介绍政府在劳动关系中的作用及在劳动关系实践中承担的五种角色，不同劳动关系学派的政府理论及政府的劳动关系实践，以及我国劳动关系法律的主要内容；第七章劳动合同管理，重点介绍劳动合同的订立、变更、解除、终止和续订，无效劳动合同的确认以及违反劳动合同的法律责任；第八章集体谈判，主要介绍集体谈判的含义和功能、程序和内容、级别和技巧以及我国集体协商谈判制度；第九章集体协议，重点讲述集体协议的订立、变更和终止以及我国集体协议的法律规定；第十章三方协商机制，主要介绍三方协商机制的概念和特点，形式和职能，规则和程序，以及政府在三方协商中的作用和我国的三方协商机制；第十一章劳动争议处理，重点讲述劳动争议的处理原则、方法以及劳动争议调解、仲裁、诉讼制度；第十二章当代劳动关系的发展，重点讲述转型时期我国劳动关系的特点以及伙伴关系的内容。本教材力图用简明易懂的语言解释劳动关系的基本知识、基本理论和基本制度，并努力做到理论性与实用性的统一。书中欠妥之处，恳请广大读者批评指正。

编者

2005年5月于北京

目　录 

 第 1 章　劳动关系导论　1

第 1 节　劳动关系的概述　3

第 2 节　劳动关系的实质：冲突与合作　15

第 3 节　劳动关系的外部环境　28

第 2 章　劳动关系理论　33

第 1 节　劳动关系理论：各学派的观点　35

第 2 节　劳动关系的价值取向：一元论与多元论　48

第 3 节　劳动关系调整模式　52

 第 3 章　劳动关系的历史和制度背景　59

第 1 节　早期工业化时代的劳动关系　61

第 2 节　管理时代的劳动关系　65

第 3 节　冲突的制度化　68

第 4 节　成熟的劳动关系　72

第 5 节 新的矛盾和问题 76
第 6 节 我国劳动关系的发展 79

第 4 章 雇主 86

第 1 节 谁是雇主 87
第 2 节 雇主的角色理论 91
第 3 节 管理模式和实践 97
第 4 节 雇员参与管理 107
第 5 节 劳资合作策略 117

第 5 章 工会 127

第 1 节 工会的概念 128
第 2 节 工会的职能 135
第 3 节 工会的组织结构 146
第 4 节 工会的法律保障 152

第 6 章 政府 160

第 1 节 政府的角色 163
第 2 节 政府与劳动关系理论 168
第 3 节 劳动法——调整劳动关系的法律 173
第 4 节 政府劳动关系实践 198

第 7 章 劳动合同管理 205

第 1 节 劳动合同概述 206
第 2 节 劳动合同的订立和履行 217
第 3 节 劳动合同的内容 227

第 4 节 劳动合同的变更和解除 234
第 5 节 劳动合同的终止和续订 242
第 6 节 法律责任 245

第 8 章 集体谈判 252

第 1 节 集体谈判的含义和功能 253
第 2 节 集体谈判的结构 258
第 3 节 集体谈判的进程 267
第 4 节 集体谈判的结果 281
第 5 节 不当劳动行为及其救济 284
第 6 节 诚信谈判的责任 294
第 7 节 罢工及其争议处理 299

第 9 章 集体协议 324

第 1 节 集体协议的性质 325
第 2 节 集体协议管理 338
第 3 节 集体协议的条款 345
第 4 节 集体协议的订立、变更和终止 368

第 10 章 三方协商机制 374

第 1 节 三方协商机制概述 375
第 2 节 三方协商机制的主要内容 387
第 3 节 我国协调劳动关系的三方机制 399

第 11 章 劳动争议处理 406

第 1 节 劳动争议处理的原则和方法 407

第 2 节 劳动争议调解 417
第 3 节 劳动争议仲裁 423
第 4 节 劳动争议诉讼 432
第 5 节 集体争议处理 437
第 6 节 争议预防和处理技巧 449

第 12 章 当代劳动关系的发展 457

第 1 节 来自国外的影响 458
第 2 节 中国劳动关系的发展变化 463

中文参考文献 481
英文参考文献 485
后记 491
附：劳动关系学自学考试大纲 493

第1章

劳动关系导论

◆ 学习目标 ◆

本章的学习重点是劳动关系的概念、实质以及劳动关系合作与冲突原理。目的是通过本章的学习，了解劳动关系的概念和实质、劳动关系的主体、个别劳动关系和集体劳动关系、影响冲突与合作的内部因素和外部环境，理解劳动关系双方冲突和合作的根源及表现形式。

引导案例：某公司突发人事地震①

2002年12月12日，某公司通知陈某等员工："10分钟之内必须在一张已经打印好的通知单上签字同意，否则将被视为自动离职。"这一天也是陈某等员工3个月试用期的最后一天，他们被告知公司将进行战略调整，员工必须到西部地区从事电脑销售工作，如不在规定时间内答复，将视为自动辞职，公司不承担任

① 根据http：//www.sina.com.cn 2002年12月21日21世纪经济报道改编。

何责任。这一通知令陈某等人目瞪口呆。陈某等人是在2002年七八月份在公司强势的"5000软件工程师"招聘中过五关斩六将，才进入公司软件园工作的员工，虽然在3个月试用期中已经产生了一些疑惑，但想不到事情会如此突然和直接。

公司的一位副总裁解释说，"在我们看来，这只不过是一次正常的内部人事调整，公司每年在年终时都会有类似的举措。"2002年10月11日，公司董事局已向全体员工发了关于公司经营业务全面转向增值服务的通知，宣布公司将全面向增值服务进行战略转型，为配合这次转型，需要对所属各大专业集团进行全面人事整合。

员工反应最激烈的是合同问题："我们被录用的时候，被要求与某科技发展有限公司签订劳动合同，但直到今天，我们都不知道这家科技公司究竟是做什么的，办公地点在哪里?"

被分流的124名新员工声称："在人员调整上，他们明显是在刁难。"软件园的大部分员工被要求调往西部，而西部的员工被要求调往深圳。而且让人迷惑不解的是，将软件工程师们分流到主要负责硬件服务的集团从事电脑销售服务的工作。对此，公司的负责人解释说："这样调整是为了让员工更好地融入企业文化，和企业员工打成一片，并不存在故意刁难的问题。""让这批软件工程师们去一线接触市场，对他们今后从事软件设计开发工作会很有帮助。"

至于是否是利用试用期末裁员？公司解释说："这次调整主要是根据员工在3个月培训期间的表现以及考核成绩进行重新评估，对表现欠佳的员工在按合同发完工资之后劝其辞退。"但员工却说：在3个月试用期中，几乎没有得到任何具体的工作指示，仅仅是一些内部模拟测试，培训的内容主要是军训、企业文化和编码培训。因而员工认为试用期接近结束时的"劝退"，其实就是变相裁员。高层管理人员都坚决反对"裁员"说法，"我们一直没有裁员，对不合格的员工是让其在公司内部待岗。"而员工则说，内部待岗的规定是：如果3个月内没有得到重新聘用的话，那就解除劳动关系。

之后，员工们选出了代表和公司工作组进行谈判。超出预想的震动局面让公司管理高层措手不及。按原计划，此次调整将在12月末全部完成，各岗位新的人员配置要在2003年之前到位。但现实中的意外情况将这些“美好”的布局打乱了。12月16日各园区负责人接到通知：调整暂停。各专业集团高层负责人汇聚总部，针对调整中出现的问题和现象商讨对策。12月17日公司董事局又发出通知，明确了对无法安排的员工的处理办法：对资深员工，可由董事局统一安排；工作满3年的骨干，向各专业集团董事会报告；工作不满3年的写出个人事迹资料，先向专业集团董事会报，再报董事局；对无法安排的员工按劳动法解聘。这一事件使公司仅在股票市场上就损失了7个多亿，给公司和员工带来了巨大的无形压力。

这一案例就是一个典型的劳动关系问题，公司与劳动者在许多问题上有着不同的利益和看法。解决这一问题需要从劳动关系的基本理念着手，分析劳动关系的内部机制和外部环境。

第1节　劳动关系的概述

一、劳动关系的概念

（一）劳动关系的内涵

对于大多数劳动者来说，工作是最重要的财富之一，工作不仅是物质财产的主要来源，而且也是社会地位和个人心理获得满足的主要源泉。对企业来说，劳动者的工作绩效、忠诚度、工资福利水平是影响生产效率、劳动力成本、生产质量的重要因素，甚至会影响企业的生存和发展。对整个社会而言，劳动关系还会影响经济增长、通货膨胀和失业状况、社会财富和社会收入的总量和分配，并进一步影响全体社会成员的生活质量，实现劳动关系的和谐发展是社会孜孜以求的目标。

"劳动关系"一词是从英文"labor relations"翻译而来。劳动关系是劳动者（雇员）与雇主（我国称用人单位）之间在劳动过程中所形成的社会经济关系的统称。一般我们把劳动力的提供者，称之为"雇员"，有时也称为"劳工""工人""劳动者""受雇者"等。"劳动关系"在不同的国家或不同的体制下，又被称之为劳资关系、雇佣关系、劳使关系、劳工关系、产业关系等，不同的称谓是从不同角度对于特定劳动关系的性质和特点的把握和表述。[①]

劳资关系是资本与劳动之间的关系，其主体明确、关系清晰，含有对立的意味，强调劳方资方的界限分明，所展开的关系自然也包含了一致性与冲突性在内。

劳工关系在英文中与劳动关系是同一个名词。在中文中，劳工关系则更强调以劳动为中心所展开，着重于劳动力，以劳动者为本位进行思考，强调劳工组成的团体，也比较强调工会与雇主之间的互动过程，尤其是集体谈判的过程。

劳雇关系又称为雇佣关系，它以雇佣法律关系为基础，强调受雇者与雇主之间的关系，重点在于权利义务结构。

劳使关系的称谓则源自日本，主要是为了更准确地说明劳动者与劳动力使用者之间的关系，力图排除其价值判断，强调其技术性意义，因而用中性、温和的名词表达替代劳资关系这个具有对抗意味的概念。

产业关系又称工业关系，源自美国，在欧美国家使用比较广

① 卫民．工会组织与劳工运动．台北：台湾国立空中大学，1993．4

泛。产业关系分为狭义和广义两种用法，狭义指劳资关系，主要包括劳动者、工会与雇主之间的关系。广义则指产业及社会中管理者与受雇者之间的所有关系，包括了雇佣关系的所有层面，以及相关的机构和社会、经济环境。[①] 产业关系的主体，不仅包括了劳资双方，而且还包括了政府一方。

在我国，《劳动法》明确将这一关系表述为"劳动关系"。劳动关系作为一个更为通用的概念，已获得广泛的接受。为避免不同所有制、不同政治立场所带来的概念差异，并照顾我国的习惯用法，本书多使用劳动关系、劳动者的概念，但在研究国外劳动关系制度时，也会使用到诸如劳资关系等概念。

过去，多数国家对劳动关系的研究大多集中在"劳"和"资"的关系这一领域，其内容主要包括工会的成因、功能和影响。但近年来，劳动关系研究范围已经逐步扩大到与工作相关的全部问题，诸如高绩效工作、职业安全和健康、雇佣歧视、雇员满意度、工作安全以及国际劳动关系比较研究等。劳动关系究竟应包含哪些内容，一直存在很大争议。一些学者将劳动关系界定在一个较窄的范围之内，仅指劳资之间、以及工会与管理方之间的关系。另一些学者则采用更宽泛的定义，认为劳动关系覆盖了雇佣关系的各个方面，包括了与工作相关的各种问题。尽管不同学者界定的研究范围相差很大，但随着时间的推移，劳动关系研究范围不断趋于扩大。劳动关系研究发生的这些变化，与雇佣方式、雇佣关系发生的深刻变化有着广泛的联系。现在人们对"劳动力"（或称人力资源、人力资本）在现代经济发展和社会繁荣中起到的重要作用有了更为深刻的认识，尤其是人们深刻地意识到，企业雇佣关系的状况是企业在日益复杂的产品市场上获得竞争优势的关键。

---

① 卫民. 工会组织与劳工运动. 台北：台湾国立空中大学，1993. 4

（二）我国劳动关系的概念

根据我国《劳动法》的规定，目前我国劳动关系的具体含义是指劳动者在运用劳动能力、实现劳动过程中与用人单位之间产生的经济社会关系。

劳动关系是发生在劳动过程中的社会关系，劳动过程的实现，必须以劳动力和生产资料两个要素结合为前提。也就是说，劳动过程即劳动力与生产资料两种要素的动态结合过程。在劳动力和生产资料分别归属于不同主体的社会条件下，只有这两种主体之间形成劳动力与生产资料相结合的社会关系，劳动过程才能实现。由于劳动关系是一个以劳动为内涵的概念，因此，要认识和理解劳动关系，必须认识和理解什么是劳动。

劳动是人们改变劳动对象，使之适合自己需要的有意识、有目的的活动。劳动是人们在物质生产和精神生产过程中的体力和脑力的支出，是人类生存和发展的最基本条件。

劳动具有自然性质。因为劳动首先是发生在人与自然界之间的活动，它把自然界的材料变成了人类赖以生存的财富，同时创造人类本身和人类文明。

劳动也具有社会性质。因为无论在人类社会早期的狩猎中，还是在现代社会的大机器生产中，人都不可能不与别人发生联系而孤独地进行劳动。为了进行生产，人们便发生一定的联系和关系，于是劳动便由单纯的自然行为，变成了一种社会行为。

在我国，劳动关系中的劳动，除了具有一般的含义外，还有其特定的内涵。劳动关系意义上的劳动，专指劳动者为谋生而从事的、履行劳动义务的、有组织的、岗位相对固定的集体劳动。主要包括：（1）从主体上看，它是以职工（雇员）身份所从事的劳动。凡不在职工之列的人员所从事的劳动，或者虽在职工之列却以职工以外身份所从事的劳动，例如现役军人的军工劳动，罪犯、劳教人员和战俘的劳役劳动，家庭成员的家务劳动，个体劳动者和合伙人的劳动，职工以公民身份所从事的社会义务劳动，都不属于我国目前法律所调整的劳动关系所指的劳动。（2）从目的上看，它是作为一种谋生手段的职业劳动。即为获取报酬作为其生活主要来源，而相对固定在一定劳动岗位上所从事的劳动。社会义务劳动和其他无偿劳动以及虽有一定报酬或物质补偿但目的不在于谋生的劳动，都不属于劳动关系所指的劳动。（3）从性质上看，它是履行劳动法律义务的劳动。也就是说，它是为了向用人单位（雇主）履行以法定形式确定的义务的劳动。（4）从形式上看，它是用人单位内部有组织的集体劳动。即职工由用人单位组织起来并在其指挥或指派下，以用人单位的名义共同从事的劳动。职工的劳动受用人单位内部劳动规章制度的约束，受用人单位经营者或管理者意志的支配，是处于被管理地位的隶属性劳动。

二、劳动关系的本质

劳动关系是在就业组织中由雇佣行为而产生的关系，是组织管理的一个特定领域，它以研究与雇佣行为管理有关的问题为特殊对象。劳动关系的本质是管理方与劳动者个人及团体之间产生的、由双方利益引起的表现为合作、冲突、力量和权力关系的总和，它会受到一定社会的经济、技术、政策、法律制度和社会文化背景的影响。

劳动关系双方要进行生产，就要共同合作，遵守一套既定的制度规则。双方以集体协议或劳动合同的形式，甚至是以一种心理契约的形式，规定彼此的权利义务、是非曲直。同时，由于双方的利益、目标和期望常常会出现分歧，产生冲突，甚至彼此背道而驰，因而冲突也在所难免。冲突的形式，对劳动者来说，有罢工、旷工、怠工、抵制、辞职等；对资方而言，有关闭工厂、惩罚或解雇等。劳动关系双方选择合作还是冲突，取决于双方的力量对比。力量是影响劳动关系结果的能力，是相互冲突的利益、目标和期望以何种形式表现出来的决定因素。力量分为劳动力市场的力量和双方对比关系的力量。劳动力市场力量，反映了工作的相对稀缺程度，是由劳动者在劳动力市场供求中的稀缺性决定的，一般而言，劳动者的技能越高，其市场力量就越强。双方对比关系的力量，是指劳动者进入就业组织后所具有的能够影响资方的程度，其中尤以退出、罢工、岗位三种力量最为重要："退出"是劳动者辞职给用人方带来的成本，如寻找和培训顶替辞职员工的费用；"罢工"是劳动者停止工作给用人方带来的损失；"岗位"主要是由于在岗员工不服从、不配合用人方的工作安排，而带来的管理成本的增加。在劳动关系中，管理方享有决策权力。决策权力是管理方拥有的权威，即对劳动者进行指挥和安排，以及影响劳动者行为和表现的各种方式。拥有决策权力，使管理方在劳动关系中处于主导优势地位，但这种优势地位也不是固定不变的，在某些时间和场合，可能会发生逆转。劳动关系的本质是劳资双方合作、冲突、力量和权力的相互交织。劳动关系是以劳动换取报酬的经济关系，劳动力作为一种特殊商品，又具有人身和社会属性，即在获取经济利益的同时，劳动者还要从工作中获得作为人所拥有的体面、尊严和满足，因而劳动关系同时又是社会关系，其特点是"平等性兼隶属性，人身性兼财产性"[①]。可见对劳动关系的调整是以加强和巩固伙伴关系为原则，以双赢为目标，使劳动关系良性发展。

三、劳动关系主体

劳动关系主体，是指劳动关系中劳动力的所有者和劳动力的使用者，即拥有劳动力的雇员（劳动者）和使用劳动力的雇主

---

① 董保华．劳动法论．北京：世界图书出版公司，1999．51

(用人单位)。其中劳动者也称劳动主体，用人单位亦称用人主体。在世界各国，哪些公民、社会组织能够成为劳动关系主体，一般都由劳动法律规范予以确定和认可。

从狭义上讲，劳动关系的主体包括两方，一方是雇员以及以工会为主要形式的雇员团体，另一方是雇主以及雇主协会，二者构成了劳动关系的主体。由劳动关系主体双方所组成的组织，可以称为就业组织，也就是我国通常所说的用人单位，它可以是盈利性的，也可以是非盈利性的。从广义上讲，劳动关系的主体还包括政府。在劳动关系发展过程中，政府通过立法介入和影响劳动关系，调整、监督和干预作用不断增强，因而政府也是广义的劳动关系的主体。

(一) 雇员

雇员是指在就业组织中，本身不具有基本经营决策权力并从属于这种决策权力的工作者。雇员也可以称之为员工、劳动者，包括所有从事体力或智力劳动而获取工资或报酬的工作者。

雇员的范围相当广泛，包括蓝领工人、医务人员、办公室人员、教师、警察、社会工作者，以及其他在西方被认为是中产阶级的职业者和低层管理者。因为低层管理者只负责监督和分配，而无权命令或奖惩下属，因而也属于雇员的范畴。雇员不包括自由职业者、自雇佣者。

从产业部门上看，雇员的范围包括第二和第三产业，即工业、服务业部门中所有行业的、不具有基本经营决策权的劳动者。第一产业中的农业劳动力，尤其是从事种植业和畜牧业的农民，一般不属于雇员的范畴。因为土地所有者和农民之间的关系，与我们研究的雇主(管理方)与雇员之间的关系在总体上存在很大的区别。

劳动关系中的雇员，指具有劳动权利能力和行为能力，由雇主雇佣并在其管理下从事劳动以获取工资收入的法定范围内的劳动者。劳动关系中的雇员，一般包括以下含义：(1) 雇员是被雇佣的人员；(2) 雇员是在雇主管理下从事劳动的人员；(3) 雇员是以工资为劳动收入的人员；(4) 法定某种或某几种人员不属于雇员，如公务员、军事人员、农业工人、家庭佣人、企业的高层管理者，分别在有的国家被劳动法列在雇员的范围之外。

(二) 雇员团体

雇员团体是指因为共同利益、兴趣或目标而组成的雇员组织，包括工会和类似于工会组织的雇员协会和专门的职业协会。

工会的主要目标是代表并为其成员争取利益和价值。在我国和世界上许多国家，工会是雇员团体的最主要的形式。中华全国总工会成立于 1925 年，是一个统一的全国性群众团体，是各地方总工会和产业工会全国组织的领导机关。中国工会的最高权力机关是 5 年一届的全国代表大会和它所选举产生的中华全国总工会执行委员会。

非工会组织是独立于工会的雇员协会，它往往是在一个就业组织内部形成的，如基于某一兴趣而组织的员工俱乐部、员工体育运动协会等，也包括由员工组成的非正式组织。职业协会是由跨企业、跨行业从事某种特定职业的雇员组成的组织，其主要目标是为其成员争取更多的、在其特定职业方面的利益。

(三) 雇主

雇主，也称为“管理方”或资方，是指雇用他人为其工作，并须支付工资或报酬的法人或自然人。在国际上，一般把招用劳动者、并将劳动者纳入劳动组织中的自然人或法人，称之为雇主。雇主可以包括雇用劳工的业主、经营负责人或代表业主处理有关劳动事务的人。雇主处于管理方地位，其最重要的意义在于享有对员工的“劳动请求权”和“指示命令权”，享有决策的权力。在就业组织中，只有一个或少数几个人具有比较完全的决策权力，而其他管理层级的决策权力是逐级递减的，每一级都要在服从上级权力的情况下行使其权力。所以，管理方是分层级的，权力分布是不均衡的，多集中于管理方的上层。也就是说，除了最高层管理者之外，其他管理者都会同时处于服从上级和指挥下级这两种关系之中。低层管理者只负责监督和分配，而无权命令或奖惩下属，因而他们属于雇员的范畴，而不属雇主方。

（四）雇主组织

雇主组织的主要形式是雇主协会，它们以行业或贸易组织为纽带，一般不直接介入雇员与雇主的具体劳动关系事务之中。雇主组织的主要任务是同工会或工会代表进行集体谈判，在劳动争议处理程序中向其成员提供支持，通过参与同劳动关系有关的政治活动、选举和立法改革比如修改劳动法来间接影响劳动关系。

（五）政府

政府在劳动关系中的角色，一是劳动关系立法的制定者，通过立法介入和影响劳动关系，为劳动关系的调整提供法律保障和依据，切实保障劳动者的“劳动三权”；二是公共利益的维护者，通过监督、干预等手段促进劳动关系的协调发展，切实保证相关政策、制度的有效执行，并建立一整套执法和司法制度和程序，包括加强劳动监察，对违法者实行严厉的制裁；建立解决集体谈判和集体协议纠纷的司法制度和程序；三是公共部门的雇主，以雇主身份直接参与和影响劳动关系；四是提供有效的服务，重点是加强对劳资双方的培训，并为劳资双方的谈判提供高质量的信息服务和指导。

四、个别劳动关系和集体劳动关系

劳动关系就其构成形态而言，可以分为个别劳动关系和集体劳动关系。

（一）个别劳动关系

个别劳动关系是劳动关系的基本形态，是劳动者个人与雇主之间通过书面或口头的劳动合同，来确定和规范双方的权利义务，比如建立、变更或解除劳动关系等。个别劳动关系有以下两个特点：

1. 人格上的从属性

劳动关系一经确立，劳动者要服从雇主的指挥和安排，完成一定的工作，双方之间存在着管理与被管理、指挥与服从的隶属关系。劳动者提供的是从属性劳动，劳动者基于明示、默示，或依劳动之本质，在一定时间内，对自己的作息时间不能自行支配。一般而言，人格上的从属性主要体现为：一是劳动者要服从用人单位的工作规则。劳动关系的确立，意味着劳动者不仅要遵守国家的法律法规，还要遵守用人单位的工作规则，如工作时间的起止、休息休假的安排等，劳动者自行决定自由的权利受到一定限制。二是劳动者要服从用人单位的指示和命令。在劳动关系存续期间，劳动者的工作内容会不断发生变化，劳动合同难以作到详尽全部工作内容，因此，用人单位有指示命令的权利，劳动者有服从的义务。三是接受监督、检查的义务。劳动者在工作中要接受用人单位的考察和检查，以确定是否遵守工作规则和雇主的指示。四是劳动者有接受制裁的义务。劳动者应对自己的错误行为承担责任，用人单位对违反工作规则的行为享有惩处权，惩处方式可以从口头申诫到开除解雇。

2. 经济上的从属性

经济从属性的重点在于劳动者的劳动并不是为自己，而是从属他人，为实现他人目的而劳动。劳动者的工作完全要纳入到用人单位的经济组织与生产结构之中，在劳动过程中劳动者使用的是雇主的生产工具，生产所需要的原材料也由雇主所提供。雇主基于经营权享有对生产所必备的组织、结构、设备的充分支配和管理的权力。劳动者既不是用自己的生产工具从事生产劳动，也不能用指挥性、计划性或创作性方法对自己所从事的工作加以影响，这是经济从属性的最重要含义。

(二) 集体劳动关系

集体劳动关系是在个别劳动关系存在和发展的基础上形成的。集体劳动关系是劳动者通过行使团结权，组成工会来实现自我保护，并进而平衡和协调劳动关系。集体劳动关系的一方是工会组织，另一方为雇主或雇主组织，是团体对团体的关系。双方主要通过集体谈判和集体协议的形式来体现其构成和运行。集体劳动关系的特点是：

1. 独立自主性

集体劳动关系的主体，即工会与雇主或雇主组织之间不存在着相互隶属或附属的关系。工会是劳动者自愿结合而成的组织，是劳动者利益的代表者、维护者，任何第三者不得干涉、操纵工会的活动。雇主或雇主团体是集体劳动关系的另一方，是由同一行业的单位、团体或者同一职业的从业人员组成的团体，与劳工团体处于对等地位。

2. 明确的团体利益意识

集体劳动关系具有明确的团体利益，工会的目的在于促进劳动条件的改善和提高劳动者的经济地位。为达到这一目标，工会享有与雇主、雇主组织平等交涉的权利，在劳动条件的谈判中任何一方都无权对另一方发号施令。为确保工会作用的发挥，发达国家一般都规定，凡是雇主代表包括经理、人事部门主管等属于对劳动者有直接监督管理权限的人均不得参加工会，而是另外组织其利益团体。这些对劳动管理事务负有保密义务的人如果加入工会，不但会影响工会的自主性，而且自身也难免陷于左右为难的利益冲突困境。

工会的产生和发展，使个别劳动关系的形成、变更乃至消灭的自主性逐步减少，个别劳动关系不但受到国家劳动基准立法的影响，更受到集体劳动关系的影响，集体劳动关系成为现代劳动法研究的重点。

五、劳动关系的特点

劳动关系的特性可以概括为几个方面。

（一）个别性与集体性

就劳动关系主体而言，可分为个别劳动关系与集体劳动关系。个别劳动关系，是个别雇员与管理方之间的关系，其主要特点是个别劳动者在从属的地位上提供职业性劳动，而管理方给付报酬的关系。集体劳动关系，则是劳动者的团体如工会，为维持或提高劳动条件与管理方之间的互动关系。

（二）平等性与隶属性

以劳动换取报酬，处于从属地位提供职业性劳动，是劳动者的主要义务，劳动者在劳动过程中有服从管理方指示的义务，从这一点讲，劳动关系具有隶属性的一面。但劳动者在签订劳动合同之前，与管理方就劳动条件协商时，并不存在从属地位关系，即使在劳动关系存续期间，就劳动条件的维持或提高与管理方协商时，也无服从的义务，这是劳动关系平等性的一面。

（三）对等性与非对等性

就劳动关系双方相互间应履行的义务而言，具有对等性与非对等性之别。所谓对等性义务，是指一方没有履行某一义务时，他方可以免除另一相对义务的履行。所谓非对等性义务，则是指一方即使没有履行某一相对义务，他方仍不能免除履行另一义务。如雇员提供劳动与管理方支付劳动报酬之间具有对等性；但雇员提供劳动与管理方的照顾义务，雇员的忠实义务与雇主的报酬给付，以及雇员的忠实义务与雇主的照顾义务之间则均无对等性。对等性义务，属于双方利益的相互交换，而非对等性义务则属于伦理上的要求。

（四）经济性、法律性与社会性

雇员通过提供劳动获取一定的报酬和福利，体现了劳动关系的经济性，在劳动关系中含有经济性要素。同时，劳动关系在法律上是通过劳动契约的形式表现，雇员在获取经济利益的同时，还要从工作中获得作为人所拥有的体面、尊严、归属感、成就感和满足，其经济要素和身份要素同时并存于同一法律关系之中，不过在这些要素中，以身份要素为劳动关系中的主要部分。

第2节　劳动关系的实质：冲突与合作

劳资之间的矛盾和问题是普遍存在的。虽然劳动关系非常复杂，但最终都可以归结为冲突和合作两个根本方面。对劳动关系深层次的理解，需要对冲突的根源，以及阻碍这些冲突继续发展的合作的根源有全面的了解，弄清冲突与合作的根源的相互作用方式。

一、合作的根源

合作，是指在组织中，管理方与雇员要共同生产产品和服务，并在很大程度上遵守一套既定制度和规则的行为。这些制度和规则是经过双方协商一致的，协议内容非常广泛，涵盖双方的行为规范、员工的薪酬福利体系、对员工努力程度的预期、对各种违反规定行为的惩罚，以及有关争议的解决、违纪处理和晋升提拔等程序性规定。

劳动关系理论一般认为，合作的根源主要由两方面组成，即“被迫”和“获得满足”。

（一）“被迫”

“被迫”是指雇员迫于压力而不得不合作，即雇员如果要谋生，就得与雇主建立雇佣关系。而且如果他们与雇主利益和期望不符、或作对，就会受到各种惩罚，甚至失去工作。即使雇员能够联合起来采取集体行动，但长期的罢工和其他形式的冲突，也会使雇员收入受到损失，还会引起雇主撤资不再经营，或关闭工厂，或重新择地开张，最终使雇员失去工作。事实上，劳动者比雇主更依赖这种雇佣关系的延续，而且他们非常愿意加强工作的稳定性，获得提薪和增加福利的机会。从这个角度讲，利益造成的合作与冲突同样重要。

（二）“获得满足”

1. “获得满足”主要建立在员工对雇主的信任基础之上，这种信任来自对立法公正的理解和对当前管理权力的限制措施。西方劳动关系领域对这种信任产生的原因，主要有三种解释。一是认为工人在社会化的过程中处于一种接受社会的状态，雇主可以通过宣传媒体和教育体系向工人灌输其价值观和信仰，减少工人产生“阶级意识”的可能性，工人被塑造成“团队成员”，而非“麻烦制造者”。二是认为大多数工人都是很现实的，他们明白没有其他可行的选择可以替代当前的制度安排，并认为从整体上看，当前体系运行得还不错。三是认为工人的眼界有限，他们总是与那些具有相似资格的其他人进行比较，并且相信只要他们在这个圈子里过得不错，就没什么好抱怨的。因而那些从事“较差”工作的工人往往很乐于工作。

2. 大多数工作都有积极的一面，这是劳动者从工作中获得满足的更重要的原因。调查显示，当今欧美国家大多数雇员对其工作都有较高的满意度，认为自己已经融入到工作中，并且觉得他们的工作不但有意义，而且从本质上说也是令人愉快的。所以，即使有时会感受到工作压力、或者工作超负荷、或者对工作缺乏指挥权，但他们仍然乐于工作。劳动者认识到工作的价值，因而产生某种自我价值的满足。具有工作责任感的雇员还认为，只要雇主没有破坏心理契约，他们自己就有必要遵守这些心理契约。

3. 管理方也努力使雇员获得满足。管理主义学派提倡的进步的管理手段，以及雇主出于自身利益考虑向员工做出的让步，都在一定程度上提升了雇员的满意度。这些措施减少了冲突的根源的影响，加强了合作的根源的影响。

二、冲突的根源

劳资双方的利益、目标和期望不可能总是保持一致，相反经常会出现分歧，甚至背道而驰。冲突的根源可以分为“根本根源”和“背景根源”。前者是指由于劳动关系的本质属性造成的冲突，后者是指由那些更加可变的、取决于组织、产业、地域、国家等因素的属性所造成的冲突。

（一）根本根源

1. 异化的合法化

目前世界经济主要是资本主义市场经济，私营经济在多数国家经济中占绝对优势地位，其理论基础源自 1776 年亚当·斯密的《国富论》。斯密将英国描绘成“业主的国家”，认为这样的国家存在的主要规律是，当人们是为自己而不是为他人工作时，就会更加努力。以私有为基础的自由市场经济就是在这一规律的基础之上繁荣发展起来的。但问题是大多数人并不是在为自己工作。在斯密的著作出版大约一个世纪以后，马克思指出，资本主义市场经济存在着资产阶级和无产阶级的分化，前者拥有并控制着生产工具，而后者则一无所有，只能靠出卖劳动力谋生。这种阶级地位的差别，决定了现代资本主义社会的主要特征是大多数劳动力市场的参与者都在为他人工作，实际上这也是目前资本主义经济中劳动关系最主要的特征。因为工人并非为自己劳动，在法律上既不拥有生产资料、生产产品以及生产收益，也不能控制工作生产过程，从而在法律上造成了劳动者与这些生产特征的分离。工人为了保住工作，可能会认同这种工作安排，并尽力工作。但在其他条件不变的情况下，工人缺乏努力工作的客观理由，因为生产的资料、过程、结果、收益在法律上都不归其所有，而归他人所有。这本身就是一个管理难题。

2. 客观的利益差异

市场经济更深层次的原则是企业利润最大化目标，这一目标有利于企业提高效率和不断创新，并最终实现“国民财富”的最大化。然而效率和创新并非是追求利润最大化的唯一途径，雇主还可以通过剥削工人以追求利润最大化。这一思想同样可以追溯到马克思的著作中。马克思认为，在任何一个经济体系中，所有的价值都是由生产性劳动创造的。如果说雇主是按照劳动的价值给付工人报酬，那么利润就成了空壳，投资方就没有任何投资的动机，最终就会导致经济崩溃。所以，资本主义存在的条件就是通过劳动力长期的过度供给（即失业）将工人置于不利地位，从而支付少于工人劳动创造价值的工资，实现对工人的剥削。西方研究劳动关系的学者认为，无论是否接受剥削的论点，对利润的追求都意味着雇主和工人之间的利益存在着根本的、本质上的冲突。在其他条件不变的情况下，雇主的利益在于给付雇员报酬的最小化，以及从雇员那里获得收益的最大化。同样，在其他条件不变的情况下，雇员的利益在于工资福利的最大化，以及在保住工作的前提下尽量少工作。毋庸置疑，雇主与雇员之间的利益是直接冲突的。从这个角度而言，冲突已经超出了工作设计本身所包括的工资福利问题，因为工作设计的目标，是使工作组织中非技术工人的比重加大（这样可以少付工资），并使工人工作努力程度和产出最大化。在雇主来看，工作设计无疑是提高效率的有效手段，但从工人的角度来看，却意味着为保住工作不得不付出更加辛苦的劳动。

当然，冲突的存在取决于雇主实际追求利润最大化的程度和他们实际上采取的策略。如在德国和日本，管理方追求利润最大化的压力相对较小。在德国，企业被大银行所控制，而银行将德国的长期社会福利最大化作为自己的目标。在日本，企业被看作是企业集团的成员，企业集团内部交叉控股，所以企业对企业集团内的其他企业负责而不是对投资者负责。因而在这两个国家，劳动者和管理方之间的本质冲突在一定程度上受到了削弱。20 世纪四五十年代，北美洲也发生了类似变化，即企业所有权非常分散，散户股东不能对管理方施加任何实际的压力。但在过去的几十年，金融市场的变化使管理方不得不更加注重短期效益。这不但增加了管理方在利润最大化方面的压力，还使他们更加注重压低成本和增加工作强度等短期策略。劳动关系内部存在着深层次冲突，虽然这种冲突会随着具体条件不同表现出不同的形式，但这种深层冲突本身是不会改变的。

3. 雇佣关系的性质

管理方的权力在组织中是以一种等级分层的形式逐级递减的。这种权力来源于所有者的产权，在没有法律特别规定的情况下，雇员没有权利选举组织中直接的管理者或更高职位的人，而且管理者也无需对下属负责。虽然雇员拥有退出、岗位和罢工的力量，并能够同管理方协商有关管理规则，但由于雇员难以真正行使参与管理的权利，所以工人力量的作用在很大程度上是负面的。在多数情况下，他们对抗管理权力的方法只有退出、罢工、投诉，或参加其他形式的冲突。很多西方发达国家有着比较广泛的产业民主观念和相当完善的市场体系，法律对管理者的权力规定了很多限制，但雇员获得的权利与法理上应该具有的权利之间仍有很大的距离，只能采用集体协商等产业民主制度来弥补。这说明即使在西方发达国家，产业民主化仍是不充分的，雇佣关系的性质仍然是冲突产生的深层根源。

劳动者与管理方之间之所以存在冲突，更深层的原因是：在一个崇尚个人自由和民主的社会，劳动者不愿意处于从属地位；更重要的是，管理权力的分布不是雇员的利益所在，而是资本所有者的利益（利润）之所在。例如，在现代企业中仍不断出现的信任危机就反映了这种管理者利益导向带来的冲突：管理方可能希望获得雇员的信任，但只要雇员认识到管理方的决定最终是倾向于企业所有者的利益，而不是员工利益时，这种表面的雇佣关系之下就会潜藏着种种不信任。另外，如果雇主和员工个人之间签订了详细的劳动合同，在合同中又明确规定了工人应当完成的工作任务、工作质量和数量、工作责任和范围，以及相应的报酬，那么只有在任何一方没有履行合同时，冲突才会出现，需要重新协商变更或订立合同。但实际上，由于工作内容要求很难界定明晰，工作产出有时难于测量，因而劳动合同不可能订得非常详细周全、事无巨细，不产生任何歧义，且考虑到任何变化因素的发生。实际上，从全球劳动力市场看，劳动契约并不普遍，合同条款和内容不可能包罗万象，格式也不统一，甚至并没有书面的正式合同。劳动关系的一些内容，比如对工作的预期和理解等并不完全是用书面形式进行约定，有时它是建立在一种“心理契约”的基础之上，即建立在双方对“工资与努力程度之间的动态博弈”结果之上。或者说，在心理契约形成之后，可以从薪酬水平推测出工人的努力程度。实际的心理契约很复杂，它包括了组织的全部工作规则如工人对工作保障、晋升机会、工作任务分配的预期，雇主对工人忠诚和认同感的预期等。由于这种理解和期望的复杂性和模糊性，在日常工作中经常会产生对于“公平合理安排”的不同看法。即使在雇员个人与雇主签有正式书面合同的情况下，也会因对合同条款内涵的理解和解释不同产生冲突。在管理方单方引入新的管理规则，变更、破坏心理契约时，这种冲突更为明显。

（二）背景根源

1. 广泛的社会不平等

经济剥削是19世纪工会和产业冲突增长的重要原因之一。在全球工人工作生活条件已有很大改善的情况下，虽然工资已经不再是维持工人再生产的必要成本，但劳动者相对于雇主而言仍然受到了剥削，尤其是广泛存在的收入不公更说明了剥削的加剧。世界银行发展报告显示，自20世纪80年代以来全球收入差距不是在缩小，而是在逐步拉大，各国的基尼系数总体呈上升趋势。以美国为代表的许多发达国家，经济增长的成果仅仅被少数人所有，多数人分享到的经济增长相对很少，在某一时期和某些国家甚至出现大多数人的实际生活状况并没有改变，甚至变差的情况。一些西方经济学家和社会学家指出，资本主义市场经济的希望，在于长期经济增长带来的利益能够惠及各阶层的大部分人口。但自从20世纪70年代后期，这种情况发生了改变，雇主变得越来越富，而劳动者却越来越度日维艰，愤恨也就随之产生。但由于劳动力市场竞争激烈，工人害怕失业，因此这种愤恨转化成产业冲突的可能比较小。

2. 劳动力市场状况

自20世纪上半叶起，工人在劳动力市场上的地位有所上升，就业条件不断改善。除了收入增长之外，工时也在逐步缩短，管理方权威的强制性和独断性受到法律和制度的遏制。随着法律对工人结社权及集体谈判权的确认，民主权利逐步延伸到工作场所。工会作为工人代表，参与雇佣条件的谈判和决策。工会使工人获得了大量权利，在与管理方的斗争中保护工人利益免受管理方独断和不公平政策的损害。除了工会提供的保障外，国家还通过制定就业标准法、职业健康和安全法、公平就业法等相关劳动法律，保护工人权益不受侵害。社会保障政策也为工人提供了基本安全保障，使工人免受太大的生存压力，减少工人受剥削的程度。但同时工人在劳动力市场上仍要面临很多问题，失业率不断上升不仅对劳动者寻找工作带来更大难度，同时也使用人方因为有过多的选择机会而表现得更加挑剔。

3. 工作场所的不公平

工作场所的不平等问题，不仅表现在垄断与非垄断行业之间，还表现在不同地区、不同部门的工作场所之间。此外，工作场所中的性别不平等在全球仍十分显著，妇女要获得与男子平等的工资福利，往往要付出成倍的努力。

4. 工作本身的属性

激进派认为，雇主为了实现劳动成本的最小化和对工人控制程度的最大化，要不断压低对工人的技术需要，不断增加劳动强度以获得人均产出的最大化。雇主的这些政策，使工人的工作过度紧张和超负荷，工作范围过于狭隘。工人附属于机器，造成工作的高度分工和人性的异化。但也有学者认为，人性的异化和工作的艰苦，是由于大工业生产技术和大量的工业工厂岗位造成的，随着更先进和复杂的自动化技术的应用，以及高水平的、以解决问题和团队工作为特征的服务性岗位的增加，这些工作带来的难题将会弱化甚至消失。

这些冲突的根源，无论是内在的还是受环境因素影响的，都在不同程度上对员工的行为和劳动关系产生影响。需要注意的是，这些根源共同作用于劳动关系所产生的影响，比它们单独影响的简单相加要大得多。这些冲突的共同存在和相互加强使冲突成为劳动关系的本质属性之一。

虽然冲突的根源使劳动者不愿意工作，但是合作的根源又使更多的劳动者选择了从事工作。从总体上看，世界上大多数劳动者在从事工作，这就是合作的根源发挥作用的结果。

三、冲突的表现形式

尽管合作的根源的作用能够部分地抵消冲突的根源的影响，但却不能完全化解冲突本身。发达市场经济国家的劳动者对工作产生了一种复杂而矛盾的心理：一方面由于合作的需要他们表现出对工作的高度认同感，另一方面又因为冲突的必然存在而会产生不断的抱怨和忧虑，二者相互依存和对立。所以，很多西方劳动关系学家认为，即使员工实现了与管理方的信任与合作，但这种信任和合作也是脆弱的，一旦管理方撕毁了心理契约或在行动上危害了雇员利益，合作与信任就会崩溃。而且在某些情况下雇员对管理方的信任和合作也许根本无法实现，这时冲突就会通过各种方式表现出来。

冲突按其表现方式，可以分为明显的冲突和潜在的冲突。明显的冲突形式的产生是复杂的，对它的分析有助于我们对劳动关系模式的全面理解。

（一）罢工

罢工是冲突最为明显的表现形式。由冲突的根源所导致的潜在的矛盾逐渐积累，并在一定的条件下以罢工形式激烈地释放出来。罢工同样也呈现出一些规律，当雇主破坏了明确的规则和心理契约时，就可能引发工人罢工。换句话说，罢工不仅仅是工人为了获得更好的工资和工作条件对付雇主的手段，它还是一种表达工人集体意愿的途径，工人通过这种方法来反映自己的不满，并以此对他们认为不公平或不合理的雇佣行为进行反击。也就是说，罢工从经济学角度而言虽然不经济，但从劳动者角度而言，却非常理性。罢工看上去是个经济问题，实际上是工会代表提出经济利益的诉求渠道，是工人被压抑的敌视情绪的宣泄方式。员工对管理方行为的不满经常是罢工的导火索，若罢工渠道受阻，劳动者的敌视情绪就会继续被压抑，若冲突还缺乏其他的渠道，那么冲突最终以更为激烈的形式表现出来。劳动关系理论一般认为，罢工是表达集体不满的唯一有意义的形式。

罢工虽然是冲突最为明显的形式，但并不总是可行的方法，罢工行为要符合国家各项法律规定。当然，工人也可以无视这些法律规定组织非法罢工，但这么做会受到管理方很严厉的惩罚，因而这类罢工已经不多见。

（二）其他形式

除了罢工，冲突还有其他形式，其中最为明显的是各种“不服从”行为，例如“工作松懈”或“低效率地工作”、怠工，以及主观原因造成的缺勤等。当员工采取这些“不服从”行为时，可能并没有意识到这些行为是潜在冲突的一种反映，甚至没有认识到潜在冲突的存在。而且这些冲突的形式往往表现为在员工群体中发生的相互独立的事件，这些事件不但会随着工作条件的变化而改变，而且也受雇员个人的个性特征的影响。这些冲突形式是雇员接受和适应其所在环境的行为，反映了雇员在工作环境中产生的既有合作又有冲突的矛盾心态。

其他的冲突表现形式还有“退出”行为，或称辞职。传统的经济学模型将工人当做理性的决策者，总是在寻找报酬最多的工作。在这种情况下，工人退出仅仅是因为他们可以在其他地方找到更好的工作。然而，实际上很多员工辞职并不是因为他们有更好的选择，而是因为他们不能忍受雇主的态度和行为，以及雇主提供的工作条件。在这种情况下，辞职成为回敬雇主和恢复自尊的最终行为。

（三）权利义务的协商

另一个不太明显的冲突形式产生于员工与其上级的日常交往

中。由于劳动关系冲突根源的存在，员工及其上司之间的关系是高度等级化的，管理者力图从员工那里获得更高的绩效水平，而员工的反应是，如果上司准备了更多回报，则会服从监督和管理，否则会给予拒绝。

劳动关系正是通过这种“付出—获得”的方式形成了早期的心理契约。从这个角度而言，心理契约也属于“协商后的秩序”，这种秩序反映了劳动关系存续期间员工与管理方之间的“付出—给予”关系。当然，管理方可以用纪律惩处的办法单方面撕毁契约，这就会引发很多问题，包括低效率、怠工、非法罢工、缺勤、辞职等。

四、冲突与合作的影响因素

冲突与合作的根源到底以何种形式表现出来（例如，冲突是采取罢工、怠工还是辞职形式），或者冲突与合作的程度如何（例如，由冲突引起的辞职率的高低）等劳动关系的表现形式会随着个人的工作岗位、所在的就业组织、所在的行业部门和职位情况不同而有所不同。那么，是什么决定着这些变化呢？

（一）文化因素的解释

从表面上看，劳动力市场状况的变化和工人的行为可以由“文化”因素来解释，它包括工人找到工作时的价值观和信仰，以及在工作期间对工作的态度和道德观的变化。换句话说，就是冲突是否出现，在很大程度上取决于工人对现实中自身所处地位的感受以及工人对自身可以接受的行为的理解。所以，如果工人在工作之前所处的文化氛围比较保守，提倡服从和尊敬权威，并且如果工作岗位的文化氛围是员工对组织高度认同，敌视雇主和怠工遭到其他员工的反对，那么冲突的程度就会比较低，工作低效率的现象相对就比较少，大多数管理方的行为也会得到正面的解释。但如果工人来自一种“对抗性”的文化，将对管理方的敌视和挑战看作是可以理解的，并且如果在工作岗位中的文化氛围是工人与雇主对立，并且对权威的服从和尊敬是被其他员工所藐视的，那么就容易引发冲突。

（二）非文化因素的解释

文化因素不能完全解释冲突的变化。影响冲突的变化的其他因素很多，主要有以下几种。

1. “客观”的工作环境

在文化因素相同的环境中，也或多或少存在着差别。例如国外的研究发现，与其他类型企业相比，在大型机器工业企业中的工人更多地感受到来自管理方的异化压力，并更容易产生冲突的行为。这些研究还指出，工作的性质和条件会对冲突的程度产生很大影响。

2. 管理政策和实践

正如管理主义学派所认为的那样，如果这些管理政策和实践是进步的，劳动者工作的满意度就会高些，工人的信任和认同感也会上升。

3. 宏观经济环境和政府政策

宏观经济环境和政府政策，如失业率和失业保险制度，也会对冲突的产生有很重要影响，因为它们能够影响工人“被迫合作”的程度，以及工人对工作的态度和预期。一般认为，这些客观因素并不能直接影响合作和冲突的表现形式，而是通过影响工作环境的人际关系和文化氛围、雇佣双方的职业道德和心理契约，甚至全社会的发展进程，间接影响冲突与合作的具体表现形式。当然，除了这些文化的和非文化的解释因素之外，劳动关系双方具体的冲突或合作的表现形式还具有很大程度的不确定性，也可能要从更加复杂的经济和社会运行机制来解释。

（三）冲突和合作的根源与影响因素之间的关系

任何文化的和客观的因素都只能影响冲突和合作的程度与表现形式，而无法从根本上改变劳动关系的本质属性——冲突和合作的存在。冲突和合作的根源始终是劳动者与管理方关系的基础，这些根源对了解劳动关系有重要的意义。从根源与影响因素之间的比较，我们可以从以下两方面有所收获。

1．人力资源策略的局限性

很多管理者为保证工人的忠诚度和工作认同，采取了进步的人力资源策略，以此作为减少冲突、增加合作的根源的主要方法。这些策略有：工作程序的设计、使工人更加细心地工作、缩小工人和管理方之间的认识差别、提供安全和愉快的工作环境、建立协商和信息共享计划，以及设计大量的沟通方式来维持良好的“人际关系”。这些策略确实起到了一定的积极作用，但是这些策略本身并不能消除冲突的根源，所以尽管管理方可以获得来自员工的高度的忠诚和认同，但这些信任和认同与管理主义学派的支持者所设想的还是有非常大的出入。这也是为什么这些策略没有像管理主义学派所期盼的那样被广泛地采纳，以及这些政策具有效率方面的局限性的原因所在。

2．理解工会和集体谈判制度

新保守主义学派的支持者们认为，工会是劳动者与管理方之间的人为障碍，是冲突产生的不必要的原因。但无论工会建立与否，劳动者与管理方之间的冲突都存在。尽管工会加剧了双方的冲突，但工会更提供了一条解决冲突的渠道。正如正统多元观学派所认为的那样，工会参与的集体谈判和限制管理方专权的程序是冲突有序解决的方法之一，它在一定程度上防止了冲突向更为尖刻和更为“隐蔽”的形式转化。正因如此，工会既是问题的一部分，又是解决问题的方法的一部分。

第3节　劳动关系的外部环境

影响劳动关系的因素除了就业组织内部的因素之外，还有很多环境因素，这些因素被称为劳动关系的外部环境。我们可以将这些环境因素归纳为五个方面：经济环境、技术环境、政策环境、法律和制度环境，以及社会文化环境。

一、经济环境

所谓经济环境，一般包括宏观经济状况，如经济增长速度和失业率；也包括更多的微观经济状况，如在某一特定产品市场上雇主所要面对的竞争程度。经济环境影响劳动关系的例子很多。比如，作为经济外部环境因素的失业率如果很高，就会减少劳动者凭其技术和能力获得工作的力量，即减弱他们的劳动力市场力量，从而影响其对工作的预期。再比如，在同行业工资普遍上升的情况下，企业可能就会面临更大的员工要求增加工资的压力。

经济环境能够改变劳动关系主体双方的力量的对比。一方面，经济环境可能来自劳动力市场的变化，直接影响双方的劳动力市场力量的消长；另一方面，经济环境也可能来自厂商所要面对的要素市场，那么，要素市场的变化通过影响雇主的生产函数和员工的消费函数来改变双方的成本收益，从而带来各种关系的力量的变化。同样，偶发的经济冲击，以及有规律的经济周期都影响就业组织内部的劳动关系调整机制。经济冲击往往会造成产量的骤减，不同的企业会因为对未来预期的不同而制订不同的人力资源政策。在经济周期的影响下，就业组织内部的调整也会随着经济的起落而变化。一般来说，经济处于繁荣阶段，雇员的力量就会强些，管理方会做更多的让步；而经济处于低谷阶段，管理方让步的空间很小，雇员的力量相对较弱，在谈判和冲突中处于更为不利的地位。

经济环境往往会首先影响劳动者的工资福利水平、就业、工作转换，以及工人运动和工会的发展，其次会影响到产品的生产、工作岗位的设计、工作程序等，最后可能会间接影响劳动关系的整体状况。

二、技术环境

技术环境的内容包括产品生产的工序和方式，以及采用这些工序和方式所必需的资本密度（人均资本投资量）的程度、产品和工序是否容易受到新技术的影响、工作是否复杂和需要高水平的知识和技能。如果企业的产品易受新技术影响（比如 IT 产业）或者企业是资本密集型的（比如轿车生产商），那么员工不服从管理会给管理方带来更多的成本，因而雇员岗位的力量就会增强。相反，那些不易受新技术影响（比如民族手工编织业）或者低资本密集度的行业（比如餐饮业），雇员岗位的力量就弱些。

同样，技术环境的变化也会改变劳动力市场上不同技术种类工人的供求状况。例如，近年来随着我国 IT 产业的兴起，计算机、网络方面的人才需求量成倍增加，这类人才的劳动力市场的力量上升，因而在劳动关系中的优势更大些。

三、政策环境

政策环境是指政府的各种政策方针，包括货币政策和财政政策、关于就业的政策、教育和培训的政策以及其他政策。例如，作为政策环境的政府教育和培训政策，能够提高劳动力的素质和技术水平，最终影响由雇主提供的工作种类，以及工资和工作条件。

在诸多政策环境中，就业政策对于劳动力市场以及就业组织中的劳动关系的影响最为直接。它往往通过对供求状况的调整来改变双方劳动力市场的力量，以经济激励和惩罚措施来改变双方在就业组织内部的关系的力量。例如，我国出台了促进残疾人就业的政策，对残疾人的比例达到一定标准的就业组织给予税收、费率等方面的优惠。这些政策从客观上促进了企业雇佣更多残疾工人。

货币政策和财政政策也会通过宏观经济环境来影响各营利组织的劳动关系。另外，这两种政策还可以通过影响资本的价格，改变资本和劳动的价格比率来影响企业的雇佣决策和企业的劳动关系。

教育和培训政策主要作用于人力资本投资的供求，改变劳动者的知识技术结构，从而改变不同种类的劳动力市场供求和企业的资本/劳动比重。因此，教育和培训政策对于劳动关系具有更加长期的影响。

四、法律和制度环境

法律和制度环境是指规范雇佣关系双方行为的法律和其他力量的机制，这些机制规定了双方的权利义务，并具有相对的稳定性。比如，我国《劳动法》规定了集体谈判中双方的权利义务、雇员的最低工资、健康和安全保护等。法律要求雇主承认工会，并同工会进行集体谈判，这一规定作为法律制度外部环境，提高了工会有效代表其会员的能力，进而影响了工会会员的工资和工作条件。

市场经济国家在规范劳动关系，保护劳动者权益方面，制定了比较完善的法律体系，法律和制度是政府调整劳动关系的最基本形式。

五、社会文化环境

社会文化环境由各国、各地区甚至各工种的主流传统习惯、价值观、信仰等组成。如果社会文化外部环境表现为笃信工会的重要性和积极作用，那么，政府和企业就会通过制定政策，提高工会的密度，扩大工会的影响力。文化的影响是潜在、不易察觉的，它是通过社会舆论和媒介来产生影响，对于违反社会文化规则的个人和组织，虽然惩罚不像法律那样具有强制性，但其作用却不可低估。

外部环境对劳动关系有着非常重要的影响。研究劳动关系，要将它放在特定的外部环境中才有意义。经济环境、技术环境、政策环境、法律和制度环境以及社会文化环境，这五方面是相互联系、相互影响的。技术环境会影响经济环境甚至社会文化环境，社会文化环境又会影响法律和制度环境和政策环境等。同时，对劳动关系外部环境的全面考虑，有利于理解劳动关系的本质和发展规律。

◆ 本章小结 ◆

本章讲述了劳动关系的含义、实质及影响因素。劳动关系的主体是雇员及其团体和雇主。他们之间的关系表现为合作、冲突、力量和权力的相互交织。劳动关系受到来自经济、技术、政策、法律制度和社会文化五大外部环境影响。

◆ 关键词 ◆

劳动关系　合作　冲突　力量　权力　劳动力市场的力量　雇员　雇主

◆ 复习思考题 ◆

1. 谈谈你对劳动关系的含义和本质的理解。

2. 如何理解冲突与合作，以及产生冲突与合作的各种根源?

3. 试述个别劳动关系和集体劳动关系的特征。

4. 结合本章内容，解释冲突产生的各种根源对冲突带来的影响。

5. 举例说明劳动关系中冲突变化的影响因素。

第2章

劳动关系理论

◆ 学习目标 ◆

本章的学习重点是劳动关系的五种学派及劳动关系调整模式。目的是通过本章的学习，理解市场经济国家劳动关系五种学派的主要观点和对应的实践模式，以及市场经济国家对劳动关系问题的价值判断和调整劳动关系的模式。

引导案例：是煽动罢工，还是正当维权[①]

2001年11月12日上午，某电器厂李某接到公司人事部的一份书面通知：因李某煽动罢工，破坏生产，给公司造成巨大经济损失，经董事会研究并请示政府有关部门，决定给予开除处理，并不予结算工资。与李某先后接到通知的还有公司的何某、刘某。

——企业违法引发停工风波。该电器厂是一家香港投资来料

① 中国劳动保障报．2000－12－18

加工企业，有职工2 000多人。2001年10月29日，由于企业低于该市最低工资标准支付工资，且不按法定标准支付加班工资，停工待料期间不发生活费等，引起职工强烈不满，以生产部门为主的1 000多名职工采取在厂内静坐停工的方式，要求解决问题。停工静坐对企业起到震慑作用。停工当天，在劳动站的协调下，企业第一次就工资标准和加班费等问题与李某、何某、刘某等组成的职工代表进行谈判。最终双方达成协议：企业补发低于最低工资标准部分的工资；公休日加班按法定标准支付加班费；停工待料期间向员工支付生活费；从11月份开始，与所有员工签订劳动合同，养老保险依法办理。全体员工恢复上班。

——李某：停工静坐是为了维护合法权益。在谈判过程中职工代表就担心，谈判结束工人复工后，企业会对职工代表和罢工人员打击报复。停工风波过去大约10天，厂方陆续解雇员工300多人，其中以“煽动罢工”或“参与煽动罢工”为由开除了李某等3人。李某等人认为这是“欲加之罪，何患无辞”。

——电器厂：开除他们没有错。他们煽动这次罢工造成了近1 000万元的经济损失，公司正请律师追究他们的法律责任呢。这次罢工是“有组织、有预谋”策划的，给公司造成了恶劣的社会影响和巨大的经济损失。公司董事会研究决定给予李某等人开除处理。公司有大量的证据，包括证人证言、录音录像等，证明李某等人煽动或参与煽动了罢工事件。

当被问及工人反映的问题是否属实时，企业也承认，低于工资标准支付工资和没按规定支付加班工资的问题确实存在，但这些问题的解决需要有个过程。对记者提出的开除职工是否履行职代会或职工大会讨论程序一事，企业答复煽动罢工已经构成了刑事犯罪，企业不需要履行这些程序。

从这一案例我们可以看出，对于同样的行为，企业与劳动者的观点有着根本分歧。孰是孰非，就涉及一个价值判断问题。什么样的劳动关系目标模式才是理想模式？市场经济国家对劳动关系问题是如何进行价值判断的呢？

第1节 劳动关系理论：各学派的观点

西方学者从不同立场、理念和对现象的认识出发，对劳动关系进行研究，得出了互不相同的结论，形成了比较有代表性的五大理论学派，把他们按照从政治趋向上的“右翼”（保守）到“左翼”（激进）的顺序排列：新保守派、管理主义学派、工统多元论学派、自由改革主义学派、激进派。这些学派观点的相似之处在于，都承认劳动关系双方之间存在目标和利益差异。其主要区别体现在：（1）对雇员和管理方之间的目标和利益差异的重要程度、认识各不相同；（2）在市场经济中，对这些差异带来的问题提出了不同的解决方案；（3）对双方的力量分布和冲突的作用持不同看法，尤其是对冲突在劳动关系中的重要程度，以及雇员内在力量相对于管理方是否存在明显劣势这两个问题上存在明显分歧；（4）在工会的作用，以及当前体系所需的改进等方面各执一词。

为便于研究，表2—1从七个方面比较、归纳了各学派的观点和看法：（1）主要关注的问题；（2）主要分析研究的领域；（3）对双方力量差异的重要程度的认识；（4）所设想的内部冲突的严重程度；（5）对工会在集体谈判中的影响的评价；（6）为改进雇员与管理方之间关系所开的“处方”；（7）从政治趋向上按照从“右翼”到“左翼”的排列。①

① John Godard, *Industrial Relations*, *the Economy*, *and Society*, 2nd edition, Captus Press Inc., York University Campus, 2000, p14

表 2—1 各学派对劳动关系的不同看法

学派 特征	新保守派	管理主义学派	正统多元论学派	自由改革主义学派	激进派
主要关注的问题	效率最大化	雇员忠诚度的最大化	均衡效率和公平	减少不公平和不公正	减少体系内的力量不均衡
主要研究的领域	劳动力市场	管理政策和实践	工会、劳动法和集体谈判	雇员的社会问题	冲突和控制
对双方力量差异的重要性认识	不重要——由市场力量救济	若管理方接受进步的管理方法，就不很重要	一般重要	相当重要；其差异是不公平的主要来源	非常重要；体现了体系内“劳动”和“资本”之间力量不均衡
所设想的内部冲突的程度	根本没有——由市场力量弥补	若管理方接受进步的实践，则冲突就很少	一般；受到公众利益为中心的局限	依情况而定：在“核心”低；在“周边”高	尽管是依雇员力量而变化，却是基础性的

续表

学派 特征	新保守派	管理主义学派	正统多元论学派	自由改革主义学派	激进派
对工会在集体谈判中的影响的评估	对经济和社会产生负面影响	持矛盾心理；取决于双方合作的愿望	正向的"社会"效应，中性或正向的经济效应	在"周边"无效；在"核心"有有限效用	在资本主义社会，工会的效率具有内在局限性
改进雇员与管理方之间关系的办法	减少工会和政府对市场的干预	推进进步的管理实践，增强劳资双方的合作	保护工人集体谈判的权利；最低劳动标准立法	增加政府干预和增强劳动法改革	激进的制度变化；雇员所有和员工自治
政治立场 ←—"右翼"------"左翼"—→					

一、新保守派的主要观点

新保守派也称新自由派或新古典学派，基本由保守主义经济学家组成。这一学派主要关注经济效率的最大化，主要研究、分析市场力量的作用，认为市场力量不仅能使企业追求效率最大化，而且也能确保雇员得到公平合理的待遇。

新保守派一般认为，劳动关系是具有经济理性的劳资双方之间的自由、平等的交换关系，双方具有不同的目标和利益。从长期看，供求双方是趋于均衡的，供给和需求的力量保证了任何一方都不会相对处于劣势。雇员根据其技术、能力、努力程度，获得与其最终劳动成果相适应的工作条件和待遇，而且在某些企业，雇员还可能获得超过其他雇主所能提供的工资福利水平。雇主之所以提供高于市场水平的工资，是因为较高的工资能促使雇员更加努力工作，提高效率。① 雇主也可以采取诸如激励性的奖金分配等方法，达到同样结果。因此，假若市场运行和管理方的策略不受任何其他因素干扰，那么劳资双方都会各自履行自己的权利和义务，从而实现管理效率和生产效率的最大化。资方获得高利润，雇员获得高工资、福利和工作保障，形成“双赢”格局。

由于劳动力市场机制可以保证劳资双方利益的实现，所以劳资双方的冲突就显得微不足道，研究双方的力量对比，也就没有什么意义。若雇员不满，可以自由地辞职和寻找新工作；若资方不满，也可以自由地替换工人。所以，工会的作用就不大了，工会开展集体谈判只会对经济和社会起到负面作用，因为工会实际形成的垄断制度，干扰了管理方与雇员个人之间的直接联系，阻

① Akerlof, G., and J. Yellon, *Efficiency Wage Models of the Labor Market*. Cambridge: Cambridge University Press. 1986

碍了本来可以自由流动的劳动力市场关系，破坏了市场力量的平衡，也使管理方处于劣势地位。由于工会人为地抬高工资，进而抬高了产品的价格，干涉了管理方的权力，最终会伤害雇主在市场上的竞争地位，也会削弱对雇员工作保障的能力。因此，要将市场“规律”引入工资和福利的决定过程，采用额外支付计划，使雇员的收入和绩效联系得更紧密。应该赋予管理方更大的管理弹性，减少限制管理权力的法律和法规，尤其是减少劳动法对管理方的限制。认为理想的劳动法应该使工人难以组织工会，或者即使有工会，其权力也很小。这样，劳动和资源的配置才会更加灵活，也才能提高劳动生产率。

在奉行新保守派思想的国家中，以美国模式最为典型，加拿大和爱尔兰的主流思想也是新保守主义。在发达国家中，美国的劳动法律体系虽然比较完整，但功能较弱。雇员也相信、遵从“意思自治、选择自由”的理念，只要雇主不违反国家制定的反歧视法或劳动法，就可以在任何时候、以任何理由合法地解雇工人，而无须提前通知，也无须支付解雇补偿费。因而许多人认为美国正走向“后契约”式的就业模式。在这种模式下，雇主与雇员的利益一致性很少，雇主很少向雇员提供培训机会，工作保障程度较低。雇员对雇主也没有归属感，仅仅是对经济激励做出反应。[①] 美国工会的组建率较低（2001 年约为 10%），工人享有的权利和工作保护较少。另外，美国的罢工发生率也低于加拿大等其他国家。一些学者认为，这反映了美国的低工会密度和低罢工力量，认为低罢工率反映的不是相互满意的关系，而是被压抑的劳动关系。事实上，美国雇佣关系是发达经济国家中最为对立的，其主要原因是美国劳动法体系作用较弱，雇主很容易隔离和

---

① Cappelli, Peter, et al, *Change at Work*, Oxford: Oxford University Press. 1997

Cappelli, Peter, *the New Deal at Work*, Boston, MA: Harvard Business School Press. 1999

瓦解一个已经成立的工会，因而造成雇主和雇员对立的环境。所以，即使罢工率并不高，但仍能说明美国雇佣关系的对立。

二、管理主义学派的主要观点

管理主义学派多由组织行为学者和人力资源管理专家组成。该学派更关注就业关系中员工的动机，以及员工对企业的高度认同、忠诚度问题，主要研究企业对员工的管理政策、策略和实践。

该学派认为，雇员与企业的利益基本是一致的，劳资之间存在冲突的原因，在于雇员认为自己始终处于被管理的从属地位，管理与服从的关系是雇员产生不满的根源。如果企业能够采用高绩效模式下的“进步的”或“高认同感的”管理策略，冲突就可以避免，并且会使双方保持和谐的关系。这种高绩效管理模式的内容包括：高工资高福利、保证员工得到公平合理的待遇、各种岗位轮换制度和工作设计等。若这些管理政策得到切实实施，那么生产效率就会提高，雇员辞职率和缺勤率就会降低，工作中存在的其他问题也会迎刃而解。

该学派对工会的态度是模糊的。由于工会的存在威胁到资方的管理权力，并给劳动关系带来不确定性，甚至是破坏性的影响，所以应尽量避免建立工会。但另一方面，该学派也相信，在已经建立工会的企业，管理方应该将工会的存在当作既定的事实，同工会领导人建立合作关系。并不断强调，传统的、起“破坏作用的”工会主义已经过时，只有那些愿意与管理方合作的工会才有可能在未来生存。同样，该学派对集体谈判制度的态度也是灵活的。

与新保守派相比，管理主义学派对“纯市场”经济的局限性认识，要更多一些。在劳动关系和人力资源管理方面，管理主义学派主张采用新的、更加弹性化的工作组织形式，更强调员工与管理方之间的相互信任和合作，尤其赞赏高绩效模式中的“高度认同”的内涵，包括工作设计改革、雇员参与改革，以及积极的雇佣政策。认为工会只有以一种更为认同的“伙伴角色”，来代替传统的“对立角色”，才能更好地发挥作用。

自20世纪70年代后期起，日本劳动关系模式成为该学派主张的典范，直到90年代中期日本经济遇到困难，这一模式的影响力才开始转弱。近年来英国劳动关系的改革也在向该学派方向发展。“终身雇佣”“年功序列”“企业工会”是日本劳动关系的突出特点。日本模式的产生，与它的社会文化传统和价值观念、信仰有关。在日本，企业更像“家族”，雇员被当成企业终身的成员，雇主愿意对其进行投资，并提供长期的就业和工作保障。工会以企业为基础，具有明显的“企业工会主义”特征，在企业中发挥着高度合作的作用。在每年3月举行的“春季劳动攻势”中，谈判双方相互之间也没有那么直接对立，而且也不太容易引起罢工。管理主义学派认为，这种和谐劳动关系产生的原因，是管理者自身也处于与雇员同样的薪酬支付体系之中，相对而言，他们不那么容易压低员工工资。此外，因为雇员被认为是企业的“成员”，更有义务维持企业的长期发展，因此他们也愿意接受相对比较低的工资增长率。

与管理主义学派主张比较接近的还有英国模式。英国在20世纪八九十年代推行了强硬的新保守派政策，但1997年，随着托尼·布莱尔领导的新工党的当选，政策开始发生变化，其中比较著名的改革是1999年对劳动法的修改。这一改革规定了工会要取得集体谈判资格，不仅要在谈判单位中获得多数支持，还要遵循法律上的“承认”程序。而且，新法律对集体谈判的内容也做了限制性规定，仅限于对工资、福利和休假进行谈判，在罢工持续八周以上时，雇主可以依法雇佣永久性替代工人。同时规定雇员个人也可以在集体谈判协议基础上同雇主进行个别协商，签订劳动合同。英国劳动法的改革，是建立在管理主义“效率和公平完全和谐”的假设基础之上的，其宗旨是在工作场所建立一种新型伙伴关系，鼓励劳资双方进行合作。新法律规定雇主必须在每 6 个月内至少同工会官员会见一次，商讨有关培训等事宜，如果雇主没有按期举行这样的会议，将被处以高额罚款。

三、正统多元论学派的观点

正统多元论学派由传统上采用制度主义方法的经济学家和劳动关系学者组成，该学派的观点是第二次世界大战以来发达市场经济国家一直奉行的传统理念的延续。该学派主要关注经济体系中对效率的需求与雇佣关系中对公平的需求之间的平衡，主要研究劳动法律、工会和集体谈判制度。

该学派认为，雇员对公平和公正待遇的关心，同管理方对经济效率和组织效率的关心是相互冲突的。① 同时也认为，这种冲突仅仅限于诸如收入和工作保障等这些具体问题，而且“这些具体利益上的冲突，是可以通过双方之间存在的共同的、根本利益加以解决的”②。相对于雇主，雇员个人往往要面对劳动力市场的“机会稀缺”——能够选择的工作种类少，如果辞职，很难再有选择机会——所以，在劳动力市场上雇员大多处于相对不利的地位。而工会和集体谈判制度则有助于弥补这种不平衡，使雇员能够与雇主处于平等地位，并形成“工业民主”的氛围。这不仅可以维护雇员的利益，确保更广泛的公平，而且对于鼓舞员工士气，降低流动率，提高生产效率具有重要意义。这些制度产生的经济效益，足以抵消高工资、高福利给雇主带来的成本，所以工会和集体谈判是有积极作用的。

---

① Kochan, T., and H. Katz, *Collective Bargaining and Industrial Relations*, 2nd *Ed*. Homewood, IL: Irwin. 1988. p6～7

② Kochan, T., and H. Katz, *Collective Bargaining and Industrial Relations*, 2nd *Ed*. Homewood, IL: Irwin. 1988. p7

正统多元论学派的核心假设是，通过劳动法和集体谈判确保公平与效率的和谐发展是建立最有效的劳动关系的途径。这是战后许多国家所奉行的劳动关系制度。该学派强调弱势群体的工会化，强调更为集中的、在产业层次上的集体谈判，反对因任何偏见替代罢工工人。提出用工人代表制度等形式来保证劳动标准的推行，如建立工人与管理方共同组成的委员会，在公司董事会中要有工人代表，建立“工作委员会”，工人代表可以分享企业信息、参与协商以及联合决策等。对该学派持批评态度者认为，这一模式的缺点是，工会的覆盖面具有局限性，工会与管理方过于对立，以及在存在工会的情况下工人仍缺乏参与权。

德国是实施正统多元论学派政策最典型的国家，德国模式也是该学派最为推崇的现实模式。德国模式的特色是强势劳动法、雇员参与制度、工作委员会制度、政府为工会提供信息、咨询服务和共同决策权等制度。集体谈判主要在产业级别上进行，雇主可以自愿地通过雇主协会同工会在产业层面上谈判，冲突的协商也不在工作岗位层面上进行。工会在产业层面上的集体谈判和协商，要比工作委员会在企业层面上更能发挥作用。而且，通过谈判达成的协议即使在覆盖绝大多数工人的情况下，也不要求工人必须参加工会和缴纳会费，因而，德国工会在产业层面上，具有相当大的调整劳动关系的能力。集体谈判的覆盖率很高，10 个工人中有 8 个被集体谈判签订的协议所覆盖，德国罢工活动非常少，反映了德国的工会已经整合到德国的体制中，成为社会经济结构的一部分。集中化的集体谈判结构、工作委员会及工人代表参与管理委员会制度，为冲突的显性化提供了另外的道路，从而避免了冲突的加剧。所以，与罢工率同样很低的美国相比，德国的低罢工率非但不是一个不良表现，反而是一个制度运行良好的信号。

四、自由改革主义学派的观点

自由改革主义学派更具有批判精神，积极主张变革。该学派十分关注如何减少或消灭工人受到的不平等和不公正待遇。[①] 该学派的观点，在五学派中内容最松散，它包括了对歧视、不公平、裁员和关闭工厂、拖欠工资福利、危险工作环境以及劳动法和集体谈判体系中的缺陷等问题的分析。认为劳动关系是一种不均衡的关系，管理方凭借其特殊权力处于主导地位。[②] 从双方地位差异这个角度看，该学派与正统多元学派、管理主义学派并没有很大的分歧。但他认为现存的劳动法和就业法不能为工人提供足够的权利保护，因为公正、平等地对待工人，往往不符合管理方的利益，也不是管理方凭借其自身能力所能实现的。因此为了确保工人获得公正平等的待遇，必须要加大政府对经济的干预。

自由改革主义学派的最大特点是提出了“结构不公平”理论。[③] 该理论将经济部门划分成“核心”和“周边”两个部门。“核心”部门是指规模较大、资本密集且在市场上居于主导地位的厂商；而“周边”部门则是规模较小、劳动密集且处于竞争性更强的市场上的厂商。该学派认为，核心部门由于经济实力强，更能消化和转移附加成本，并且在核心部门工作的雇员具有更多的关系力量，所以，与周边部门相比，核心部门能够为雇员提供更优厚的劳动条件，采用更进步的管理方式。而周边部门的工作

---

① Drache, Daniel, and Harry Glasbeek, *the Changing Workplace*. Toronto: Lorimer and Company. 1992

② Hill, S. *Competition and Control at Work*, Cambridge, MA: MIT Press, 1981. p13

③ Averitt, R., *the Dual Economy: Dynamics of American Industrial Growth*. New York: Norton. 1968

Farkas, G., and P. England (Eds.), *Industries, Firms and Jobs*. New York: Plenum Press. 1988

岗位相对"不稳定"，甚至是临时性的、非全日制的，容易受到裁员政策的影响。[①] 近年来，该学派将"核心"和"周边"部门的划分进一步扩展到了单个的雇主或产业的分析上。

对结构不公平的研究说明，工会的存在和集体谈判的开展是非常必要的。但自由改革主义学派同时又经常严厉地批判当前的劳动关系体系，甚至对工会也表示不满。认为在当前体系下，那些在周边部门工作的雇员，是最需要工会帮助的，但恰恰在周边部门，工会却又是最无效的。因为周边部门的工会，其罢工力量很小；管理方迫于市场竞争压力也不可能做出实质性让步。工会和管理方之间的尖锐对立，使工会无法为其成员争取更多的利益。另外，即使规模较大、在市场上颇具影响力的企业，工会作用的发挥也是有限的。工会难以战胜拥有强大权力的资方，就无法为其成员提供切实有效的保护，甚至在工会受到严重影响时，也无法有效地保全自己。近年来，在经济全球化趋势影响下，当雇主对工资福利的支出和绩效水平的提高不满时，相继采取了关闭工厂等手段，或者纷纷向海外人工成本较低的地区转移，这一现象引起了该学派的特别关注。自由改革主义学派支持强有力的劳动法和各种形式的工人代表制度，关注更广泛的经济社会政策，反对市场化，尤其是自由贸易协议，主张强势工会，认为工会应该比以往更加关心更为广泛的社会问题和事务。

瑞典模式是自由改革主义学派观点最具代表性的实例。瑞典是世界上最著名的社会福利国家之一，在传统上遵循"积极的劳动力市场"政策，临时解雇的工人享有不错的失业福利（相当于失业前收入的 80%），主要用于再培训计划，以及再培训之后寻找新工作的补助。瑞典工会在国家政策和管理方面的影响力很大，他们与福利社会有密切的联系，对失业保险体系的管理负有

---

① John Godard. *Industrial Relations*, *the Economy*, *and Society*. 2nd, edition. North York: Captus Press Inc., 2000. p18

主要责任。在集体谈判方面，在 20 世纪 90 年代早期结束了传统的集中化的集体谈判模式。如今，集体谈判很大程度上是在产业层面上进行，允许有更大的变更，谈判在各部门之间显示出了高度的协调性。另外，在瑞典任何工人团体都可以自由组成工会，其协议自动覆盖该工会所在的产业，工会的这些权利无须像北美那样，要获得法定的“承认”程序或要求。

五、激进派的主要观点

激进派具有比其他学派更加深刻的思想内涵，主要由西方马克思主义者组成。激进派所关注的问题同自由改革主义学派有许多是相同的，但它更关注劳动关系中双方的冲突以及对冲突过程的控制。该学派认为自由改革主义学派所指出的问题，是资本主义经济体系本身所固有的问题，因而其提出的政策主张的作用十分有限。激进派认为，在经济中代表工人的“劳动”的利益，与代表企业所有者和管理者的“资本”的利益，是完全对立的。“资本”希望用尽可能少的成本获得尽可能多的收益，而工人由于机会有限而处于一种内在的劣势地位，由此，这种对立关系在劳动关系中比在其他地方都表现得更明显。冲突不仅表现为双方在工作场所的工资收入、工作保障等具体问题的分歧，而且还扩展到“劳动”和“资本”之间在宏观经济中的冲突。

激进派认为，其他学派提出的“和谐的劳动关系”只是一种假象。这是因为：(1) 管理方通过精心设计安排工作职位，减少对工人技术和判断力的要求，来实现降低劳动成本、增加产出的目的。这种剥削方法使企业在产品、服务内容和技术水平一定的情况下，可以获得更多的利润。(2) 管理方通过监督和强迫相结合的办法控制工人的行为，从这个角度讲，所谓的“进步”政策和方法，只是一种与传统的权威相比，更圆滑的策略而已。这些策略对于不可调和的冲突来说，从来也没有完全发挥过作用。

(3) 管理学派的策略和方法实际是为管理方服务的，但媒体和教育体系却把它宣传为一种“双赢”的策略，而将冲突仅仅描述为就业组织内部的矛盾。通过舆论导向使工人相信既定的制度安排是合理的，以此制造资本主义劳动关系“和谐”的假象，防范那些威胁到现有体制的事情的恶化和传播。

激进派认为，只要资本主义经济体系不发生变化，工会的作用就非常有限。尽管工会可能使工人的待遇得到某些改善，但这些改善是微不足道的。在中小企业，工会所争取到的让步会受到更多的竞争约束的限制。大企业虽然受到的约束限制较少，但通常会采用诸如关闭工厂、重新进行组织设计等措施对付工会。在技术变革和国际竞争不断加剧的今天，工会显得越来越力不从心。因为国际竞争总是更多地依赖人均劳动成本的优势，而非人均劳动生产率的优势。所以，要使工会真正发挥作用，必须提高工人对自身劳动权和报酬索取权的认识，了解劳动关系对立的本质，进而开展广泛的与资本“斗争”的运动，向资本的主导权挑战。

在实践模式上，激进派面临的主要问题是，用何种社会制度来代替资本主义制度，以及如何完善这种新制度的问题，该学派的主要倾向是建立雇员集体所有制。前南斯拉夫建立的工人自治制度，瑞典的梅得尔计划（Meidner plan），以及至今仍很成功的西班牙巴斯克地区的孟作根体系（Mondragon System），曾受到该学派的特别关注。①

西方劳动关系学派的理论和观点，反映了不同群体和个人对劳动关系的评判，以及其根深蒂固的价值观和理念。以建立雇员所有制为目标的激进派，其思想理念渊源于马克思的资本主义劳动关系理论。追求以市场代表的效率和以工会、劳动法律制度代

---

① John Godard. *Industrial Relations, the Economy, and Society*. 2nd, edition. North York: Captus Press Inc., 2000. p464

表的公平之间均衡的正统多元论，以及强调劳动关系和谐与员工忠诚的管理主义学派的观点，可以追溯到埃米尔·迪尔凯姆的工业主义劳动关系理论。强调产业民主和工人自治的自由改革主义学派的理论观点，可以从马克斯·韦伯的工业资本主义劳动关系理论中找到支持。而信奉市场效率的新保守派的理论渊源要更为久远，一般认为始于现代西方经济学鼻祖亚当·斯密 1776 年发表的《国富论》。

第 2 节　劳动关系的价值取向：一元论与多元论

一、一元论与多元论

关于管理者和工会、管理者和雇员关系的基础，有两种基本观点：一元论和多元论。

一元论观点强调资方的管理权威，要求雇员忠诚于企业的价值观。一元论强调权威和忠诚的单一核心价值取向，认为每一个工作场所都是一个完整、和谐的整体，不同的员工为了共同目的走到一起，作为一个团队工作，以实现管理方制定的组织目标。无论是在劳动者、所有者还是管理者之间，也无论是在提供技术、知识、还是经验的工人之间，都没有利益冲突。管理方和被管理方都是整个“团队”的一部分，管理者制定目标，其他人执行目标。在此环境下，企业将成功实现其目标，雇员也将成功地保留其工作和收入。就业组织被视为一个相互合作的利益共同体。一般而言，管理者普遍持一元观点，他们将自己的作用视为指导并控制工人来达到经济增长的目的。他们相信自己拥有制定规章的权力，赞美团队精神，主张每个人都应竭尽全力发挥其最大能力，并为共同目标而一起努力。人力资源管理哲学强调奉献和相互依存，其基础是雇员关系的一元论。

一元论观点面临的争论之一，在于组织内部利益群体间的任何形式的冲突或争议，都被看作会对组织产生本质性的危害，管理方的决策和意志绝不能受到挑战和质疑。如果确实产生了冲突，持这一价值观的管理者会发现很难理解冲突产生的原因。这时只能有两种解释，一是沟通失败，即组织没有清晰地向员工传达其目的，或者没有充分解释做出调整、变化的原因；二是因为某些人的煽动、蛊惑或者企业在招聘阶段选人不当。如果是沟通失败，则可以通过增进交流加以解决；如果是后者，则要通过解雇或终止其劳动关系来解决，偶尔组织也会把管理上的困境归于员工的不满。按照一元论观点，工会的存在会分散雇员对企业的忠诚感，所以应尽量消除或避免成立工会，以防止或制止任何冲突的产生。①

相反，多元论观点则承认冲突，甚至认为在工作场所冲突的存在是不可避免的。认为在任何工作环境中都存在着不同利益和信念的群体，因此，组织必须要在不同利益群体之间寻求持续的妥协，组织面对的是“一个关系复杂、紧张，必须对不同要求和主张进行控制的联合体”②。多元论将工业组织视为一个多元社会，包含了许多相互关联但又相互独立的利益和目标，而这些利益和目标必须保持在某种均衡的状态。工会是法律承认的在工作场所有权代表劳动者利益的合法组织，工会不仅是劳资冲突的发起者，而且也被看作是争议的调整者，对于调整雇员与雇主之间因确定工资产生的争议，以及就业合同的谈判发挥着重要作用。通过共同确立的程序性规则可以使劳资冲突制度化，促使双方互

---

① Terry Mcllwee，“Collective Bargaining”，in *European Labor Relations*. Vol. 1. Gower，England，2001. p17

② Fox，A，“Industrial Relations：A Social Critique of Pluralist Ideology”，in J. Child（ed），*Man and Organization*，Allen and Unwin. 1973

相让步，达成协议，从而降低潜在冲突可能引发的破坏性。集体谈判被认为是规范和调整劳资之间利益关系的最好形式。正如福克斯（Fox）所说："多元论体系框架的价值，在于它既关注了工会所起的决定性作用，又阐明了工会获得合法性的基础——它以代理制度为特征，代表工人参加到对日常事务的共同决定机制中来。它的价值，主要体现为其方法论上的意义，而不在于具体结果如何。"①

劳动关系多元论意味着不同利益的团体必须有某种程度的妥协。在工会被承认或存在工会组织的企业内，利益的妥协可以通过正式的协议形成。没有正式协议，说明管理者采取的是一元论观点。但人们仍希望，即使在这样的组织内，管理者也可以通过采取员工持股形式，以增进相互关系以及雇员的责任感，在如何最大程度满足组织及其成员的共同利益上征求雇员意见。

二、价值观的适用范围和特点

一元论和多元论这两种截然不同的观点和价值观，在不同组织中得到了不同程度的认可，甚至在同一组织的不同场合、不同阶段，其适用也不同。珀塞尔（Purcell）和西森（Sisson）进一步阐明了两种价值观具体适用的范围和特点。②

（一）传统型企业

这类组织将劳动者视为影响生产力的直接因素，认为雇佣和

---

① Fox, A., "Industrial Sociology and Industrial Relations", *in Royal Commission on Trade Unions and Employers' Associations Research Papers*, # 3. HMSO, London. 1966

② Purcell, J. and Sisson, K., "Strategies and Practice in the Management of Industrial Relations", in J. S. Bain (Ed), *Industrial Relations in Britain*, Basil Blackwell, Oxford. 1983

解雇应完全根据生产需要，把劳动力看成是一种成本，因而应尽可能将这一成本降低至最小程度。主张劳动者要服从资方的管理和指挥，剥削的存在是不可避免的，禁止雇员参加和组织工会，因为工会的存在会对管理权威构成潜在的挑战和威胁。这一传统型的劳动关系管理类型，强调一元论，主张用强有力的管理反对工会。

（二）精明的家长型企业

与同行业其他企业相比，这类组织能够给雇员提供优惠的就业条件和待遇。这样做的目的，是为了“购买”劳动者对组织的忠诚感，避免雇员转而加入企业之外的工会。为了给雇员提供抱怨、申诉渠道，主张在企业内部建立能够代替工会的相应机构（英国通常称为职工协会）。“精明的家长型”企业并不理所当然地认为雇员会自动忠诚于组织，因而他们也会投入大量的资源用于招募、甄选和培训，以确保尽可能使招聘进来的员工有“正确的态度”（否则将很快被解雇），并通过持续的培训，不断的调整，使员工融入企业。“精明的家长型”企业劳动关系管理类型，在本质上属于一元论，但它并不理所当然地认为雇员会接受企业的目标或自动地认为管理者的决策很正当，而主张花费大量时间和资源以确保雇员采取正确态度。

（三）精明的现代型企业

就这类组织接受工会和集体谈判作为协商确定就业条件和待遇的方式而言，他们是坚定的多元论者。由工会代表雇员所签订的集体协议，确认了管理方的权威和特权。集体协议内容广泛，包括了规范和调整劳动关系的实体规则和程序性规则，规定了雇主和工会所享有的合法权利和义务。因而，这类组织通常会积极鼓励工人加入工会，从而使通过工会达成的协议能够覆盖所有雇员。管理方和工会都倾向于支持劳动关系得到长期的战略性发展。

（四）标准现代型企业

这类组织承认工会，也接受集体谈判，但劳资关系的发展是建立在不断变化的机会主义基础之上，因而表现得更为实用。当劳动力市场或者产品市场状况显示雇员群体力量强大时，管理方会勉强与工会谈判，但当工会处于弱势、低潮时，管理方又会试图恢复其管理控制特权。这一模式是目前最典型的一种劳动关系管理类型，其特征是实用主义或机会主义。

总之，不同层次的管理者，对于提高劳动条件和待遇的态度是不同的，随着时间的推移也会不断调整和改变。一般而言，高层管理者更倾向于一元论观点，而职位较低的管理者由于更接近产品的生产和服务，可能更倾向于多元论观点。

第3节　劳动关系调整模式

劳动条件的确定，劳动关系的调整，究竟是由劳资双方协约自治、国家主导干预、还是由资方单独决定？这是整个劳动法制理念的大前提，这一前提决定着劳动法制的体系，以及劳动关系调整的模式。世界各国由于历史、法律、文化的不同，所采用的处理劳动关系的制度模式也各不相同。台湾学者黄越钦在其《劳动法新论》中，将劳动关系的主要调整模式归纳为四类：①

一、斗争模式

“斗争模式”是以某种特定的意识形态为指导，认为劳资关系是建立在生产资料私有制基础上的具有阶级斗争性质的关系，

① 黄越钦．劳动法新论．台北：台湾翰芦图书出版有限公司，2000．101～111

其表现形式是雇佣劳动和剩余价值的生产，其本质是剥削与被剥削的关系。因而在劳资之间存在着不可调和的阶级矛盾，无产阶级夺取政权之后，要将工厂、土地及一切生产资料收归公有，同时要消灭资产阶级，以斗争模式解决劳动问题。随着社会的变迁和进步，工业革命以来曾经被认为是劳资间互动基础的阶级“斗争”正逐渐消失，而以“合作”为本质的劳资关系体制则逐渐形成，因而以阶级斗争模式解决劳动问题的主张已成为历史。

二、多元放任模式

美国的劳资关系体制与大部分欧洲国家不同，美国欠缺中央级的工会组织，是全世界最大的移民国家，人种复杂，劳动者团结性欠缺，工会又倾向于以短期利益换取长期利益，政府对劳动关系的干预较小，因而可归为多元放任模式。这一模式秉承新古典学派劳动关系理论，认为市场是决定就业状况的至关重要的因素，工会或工会运动对市场机制的运行和发展具有副作用或负面影响，主张减少政府对劳动关系的干预。

三、协约自治模式

协约自治模式具体分为两种形式：劳资抗衡和劳资制衡模式。

（一）劳资抗衡

这一模式以劳资对立抗衡为主轴，完全排除国家干预。劳资双方通过行使争议权，进行周期性的抗争，缔结集体协议，在抗争中取得均衡与和谐，以法国、意大利等西欧国家为代表。

这一模式认为雇主联盟与受雇人联盟之间订立的集体协议，对其成员均具有规范效力，主张以协约自治原则处理劳资事务。

早期的协约效力，只规定缔约双方负有义务令其成员遵守协议，但这种义务强制效力非常有限，因为单独的雇主或受雇人，只要不参加联盟，则联盟间的集体协议对他就无约束力。为使联盟间的协约发生广泛的概括拘束力，国家立法规定，集体协议经国家认可后，在法源体系中由契约规范的地位上升为法律规范的地位，成为独立的法源。因而集体协议一经签订，对缔约双方成员都具有法律约束力，这使集体协议成为规范劳资关系的基础。

（二）劳资制衡

“制衡”是对“抗衡”模式的修正与超越，是劳动者以劳工的身份参与企业经营，其形式包括从“参与决定”到“共同经营”，也就是所谓的“工业民主化”，其基本思想是从消极保护劳工，转为积极的由劳资双方共同参与决定企业经营活动，尤以德、奥等国为代表。劳工代表参与企业内部经营的观念，产生于19世纪，其形式最早为工厂会议，后发展为经营协议、经营参议制等。经营参议制的最大特色是以法律形式将所有人在企业中的绝对主权，转变为一种由劳工参与的体制，使劳动者除了工会组织之外，还拥有了另一种形式的企业内的利益代表组织。这种工会与企业内利益代表并存的二元架构为德国、奥地利所特有。

四、统合模式

美国著名劳动关系学者邓洛普（Dunlop）最早以统合模式对劳、资、政三者之间的关系加以说明，他在《产业关系体系》（1958）一书中对劳、资、政三者间的经济、政治关系进行了分析，但没有对彼此间的互动以及权力比例加以说明。随后学界对统合模式纷纷进行研究，并将之区分为国家统合和社会统合，20世纪90年代又增加了经营者统合。因此，统合模式具体分为国家统合、社会统合和经营者统合三类。

（一）社会统合模式

社会统合模式的特征：劳资双方的关系以整个社会为背景；工会在跨企业的团结权方面具有很强大的力量；集体意识与阶级认同存在于社会阶层；劳工对其他劳动阶层的忠诚高于本身的产业。著名的瑞典模式是社会统合模式的代表。瑞典自 20 世纪 30 年代至 90 年代加入欧盟为止，其劳资事务处理的原则为社会统合模式，内容包括：（1）工会联盟与雇主联盟力量均十分庞大，并共同构成强大的劳动市场组织。在瑞典，劳动者参加工会的比率高达 90%，为世界之冠，无论蓝领劳动者还是白领劳动者都建立了强大的组织，而且彼此非常团结，几乎所有职工都分属于三个主要劳工组织。同时，瑞典资方参加雇主组织的比例也很高，工会组织与雇主组织的中央机构力量强大，形成中央集权制。（2）劳资双方都愿意保持工业和平，都明确反对国家干预。劳资纠纷应以劳动市场上的供需情况为基础求得解决。劳资双方有能力面对社会制度产生的弊端，采取预防措施，不需要国家立法干预。（3）设立争议处理机构。根据 1938 年瑞典劳资双方的基本协议，由工会联盟和雇主联合会的代表组成"劳动力市场理事会"，为全国性协商机构，任何劳资争端在提交法院审理之前，应先在理事会内部进行调解。（4）劳资双方组织的影响扩大。20 世纪 70 年代之后，工会采取主动措施，促使生产过程规范化，并参加政府的各种调查委员会，参与咨询或决策活动。（5）成为集团利益组织，插足政界，发表政见左右舆论。总之，劳资双方已超出以协约自治处理劳资关系的范围，成为统合经济、政治活动的当事人。

（二）经营者统合模式

经营者统合模式的特征：（1）劳资关系主要发生在企业层级；（2）工会在跨企业的团结权方面不具有强大的力量；（3）集

体意识与阶级认同只存在于产业阶层；（4）劳动者对本产业的忠诚高于对其他劳动阶层的忠诚。经营者统合模式以日本最为典型。第二次世界大战之后，日本制定了劳动基准法以保障劳动者权益，提升劳动力品质。日本模式即是建立在以劳动基准法为核心的终身雇佣制、年功序列制和企业工会制三项“国粹”之上。经营者在统合各方面力量之后，通过政府将其决策表达在劳动基准法中，要求各阶层予以服从。不过日本虽以经营者统合为原则，但对协约自治则仍维持某种程度的存在。

（三）国家统合模式

国家统合模式，是指企业与劳工组织在社会结构中所扮演的角色由国家决定。国家通过立法对企业的功能与活动范围予以界定、限制、命令或禁止。国家统合模式的特点是：（1）国家对劳资双方采取强而有力的控制手段，对劳动契约采取干预态度，对集体劳动关系予以压缩。在工会方面，实行强制入会制、单一工会制，禁止或限制特定当事人组织工会；在实务上政党力量介入较深，工会的自主性非常有限。在雇主团体方面，政府也采取相应的干预手段，对产业的控制极深。政党与产业界的关系密切，产业界对政府的影响力量也很大，但劳资双方团体却壁垒分明，互不往来，没有固定的合作机制。（2）以劳动基准法为核心，国家公权力对劳资双方的劳动契约直接介入、干预和管制。（3）在劳动安全卫生与劳动监督检查方面，采取官僚本位主义，缺乏工会与劳动者的参与。（4）劳动力市场政策主要是为了配合国家经济发展计划，而较少从劳动者的立场进行规划，体现劳动者利益。

总之，在实践中，市场经济国家处理劳动关系的制度模式大致分为这四种：斗争模式、多元放任模式、协约自治模式（包括劳资抗衡和劳资制衡模式）以及统合模式（包括国家统合、社会统合和经营者统合）。“多元放任模式”秉承新古典学派劳动关系理论，认为市场是决定就业状况的至关重要的因素，工会对市场机制的运行和发展具有副作用或负面影响，主张减少政府对劳动关系的干预，这一模式以美国最为典型。“协约自治模式”则以正统多元论学派理论为基础，主张劳资双方通过谈判取得均衡与和谐，以协约自治原则处理劳资事务，这一模式以法国、德国、意大利等西欧国家为代表。“统合模式”则以管理主义学派和自由改革主义学派理论为基础，其中“社会统合模式”秉承自由改革主义理论，主张劳资双方要突破协约自治范围，以整个社会为背景处理劳资关系，瑞典是这一模式的代表者。“经营者统合模式”则秉承管理主义学派理论，主张由经营者在企业层面统合各方力量，再通过政府将其决策表达在劳动基准法之中，这一模式以日本最为典型。“斗争模式”则以激进派理论为基础，认为劳资之间存在着不可调和的阶级矛盾，主张以斗争方式解决劳动问题。随着社会的变迁和发展，工业革命以来曾经被认为是劳资间互动基础的阶级“斗争”正逐渐消失，而以“合作”为本质的劳资关系体制则逐渐形成，以阶级斗争模式解决劳动问题的主张已成为历史。

◆ 本章小结 ◆

本章主要分析、介绍市场经济国家劳动关系的五种基本观点，强调从劳动者与管理方关系的角度，尤其从相互冲突和力量平衡，以及工会和集体谈判影响的角度来描述和分析，概述了主要学派的观点和理论溯源，以及市场经济国家对劳动关系问题的价值判断和调整劳动关系的模式。

◆ 关键词 ◆

正统多元论　管理主义学派　新保守派　自由改革派　一元论　多元论　劳资抗衡　劳资制衡

◆ 复习思考题 ◆

1. 试述现代西方劳动关系学的主要学派及其观点。
2. 试述一元论和多元论观点的主要内容。
3. 谈谈劳动关系的几种调整模式。
4. 比较自由改革主义学派与激进派的区别和相似之处。

第3章

劳动关系的历史和制度背景

◆ 学习目标 ◆

本章的学习重点是理解劳动关系发展的一般规律及我国劳动关系的发展变化。目的是通过本章学习，了解发达市场经济国家历史发展中所蕴涵的劳动关系内涵；理解劳动关系历史发展的阶段特点、发展规律，以及当前劳动关系面临的问题和挑战；掌握我国劳动关系的发展变化趋势。

引导案例：全球工会与美国跨国公司遇到的问题

对于许多美国工人来说，20世纪80年代是困难的10年，并且困难持续到了90年代。加入工会的员工所得到的工资和整体福利比他们以前得到的要低得多，报复正在变成相当平常的事情。在80年代，因不合理解雇和工作歧视而引起的上诉案件数达到历史最高水平，员工受到不公平待遇造成的实际不满情绪剧增。在劳资关系这样紧张的情况下，工会并没有扩张，90年代也是如此。很显然，员工没有将加入工会当做一个能够解决这些问题的方案。

直到最近，美国工会会员的数量急剧下降，其他国家的工会会员数量平均也以每年5%～7%的数量减少。在过去的20年里，美国工会会员人数已经下降了50%左右（工会组建率为14%左右）；英国的这一数字为51%；日本工会人数下降得比较少，工会组建率从32%下降到28%；德国和加拿大工会人数基本持平，前者的工会组建率是43%，后者是36%。

在美国的跨国组织中，如果公司是无工会的，那么全球性人力资源经理比无工会的国内的公司要完成更多、更困难的任务。他们必须更加努力工作，以创造一种让工人感到无需工会代表的氛围。因为相对于美国而言，其他发达国家的工会力量比较强大，因而要求跨国公司的人力资源经理为了继续保持公司的无工会状态而付出更多的努力，尽量履行承诺和合理地对待员工。①

早在19世纪上半叶，劳资矛盾就已经是发达资本主义国家非常重要的社会问题了。劳资问题在经历了数百年的发展之后，发生了很大变化。本章主要概述了发达资本主义国家历史发展中所蕴涵的劳动关系内涵，其意义在于：了解当前的劳动关系制度安排和发展状况并不是一成不变的，也不是劳动关系仅有的状态，而是复杂而漫长的历史演进过程中的一个片段。为更好地理解劳动关系的现在和未来，有必要以史为鉴，了解劳动关系的起源和发展历程。通过本章学习，重点了解劳动关系历史发展的阶段特点、发展规律，以及当前劳动关系面临的问题和挑战。

---

① ［美］R·韦恩·蒙迪，罗伯特·M·诺埃．人力资源管理（第6版）．北京：经济科学出版社，1998．503～504

第1节　早期工业化时代的劳动关系

劳动关系是管理方与劳动者之间的关系，表现为劳动者在管理方的安排和指导下劳动，管理方支付劳动报酬。这种关系是随着资本主义生产方式的产生而出现的。劳动关系的历史可以追溯到产业革命，从产业革命开始到19世纪中叶，是劳动关系发展历史的第一个阶段。

一、时代背景

18世纪中期，以蒸汽机的发明为标志的产业革命从英国开始，席卷欧洲、美洲，全球进入了一个新的时代——资本主义工业化时代。在这个时代，经济制度发生了本质变化，机器取代了手工工具，机器工业取代了手工业作坊。由于新技术的采用，生产规模的扩大，提高了劳动生产率，带来了产量的飞跃，推动了生产的发展和社会的进步。另一方面，工业社会带来的最大变化，就是工业生产逐渐取代农业生产而占据经济发展的主导地位，市场经济取代了小农经济，社会结构日益复杂化。

在资本主义早期，资本主义处于原始积累阶段，对内表现为对本国劳动者的剥削，对外表现为在殖民地的掠夺。大批劳动者被迫离开土地，不得不依靠出卖劳动力谋生。这些劳动者具备了成为工人阶级的两个基本条件：一是他们是自由的；二是他们除了他们自身以外一无所有。资本与劳动相结合，新型的雇佣关系就这样产生和发展起来。在这一时期，不但形成了现代意义上的雇佣关系，而且雇员人数逐渐增多，成为社会阶层结构中的主体。

工业革命的直接成果是工厂制度的建立，它是资本主义发展的微观基础。工业革命由于工业技术得到广泛的应用，使得工厂能够进行社会化大生产。为了提高效率，在亚当·斯密分工思想的指导下，企业实行高度的专业化分工。高速的经济发展使人口很快涌向工业集中地，不久就在交通便利和资源丰富的地区形成工业化城市。更为重要的是大工业产生了资本家阶级和无产阶级，从此，劳动关系就成为资本主义社会的一种基本关系。

由于大企业的建立，雇主和工人之间形成了相互对垒的态势。在早期工厂制度下，管理的特点是军队式的严密组织，并且大量使用童工。由于当时熟练工人严重缺乏，工人起初都是由农民、退伍军人等组成。为了提高生产效率，资本家就派各类监工，使工人按照资本家的要求像机器一样劳作。工头通过罚款、解雇，甚至残酷的鞭打来强制工人服从。这样，工人就视机器为仇敌，认为由于机械化而使其受到非人的待遇，因而工人的第一反抗就是破坏机器。尽管为了制止各种骚乱，英国在 1769 年制定了法律，但并不能完全杜绝骚乱的发生。这给当时的工业发展和生产力造成了严重的破坏。当时资本家的主要兴趣是出售产品，而不关注制定一个良好的制度。

二、斯密的管理思想

亚当·斯密是英国古典经济学家，他的管理思想也成为当时的主流管理思想。

斯密认为，劳动是国民财富的源泉，各国人民每年消费的一切用品来源于本国人民每年的劳动，劳动创造的价值是利润的源泉，工资越低，利润就越高；反之，工资越高，利润就会越低。在斯密管理思想盛行的年代，企业将追求利润最大化作为唯一目标，雇主极力压低工人工资，延长工时，增加劳动强度，以获得更多的利润。

斯密主张以市场“看不见的手”来自动调整市场的供求，政府仅仅作为看门人，不干涉市场的供求和经济的发展。在政府不干涉政策的影响下，雇主具有了相当大的雇佣、使用和解雇员工的权力。

三、劳动关系

在早期工业化进程中，工人的生活状况没有随着经济的发展而改善。相反，雇主为了获得更多利润，花费更少的劳动成本，往往采用延长工时、增加劳动强度、压低工人工资、不改善工作条件和劳动保护设施，以及完全控制工人工作等办法剥削工人。由于过度竞争、贫富分化、商品和货币对劳动者的异化，致使工人的劳动条件和生活状况都急剧恶化。早期工业化时代，雇主对工人的剥削是残酷的。

各国政府普遍信奉古典主义“自由竞争”理论，认为市场是最有效率的。政府不干预劳资关系，完全交由劳动力市场自动调节。正如前面理论中所述，资方在劳动关系中具有优势，劳动者在缺乏制度保证时处于绝对的劣势。关于劳动和保障方面的法规非常少，1802 年英国通过的《学徒健康与道德法》，被视为第一个具有现代意义的劳动法规。

18 世纪末 19 世纪初，西欧各国爆发了各种工人反抗斗争，他们通过破坏机器、烧毁厂房、停工怠工、罢工游行等形式，要求雇主改善劳动条件和提高工资。这些斗争往往是自发的和分散的行动，没有周密组织和计划，这些活动也往往以失败为结局。正是从这些失败中，工人们开始认识到，只有联合起来，获得成倍的力量，才有可能与雇主抗衡，达到运动的目的。所以，在一些行业中开始出现了最初的工人组织，即早期的工会。

在同一时期的美国，也产生了早期的工会。只是与欧洲相比，产生的原因有所不同。在美国，大部分工会是在技术工人和半技术工人内部发展起来的，工会的目的是以其意志来规范所从事的职业。所以，美国早期的工会具有中世纪同业互助会的性质。随后，全国性工会在各种行业中出现。在19世纪70年代早期，全国性的工会发展到大约30个，工人总数大约30万人。

面对早期的工人组织，雇主进行了激烈的抵制，政府也采取了法律上的不承认或严格限制的态度。当时各国的立法都禁止工人结社、罢工和示威。英国1799年颁布的《结社法》和法国1791年颁布的《夏勒里埃法》就是这类法律的典型代表。政府甚至动用军队来对付工人罢工，例如在美国，1834年安德鲁总统在马里兰州镇压了爱尔兰裔工人的罢工。

四、劳动关系的特点

早期工业化时代劳动关系的表现形式是激烈的对抗，劳动关系处于不稳定和直接对立之中。一方面，雇主或资方通过压低工资、延长工时、威胁压迫工人，以及对恶劣工作条件的漠不关心来获得更多的利润；另一方面，工人或劳动者在争取工资、工时、就业和劳动条件的改善上进行了不懈的斗争，但是，这种工人运动总体上处于分散、个别和局部的状态，虽然产生了工会，这一时期的工会还很不完善。因此，在该时期的劳动关系中，资方占有绝对的优势地位。政府在表面上采取自由放任的态度，对于劳资纠纷采取不干预的方式，然而实际上，政府的立法和政策倾向于雇主一方。

第2节　管理时代的劳动关系

一、时代背景

19世纪中期到20世纪初期，资本主义经济开始从自由竞争向垄断过渡。这一时期经济发展的基础，是从19世纪中期开始、在19世纪末和20世纪初达到高潮的第二次技术革命。科学技术的巨大进步，工业生产的迅速发展，使企业的规模越来越大，财富逐步聚集到少数资本家“精英”手中。生产和资本高度集中，为少数大资本家的联合和实行垄断创造了条件。垄断组织在各个部门陆续建立，并发展为工业资本与银行资本相融合的金融资本的统治。

新技术革命也带来了生产组织的变革。由于使用了电，原来以蒸汽机为基础的机器体系（包括工作机、发动机、传动机）现在联成一体，由此引起了生产工艺组织的变革。过去由于动力和传动装置限制而将同种机器并列的工艺组织，已被按产品加工工艺组成的流水线代替。在这个阶段，贫富差距不断扩大，社会矛盾日趋尖锐。从19世纪70年代到第一次世界大战爆发的40多年里，主要资本主义国家先后经历了五次世界经济危机的打击，每次经济危机都使资本主义国家的生产急剧下降，企业大批破产，资本贬值，工资削减，失业人数增加，生产力遭到破坏。同时，资本主义制度暴露出越来越多的问题，遭到社会有识之士的不断抨击。政府也认识到，为了稳固政权，巩固统治，就不得不要求雇主方做出些让步，同时也要对劳动者的工作保障等方面加以管理。

二、科学管理理论

随着技术革命和流水线作业为基础的生产的发展，产生了新的劳动组织和现代管理体系，这就是“泰勒制”。以弗雷德里克·泰勒为主要代表人物的科学管理理论以提高生产率为目标，以科学管理方法代替传统的经验管理，提出通过建立各种明确的规定、条例、标准，使一切科学化、制度化，是提高管理效能的关键。科学管理理论的内容包括劳动定额原理、激励性的工资报酬制度，等等。

科学管理思想对这一时代产生了深刻的影响，各企业纷纷以此为依据制定新的管理方法。管理的改进不但提高了劳动生产率，也为工人创造了更加公平合理的竞争环境。下面是著名管理学家哈罗德·孔茨对泰勒的评价：

“尽管看起来过分全神贯注于车间一级的生产率，然而恰恰相反，贯穿在泰勒著作中的主旋律却是强烈的人道主义。他认为，要精心选人用人并加以培训，让他们做能够干得最好的工作。他还认为，工人、主管人员和工厂主的利益，是能够也应该能够协调一致的。此外，泰勒还强调主管人员精心制订先进计划的重要性以及主管人员有责任设计工作制度，以帮助工人把工作做得最好。但是，当他在谈到管理时，他从来没有忽略过这样的事实：‘雇主与工人之间的关系无疑是形成这种艺术的重要部分。’”①

但在同时，流水线式的生产和泰勒制也成为资本家提高劳动强度、加强剥削的重要手段。泰勒制加强了资本家对工人的实际的隶属，使工人进一步附着在工作岗位上。

---

① ［美］哈罗德·孔茨，海因茨·韦里克. 管理学（第9版）. 北京：经济科学出版社，1993. 30

三、劳动关系

在雇主改变管理方式、加强剥削的同时，工人运动有了进一步的发展。在美国，1886 年 12 月美国劳动工人联合会（简称劳联，AFL）成立了，它是一个以熟练工人为主的在不同职业的基础上组织起来的全国性的总工会，目的是为工人谋取更多的利益。1905 年，在美国芝加哥，世界产业工会诞生了。在欧洲，各国政府相继废除了禁止结社的法律，各国的工会组织获得了空前的发展。到 19 世纪末，工会在西欧各国已经相当普遍。

各国政府改变了早期工业化时期对工人运动和工会的或放任或压制的政策，采取了所谓的“建设性”干预政策，开始对改善工人状况进行国家干预，力图建立稳定的劳资关系。

建设性干预政策首先体现在立法上。各国相继通过了有关保护妇女和儿童就业、减少工时，以及以社会援助的形式发放各种津贴和失业补助的一些法律和条例。到 19 世纪末 20 世纪初，各国的工厂法、劳动保护法、劳动保险法、工会法、劳动争议处理法等法律大量出台，相应的劳动行政管理机构也开始出现。1871 年英国颁布了世界上第一部工会法，1875 年又颁布了《企业主和工人法》，允许工人团体和企业主签订契约和合同。到 1904 年，新西兰出现了较规范的集体合同法。从此，集体谈判制度得到了国家法律的承认和保护。

四、劳动关系的特点

管理时代的劳动关系的特点主要表现在：

1. 工人运动继续发展，工会组织广泛建立，队伍逐渐壮大，并且形成层次，工人力量开始不断增强。

2. 资方或雇主在不断加强的工人运动的情况下，开始出现让步，从早期对工人的直接的剥削和压迫变为通过改进管理，增加在工作中科学的分析和对工人的激励，来追求利润最大化的目标。

3. 劳资矛盾的目标没有变化，仍然是争取更好的工作和生活条件，但是其激烈程度有所弱化，表现形式出现多元化方向，集体谈判制度得到了确认。

4. 政府的政策发生了变化，从不干预到出台大量的法律、建立相应的机构干预劳资关系，劳动关系向更加稳定、有序的方向发展。

第3节　冲突的制度化

一、时代背景

在20世纪上半叶，世界经济经历了两次世界大战和历史上最严重的经济危机。战争期间，资本主义国家的经济与政治均陷于动荡之中，生产和贸易经受了严重的战争破坏。由于民族矛盾突出，劳资矛盾相对退居次要地位。20世纪二三十年代，西方资本主义国家发生了空前严重的经济危机，大量的企业破产和工人失业，使劳资关系重新紧张起来。受俄国社会主义革命和经济危机的影响，各主要资本主义国家相继爆发了以政治要求为目标的较大规模的罢工。

面对劳资关系的再度紧张，政府不得不直接干预经济。这一方面表现在劳动部门的就业管理职能得到扩大和加强，政府开始对劳动力市场的宏观干预。这种对经济的干预以美国的“罗斯福新政”为主要代表。为了减少大萧条所造成的失业，缓和劳资矛盾，罗斯福政府颁布了《产业复兴法》。该法律规定：工人有组织工会、参加自己选择的任何工会和通过自己的代表同资方签订集体合同的权利。该法律还规定了最低工资和最高工时等。政府还通过执行公共工程计划，吸收失业者就业。1935 年通过的《国家劳动关系法》（又名《瓦格纳法》）进一步确认了工会的权力。另一方面，各国都进一步发展了社会保障制度，提高了社会保障水平。1935 年罗斯福当政的美国政府通过了《社会保障法》，标志着现代社会保障制度从社会保险制度向综合性社会保障制度的转变。

二、行为科学理论

行为科学理论的产生与科学管理理论的年代基本一致，但发展较后者更晚。直到 1949 年在美国芝加哥大学召开的会议上，该理论才被正式命名为“人际关系”学说，后来又被称为“行为科学”。与管理学派偏重对工作进行科学分析相对比，行为科学理论侧重对人的心理活动的研究，探求人们行为的规律，从中寻找管理员工的新方法和提高劳动效率的途径。

在行为科学发展中，与组织中劳动者有关的三个最为重要的方面是：工业心理学的出现、霍桑试验、社会系统理论。

（一）工业心理学的出现

“工业心理学之父”雨果·芒斯特博格在他的经典著作《心理学和工业效率》中提出研究的目标：寻求如何使人们的智能同他们所从事的工作相匹配；在何种心理条件下，才能从个人的工作中获得最多并最令人满意的产出；企业如何去影响工人，以便从他们那里获得好的结果。同泰勒一样，他对劳资之间的共同利益感兴趣。但是，他强调他的方法更侧重于工人，他希望以此来缩短工作时间，增加工资和提高“生活水平”。

（二）霍桑试验

霍桑试验是指在1927—1932年间由美国人埃尔顿·梅奥和罗特利斯伯格所进行的一系列分析改变照明和其他一些条件对工人和生产率的影响的试验。他们发现，照明强度和其他工作条件都无法解释生产率变化的原因。他们认为，在试验中生产率的提高取决于士气、集体成员之间的相互满意关系（一种归属感），以及有效的管理等一系列社会因素。因此，管理者要了解人的行为，特别是了解集体行为，并且通过激励、劝导、领导和信息交流来起作用。霍桑试验的重要之处在于，把人当做社会的人，从而要更多地考虑岗位上的人的情感、心理、期望等。

（三）社会系统理论

社会系统理论的代表人物是切斯特·巴纳德，他将管理工作纳入一个社会系统之中，并认为高级管理人员的任务就是在正式组织内尽力维护好一个协作系统。

三、劳动关系的制度化

在两次世界大战期间，劳动关系有了进一步发展，世界大战和经济危机影响了各国政治经济的稳定，加快了各国政府干预劳动关系的步伐，各国从初期的国家干预向制度化、法制化过渡。

由于战争和危机对生产和就业带来的震荡，劳资矛盾一度非常尖锐，同时也引发了很多社会问题。为了缓解劳资矛盾，促进经济的复苏，各国依据新的行为科学管理理念，开展了“产业合理化”运动。该运动是以工人参与企业管理为主要内容的产业民主化运动。

在该时期，三方性原则开始出现。最初的形式是，由政府的劳动部门安排雇主和工人代表或工会代表参加会议，共同讨论一些双方都关心的问题。经过逐步发展，已经演变成政府在制定产业政策时，主动征求双方的意见，政府参与调整双方关系，使双方的矛盾能够控制在一定范围内。三方合作的方式在当时主要有两种：一是在政府的主持和法律约束下，以集体方式处理劳资关系；二是雇主组织和工人（工会）组织共同参与劳动法的拟定和实施。第一种三方合作的方式——集体谈判和集体协议制度逐渐在各国兴起。在集体谈判制度中，以管理方与劳动者集体按照事先规定的程序通过讨价还价来共同决定工资和其他工作条件，而政府在谈判过程中作为第三方，除了帮助制定程序和规则之外，还负担着调解和仲裁双方纠纷，以及提供其他服务的责任。这种方式逐渐地在各国广泛地传播开来。第二种三方合作的方式是，在政府制定劳动立法的过程中，政府也从原来只听取雇主方的意见转变为邀请雇主和工人代表共同参与协商。一些国家还为此成立了由三方共同参加的机构。当然，三方性原则这一时期在工业企业中还并不普遍和完善。

四、劳动关系的特点

1. 该时期的劳动关系受重大历史事件影响较其他时期更为明显。两次世界大战和大危机使劳资矛盾在缓解和激化之间反复震荡，从客观上促进了劳动关系的加速发展。

2. 政府进一步放弃了原来的不干预的政策，不但加强了劳动保障方面的立法，而且对产业发展和劳动力市场等诸多领域进行了宏观调控。

3. 企业的管理方更加关注员工的社会性特征，如士气、满意度等，客观上缓和了劳动关系紧张状态。

4. 该时期冲突逐步制度化，产业民主化和三方性原则首次被提出，集体谈判制度的范围进一步扩大，使调整劳动关系的渠道更宽，选择余地更大。

第 4 节　成熟的劳动关系

一、时代背景

成熟的劳动关系时期是从第二次世界大战结束后直至 20 世纪八九十年代。在这一阶段，世界经济发展出现了很多新变化：科学知识技术蓬勃发展，计算机的发明和应用，自动化控制领域的突飞猛进。在科技快速发展的情况下，世界各国经历了一个经济快速增长的时期，企业的资本密度不断增加，对工人的技术水平要求也在提高。同时，企业的规模也由于规模收益的原因而不断扩大。所有这些都对企业管理提出了新要求。

随着第二次世界大战后全球经济的快速发展，出现了像英国、瑞典这样的福利国家。福利国家以社会保障制度完善、社会保障水平高而著称。在其他西方国家，社会保障制度也有了不同程度的增长。现代社会保障制度于 20 世纪四五十年代进入了成熟阶段。社会保障制度的发展对于改善劳动关系具有相当重要的意义。

二、现代管理学的发展——“管理理论的丛林”

在科技进步和企业组织变化的背景下，原有的管理理念已经不再适应企业的需要，许多新理论应运而生。这些理论思想庞杂、内容广泛，因而被著名管理学家哈罗德·孔茨命名为“管理理论的丛林”。

在管理理论的丛林中，各派不但观点各不相同，而且在分析方法、研究具体对象等方面也各有所长。这里仅举几个相对重要的学派，并简单介绍它们的观点中与劳动关系有关的内容。

（一）经验主义学派

该学派的代表人物彼得·德鲁克认为，管理科学阶段侧重于以工作为中心，忽视人的一面；而行为科学又侧重于以人为中心，忽视同工作的结合。目标管理则是综合以工作为中心和以人为中心的方法，实现工作与人的完美结合。

（二）经理角色学派

经理角色学派产生于20世纪70年代，主要代表人物是加拿大的亨利·明茨伯格、乔兰、科斯庭等，该学派因以对经理角色的职务和工作为研究对象而得名。

该学派认为，经理提高工作效率的方法是：与下属共享信息；有意识地克服工作的表面性；处理好对组织施加影响的各种力量的关系，这些力量有：股东、学者、政府、工会、公众、职工等等。

（三）权变理论学派

权变理论，也称超Y理论，主要代表人物有约翰·莫尔斯和杰伊·洛西。该理论认为在企业管理中要根据企业所处的内部和外部条件随机应变，没有一成不变的、普遍适用的“最好”的管理理论和方法。

权变理论认为，人们加入工作组织的目标和需要是互不相同的，他们对管理方式的要求也有差别，员工的培训和工作分配、工资报酬和对工人的控制程度等管理政策应该随着工作性质、工作目标等因素而变化；当一个目标达到后，可以继续激发员工的胜任感，使之为新的更高目标而努力。

这些新的学派的出现不仅反映了新的经济、技术环境下管理思想的变革，也反映了对原有的上一个比较特殊的历史时期的管理思想与传统的管理思想之间的某种整合。

三、成熟的劳动关系

劳动者重新返回劳动力市场和战后重建都为经济的复苏和在一个较长时期内经济的发展提供了重要支持。经济发展的新要求和持续不断的工人运动，使政府采取了更多的产业民主化政策。

在这些产业民主化政策中，最重要的是工人参与企业管理，主要体现在三方原则的广泛推广上，即国家（政府）、企业和员工三方合作，共同制定产业政策和劳动政策。具体形式各国又有所不同。有的在全国一级的产业层次上由政府主持下的雇主协会与全国性的产业工会谈判，也有的仅按照政府的法律规定，在企业层次上由雇主同企业工会谈判。还有一些国家成立了一些由三方参加的民主决策机构，劳资议会就属于这样的机构。国际劳工组织也是一个三方组成的组织，它积极倡导劳动关系领域的三方原则，在制定劳动法规、调整劳动关系、处理劳动争议等方面，政府、企业（雇主）和员工三方代表共同参与决策，相互影响、相互制衡。

另外，集体谈判制度也在进一步完善，并且被西方国家普遍采用。雇主与工会或工人代表通过相对公平的谈判来决定工资和工作条件等内容，所有员工——工会会员以及非工会会员，都可以享受谈判带来的福利的增加。集体谈判逐渐成为处理管理方与员工之间日常问题的主要手段。

政府对劳动关系影响的方式也从不干涉、直接干预到通过立法规范间接干预。在这一时期，西方国家形成了一整套规范化、制度化的法律体系和调整机制。

在美国，1947 年通过了《劳资关系法》（也称《塔夫托一哈特利法》），对工会的权力进行了规范和限制。1955 年劳联和产联合二为一，结束了两大工会力量长期竞争的局面。合并之后的劳联一产联的运作更加具有效率，并对内部各工会之间的冲突进行调整，使之控制在非暴力合法化的范围以内。一方面，工会的数量不再像第二次世界大战期间那样迅速增加，而多是旧有工会组织的延续；另一方面，参加工会的会员人数不断增加。

各国公共部门的工会发展壮大起来。从 1972 年开始，美国的制造业和建筑业蓝领工人中的工会组织数量骤减，同时，从 1960 年起，公共部门的工会组织，尤其是在州、地方和联邦政府雇员中的工会组织，则维持了较长时期的增长。其他国家也有相似的过程：1985 年，工会代表政府雇员的比重，在美国为 36%，德国为 58%，英国为 81%。而在私营部门中，工会代表率在美国为 14%，德国为 28%，英国为 38%。

在欧美国家，虽然员工中工会会员的比例有所上升，但是冲突的形式却变得并不剧烈，劳动关系表现得更加成熟，因为双方找到了解决冲突问题的更有效的办法，这就是法律规范下的由劳资协议制度、集体谈判制度等所组成的制度体系。

四、劳动关系的特点

1. 经过前几个时期劳动关系发展的基础，政府不但认识到调整劳动关系的重要性，而且调整手段也已经相当完备，立法体系完善、社会保障制度健全，保障水平随着经济的发展不断提高，为劳资双方有效沟通所提供的各种服务也比较完备。

2. 在政府立法、服务体系干预下，管理方与员工双方都更愿意通过相对缓和的形式来解决冲突，使双方都得到好处，因此从总体上看，冲突的激烈程度在不断下降，合作成为劳动关系的主流。

3. 经过长期的发展，“三方格局”形成，员工参与管理的产业民主制度、集体谈判制度等都已相当完善。解决劳资矛盾、劳资争端的途径趋于制度化和法律化。

第5节　新的矛盾和问题

一、经济和组织发展的背景

近年来，一些学者从社会学和人类学角度对泰勒式的工作组织提出了挑战。他们认为，泰勒式组织具有成本高、制度僵化的弱点，不适应新时代高新技术和通信技术的发展。因为，这些新技术在销售、生产、设计和生产重组等方面，要求更具柔性的专业特征，从而使工作组织和工作设计发生了根本性的变化：(1) 计算机的广泛应用和人工智能技术的发展，使传统的“蓝领”和“白领”的界线变得越来越模糊。(2) 工作组织本身也从多等级的官僚制变为由网络化供应、团队工作、多种技术支持，以及像组织扁平化和弹性工作制这类形式多样、富于变化和适应环境的制度。(3) 由于全球经济一体化带来的更为激烈的全球性竞争，使得世界经济进入“微利”时代，这就要求劳动关系双方改变传统的调整冲突的方式和渠道。

二、劳动关系的新变化

由于新技术的采用以及由此带来的新的组织制度的发展，以及全球经济一体化的影响，新时期劳动关系也在发生着日益明显的变化。

(一) 全球经济一体化带来国际竞争加剧和雇主策略的变化

由于全球经济一体化趋势的加强，国际竞争的激烈，组织面对的降低雇佣条件、压低人工成本的压力就会愈来愈重。这些压力减少了各国的雇主或管理方妥协的余地和工会及集体谈判发展的空间。到目前为止，世界各国、尤其是劳动关系发展成熟的各西方市场经济发达的国家，还在纷纷寻求降低成本的方法，以及调整雇佣关系的新模式。

（二）跨国公司的兴起和经济全球化的趋势也改变了资方、政府和工会的权力平衡

一方面，市场的范围已经从单一国家的国界扩展到多个国家和地区。另一方面，一国政府控制国际资本流动的能力是有限的。由于大型跨国公司的核心竞争力在于利用国际金融、国际科研和国际技术资源，所以政府对这些大型跨国公司的影响力就越来越小，政府不再能够像以前那样，通过国家主要工业巨头联盟的帮助来制定该国的产业政策，而是只能控制部分国内市场。即使如此，对这部分市场能够产生影响的工会也会受到其他市场参与者的成本竞争的限制。正是在国际竞争压力和工作组织自身变化的情况下，各国的工会力量在 20 世纪 80 年代后期都有不同程度的削弱。

（三）跨国工会和工会联盟发展的相对滞后

国际竞争的加剧和跨国公司的兴起，为工会跨过国家劳动力市场界限、建立国际组织来协调其行动提出了客观要求。这是因为，从历史上看，工会从地区组织发展成全国性组织，集体谈判从地区水平发展到国家级产业谈判，都是由于工会受到了控制范围之外的劳动力成本的影响，因而要求结成统一的组织来协调各工会的发展。为了顺应这一要求，欧洲的工会组织已经启动，欧洲工会联合会已经同欧洲雇主联合会开始了谈判。例如，1991 年关于将《社会政策协议》的内容添加于《马斯特里赫特条约》的谈判。再例如，1994 年关于《工厂委员会指南》的性质的谈判。

但是，对于大多数地区和国家的工会，面对国际经济一体化还有很长的路要走。

（四）发展中国家面临新问题

全球经济一体化的必然趋势不但会对主动加入的国家产生巨大的影响，也会对那些“被迫”加入的国家的劳动关系和社会政策产生冲击。各个国家，尤其是发展中国家都面临着一个严峻的选择：是降低劳动条件和福利水平以压低劳动成本从而在全球竞争中获取优势，还是积极遵守各国统一的劳动标准，以实现对工人的工作和生活水平的保障？这确实是一个需要各国慎重考虑的问题。目前，在加入WTO的背景下，我国也面临着劳动标准水平的选择问题，这个问题直接影响到我国企业劳动关系的状况和参与国际竞争的能力。

（五）发达市场经济国家的工会也面临着知识经济的挑战

工会的产生与发展总是与制造业和建筑业的发展相联系。西方国家第三产业的比重大于第二产业比重，工会的范围和力量有不断缩小的趋势。例如，在美国，工会会员的人数占工作人数的比重在不断降低，而且，代表未来经济发展趋势的美国高科技企业，工会的力量十分微弱。20世纪末，工会会员在美国劳动力中所占的比率从第二次世界大战后的35%下降到10%左右，降至第二次世界大战后的最低水平。可以预见，在知识经济时代，具有知识的劳动者和具有资本的雇主之间的劳动关系会出现全新的变化。

第6节　我国劳动关系的发展

一、计划经济体制下我国劳动关系的建立

在20世纪50年代初以后的相当长的时期内，我国实行计划经济，与此相适应，劳动关系的建立受到国家计划经济和相关政策的严格制约，呈现出浓厚的计划经济特征。劳动者与用人单位建立劳动关系的方式主要表现为统包统配式。国家采用全国统一招收的办法，把每年新成长的劳动力“包下来”，然后再按计划统一分配到企业、事业单位和国家机关。国家为每个人安排职业、就业单位、限定就业地域等。用人单位与劳动者之间的依附关系在形式上表现为一种行政管理关系，呈现出固定、单一、行政化的特点。在企业实行以固定工为主的用工制度。1952年7月政务院第146次政务会议通过的《中央人民政府关于劳动就业问题的决定》规定，一切私营企业对于因实行生产改变、合理的提高劳动效率而多余出来的职工，均应采取包下来的政策，且由原企业单位发给原工资，不得解雇。1956年对资本主义工商业社会主义改造后的公私合营企业的职工也全部包下来。对于所有包分配的人员，都成为用人单位的固定职工，不许随便辞退。1957年4月国务院在《关于劳动力调剂工作中的几个问题的通知》中规定，各单位对于多余正式职工和学员、学徒，应积极设法安置，如果没有做好安置工作，不得裁减。至此，我国统包统配建立劳动关系的方式形成，这种方式一直延续到20世纪80年代初期。这种建立劳动关系的方式被称为计划经济体制的劳动关系。其主要表现和基本特征是：

（一）劳动关系类型的单一性

在全国范围内，只有一种单一的公有制经济劳动关系，这种公有制经济劳动关系主要表现为劳动关系主体一方的用人单位的经济性质为全民所有制和带有全民所有制性质的集体所有制，劳动者也都是全民所有制职工。其他非公有制经济劳动关系一般不存在。从劳动关系的存续来看，短期性、季节性、临时性劳动关系范围很窄。一般不允许形成兼职劳动关系。

（二）劳动关系内容的国家计划性

劳动关系各个方面都由国家统一计划、统一部署、统一实施。用人单位无权自行招用劳动力，而要由国家下达用工指标，在指标内招工；劳动者也无权自由选择职业，要由国家统一分配安置就业。劳动关系建立后，工资分配、保险福利等，都由国家统一制定政策，统一进行调整。

（三）劳动关系运行规则的行政性

用人单位和劳动者建立劳动关系是通过政府的行政指令来实现的。劳动关系一旦建立，没有政府的行政指令，终身保持不变，直至退休。人员流动受到严格限制，劳动关系一方的劳动者身份不可转换。如果需要也是国家用行政方式进行调配。

（四）劳动关系主体利益的一体性

在劳动关系中，企业是国家的企业，职工是国家的职工，全体劳动者都是国家的主人，都是生产资料的占有者，劳动者和劳动力的使用者都没有独立的主体身份，双方没有形成相对独立的利益主体，劳动者对用人单位实际上是一种依附关系。①

---

① 邱小平主编. 劳动关系(第二版). 北京：中国劳动社会保障出版社，2004. 19～21

二、向市场经济过渡时期劳动关系的变化

在由计划经济向市场经济的过渡时期，作为社会经济体制的一种标志，劳动关系发生了较大变化。在其形态上，既有计划经济条件下劳动关系的“烙印”，又有市场经济条件下劳动关系的许多因素。主要表现为：

（一）不同类型的劳动关系运行规则还有一定差别

计划经济条件下只存在单一类型的劳动关系，而在向市场经济过渡时期，各种非公有制劳动关系发展很快。目前，不同所有制经济劳动关系之间，在确立方式、存在范围、内容及受国家调控程度等方面还有一定差别。

（二）在劳动关系建立的形式上，劳动合同关系与非劳动合同关系仍然并存

在计划经济条件下，企业劳动关系的建立基本上是行政方式。在市场经济建立过程中，用行政方式建立劳动关系已经过时，企业基本上都实行了劳动合同制度，但在国家机关、社会团体和事业单位还没有完全实行劳动合同制度。

（三）劳动力市场配置机制和行政配置机制同时对劳动关系发生作用

在计划经济条件下，劳动关系都是在劳动力行政配置机制的作用下运行的。随着劳动力市场的逐渐发展，市场机制对劳动合同关系的运行逐渐起到支配作用，而且在一定程度上还影响着非劳动合同关系的运行。但由于劳动力市场发育还不完善，劳动力行政配置不仅支配着非劳动合同关系的运行，且对劳动合同关系也会起到一定制约作用。因而，在劳动关系运行过程中，存在着

两种劳动力配置机制的摩擦。

（四）劳动关系调整还存在着法律规范不健全的问题

在计划经济条件下，劳动关系调整几乎全部采用行政管理方式，执行的主要是有关政策。随着劳动法制建设的发展，按照市场经济要求，劳动关系逐步转向依法调整。但由于法律法规的不完善，劳动关系调整还存在着不规范的情况。

（五）劳动争议大幅上升，劳动关系不稳定因素增多

计划经济条件下劳动关系主体双方力量对比相对均衡的状态被打破，劳动者弱势地位突出显现，侵犯劳动者权益的现象增多，劳动争议数量及涉及人数均呈大幅上升趋势，反映了向市场经济过渡时期劳动关系的复杂性和不成熟性。

三、市场经济条件下我国劳动关系的发展

我国经济体制改革的目标是实现社会主义市场经济。因此，劳动关系也将朝着适应市场经济要求的运行方向变革。其发展的总体趋势是：

（一）劳动关系主体利益明晰化

劳动关系就其实质而言，是一种利益关系。但在计划经济条件下，劳动关系的这种性质特点被掩盖。从外在表现看，劳动者和用人单位都没有独立的主体身份，因而也都不能形成相对独立的利益主体。利益一体化是劳动关系维系和运行的基本目的和一致要求。随着市场经济条件下现代企业制度的建立和完善，政企分离、产权清晰、责权明确、管理科学，国家和企业之间有了相互区别的职能和利益取向，劳资双方在生产资料所有权问题上泾渭分明，企业成为名副其实的相对独立的经营实体和经济组织，

企业与职工、经营者与劳动者在根本利益一致的基础上，将逐渐形成主体明晰、地位对等、平等竞争、利益多元的新型劳动关系。计划经济条件下，那种在劳动关系上国家代表企业、企业代表职工、主体界限模糊、利益关系不明的状况会得到彻底改变，国家、企业、劳动者各自成为相对独立的权利主体和利益主体的关系完全实现。

（二）劳动关系形成的合同化

基于劳动关系主体的明晰和利益的多元化，以劳动合同的形式建立劳动关系，明确双方的权利和义务，规范和约束劳动关系主体双方的劳动行为，实现劳动过程中的管理，将成为各类劳动关系普遍采用的一种有效形式。劳动关系形成的合同化包括两层意思：一是用人单位和劳动者建立劳动关系，通过签订劳动合同的方式来实现。劳动合同既是产生劳动关系的凭证，又是规范和约束劳动行为的依据。二是在劳动关系内部，由工会代表职工与用人单位就劳动关系中的一些标准或其他事项签订集体合同，通过集体合同的方式维护劳动关系主体权益。

（三）劳动关系运行的市场化

按照市场机制和规律规范劳动关系的运行是市场经济条件下的必然结果。在计划经济条件下，劳动关系的运行一直由政府运用行政手段直接调控，劳动关系从形式到本质体现的都是一种行政关系。在市场经济条件下，市场机制将在劳动力资源配置方面发挥基础性作用，劳动关系的运行将由国家的行政控制转变为市场调节，国家在劳动关系方面的职能主要是通过劳动立法制定劳动标准，并对劳动关系的运行过程进行宏观指导和监督。劳动关系的直接处理权利，将主要由劳动关系主体双方按照市场规则，运用市场机制自行决定。劳动力的供需、流动，劳动关系的建立、变更、终止及劳动关系存续期间的各项事务、各个环节，都通过市场机制来调控。劳动关系的运行将形成由政府、雇主和劳动者三方代表平等协商的三方格局。

（四）劳动关系规范的法制化

市场经济本质上是法制经济。在市场经济条件下，劳动关系在构成、运行、处理等方面将全部实行法制化。法律原则、法律方式是规范劳动关系的主要依据。其标志是：劳动法律体系基本形成，以劳动法为龙头建立调整劳动关系各个方面的法律规范。同时，劳动关系规范的法制化，要求劳动关系主体的行为规范都要以法律为准则。劳动关系的建立不仅要以法律为依据，劳动关系的变更及劳动关系双方的纠纷处理都要依法进行。劳动关系各个领域都有完备的法律制度，调整劳动关系所达到的具体标准是法律所规定的全部内容。在劳动关系运行的各个环节上，将会形成有法可依、有法必依、执法必严、违法必究的法制环境。劳动关系规范法制化的最终发展目标，是实现各种类型劳动关系之间劳动标准、劳动条件及运行规则的统一、合理和公平。

◆ 本章小结 ◆

本章主要概述了发达市场经济国家历史发展中所蕴涵的劳动关系内涵，阐述了劳动关系历史发展的阶段特点、发展规律，以及当前劳动关系面临的问题和挑战，概述了我国劳动关系的发展变化。通过本章学习，我们可以总结出劳动关系发展的两条规律：

（1）劳动关系发展的历史与该时期的经济技术社会发展的背景有着非常密切的联系，各种劳动关系的变化不是凭空出现的，而是受这些背景因素变化影响的。同时，这些背景因素通过间接影响同一时期的管理思想，来影响劳动关系的发展。

（2）劳动关系的发展从总体上讲，是从对立到对话、从冲突到合作、从无序到制度化、法制化方向逐渐推进的。政府在劳动关系调整过程中的作用逐步加强，管理方和雇员双方也有更多的选择机会，通过协商合作获得利益，产业民主化得以不断推进。

◆ 关键词 ◆

泰勒制　成熟的劳动关系　三方原则　产业民主　行为科学理论

◆ 复习思考题 ◆

1. 成熟劳动关系时期的劳动关系具有哪些特点？
2. 回顾劳动关系发展的历史，你能总结出哪些规律？
3. 我国在市场经济条件下劳动关系的发展趋势是什么？

第4章

雇 主

◆ 学习目标 ◆

本章学习重点是雇主角色理论、管理模式、雇员参与制度和劳资合作。目的是通过本章的学习，了解六种雇主角色理论、管理模式的几种组合方式；理解独裁/剥削、权威/宽容、自主/合作的管理模式的主要特征和对待工会的措施；掌握雇员参与制度和劳资合作的主要策略。

引导案例：玛丽·凯协调劳动关系的金科玉律

玛丽·凯是在退休之后开创自己事业的，她记住了几十年工作中受到的种种不公平待遇，决心在自己的管理中反其道而行之。每一位新来的推销指导员，在公司召开训练会议的午餐桌上，都会在自己盘子里发现一个特殊的纪念品，一块刻有公司人事管理金科玉律的大理石，石块上刻有这样一句富有哲理的话："你们愿意别人怎样对待你们，你们也应该怎样去对待别人。"玛丽·凯在午餐会的演讲中对这些新成员说："我不能保证这是一株没有刺的玫瑰。每天都会有问题来到你们面前，当你面临艰苦的时刻，我希望你将这块大理石握在手中扪心自问：我如何用金科玉律来解决这一问题?”

玛丽·凯独特的待人之道和细腻的管理模式使得她事业有成。1963 年玛丽·凯化妆品公司刚开业时仅有 9 人，20 年后发展为5 000多人，年销售额超过 3 亿美元。有 20 万美容师使用玛丽·凯公司的产品，且建立了独立经营的销售机构。

企业要想实现长期利润目标，必须真切意识到企业目标和员工目标的一致性，二者是统一的而不是相互抵触的。采取劳资合作而不是对抗的方式可以帮企业赢得雇员的真心，从而通过工作效率的提高实现企业的战略目标。通过本章学习，应明确雇主的含义和作用，理解雇主在劳动关系中的角色理论，以及管理模式和实践，掌握雇员参与劳资合作的主要策略和形式。

第 1 节　谁是雇主

一、雇主的概念

雇主也称用人单位，是指一个组织中，使用雇员进行有组织、有目的的活动，且向雇员支付工资报酬的法人或自然人。

西方在工业化发展的过程中，企业领导制度经历了从“企业主经营管理制”到“经理经营管理制”的过程，相应地，雇主的主体也随之改变，“雇主”一词在不同历史时期也表现出不同的内涵。18 世纪时期雇主主要指资本家，当时处于工业社会发展初期，企业规模小，生产力水平低、技术简单，资本家既是投资者也是经营者，企业所有者凭经验直接管理企业，集财产所有权、决策权、监督权、管理权于一身，“资本家”与“雇主”的概念重合。19 世纪中期之后，随着资本原始积累的扩大，企业规模有了较大发展，企业的权力结构发生了重大变化，企业所有权与管理权开始分离，产生了受雇于资本家的经理阶层。这时的资本家仅仅通过所有权管理企业，而具体的经营管理则由职业经理人行使，由经理人员雇佣工人进行生产劳动，这时雇主就由原来的资本家变为职业经理人。职业经理人经营管理企业，行使雇佣工人的权力，实际担负了“雇主”角色，“雇主”不再等于“资本家”。特别是随着公司制度的实行，企业的投资者主要通过行使股权对企业施加影响，而雇佣员工、管理员工、分配工资的实际权力是由经营者来行使的，经营者才是名副其实的雇主。

在我国，雇主概念经历了从无到有、不断变化的过程，而且其内涵与国外相比有很大不同。我国在 1949 年制定的《共同纲领》明确规定了我国经济的主体是国营经济，社会主义改造完成以后的许多年里，我国一直实行高度集中的计划经济体制，企业作为政府的附属物没有自主用工的权利，没有自主决定工资收入的权利。这个时期，企业和员工没有雇佣关系，也不存在雇主和雇员概念。随着我国社会主义市场经济的建立和完善，我国经济成分逐步实现多元化，非国有企业得到迅速发展，私营企业、乡镇企业和外资企业出现了大量的雇佣关系使我国逐步产生了雇主和雇员概念。随着企业深化改革，国有企业也拥有自主用工的权利，通过签订集体合同和劳动合同来规范企业和员工之间的用工关系。20 世纪 90 年代，劳动合同制从国有企业、集体企业逐步向乡镇企业、私营企业全面推进，雇佣关系全面形成。雇主和雇员概念被我国逐步引用并得到社会认可。

我国雇主的含义有三个方面：（1）雇主是经营者。在我国，雇主应认为是企业经营者，而远远不是资本家的概念。（2）雇主所属的单位是企业，包括企业化管理的事业单位，这种界定是以我国有关法律、法规为依据的。（3）雇主范围包括各种所有制企业。

二、雇主组织

雇主组织是指由雇主依法组成的，旨在代表、维护雇主利益，并努力调整雇主与雇员以及雇主与工会之间关系的团体组织。国外的雇主组织多数是以协会的形式存在的，要准确理解雇主组织这一概念，需要区分雇主组织与纯粹的行业协会。在国外，有两种主要的协会组织：行业协会和雇主协会。行业协会是由经济利益结成的组织演变而来，多数欧洲国家称这种组织为“经济”组织，这种行业协会主要负责行业规范、税务政策、本行业的营销、定价与技术革新等事务，并不处理劳动关系。而大部分雇主组织既具有雇主组织的功能，又兼有行业协会的功能；既负责处理劳动关系，也负责本行业生产事务。雇主协会是因为劳资关系而结成的组织演变而来，一般称之为“社会”组织。它由法人而不是自然人组成，主要负责处理劳资关系各方面的事务，包括与工会的关系、劳工政策、参与劳动立法、行政管理和仲裁作用，其中与工会协商劳资关系是其主要工作。这种雇主协会就是通常所说的雇主组织。

我国的雇主组织——中国企联（中国企业联合会、中国企业家协会合署）是国家经贸委授权的企业代表组织，由各种所有制企业和有关经济、科研、新闻工作者以及有关企业工作团队组成，是非营利性的社会组织。作为中国雇主组织代表，中国企联参与国家协调劳动关系三方机制的建设及国际劳工大会及国际劳工组织的各项活动。

雇主的联合在劳资关系双方力量的较量中有着不可低估的作用。雇主组织不仅采用种种合法手段，如通过活动促使政府制定有利于雇主的劳工立法，使劳资关系的发展能最大限度地顺着自己的利益和意愿发展，保持自己在劳动力市场上的绝对主导地位，而且还采用种种不合法的活动，如歧视参加工会的雇员等反工会的手段，来阻止工会的发展。

三、雇主组织的角色和作用

雇主组织的主要作用是在集体谈判中支持会员组织，维护雇主利益，并积极游说政府和议会。具体讲，雇主组织主要从事四种活动：

（一）参与谈判

雇主组织直接与工会进行集体谈判，这种谈判结构一般是多雇主谈判。由于不可能把每个企业的具体情况都考虑进来，因此，许多企业在实际操作中往往不执行由雇主组织谈判制定的集体协议，这样就大大削弱了雇主组织在集体谈判中的作用。20 世纪 80 年代，许多企业纷纷退出全国性雇主组织。

（二）解决纠纷

当劳资双方对全国性或地区性集体协议的解释出现分歧，而企业的内部申诉体制又无法解决这些问题时，雇主组织可以采取调解和仲裁的方式来解决这些问题。

（三）提供帮助和建议

雇主组织有义务为会员组织提供有关处理劳动关系事宜的一般性帮助和建议，为企业招聘雇员、教育和培训、绩效考核与质量管理、安全卫生、工会承认、集体谈判、解雇、裁员等提供建议或咨询。

（四）代表和维护

与工会一样，雇主组织代表会员的利益和意见，但雇主组织一般不与政党建立正式关系。雇主组织主要通过公共宣传和直接游说方式向工会、政府、公众表明某个会员或全体会员的利益。

第 2 节　雇主的角色理论

一、新古典经济理论

（一）主要内容

新古典经济学家认为，管理方作为企业所有者的代理人，通过提高企业的生产率和竞争力，实现企业利润与所有者财富最大化。要达到这一目标，管理者必须投入劳动力、资金、设备、原材料等生产要素并进行优化组合，使单位产品的成本最小化，从而在市场竞争中赢得成本优势。在劳动关系上，管理者以苛刻的就业条件招聘工人，并努力提高他们的生产率。

（二）评价

新古典经济理论主要强调企业效率以及生产率在管理决策中的重要性。对该理论的批评主要集中在五个方面：

1. 新古典经济理论没有指出使企业效率最大化的内部工作模式；

2. 新古典经济理论将生产效率等同于盈利，从而忽视了劳动关系中的“政治”方面；

3. 新古典经济理论建立在把管理人员视为所有者利益的代

理人这样一种过于简单的管理思想之上；

4. 新古典经济理论没有意识到管理者理性的局限性；

5. 新古典经济理论没有解释管理者自身价值观在决策过程的作用。

上述五个方面又演变出五种理论：权变管理理论、劳动过程理论、利益相关者理论、决策过程理论与战略选择理论。

二、权变管理理论

（一）主要内容

权变管理理论是20世纪70年代在美国形成的一种管理理论。这一理论的核心是力图研究组织的各子系统内部和各子系统之间的相互关系，以及组织和它所处的环境之间的联系，并确定各种变数的关系类型和结构类型。它强调在管理中要根据组织所处的内外部条件随机应变，针对不同的具体条件寻求最合适的管理模式、方案或方法。权变管理理论的最大特点是：（1）强调根据不同的具体条件，采取相应的组织结构、领导方式、管理机制；（2）把一个组织看作社会系统的分系统，要求组织各方面的活动都要适应外部环境的要求。

新古典理论主要关注生产投入要素的成本，而权变管理理论强调组织内部的职权结构。权变管理理论认为，如果雇主面对不确定程度较小、变化不大的环境，在一个稳定的产品市场中进行大规模生产，最有效的组织形式应该是权威模式。职权的集中程度由不确定性的大小以及环境的变化程度决定。相反，如果雇主面对不确定性程度较大、变化很大的环境，就应该采用更为灵活的“有机”组织形式：采取严格监督的独裁式管理，或与高绩效范式相容的自主式管理。权威管理模式依靠等级授权链实现管理目标；而自主式管理主要依赖团队合作与雇员参与，其组织形式更加灵活，工作专业化程度更低，规则与程序更少，从而有利于提高雇员的积极性。

（二）评价

权变管理理论的价值在于，它为解释企业职权结构以及雇主的劳动关系政策与实践提供了理论支持。该理论主要关注管理过程的技术方面，强调在设计最有效的企业组织形式过程中各种权变因素的重要性，但没有指出雇主的政策如何导致劳资冲突公开化。

三、劳动过程理论

（一）主要内容

新古典经济理论与权变管理理论都是从技术角度研究管理过程，而劳动过程理论则关注组织的政治运作。该理论假定企业的利润通过以最小成本榨取工人的最大产出获得。工人的反抗引发管理控制问题。1974 年，哈里·布雷弗曼（Harry Braverman）在其论文《劳动与垄断资本》中首次阐述这一理论。[①] 他指出，20 世纪初产生并逐渐普及的工业管理与科学管理思想反映了雇主的政策与实践：分割工作任务，使传统上由熟练工人掌握的技能外部化。这一实践带来两个后果：

1. 降低生产过程所需的技能，从而降低资方对熟练工人的依赖程度。这样，雇主更多地雇用非熟练工人与半熟练工人。由于这些工人主要来自初级劳动力市场，他们的影响力比较小。

2. 管理者对工人的生产方式与生产进度的控制程度更强，从而防止工人抵制生产，保证产出水平。

---

① Harry Braverman：Labor and Monopoly Capital，New York：Monthly Review Press，1974

最后，布雷弗曼认为，工业管理与科学管理意味着以更低的工资水平换取更大的劳动量。

（二）评价

布雷弗曼认为，科学管理旨在降低生产所需的技能，增强对工人的控制。对该理论的批评主要集中在以下两个方面：

1. 降低生产所需技能受到普遍质疑。批评者指出，资方引进新技术、改组企业组织的主要目的是提高生产效率，而不是为了增强管理方对工人的控制。

2. 布雷弗曼的理论只考虑管理方对工人的直接控制，而忽视管理方对工人的间接控制。批评者指出，20 世纪 80 年代以来，管理方普遍实施人力资源管理战略以赢得工人的认同，使他们愿意与资方合作。这里，雇员参与计划是资方对劳工采取的更加隐蔽的控制手段。

实际上，管理方的政策与实践既有生产导向，也有政治导向。劳动过程理论有助于全面理解雇主的政策与实践，但该理论没有指出雇主采用不同控制战略的原因。

四、利益相关者理论

（一）主要内容

根据利益相关者理论，企业组织被看作是利益相关者的结合体，各利益相关者为企业提供资源并获取相应回报。投资者向企业提供资本，并获得股息、红利与股票升值；消费者在给企业带来经营资本的同时，享受企业提供的产品或服务；工人则根据劳动合同中订立的就业条件向企业提供劳动，以此获得报酬。因此，管理方应该提高企业的盈利能力、生产更优质的产品、提供更合理的报酬和更好的工作条件，保证各利益相关者向企业持续提供所需的各种资源，维持企业的生存与发展。

（二）评价

利益相关者理论指出，为了代表企业各利益相关者的利益，管理方应该保持中立。批评者指出，这不符合现实。他们认为，管理方通常优先考虑投资者的利益，因为如果企业经营业绩不佳，持有足够多股票的少数投资者有权解雇管理人员；而且，在实施利润分享计划与股票期权计划的企业，高层管理人员的收入与公司盈利水平密切相关。因此，利润最大化是管理方政策与实践的首要目的。

事实上，管理方受到投资者、消费者、工人等不同利益相关群体施加的压力，他们对不同压力做出的反应程度取决于这些压力是否符合利润最大化目标。

五、决策过程理论

（一）主要内容

上述各管理学派都假定管理方是理性人。决策过程理论对此提出质疑，认为：

1. 在连续的管理过程中，管理者将面临各种难题，他们缺乏足够的精力去搜寻所有信息并对各种可行方案进行权衡，最终找出最优的解决办法。而且，即使能够发现最优方案，由于信息不完备，管理者仍然无法预测该方案的实施后果。因此，管理方的所谓理性行为具有很大的局限性。

2. 企业内普遍存在的管理权术，对“管理方是理性人”这一命题构成挑战。企业管理人员具有不同的文化背景、价值观和评价标准，他们总是支持符合自身利益的所谓最佳方案。管理决策在很大程度上反映了企业管理人员之间争权夺势的博弈过程，因为它直接影响管理者的权力、地位以及资源的分布。

3. 管理方容易受当前流行的管理模式的影响。管理者知道，当前流行的管理模式未必最适合本企业，但照此执行可以使他们心安理得。

（二）评价

决策过程理论有助于认清管理实践的复杂性，使我们从那种过于简单地、机械地认为管理方是理性人的观念中解脱出来。但另一方面，管理方的行为并非完全非理性的，原因有三：

1. 从管理者自身素质看，通过正式教育和培训以及非正式的“干中学”，管理者积累了经验，逐渐形成自己的决策程序。虽然这种程序是非正式的，但可以在某种程度上规范他们的行为。

2. 从组织内部的权力关系看，高层管理人员通过制定规章制度来控制中下层管理人员的行为，并通过建立考核评价体系监督中下层管理人员的行为。

3. 从决策的重要性看，虽然大量的日常决策在某种程度上存在许多非理性因素，但重大决策通常是由高层管理人员经过理性规划与审核后做出的。

当然，这并不是要求我们回到“纯粹理性”的假定中。事实上，信息不完备、认知能力的局限、时间的限制以及企业组织内部存在的权术，使管理方的理性行为具有很大局限性。因此，决策过程理论又被称为“有限理性”理论。

六、战略选择理论

（一）主要内容

战略选择在多数文献中是指一种决策行为。1984 年，麻省理工学院教授托马斯·A. 科可恩（Thomas A. Kochan）首次将战略选择引入劳动关系，并用战略选择模型分析管理方的决策行为。[①] 科可恩教授指出，在任何时刻，管理人员的决策受到以下限制：（1）企业过去做出的决策，企业现有的权力分配，以及企业、工会与政府之间的力量对比；（2）主要决策者的价值观、信仰与世界观，以及企业理念和企业文化。

科可恩教授指出，由于决策者的价值观、信仰与世界观趋于不变，因此，管理方的政策与实践也将趋于制度化并具有长期稳定性，但可能出现显著变革。当环境压力危及企业的生存与发展时，管理方会考虑采用新战略。

（二）评价

科可恩教授提出战略选择模型的主要日的在于解释 20 世纪 80 年代以来被普遍采用的高绩效范式。批评者指出，选择高绩效范式不仅受管理者价值观、信仰与世界观的影响，而且还受企业规模、技术水平与市场条件等环境变量的制约。对我们来说，考虑雇主的价值观、信仰与世界观在多大程度上独立于各环境变量，更具有现实意义。

第 3 节　管理模式和实践

一、管理模式

管理模式作为一套成文或不成文的指导原则，是雇主对待雇员和处理特殊问题的一种参考原则，是管理方的行动指南。管理

---

① Thomas A. Kochan, Robert B. McKersie and Peter Cappelli: Strategic Choice and Industrial Relations Theory, *Industrial Relations*, Vol. 23, No. 1, Winter 1984, pp. 16～39

模式会对劳动关系产生影响，反过来又受劳动关系制约。以下，从职权结构和管理理念两个维度对管理模式进行分类。

（一）管理模式的类别——职权结构

职权结构是工作场所管理权力的构成、组织的主要管理形式以及对工作的监控方式，具体体现为分配工作任务的方式、监督工人行为的方法以及奖惩办法。根据这三个标准，可以把管理模式分为三类：

1. 独裁型

高层管理者直接分配工作任务，监督和评价工人，并亲自做出奖惩决定。

2. 权威型

雇员由较低层级管理者直接领导，但要受到企业有关工作设计和正式管理制度和程序的约束，雇员有明确的工作角色，管理者根据雇员是否遵守企业的制度与规程监督、奖惩雇员。

3. 自主型

雇员被赋予高度自主权并参与决策，管理者以工作绩效作为监督、奖惩的依据。

（二）管理模式的类别——管理理念

管理理念是管理者的价值观与目标在管理实践中的体现。根据管理理念，可以把管理模式分为以下三类：

1. 剥削型

管理者不关心雇员的需求，其目标是以最低的工资换取最大量的工人劳动。

2. 宽容型

管理者意识到雇员的某些需求是法律认可的，从而提供合理的报酬与就业条件。

3. 合作型

管理者充分考虑雇员福利，实施各种计划以赢得员工对企业的忠诚，培养员工对企业的献身精神。

管理模式图（如图 4—1）中，纵轴代表职权结构，横轴代表管理理念。沿纵轴自下而上，沿横轴从左向右，管理模式逐渐从传统的科学管理向人力资源管理演进。以权威/剥削模式为例，由于企业制定了明确的管理规则，因此比独裁型职权结构前进了一步，但有效性仍不如自主型职权结构。由此，可以认为权威/剥削模式，要比独裁/剥削模式先进，但不如自主/剥削模式先进。借助管理模式图，可以对雇主的管理政策与实践进行粗略的对比分析：沿东北方向对角线，管理模式朝着先进的方向演进。独裁/剥削模式、权威/宽容模式以及自主/合作模式处在“落后→先进”的对角线上，可作为其他六种管理模式的参照系。以下将着重介绍这三种管理模式中雇主的政策与实践。

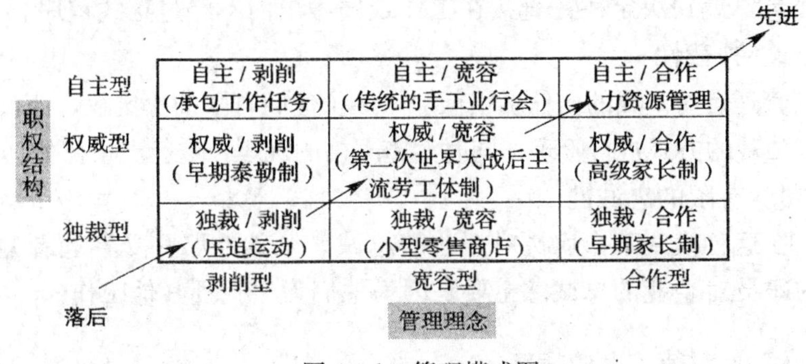

图 4—1　管理模式图

二、独裁/剥削管理模式

独裁/剥削管理模式起源于 19 世纪晚期的“压迫运动”①，这

① “压迫运动”是工业化早期建立的劳动关系体制。在这种体制下，中层管理人员全权负责招聘、监督、工资支付以及奖惩等各个管理环节，他们的薪金取决于企业的产量。因此，该体制迫使管理者以最低的报酬换取工人最大量的劳动。

种模式最能体现新古典主义主张的成本最小化思想。虽然已经很难再找到这种管理模式的实践者，但在零售、餐饮、纺织、服装等高度竞争性行业，仍然可以发现那些雇用非熟练工人的小企业依旧实施属于独裁/剥削模式范畴的政策。

（一）主要特征

由于缺乏制度与规程，独裁/剥削模式充满浓厚的主观主义色彩，因此相对说来比较简单。这种模式具有以下特点：

1. 强制性

作为一种强制的管理方式，独裁/剥削模式不允许雇员有任何偷懒、缺勤或抵制行为。

2. 专断性

这是一种专断的管理方式，管理者可以根据个人偏好偏爱某些雇员，惩罚决定往往直接在工作现场做出而不经过正式程序。

3. 独裁性

管理者对下属的信任度很低，只给予他们有限的决定权，而代之以独裁的方式进行管理；同时实施严格的规程，进行严格监督。

4. 有限的忠诚性

在这种模式下，雇员对企业的忠诚，尤其是那些受管理者偏爱的雇员对企业的忠诚感主要是因为他们无法找到其他工作。

（二）对待工会的措施

独裁/剥削模式具有强烈的反工会思想。管理方总是不遗余力地将工会排除在本企业组织外，通过规避甚至违反法律来阻止工会的建立。一旦工会成立，管理方总是想方设法削弱或暗中破坏工会组织。管理方的主要手段有技术变革、灵活的就业安排、在集体谈判中采取强硬立场和破坏罢工、停工和迁厂。

1. 技术变革

技术变革的本义并非削弱工会力量，但可以被反工会化企业作为反对工会的一种手段。通常，技术变革会降低工作所需的一般技能要求和特殊技能要求。这样，一旦工会组织罢工，管理者很容易在劳动力市场上找到替代工人。而且，技术变革还可以使雇主在订立集体协议时降低平均工资水平与工资增长幅度。

2. 灵活的就业安排

灵活的就业安排，就其本义也并非针对工会组织，但也成为企业反对工会的手段之一。这种就业安排形式包括：外购（outsourcing）、转包（contracting out）、雇用兼职工或临时工。外购是指公司将原自行制造的部件改向外国或国内不承认工会的供货商采购，而转包是指将原本可以由本企业员工完成的任务转包给其他企业。不论外购还是转包，都会导致某车间或整个分厂的关闭，从而彻底消除集体谈判中代表工人的一方。兼职工与临时工一般都不是工会成员，也不会支持工会。当工会发动罢工时，管理方通过雇用兼职工或临时工，能有效地削弱工会罢工的影响力。

3. 在集体谈判中采取强硬立场和破坏罢工

为削弱工会组织，管理方在集体谈判中可以采取强硬立场，拒绝做出实质性让步。如果工会发动罢工，管理方仍旧实施强硬路线，雇用替代工人以代替罢工工人。一旦成功破坏罢工，管理方便发动“撤销工会承认的选举”，即由工人投票撤销工会的代表资格。

4. 停工和迁厂

对雇主而言，最有效的反工会策略是关闭工会化企业，重新建立一个非工会化企业。通常，雇主将新厂址定在农村未开发地区。相对于城市发达地区，农村企业工会化的可能性较小。但是，为消灭工会而关闭企业是非法行为。因此，管理方通常实施“计划报废”行动①，使工会化企业严重亏损而被迫关闭。

---

① 所谓“计划报废”行动指为使顾客不断购买新品种而故意制造易过时的产品。

三、权威/宽容管理模式

权威/宽容管理模式产生于20世纪20年代，但直到第二次世界大战结束，随着企业规模日益扩大，资本密集型技术被普遍采用，工业力量不断壮大，这种模式才被钢铁、汽车、橡胶与铁路运输等行业所采用。

（一）主要特征

1. 专业化

权威/宽容模式与马克斯·韦伯（Max Webber）的“权威模型”类似，强调管理过程中职能的专业化，要求设置独立的人事与劳动关系部门负责处理原先由直线管理人员承担的相关职责，包括：建立雇员甄选标准、职位分类标准和薪酬差别标准；负责晋升与奖惩事宜；处理员工申诉；为集体谈判做准备并参加集体谈判。

2. 职位阶梯

管理者通过界定职位，建立职位阶梯，发展企业的内部劳动力市场。新员工从低职位开始，随着经验与资历的积累，慢慢地沿着职位阶梯向上升。这一过程既可能发生在车间级，也可能发生在工厂级。总之，只要员工留在企业内，总能获得晋升机会。

3. 忠诚感

员工对企业有某种程度的忠诚感，这种忠诚并不是源于强制措施，而是源于员工对企业的认同。通过制定明确的规则与程序，使员工与基层管理者之间的职权关系变得非人格化，管理者按照客观标准行使职权。

（二）对待工会的措施

权威/宽容模式承认工人参加工会组织的合法权利。对管理方来说，一方面，工会作为工人利益的代言人，通过集体谈判维护雇员利益；另一方面，工会的存在使劳资双方的沟通更顺畅，企业内部申诉体制的建立可以防止直线管理人员滥用职权。

1. 工会的存在使企业成本增加

这是指雇主必须支付更高的工资与福利待遇，并将这部分成本转嫁给消费者，这一政策尤其适用于以下两种情况：第一，垄断或寡头企业通过限产提价策略使产品或服务的价格高于市场完全竞争时的水平；第二，资本密集型企业的劳动成本在企业总成本中所占比重很小，因而，适度增加雇员的工资与福利不会对企业成本构成很大影响。

2. 工会要求建立绩效考核的程序与规则

虽然这种制度安排会限制管理职权，但有助于强化权威型管理模式。因此，只要这些程序与规则不至于严重限制管理职权或损害企业效率，管理方通常愿意考虑工会提出的要求，例如，企业晋升标准规定，当候选对象的能力大致相当时，优先考虑资历深的员工。但是管理方不可能以员工资历作为晋升的唯一标准，否则会严重削弱企业的效率。

四、自主/合作管理模式

自主/合作模式又称人力资源管理模式，它起源于福利资本主义[①]与家长制管理，包括雇员年金计划、公司住房计划、公司工会[②]、公司组织的娱乐活动、建议机制、利润分享计划以及其他提高员工忠诚度与献身精神、防止企业工会化的策略。20 世纪五六十年代组织行为学提出的激励与组织承诺理论指出，管理方通过加强与雇员的沟通，给他们更多自主权，有助于提高企业的

① 福利资本主义指寻求把获利欲望与员工福利结合起来的一种资本主义制度。

② 公司工会是指某一公司内部的工人组织，尤指为资方所控制的“御用”工会。

凝聚力。这时，雇员服从组织目标既不像独裁/剥削管理模式那样被强迫所致，也不像权威/宽容管理模式那样出于工具性目的，而是一种对双方都有利的双赢结果：即企业利润增加，雇员工资水平也相应提高。在实践中，石油提炼、核能、国防以及计算机等行业，由于产品质量对企业成败起决定性作用，从而雇员拥有强大的岗位力量，因而人力资源管理模式被普遍采用。

（一）主要特征

1. 自主型组织设计

人力资源管理模式主张给予雇员更多决定权，提供富于变化的而不是高度专业化的工作，使员工具有广泛的技能。根据马斯洛需求层次理论①，最高层次的需求是自我实现的需求。与之相适应，管理方普遍采用工作生活质量计划。工作生活质量理论的核心是工作再设计，包括工作扩大化、工作轮换、工作丰富化、自主性工作团队。

• 工作扩大化。这一思想源自产业工程师，即通过扩展一项工作包括的任务和职责，并减少工作循环重复的频率，扩大工作范围，提高工作的多样性。

• 工作轮换。这一工作设计方法使工人的工作活动多样化，从而避免产生厌倦。工作轮换，通常是指横向轮换，即水平方向上的工作多样变化，让员工先后承担不同的但是在内容上很相似的工作。横向轮换可以有计划地通过制定、实施培训规划，让员工在一个岗位上工作两三个月，然后再换到另一岗位，以此作为培训手段。

---

① 亚伯拉罕·H. 马斯洛（Abraham H. Maslow）在20世纪40年代提出需求层次理论。他认为人类的需求是以层次的形式出现，由低级的需求开始逐渐向上发展到高级的需求，并且断定，当一组需求得到满足时，这组需求就不再成为激励因素。他将人的需求分为生理的需求、安定或安全的需求、社交和爱情的需求、自尊与受人尊重的需求以及自我实现的需求。

• 工作丰富化。是指在工作中赋予员工更多的责任、自主权和控制权，即通过增加工作深度（job depth），将组织中纵向的工作职能合并成一个职位，垂直地增加工作内容，让员工拥有更大的自主权和更高程度的自我管理。它允许员工自定工作进度，并在不断的自我修订和自我评估过程中完成一项完整的工作任务，以增强员工的独立性和责任感。

• 自主性工作团队。工作团队大体分为两种类型，综合性工作团队和自我管理的工作团队。在综合性工作团队中，一系列任务被分派给一个小组，小组再把任务分派给每个成员，并在需要时在成员间轮换工作。与综合性工作团队相比，自我管理的工作团队拥有更大的自主权。一旦确定了要完成的任务目标，自我管理的工作团队有权自主决定工作分派、工间休息和质量检验方法等，甚至可以挑选自己的成员，并让其成员相互评价工作成绩，其结果是团队主管职位变得很不重要，有时甚至取消这一职位。这类团队被冠以各种各样的名称，如自我指导的工作小组，高绩效工作小组或超级工作小组，然而，无论它们被冠以何种名称，总是具有以下特征：团队对一项相对完整的工作负责；团队成员都具有多种与任务相关的技能；团队以全体一致的决策方式决定工作方法，安排工作进程，以及为团队成员分配不同的工作任务；团队绩效作为一个整体是报酬和反馈的依据。

2. 雇员参与计划

雇员参与计划这一术语首次出现在 1979 年福特公司与汽车工人联合会签订的一份协议中，标志着管理思想发展到一个新的阶段。雇员参与计划的指导思想是，如果劳资双方不再是两个对立的实体，那么工人的工作会更有效。因为如果雇员能够进行一定程度的自我管理，那么，监督者与雇员之间的界限会变得模糊。这样，雇员在工作中参与得越多，工作就完成得越好。

雇员参与计划可以采用多种形式，主要包括质量圈、劳资联合委员会以及主要在欧洲国家实行的共同管理计划。

3. 人事与就业政策

工作的重新设计与雇员参与计划旨在满足雇员的内在需求，因而更多地考虑工作内容与决策过程。而人事与就业政策旨在满足雇员的外在需求，以提高他们的忠诚感和献身精神，使雇员比以往任何时候都能得到更公平的待遇。

雇主的人事与就业政策主要包括内部公平制度、薪酬体系和全面质量管理等。

内部公平制度是非工会化企业的一项正式制度安排，是由雇主主动实施的、确保雇员在受到不公正待遇时能够表达不满的一种制度。

薪酬体系则是雇主提供的不低于同行业其他雇主的薪酬与福利标准。此外还包括雇主推出的利润分享计划、雇员持股计划等。

全面质量管理则是整个企业共同努力来满足顾客的需要并经常性地超出顾客的期望要求，通过引进新的管理体制和企业文化来大幅度削减因质量不佳而导致的成本因素。它有三个主要特征：一是降低组织的纵向变异，通过拓宽管理跨度和实现组织扁平化，管理者得以减少管理费用开支，增进组织的纵向交流；二是减少劳动分工，专业化的劳动分工不利于组织内部的合作与横向沟通，而全面质量管理活动的开展促进了工作的丰富化和跨专业职能界限的工作团队的更多使用；三是强调分权化的决策，职权与职责尽可能向下委授，并尽量接近于顾客，因为，全面质量管理的成功最终取决于对顾客需求的变化做出迅速而持续的反应。

（二）对待工会的措施

人力资源管理模式改变了劳资双方的“你我对立”关系，通过雇员广泛参与管理实践，融洽了劳资双方的关系。劳资双方以更加积极的态度看待集体谈判，在集体协议失效以前，劳资双方就开始共同协商订立新协议，集体谈判不再是双方对立的过程。因此，与其说劳资双方在进行谈判，不如说他们是在为共同订立集体协议而互相合作。

第4节 雇员参与管理

一、雇员参与和参加

雇员参与和参加有时被当成同义词，可以互换使用，其含义都包括了个体和集体信息的传达和磋商，都可以指管理者向雇员传达有关经营活动、决策和绩效等方面信息的企业机制。但一些学者也对参与和参加有不同的解释。如马清顿和古德曼认为，雇员参与“主要由管理者发起，用来增加雇员对企业了解和对企业责任心的活动”，该词汇有“雇主掌握主动权的含义”。而且，参与和集体谈判、产业民主都不同，“后两者很明显是管理者和雇员之间权利分享和联合决策的形式”。而“参加”是指雇员在决策过程中起到更大的作用，用以表示“雇员通过集体谈判和讨价还价来对企业、工作表现、雇佣条款等许多方面施加的影响”。总之，雇员参与通常是管理者发起，用来增加传达给雇员的信息并提高他们对企业的责任心的一个过程。参与过程将雇员视为不同个体，管理者直接面对面地与雇员打交道，而非通过雇员代表。相反，参加指的是集体，而非个人参与的过程，集体参加的过程使得雇员能够通过他们的代表来影响决策，其内涵可以扩展到财务管理的各种形式，如利润分享。

所谓员工参与和参加管理，是指组织内部雇员有权参与与其工作有关的决策，即由员工或其代表与资方代表在某一共同之利害关系领域内，来共同决定企业策略和制度的行为，其目的是促进劳资和谐与企业发展。台湾学者陈维盛认为："劳工参与指劳工以劳工之地位而直接或间接地行使企业经营职权。凡雇主和代表雇主行使管理权以外的员工统称为劳工。"市场经济国家的员工参与管理，最早起源于19世纪末英国的集体谈判制度，内容包括参与所有、参与管理和参与分配，并在第二次世界大战后的工业民主化运动中逐步得到法律承认。员工参与是依据企业管理过程中的"分享管理"和"机会均等"原则发展而来的，其核心是员工有权参与涉及他们自身利益问题的决策和管理。员工参与管理是工业化运动的核心和结果。1951年国际劳工大会第34届会议通过一项工业民主决议，敦促会员国在企业中设立员工雇主共同参加的组织。

参与管理主要可以分为经济民主和管理民主。经济民主是资方允许员工以同等地位，参与企业所有权（资本）与利润的分享。管理民主起源于德国的共同决定制，即员工享有企业内部的管理决策权，共同讨论并决定公司内的任何问题。进入21世纪，随着企业组织结构发生实质性变化，参与式管理越来越普遍，管理民主越来越深入人心。过去，企业组织结构是金字塔式的，层层垂直命令是其主要特点。企业组织结构的扁平化发展，意味着管理方式由"权力型"向"参与型"转变。权力型管理方式的基本特征是上级管下级，一级管一级，排斥员工参与。参与型管理方式的基本特征是将所有能下放到基层的管理权限都下放到基层，使管理者在遇到困难时得到员工的广泛支持，上情很快下达，下情迅速上报，反应灵敏效益高。这种分权、授权式的管理本身就是一种参与激励手段，它赋予员工以权利和义务，其回报是管理者获得更多支持与帮助。在一定程度上从某个方面缓和了劳资矛盾，改变了管理者与员工泾渭分明的局面，减轻了企业内耗。

参与式管理强调通过员工参与组织的管理决策，改善人际关系，发挥员工的聪明才智，充分实现自我价值，同时达到提高组织效率，增长组织效益的目标。

雇员参与和参加管理是实现企业劳资双方合作的主要手段或形式，但无论何种层次的员工参与和参加，都不能保证员工对每一问题的决策与雇主的权力或权威完全对等，通常是对员工有重大利害关系的问题实现共同决策。

二、雇员参与的目的

员工参与和参加的目的主要是：

1. 增进员工的独立创造性和思考能力，使所有雇员对企业及其成功有强烈的责任心。

2. 提供员工自我训练的机会，为所有雇员提供参与可能影响他们利益的决策的机会。

3. 协助管理者集思广益，作出明智决策，帮助企业提高绩效和生产力，采纳新的工作方法来适应新技术的发展，利用所有雇员的知识和实际技能。

4. 促进劳资关系的沟通，使企业更好地满足顾客的需要，更好地适应市场的需求，并使企业前景以及为之工作的人获得最好的发展。

5. 提高员工忠诚度，提高雇员对工作的满意度。雇员参与管理最直接或最有效的结果，是增强员工对企业的忠诚度，提高工作热情。研究表明，对企业忠诚而且富有工作热情的员工，他们的工作绩效通常比较高。由人力资本付出所产生的绩效，是衡量企业人力资本投资风险的最重要指标，而提高人力资本付出水平的前提条件是确保员工对企业的忠诚和对工作的热情。对企业的忠诚意味着员工对企业目标和发展方向的认同，以及对外在诱惑的拒绝。工作热情高的员工，通常会以任务为导向，喜欢承担繁重工作，实现工作目标，把提高工作绩效看作自我价值的实现。企业要提高员工的人力资本付出水平，必须确保员工对企业忠诚和对工作充满热情，即将员工融入到企业之中，融入到企业的整体管理环节之中，这是员工人力资本付出的前提条件，也是提高工作绩效，使企业在竞争中处于不败地位的关键环节。

三、雇员参与的形式

雇员参与和参加管理的主要形式具体包括几个方面。

（一）员工持股计划

员工持股计划是经济民主的一种形式。在现代大型股份制企业，员工持股已经非常普遍，员工持股计划（缩写为 ESOP）是 20 世纪 60 年代初，由路易斯·凯尔索（Louis Kelso）最先在美国提出，其主要内容是：企业成立一个专门的员工持股信托基金会，基金会由企业全面担保，贷款认购企业的股票。企业每年按一定比例提取出工资总额的一部分，投入到员工持股信托基金会，偿还贷款。当贷款还清后，该基金会根据员工相应的工资水平或劳动贡献大小，把股票分配到每位员工的持股计划账户上。员工离开企业或退休，可将股票出卖还给员工持股信托基金会。

20 世纪 80 年代以来，越来越多的企业开始拟订并实施员工持股计划。ESOP 在西方被看作一项员工福利计划，员工获得的股票是福利的一部分。从资本意义上说，ESOP 使员工成为企业的所有者，实践证明，ESOP 的实施能够激励员工更努力、更主动地工作。如今，以 ESOP 为代表的员工持股计划的发展已越来越趋于国际化。ESOP 对企业业绩的提升作用十分明显，这是 ESOP 迅速得以推广的重要动因。美国学者对 1 400 家实施了 ESOP 的公司业绩进行了详细调查，结果表明，实施了 ESOP 的企业生产效率，比未实施 ESOP 的企业要高，而且员工参与企业管理的程度越高，企业业绩提高得越快。在实践中，员工持股计划还可使公司减少被敌意收购的可能，这也是员工持股计划快速发展的动力。员工持股制度的普遍推行，使员工与企业利益融为一体，员工与企业间的经济利益是水涨船高，一荣皆荣，一损皆损，风雨同舟。员工对企业前途充满信心，企业获得超常发展，员工也从持股中得到巨大利益。目前我国也有许多企业实施了员工持股计划。员工入股参与是员工物质参与满意的前提和保证，也是管理参与的物质基础。

（二）质量圈

质量圈是日本企业管理的一种重要方式。第二次世界大战之后，日本认识到，要打开国际市场，在国际市场上占领主要位置，就必须提高产品质量。质量不仅仅是成品问题，还包括按时出产品、及时交货、发票账单准确无误，以及维修服务等一整套措施。降低上述每一项的成本都可以提高生产率。之后日本科学家和工程师协会邀请美国管理专家爱德华兹·戴明（Edwards Deming）到日本作关于质量控制的系列学术报告。戴明提出，一切有过程的活动，都是由计划、实施、检查和行动四个环节组成，计划⟶实施⟶检查⟶行动⟶计划，循环往复，周而复始，在提高产品质量，改善企业经营管理中起到积极作用，这被称为“戴明圈”或“戴明环”。日本将戴明的这种思想与日本的实际相结合，把质量控制的责任交给车间，形成了质量圈。

质量圈，也叫质量改善小组，是指从事相关工作的志愿人员组成的小组，在训练有素的领导者（如直线经理）领导下定时聚会讨论和提出改善工作方法或安排。实施质量圈计划，其目的是给予工人更多运用他们经验和知识的空间，给雇员提供发挥他们智慧的机会，提高生产力和质量，改善雇员关系，赢得雇员对企业的责任心。雇员对管理者和团队领导不了解的工作问题了解更多，通过参加质量圈计划，员工能够在提供建议与解决问题的过程中获得心理满足，这有助于增进劳资双方的沟通，因而它是员工参与管理，提高企业生产率的一个重要手段。

质量圈的本质特征是：他们由志愿者组成，通常拥有5～10个成员，定期举行会议，选择要解决的问题，探讨问题成因，运用系统的分析技术或集体讨论方法来解决问题，提出解决建议，实施纠正措施，共同承担解决问题的责任。会议通常限制在1小时左右，由管理该团队的直线管理人员或该团队自我选举的一位成员作为协调人主持会议。质量圈讨论的问题包括工作设计、任务分配、工作进度、产品质量、生产成本、生产率、安全卫生、员工士气等各种生产问题。一般而言，管理层对建议方案的实施与否，保留最终决定权。

质量圈成功的先决条件是，高层管理者相信质量研究小组的价值并支持他们的研究成果，中层管理者和团队领导也必须加入到他们的研究成果的推行当中。同时，由于员工可能并不一定具有分析和解决质量问题的能力，因而质量圈的思想也包含对参与员工进行培训、鼓励和指导，确保他们获得所需的资源，向他们讲授群体沟通技巧、各种质量测量和分析问题的技术等。

质量圈最早是由美国管理学家设计，但在美国长期遭到忽视，20世纪50年代传到日本，被日本企业极深入地予以实施，从而生产出了低成本高质量的产品，并在与美国企业的竞争中获胜，20世纪80年代以来，欧洲、北美、亚洲等企业都大力实施质量圈活动，倡导员工参与企业管理，激发员工工作积极性。

（三）共同磋商

共同磋商是最常见的一种参与方式，本质上是使管理者和雇员集聚在磋商委员会讨论并决定影响他们共同或各自利益事务的一种形式。共同磋商的目的是为管理者和雇员共同研究和讨论事关双方的问题提供的一种手段。通过观点和信息的交流，达成一个双方同意的解决办法。共同磋商提供了一种机制，它使管理者能将影响雇员利益的提议传达给雇员，并使雇员能够表达他们对这些改变的想法，对工作的组织方式（如弹性安排）、工作条件、人事政策、各种程序、卫生和安全的运作方式提出自己的意见。

所谓共同协商，是指资方为协调与员工的关系而在制定决策之前，先征求员工的意见或态度，但不需要征得员工或其代表同意的决策程序。共同磋商并非权利分享，雇员并不会参与策略性政策的制定，如投资、产品市场开发、合并或接管等。共同协商的组织是协商委员会，由员工和管理方代表组成，主席往往由委员会成员每年选举产生。共同协商的作用主要体现在以下几个方面：

1. 共同协商使双方在思想上和行动上寻求更大一致。虽然双方的利益不可能完全一致，但在某种程度上，协商可以增加员工对管理方制定的生产经营战略的理解和支持。管理方通过反复宣传其管理策略，使员工获得一种知情权的满足；通过对组织内部的状况和变革的不断解释和讨论，可以部分改变员工们对组织和变革的态度。这样有利于组织策略的推行和劳动生产率的提高。

2. 共同协商是一种合作的表现形式，也是冲突的一条转化渠道。共同协商是一种双方合作的产业民主形式，它表现为：一方面雇主比较尊重员工的意见，或至少采取愿意听取员工声音的态度；另一方面员工会主动关心组织的生存和发展，而不是态度冷漠或听之任之。同样，共同协商又是员工表达不满的论坛，也是管理方了解潜在冲突的一个途径。

3. 共同协商能够部分地协调劳动关系。共同协商虽然无法改变冲突的根源，但在一定范围内能够有效地协调劳动关系，其作用的大小取决于双方利益一致性的多少。若双方共同利益比较少，共同协商调整劳动关系的回旋余地就比较小，反之亦然。

4. 共同协商具体作用的多样性。由于组织制度和产业民主化程度不同，共同协商的具体作用相互间也有很大差异。在没有工会的情况下，共同协商的目的就是减少员工的不满；在工会比较强大，共同协商仅仅是工会制度的一部分时，它的作用更像是一种非正式的谈判预演；在工会比较强大，共同协商制度独立于工会制度之外时，它的作用不大，仅是雇主表达民主姿态的一种手段；在工会与共同协商制度相互独立，且力量相当时，两种制度互相取长补短。共同协商具有的特点是信息传输量大，并且以双方共同关注组织发展的视角讨论问题，因此与管理方同工会之间进行的集体谈判制度相比，更容易形成合作。

（四）工人董事

20 世纪 70 年代董事会制度中开始出现工人董事的概念。工人董事是指由雇员民主选举一定数量的员工代表进入公司董事会，代表员工参与决策、监督的制度。董事会中的员工代表称工人董事。工人董事制度使员工代表对公司决策进行监督，及时反映员工的意愿和要求；平衡与投资者、管理者的关系；能够把员工利益和公司利益结合在一起，共同承担风险、承担责任、共享利益；在促进公司发展，协调劳资关系方面起到重要作用。

工人董事是产业民主运动的一部分，其初衷是通过工人董事制度，使雇员代表能够更接近策略性政策的制定。但事实上，在私有企业内很少有工人董事存在，即使有，也只是“为了加强或者重新维护管理者的控制权而非分配控制权”。在公营组织内部虽然有任命的工人董事，但一些学者研究发现，管理者代表事实上倾向于在董事会之外处理一些敏感或机密的事务，而工会成员会发现他们处于两难境地：一方面得尽量维护工会成员的利益，另一方面又得帮助做出对工人有害的管理决策。基于这些原因，加之管理者对工人董事的不间断的敌视，工人董事制度难以成为雇员关系状况的一个常见特征。

在我国，工人董事是一个新制度，是职工代表大会制度的延伸，是完善公司法人治理结构的重要内容，是公司实行民主管理的重要形式。截止到 2000 年 10 月底，在改制的国有企业中，已经建立工人董事制度的有 19 873 家，共有工人董事 29 465 人，工会主席进入董事会的公司有 13 380 家。据调查统计分析，在国有独资和国有控股公司中，建立工人董事制度的占 70.6%；在其他公司中，建立工人董事制度的占 51.8%，在所有已改制的国有企业中，建立工人董事制度的占 64.5%。

（五）工作理事会

在欧洲国家，工作理事会也是雇员参与的一种重要形式。企业的工作理事会与公司级别的磋商委员会的职能大致相同，只是名字不一样。但一些企业工作理事会成员的身份更为广泛，包括管理者、团队领导、专业技术和办公室职员，可以覆盖企业内部每个人。欧洲国家工作理事会讨论的话题，包括企业总体的经济和财政状况，对雇员有影响的具体事项，如迁址、关闭、合并、集体解雇以及新技术的推行等。拥有 1 000 名以上员工的企业必须建立理事会，而且该理事会必须是一个只包含雇员的团体，有 3～30 名雇员代表选举产生或者指派的雇员组成，或者，如果不存在这样的雇员代表时，就由所有的雇员组成。

（六）建议方案

建议方案为雇员提供了一个参与到提高企业效益的努力中去的平台。在企业内部，有时员工的好点子因为没有良好的沟通渠道而无法提出来，员工因此会感到相当沮丧。成功企业的建议方案有助于减少这种沮丧情绪。通常，只有在雇员职责范围之外的那些点子会被管理者考虑。

成功的建议方案的基础是，企业制定有提交和评估各种点子并奖励有功人员的正式程序，以及有效地向雇员解释任人唯贤而不使他们感到挫折的体系。最常见的方式是意见箱、意见表格，或者有专门的人员或机构来具体负责。管理者和团队领导也必须鼓励下属提供建议，以海报、小册子和公司杂志上的文章等方式来宣传该方案，并突出陈述成功的建议和贯彻这些建议的方式。

企业应有专门的人员负责处理建议方案，将雇员的建议提交到有关部门或个人进行评审。管理者应该处理所有的沟通事宜，必要时应向提建议的雇员了解更多细节。

（七）职工代表大会制度

职工代表大会，即企业民主管理制度，是我国国有企业实行企业民主的最基本形式，是员工行使民主管理权力的机构，它由民主选举的员工代表组成。我国《全民所有制工业企业职工代表大会条例》规定，企业在实行厂长负责制的同时，建立和健全职工代表大会制度和其他民主管理制度，保障工会组织和员工代表在审议企业重大决策、监督行政领导、维护员工合法权益等方面的权力，发挥其应有的作用。职工代表大会制度对保障员工权益，充分发挥员工的积极性和主动性，提高劳动生产率，建立和谐的劳动关系，稳定社会秩序具有重大意义。

职工代表大会制度，是建立以职代会制度为主体的员工参与民主选举、民主决策、民主管理、民主监督，维护员工权益，协调企业内部劳动关系的维权机制。职工代表大会的工作机构是企业工会，具有审议权、同意或否决权、决定权、监督权、选举权等职权，具体包括：审议企业生产经营重大决策，审议通过企业重大改革方案，参与决定职工集体福利重大事项以及民主评议和推荐、选举企业领导干部等。职代会建制率是企业民主管理推选情况的重要标志。职工代表大会是组织员工参加企业管理，树立员工主人翁精神，发挥员工工作积极性的有效形式。建立现代企业制度，必须进一步坚持和完善以职工代表大会为基本形式的员工民主管理制度，突出工会职能，加快民主化建设的进程，密切与员工的联系，维护员工的合法权益，保护和调动员工的积极性，增强企业凝聚力、创造力和经济效益。

总之，不同国家、不同企业，员工参与的形式也不尽相同，要依据企业、组织的具体情况选择最适合于本企业的参与形式。一般而言，适合某一企业的参与形式取决于管理者和工会的态度和相对力量，该企业过去的谈判和磋商经验，以及当前劳动关系的氛围。要对雇员参与管理进行规划，分析评估当前的参与、磋商、沟通和其他正式非正式的参加方法，找出影响劳动关系的企业内部和外部的影响因素，并提出适合企业的参加形式和参与计划。与管理者、团队领导、工人和工会深入讨论该计划，培训与雇员参与有关的人员，明确其职责及履行职责的方法。在小规模的试验基础上推行新的方案，并在推行新的参与方案过程中不断回顾研究整个过程，以确保它能高效运行。

第5节　劳资合作策略

一、劳资合作的含义

劳资合作，是指任何为提升劳资双方的期望，所采取的协商或参与决策的模式。劳资合作的具体方式非常广泛，人们对它进行界定的侧重点也不同。有的学者把劳资合作看作是一种价值原则，其基本理念在于企业把员工作为最重要的资源，相信员工具有责任感且值得信任，有能力并愿意付出。劳资合作可以通过各种不同方式，借助员工参与及努力来达到组织的目标。

有的学者则认为劳资合作是一种劳资关系模式，建立在劳资双方共同追求更大效益的目标上，在这一过程中，劳资双方致力于目标的达成，而不是相互的对抗。经过合作努力所带来的结果，由劳资双方所共享。

还有一些学者认为，劳资合作是指在企业经营管理中，管理者主动接受工会或员工的意见，而员工或工会在劳资关系上扮演更为主动的合作人角色。劳资双方致力于更宽广的领域及一些基本的问题上，如产品品质、技术运用等。在合作原理中，管理者不仅要肯定员工的参与权利，更要积极地鼓励及回报此项参与行动。同样地，员工不但要认同和支持企业在投资上获取适当报酬的权利，而且也要强调此项投资报酬的必要性。归纳起来，劳资合作具有以下特征：

- 企业组织经营的整体责任属于资方与劳方共同承担；
- 劳资合作须借助员工参与才能实现；
- 劳资双方将对抗的相对力量，转化为组织的总力量；
- 劳资合作所带来的成果应公平分享。

二、劳资合作的条件

劳资合作计划能否顺利推行以及能否获得预期效果，取决于以下必要条件：

1. 建立互助互信，具有荣辱与共的观念，重视企业长期营运目标；
2. 人性的相互尊重；
3. 建立良好的沟通管道；
4. 利润分享及符合国家劳动法律。

劳资合作是劳动关系的最高级形态。劳资合作的基础是工会与管理方之间建立相互信任，彼此尊重对方。管理方相信工会愿意与雇主合作，降低生产成本；管理方也愿意让工会代表参与企业的经营管理活动。工会则鼓励雇员提高劳动生产率，争取更多有形或无形的福利。双方共同解决生产过程中出现的问题，不断提高企业的经营效率。

劳资合作有助于减少劳资冲突，增进工会与管理方之间的沟通，使工会与管理方建立伙伴关系。这种双赢的局面有利于雇主在市场竞争中赢得竞争优势，雇员则可以从劳资合作中获得更大的就业保障、更好的就业条件。

工会与管理方进行合作，必然要求双方都做出让步。从工会角度看，如果它不考虑雇员利益而片面强调与雇主合作，最终会丧失雇员的支持；而且，劳资合作也会削弱工会的集体谈判力量。从管理方角度看，与工会合作意味着管理方必须放弃许多权力。表4—1概括了工会与管理方在劳资合作中的得与失。

表4—1　　　　劳资合作的潜在收益与成本

	管理方	工会
潜在收益	1. 提高劳动生产率 2. 提高产品与服务质量 3. 改善与顾客的关系 4. 减少生产浪费与返工 5. 减少管理成本 6. 增进与雇员的沟通 7. 改善与雇员的关系 8. 减少抱怨与惩戒 9. 减少缺勤、怠工，降低雇员流动率 10. 增强雇员的献身精神	1. 会员获得经济实惠 2. 参与管理决策 3. 增进与管理方的沟通 4. 减少集体协议的争议
潜在成本	1. 劳资合作所需的培训 2. 丧失权力与权威 3. 调换管理者的工作岗位 4. 经常开会	1. 被管理方同化 2. 丧失雇员支持 3. 调换雇员的工作 4. 削弱集体谈判力量

资料来源：William N. Cooke，*Labor-Management Cooperation*：*New Partnership or Going in Circles*？Kalamazoo，MI：W. E. Upjohn Institute for Employment Research，1990

三、促进劳资合作的方法

战后劳资关系的发展，已越来越由冲突论出发的集体协商式劳资关系，转而以无工会的劳资关系模式取代。过去企业管理者常常以打压工会的方式来减少经营上所带来的阻碍，但在提升企业整体竞争力的压力下，管理价值发生变化，企业不得不承认劳资合作是重要的成功关键，因此将工会视为企业的策略伙伴。将工会或员工视为伙伴关系就形成了劳资合作的基本前提，通过改善劳动关系与人力资源管理途径，推行劳资合作。劳资合作的最主要目标在于提高企业整体运营绩效，双方共同把企业经营的“饼”做大，从而满足双方的需求。促进劳资合作的具体策略相当广泛，主要包括斯坎隆计划（Scanlon plan）、拉克计划（Rucker plan）、集体收益分享计划（Improshare plan）、质量圈、劳资联合委员会、工作生活质量计划、自我管理的工作团队等。根据雇员是否直接分享生产率收益，可将这些策略分为收益分享计划（Gainsharing program）与非收益分享计划（Nongainsharing program）。

斯坎隆计划、拉克计划与集体收益分享计划属于收益分享计划，雇主以生产率为标杆，给超过目标生产率的雇员提供现金奖励。虽然这三种计划采用不同的生产率测度方式与奖金计发公式，但它们都具有以下四个特征：

• 组织有明确的生产率目标；

• 奖励分配以团体为单位，这个团体可以是某个独立小组，也可以是整个组织；

• 鼓励员工提建议，削减生产成本，提高生产率；

• 奖金计发公式直接与生产率的提高挂钩。

收益分享计划经常会与利润分享计划混淆，实际上，这两种计划在三个方面存在明显差异。首先，收益分享计划均为现期支付，而利润分享计划则包括现期分配计划（distribution plan）、组合计划（combination plan）与延迟支付计划（deferred plan）三种类型[①]；其次，收益分享计划的报酬支付比利润分享计划更频繁，通常按月或季度分发奖金，而利润分享计划通常按年分配盈余或红利；最后，收益分享计划根据生产率是否提高确定奖励分配，而利润分享计划中盈余分配的基础是企业的利润，显然，雇员更容易控制生产率指标。

与收益分享计划不同，质量圈、共同磋商、工作再设计、自我管理的工作团队等计划则没有把薪酬与生产率的提高、成本的降低、产品质量的提高或其他衡量群体成就的标准直接联系在一起，因而属于非收益分享计划。由于前面已做介绍，故这里仅分析收益分享计划。

表 4—2 从设计思想、主要目标、次要目标、雇员参与、建议机制、低层与高层管理者的角色、奖金公式、支付频率、工会的角色、对管理方式的影响等方面对收益分享计划即斯坎隆计划、拉克计划与集体收益分享计划进行分析。

表 4—2　　　　收益分享计划比较分析

收益分享计划	斯坎隆计划	拉克计划	集体收益分享计划
设计思想	收益分享；雇员愿意提出建议并且希望建议被采纳	主要通过物质激励；也依赖雇员参与	物质激励；绩效改进
主要目标	提高生产率	提高生产率	提高生产率
次要目标	态度、沟通、工作行为、质量、节约成本	态度、沟通、工作行为、质量、节约成本	态度、工作行为

① 现期分配计划每期发放全部可分享的利润；雇员在组合计划中，每期仅得到部分可分享利润，其余部分留作企业将来分配；延期支付计划是指每期的利润分享额在雇员退休时一次性领取。

续表

收益分享计划	斯坎隆计划	拉克计划	集体收益分享计划
雇员参与	一个审查委员会；多个生产委员会	一个审查委员会；有时有一个生产委员会	奖金委员会
建议机制	正式体制	正式体制	无
低层管理者的角色	生产委员会主席	无	无
高层管理者的角色	直接参与奖金委员会	协调员：负责评价建议以及分派委员任务	无
奖金公式	销售额/工资	谈判单位工资/产品销售额	标准工时×基准生产率因子/总工时
支付频率	按月支付	按月支付	按周支付
工会角色	协商条款，审查委员会成员	协商条款，审查委员会成员	协商条款
对管理方式的影响	重大	轻微	无

资料来源：Michael H. Schuster，*Union-Management Cooperation*：*Structure*，*Process*，*and Impact*，p76～77，Kalamazoo，MI：W. E. Upjohn Institute for Employment Research，1984

（一）斯坎隆计划

斯坎隆计划是由美国俄亥俄州曼斯菲尔德市的一个钢铁工厂的工会领袖约瑟夫·N·斯坎隆（Joseph N. Scanlon）于 1937 年首次提出的一个劳资合作计划。当时，这家钢铁工厂生产经营缺乏效率，随时可能破产，但雇员依然要求雇主提高工资，改善工作条件。为了满足劳资双方的利益，时任联合钢铁工人工会地方主席的斯坎隆提出了利用员工和管理方在成本降低方面取得进展的奖金刺激计划。1944 年，斯坎隆又进一步完善这一计划，提出用工资总额与销售总额的比例来衡量工作绩效。现在的斯坎隆计划的要点包括工资总额与销售总额的比例、与降低成本相联系的奖金、生产委员会和审查委员会四个方面。斯坎隆计划的目的是使组织的目标和员工的目标同步化。

根据斯坎隆计划支持者的想法，有效的员工参与是该计划最突出的特征。它强调参与性的管理哲学，让每个员工明白个人薪酬的增加是建立在彼此坦诚合作的基础之上，并将企业的薪酬激励和员工的建议系统结合在一起，鼓励员工向企业提出提高生产力的建议。斯坎隆计划的员工参与机制包括两层建议委员会。雇员首先向位于本部门的生产委员会提出生产率改进建议，并由生产委员会负责执行，该委员会通常由 1 名低层管理人员与 2～5 名雇员代表组成。如果员工提出的建议超出所属生产部门的管辖范围或所需成本超出某一限额，生产委员会必须把这些建议向审查委员会汇报，由审查委员会决定是否采纳这些建议；如果员工提交给生产委员会的建议未被采纳，员工可以向审查委员会申诉。审查委员会由各生产委员会代表、高层管理人员以及工会领导组成，每月开会一次，评估生产委员会提交的建议，分析组织绩效，确定奖金额，并负责斯坎隆计划的整体运作。

斯坎隆计划的宗旨是降低企业的劳动成本而不影响员工的积极性。该计划按月向所有雇员发放奖金。通常，多数计划从每月的奖金总额中预留 25%，以便在劳动成本超过正常月份时能够填补赤字。扣除公积金后的奖金总额按 75/25 的比例由员工和公司共享。具体计发办法是，首先确定目标生产率水平，通常以基期劳动成本在产品销售值中所占比例表示，又称斯坎隆比率，进而得出当期产品销售值中包含的预期劳动成本，其中超出实际劳动成本的部分即为奖金总额。表 4—3 提供了一个斯坎隆计划的实例。

表 4—3　　斯坎隆计划示例　　单位：美元

项目	金额
产品销售值	70 000
斯坎隆比率	× 0.64
预期劳动成本	44 800
实际劳动成本	— 35 000
奖金总额	9 800
公积金（25%）	— 2 500
可分配的奖金总额	7 300
公司份额（25%）	— 1 875
雇员份额（75%）	5 425

资料来源：William B. Werther, William A. Ruch and Lynne McClure: Productivity Through People (St. Paul: West Pub. Co., 1986)

斯坎隆计划在降低成本和促进劳资合作方面获得很大成功，但并不是所有计划都能获得成功。其成功实施需要具备三个条件：(1) 该计划适用于人数较少的企业（通常少于 1 000 人）；(2) 该计划适用于产量与成本稳定的企业；(3) 管理方积极参与该计划，尤其在计划的实施阶段。

（二）拉克计划

拉克计划最初是由经济学家艾伦·拉克（Allen Rucker）于 20 世纪 30 年代提出。拉克计划与斯坎隆计划非常类似，都是通过雇员提供合理化建议来削减生产成本，并与雇员共同分享由此产生的财务收益。两种计划的区别主要体现在雇员参与程度和奖金计发办法两个方面。

拉克计划的雇员参与程度不及斯坎隆计划。多数拉克计划只有一个审查委员会，而没有在工作场所基层内部建立生产委员会。审查委员会由工会和管理方推荐的雇员代表以及工会领导、高层管理人员共同组成，负责审核雇员提出的建议，评价企业的生产率与拉克计划的整体运作。少数拉克计划虽然也建立生产委员会，但只有一个。生产委员会由10～15名雇员与几个低层管理人员组成。与斯坎隆计划相比，拉克计划的生产委员会主要作为劳资双方沟通的渠道，而不作为解决生产问题的方式。因此，有些学者认为拉克计划是从传统劳动关系向劳资合作式劳动关系过渡的中间形态，是斯坎隆计划的一种替代形式。

拉克计划目标生产率的确定方式与斯坎隆计划不同。拉克最初发现制造业劳动成本在产品附加值中所占比例不受经济周期影响，长期保持一个稳定水平。因此，他提出以此作为衡量生产率的标准，又称拉克标准。如果实际劳动成本低于根据拉克标准得出的劳动成本，雇员就可以与公司共同分享节约的劳动成本。拉克计划的奖金是根据雇员收入的一定比例分配，而不是平均分配奖金。由此，拉克计划鼓励收入较高的高资历雇员积极参与绩效改进。

（三）集体收益分享计划

集体收益分享，即通过利益分享来提高企业生产率，最初是由工程师米切尔·法因（Mitchell Fein）于20世纪70年代提出的。与斯坎隆计划和拉克计划相比，集体收益分享计划的雇员参与程度更低，没有建立建议机制。企业只是建立奖金委员会，根据企业生产率是否改进来分配奖金。该计划通过基准生产率因子来衡量目标生产率。集体收益分享计划的要点是减少制造单位产品所需的时间，而不是节约生产成本来提高生产率。节约时间产生的财务收益按50/50的比例由雇员与公司共享。

◆ 本章小结 ◆

本章主要从雇主角度介绍了六种雇主角色理论，并从职权结构和管理理念两个方面六个纬度介绍了管理模式的几种组合方式，详细阐释了独裁/剥削、权威/宽容、自主/合作的管理模式的主要特征及对待工会的措施。其次，介绍了雇员参与制度和劳资合作的主要策略。员工参与、沟通和协商等已成为劳资合作的基本形式。

◆ 关键词 ◆

雇主　雇主组织　独裁/剥削管理模式　权威/宽容管理模式　自主/合作管理模式　雇员参与　质量圈　全面质量管理　劳资合作　斯坎隆计划　集体收益分享计划　共同磋商　工作轮换　工作扩大化　工作丰富化　工人董事　职工代表大会制度　拉克计划

◆ 复习思考题 ◆

1. 详述自主/合作管理模式的主要内容及特征。
2. 试述雇员参与管理的主要形式。
3. 斯坎隆计划的主要内容和特点是什么？
4. 试举例说明几种管理模式。

第5章

工　会

◆ 学习目标 ◆

本章的学习重点是工会的组织结构及其法律保障。目的是通过本章学习，了解工会的基本概念、分类、职能，理解工会化的原因，掌握工会的组织结构及其法律保障、我国《工会法》对工会及工会干部的保障的相关规定，并能依法处理实际工作中碰到的有关工会的组织保障、法律保障的问题。

引导案例：

某运输公司因无视《工会法》，长期无故拒绝拨缴工会经费被总工会某办事处推上了被告席。1998年，该运输公司所在市人民法院作出一审判决：被告公司欠的31 114元工会经费及37 336元滞纳金，共计68 450元，在判决书生效后5日内一次性清结，并承担4 616元的诉讼费，这一判决让一起拖欠5年之久的工会经费纠纷案最终靠法律的威严圆满解决。

企业按时向工会组织拨缴工会经费，是《工会法》明文规定的企业必须履行的义务，任何人都不得违背。某运输公司从1992年以来无故欠缴工会经费数万元，虽经企业工会和地区工会口头和书面多次催促，但公司领导仍置若罔闻，不予理睬。在这种情况下，地区工会根据有关法律规定，于1997年6月16日向该市人民法院提出《支付令申请》。该公司接到《支付令申请》后，提出异议，并仍以各种理由拒绝拨缴。为了维护工会的合法权益，保障工会工作的正常开展，总工会地区办事处于同年7月8日又向市人民法院递交诉状，要求法院依法判决运输公司支付拖欠的工会经费及滞纳金。该公司工会主席以地区工会委托代理人的身份与自己所在企业对簿公堂。①

工会组织为维护自身合法权益与企业对簿公堂，其影响深远、意义重大。在劳动关系已经发生根本性变化的今天，如何更好地理解工会在劳动关系中的地位和作用，是劳动关系研究的重要课题。

第1节　工会的概念

一、工会的内涵

对工会进行科学研究涉及经济、社会、政治、法律等许多方面。随着社会环境的变化，工会的性质也随之改变。最经典且最经常被引用的工会定义，是西德尼·韦布（Sidney Webb）与比

① 郭军主编. 修正后的工会法解析与适用手册. 北京：红旗出版社，2001. 230～240

阿特丽斯·韦布（Beatrice Webb）在《英国工会史》一书指出的："工会是由工人组成的旨在维护并改善其工作条件的连续性组织"，它强调工会组织的连续性及其构成，把职业协会[①]排除在工会范畴之外。詹姆斯·坎尼森（James Cunnison）认为，工会是"工人的垄断性组织，它使个体劳动者能够相互补充。由于劳动者不得不出卖自己的劳动力从而依附于雇主，因此，工会的目标就是要增强工人在与雇主谈判时的力量"。通常，人们从工会的职能、作用和活动方式等方面认识工会。

随着后工业时代的到来，就业结构发生了重大变化，白领雇员比例迅速提高，如果工会不能把这些白领雇员吸收进来，就难以代表所有雇员的利益。因此，应该考虑工会的多样性，不仅包括传统的蓝领工会，还应包括白领工会、职员协会以及职业协会；同时也应该考虑工会实现组织目标方式的多样性。

从工会的性质、组织目标及其实现方式这三个角度出发，可以得出如下定义：工会是由雇员组成的组织，主要通过集体谈判方式代表雇员在工作场所以及整个社会中的利益。工会最首要的任务是通过团结工人，争取改善雇员的工作条件，因为雇员作为个体，通常没有力量和本钱与雇主进行交涉，其工资、工作条件都由雇主单方面按市场规律决定。

二、工会的结构分类

根据工会运动从 19 世纪至 20 世纪的发展历程，可以把工会组织划分为职业工会、行业工会和总工会三类。

---

① 职业协会是由专职雇员组成，他们主要从事脑力劳动，在执行工作任务过程中拥有相当的自主权。他们的职业地位既取决于所受的教育与培训，也取决于从业的具体经历。这些职业主要包括医生、律师、教授、工程师及演员等。

（一）职业工会

职业工会是将具有某种特殊技能，从事某种特殊职业的所有雇员组织起来的工会，而不考虑这些雇员所处的行业。在这种组织原则下，雇员所从事的工作以及他们在工业等级中所处的位置就构成了他们团结在一起的内在力量，即共同利益。由于职业工会的成员广泛分布于许多行业，因此它具有明显的横向特征。这类工会可以细分为三种：

1. 同行工会

同行工会是最早的工会组织形式，具有很强的内部一致性。这种一致性一方面源于对加入工会者所从事的职业的控制，另一方面也源于它对工会会员有特殊的技能要求。同行工会以那些未受过学徒训练且属于体力劳动者的技术工人为吸收对象，这些技术工人的技术是在从业过程中摸索得到的，他们沿着内部晋升路线从最低的技术等级上升到最高技术等级。正是由于这种共同的晋升经历构成技术工人组建工会的初始动力。

2. 半技术与非技术工人工会

19世纪末出现的“新工会主义”主张将没有加入技术工人工会的半技术及非技术工人组织起来建立工会。后来，这些工会有的合并成为总工会的核心，有的则与同一行业的技术工人工会合并成为行业工会。

3. 白领工会

由于这类工会所募集的会员对象的领域被限定在属于白领的工作类型，因而它可以被划入职业协会之列。

（二）行业工会

行业工会是将在某一特定行业中从事工作的所有工人都组织起来的工会，而不考虑这些雇员的技术、技能以及所从事的职业。由于行业工会力图吸纳全行业各阶层的雇佣劳动者，因而它具有明显的纵向特征。行业工会也可以细分为两种：

1. 垄断性行业工会

这种工会把一个行业中的所有雇员都吸收进来，从而在劳动力市场上形成垄断力量。垄断性行业工会尤其适合以下两种场合：生产或服务过程需要特殊知识和技能，而且这些技术和技能专属于某个特定行业，不容易向其他行业扩散或转移；生产或服务过程构成了一个特殊的工作环境，使本行业雇员与其他行业雇员相隔离。

2. 单一性行业工会

这种工会虽然也把会员的募集范围限定在某一特定行业，但并没有把本行业的所有雇员都吸收进来。

（三）总工会

总工会的组织原则就是对会员募集不加任何限制，既不考虑职业因素，也不考虑行业因素，从而体现了对职业工会和行业工会分化现象的一种修正。需要强调的是，必须把早期出于政治动机而成立的总工会（如 1834 年英国成立的全国大工会联盟）与经过结构演变而形成的总工会区分开。这里所说的总工会是在职业工会或行业工会的基础上经过合并逐渐形成的。

三、工会的产生和发展

工会运动从 18 世纪 90 年代至今，已经有 200 多年的历史，它是工业化的产物。工会的产生和发展大致经历了三个时期：职业工会时期、行业工会时期和总工会时期。

（一）职业工会时期（18 世纪 90 年代至 20 世纪 30 年代）

早期的职业工会是在熟练工人如制鞋工人、裁缝、印刷工人中自发形成并发展起来的，如美国 1792 年成立的费城鞋匠工会

(The Philadelphia Shoemakers) 等。早期工会的特征是：(1) 在性质上都是同行工会，多数是由技术工人建立的，而非技术工人和半技术工人基本上处于无组织状态之中；(2) 在范围上都是地方工会，只限于一个工厂、一个城镇或一个城市；(3) 寿命都很短暂，工会围绕某个问题进行斗争，一旦问题解决，组织随即解散。工会缺乏固定的资财、活动场所和工作人员；(4) 经济影响力比较小，主要活动是通过殡葬费、疾病补贴和其他类似方式向会员提供相互救济，而不是就工资、工时或就业条件与雇主进行集体谈判。随着产业范围的扩大，公司所有制形式的发展，交通与通讯手段的改进，19 世纪 50 年代后，在地方工会的基础上开始建立全国性工会，如美国从 1850 年印刷工人组成全国性工会开始，先后在排版工人、制模工人、石匠、精制帽工、机器工人和火车司机等职业范围建立全国性工会。为了从更广泛的工会组织中获得经济和政治利益，19 世纪 60 年代工会运动开始在全国范围把各种类型的工会组织合并起来，如 1886 年成立的美国劳工联合会 (American Federation of Labor，AFL)，以熟练工人为主，选择工联主义 (Business unionism)，回避社会变革，工会化的方向是向雇主争取报酬和工作条件的改进，为会员追求实实在在的经济利益。

(二) 行业工会时期 (20 世纪 30 至 50 年代)

劳工联合会本质上还是职业工会的联合，他们只吸收有技术的工人，排斥没有技术的工人。随着工业化的发展，工厂规模的扩大，生产流水线的普及，钢铁、汽车、电机、电气等大规模工业对工人的技术要求越来越低，半技术、非技术工人的比例越来越大，逐步形成了以行业而非职业为基础组织的工会，如 1938 年美国成立的产业组织联合会 (Congress of Industrial Organization，CIO)。

（三）总工会时期（20 世纪 50 年代至今）

总工会是在职业工会与行业工会的基础上逐渐发展形成的。如 1955 年美国劳联和产联完成合并，形成劳联—产联（AFL-CIO）；1956 年，加拿大两大工会——加拿大行业和劳动者联盟与加拿大劳工联盟——合并组成加拿大劳工大会。

四、工会化的原因

雇员个人参加工会的原因是多种多样的，并随着时间的推移而不断变化，这其中包含工作、个人、社会或政治的因素。很难对所有这些因素进行全面讨论，但以下是一些最主要的原因：对资方的不满；一种社会化的途径；领导权力的获得；被迫加入工会或同事劝导加入工会的压力等。

（一）对资方的不满

雇员对工作不满是他们参加工会最主要的原因，导致雇员不满的原因包括：工资水平与福利待遇较低，管理方的不公正待遇，缺乏适当的惩戒程序，不公平的薪酬结构与晋升机制，恶劣、不安全的工作条件，缺乏有效的沟通，不完善的申诉程序，种族歧视、性别歧视或其他形式的歧视，不确定的就业保障等。如果雇员对资方不满，就会指望工会来帮助他们，认为工会是使问题得以解决或被重视的途径，建立工会是表达这种不满的一种有效方式。工会可以找出组织中存在的问题，强调工会成员的利益。工会组织者向雇员传达这些信息，鼓励他们加入工会。而管理方则会通过各种措施，如调整薪酬结构，提供公平的待遇和适当的就业保障，促使雇员反对工会化。

（二）工会的有效性

工会组建要想获得成功，必须使雇员意识到工会化能给他们带来实惠。对于不同技能水平的雇员来说，那些技能水平相同的雇员更容易被组织起来。此外，资本密集度低、产品市场条件有利的企业更可能实现工会化。

（三）雇员对待工会的态度

工会组织运动成功与否，与雇员的特征有密切关系：年轻雇员更可能在投票选举中支持工会组织，因为他们的工资水平较低，工作不理想，且对工作的控制能力有限；黑人与妇女在历史上曾经遭遇就业歧视，他们是工会运动的坚定支持者；蓝领雇员比白领雇员更容易接受工会化，尽管近 30 年白领工会也很普遍，但吸引白领雇员加入工会的主要动力是获得更大的影响力；对企业忠诚度高的雇员更倾向于支持工会，而临时工往往不支持工会组织运动。

（四）雇员的集体凝聚力

凝聚力是团结一致的程度和个人对所在群体所持的积极态度，是反映集体对其成员影响力的一个重要指标。一个集体的凝聚力越强，成员对集体的归属感越强，集体对成员的影响力就越大。这样，工会组织运动就容易获得成功。

（五）一种社会化途径

许多人本来就有强烈的社会需要，他们通常喜欢与志趣相投的人为伍。一些雇员加入工会是为了利用工会的支持，来实现自己的社会需求。另外，工会也为劳动者提供一些日常服务，以增进他们与其他工会组织会员之间的团结。不管是否参加工会，只要人们之间建立起亲密的相互交往，就可以在困难的时候相互关照、同舟共济。

（六）提供获取领导权的机会

一些人渴望成为领导者，但对于一个从事一线生产的工人而言，要跨入管理者行列实在非常困难，但他们领导人的欲望常可以通过担任工会领导职务得到满足。工会和公司一样，有自己的一套领导体系，个人可以顺着这一职业阶梯向上升迁。雇主们因而常注意那些担任工会领导职务的员工，并且将其提拔到主管级的行列里。

（七）强迫加入工会或来自同事的压力

西方一些国家劳动法律通常规定，在员工就业前就强迫其加入工会是违法的，但认为要求新员工受雇后一定时间（通常为30天）内或正式受雇后必须加入工会的协议都是合法的，即“只雇用工会会员制度”。在这种情形下，员工是基于法律和企业规定而加入工会的。另外，许多人是由于工作集体中别人的规劝才加入工会的。未加入工会的人，他的朋友和同事常常会不厌其烦地提醒他这一点。这种规劝常给未加入工会者造成一种压力。

第2节　工会的职能

一、工会的职能

组织的职能可以从它所扮演的角色、执行的任务以及完成这些角色与任务采用的方式等方面来概括。我们从五种研究视角，即新古典主义、正统多元主义、管理主义、自由改革主义与激进主义出发，依次分析工会的经济职能、民主职能、整合职能、社会民主职能与阶级革命职能。

（一）经济职能

1. 工资与就业人数的最优组合

新古典经济学家认为，工会通过优化组合工资水平与就业人数，实现效用最大化。工会不可能无限制地提高会员的工资水平，因为在劳动力需求不变的条件下，工资水平越高，企业雇用的人数越少。因此，工会在谋求提高会员工资水平的同时，应该考虑由此产生的伴随失业效应。产生伴随失业效应的原因有两个：第一，高工资意味着高人力成本，从而产品价格上涨，市场需求减少，雇主必须通过裁员来维持企业的运营；第二，劳动力价格上涨后，为使生产成本最小化，管理方将采用资本密集型技术，使用更多的机器设备替代劳动。

目前尚不清楚工会会在多大程度上考虑伴随失业效应。但有一点可以肯定，即工会凭借它在劳动力市场上拥有的卖方垄断力量，使得通过集体谈判确定的工资水平，总是高于在完全竞争的劳动力市场中由市场供给和市场需求曲线决定的市场出清的工资水平；相应地，工会追求的工资水平所对应的就业人数要比市场出清工资水平所对应的就业人数要少。因此，工会活动会产生伴随失业效应。当然，工会也会采取各种措施来消除或减少该效应产生的消极影响。这些措施包括：工会领导游说政府部门，主张提高关税或降低进口配额，以此减少外国低成本商品大量流入本国对国内企业造成的冲击；工会采取一致行动，在同行业内一次性同时提高工资水平和福利待遇，从而消除某企业工会单方面行动导致该企业在本行业内所处的竞争劣势；开展公共宣传活动，鼓励消费者购买工会化企业制造的产品；通过订立就业保障条款，限制管理方采用节约劳动的技术和用机器设备替代劳动。

2. 确保就业公平

工会领导的目标是使会员的经济收入最大化，这取决于会员是否愿意参加罢工，而会员是否愿意参加罢工又取决于他们的就业公平感实现与否。如果雇员认为雇主提供的待遇达到了自己的预期，他们就不可能投票支持举行罢工，这时工会就不可能为会员谋取更多的经济利益。因此，工会的一个重要经济职能是努力实现会员的公平待遇要求，这些要求包括工作负担、晋升与裁员制度等方面。

（二）民主职能

正统多元主义特别强调工会的民主职能，认为工会的角色应该将民主原则引入劳动关系，为雇员提供各种形式的代表制度。工会的民主职能具体体现为：

1. 当管理方违反集体协议确立的就业条件或滥用职权时，工会可以为会员提供准法律代表。通过建立申诉/仲裁程序，由独立代表（如工会）或中立的第三方对劳动争议做出裁决，实际上确立了劳动司法体制，以此确认并保护雇员的合法权利。

2. 工会代表雇员与雇主进行集体谈判。在谈判过程中，工会在就业条件、技术变革、安全卫生等一系列劳动问题上坚决维护雇员的整体利益，就像民选议员在地方议会中代表其选区的选民利益一样。

3. 工会有助于确保雇员在工作过程中获得自由。工会与管理方协商并制定有关工作进度、小组人数、技能要求、职务分类等的规则与程序，限制管理方的职权，维护雇员的权利，就像民主国家通过限制政府职权以保证公民享有各种权利和自由一样。

4. 与企业组织相比，工会组织的一个显著特点在于其职权的指向是自下而上而不是自上而下。工会领导受到工会中不同派系成员施加的压力；工会的民主职能要求它必须平衡和协调不同派系之间的相互竞争、甚至相互冲突，不能只考虑其中某个群体成员的利益。这类似于民主国家的政府面对不同利益集团时的决策情形。

5. 工会作为一个民主机构，有自己的章程、代表大会及领导选举制度，从而保证雇员享有各种民主权利。虽然近年来雇主也开始采用参与式管理方法，让雇员参与企业决策，但在参与式管理中，企业的决策最终还是由管理方做出的，因而不能与工会民主混为一谈。

（三）整合职能

多元主义、激进主义与管理主义都指出工会具有整合职能，但只有管理主义强调雇员与雇主间的整合是工会的首要职能。

美国哥伦比亚大学历史学教授弗兰克·坦嫩鲍姆（Frank Tannenbaum）在其著作《劳动哲学》中指出，工会不是策划形成的，而是自发产生的。它内生于资本主义发展过程，体现了人类建立团体组织的朴素思想。坦嫩鲍姆认为，建立工会能够使雇员重新恢复前工业时代的团体感、稳定感与归属感。①

从个人自我实现的角度看，工会有助于员工发挥其才能。工会鼓励雇员参与组织的各项决策：（1）工会的内部行政体系鼓励会员参加支部活动，参与工会政策、经济与劳动事务、社会与政治问题的决策过程；（2）集体谈判制度为会员提供直接与管理方进行谈判的机会，使雇员可以参与订立集体协议条款。积极参加工会活动的会员可能在工会内部担任职务，如车间或工厂的工会代表、地方或全国委员会代表。通过这些渠道，会员可以参与生产工作以外的其他活动。早期，由于雇员缺乏接受教育、参与政治活动与其他社会活动的机会，参加工会成为表现并提高他们才能的重要途径，甚至是唯一媒介。

工会的整合职能还体现在它是实现高绩效管理的重要渠道。高绩效管理要求雇员与管理方减少或消除彼此的对立与不信任，增进理解与合作，工会是实现这一目标的重要媒介。第一，工会的内部申诉与协商机制有助于化解劳资冲突，克服雇员在与雇主

---

① Frank Tannenbaum：A Philosophy of Labor，p10，New York：Knopf，1951

融合的过程中可能产生的各种障碍；第二，工会作为管理方与雇员之间的沟通渠道，有助于管理方实施人力资源管理计划。

（四）社会民主职能

工会的社会民主职能与工会在经济、社会领域发动的社会民主改革密切相关。工会不仅要求改善薪酬结构，而且主张消除企业内部与企业之间的工资不平等。工会不仅代表会员利益，而且反映全体工人阶级与所有弱势群体的利益。工会的社会民主职能主要体现在三个方面：

1. 社会工会

主张集体谈判不应只是为了提高会员的工资水平，而应该通过集体谈判提高工人阶级的整体工资水平，并改善他们的就业条件。实践中，集体谈判的影响已经超出工会范围。工会主义较强地区集体谈判所确定的工资标准成为工会主义较弱地区工资决定的基准，甚至成为非工会化企业工资决定的基准。

2. 工会积极参与政治活动

通过修改法律来加强集体谈判的力量，通过经济与社会改革减少社会不公正，保护弱势群体。为实现这一目标，工会不仅直接向政府游说，还通过与政党结盟间接地向政府施加影响。

3. 工会积极参与社会公益事业

它与妇女组织、环保组织以及教会都保持密切联系。有些工会还建立专门基金用于发展社会公益事业。例如，加拿大汽车工人联合会（Canadian Auto Workers，CAW）要求雇主按照谈判单位雇员每工时 1 分钱的标准，向“社会正义基金”（social justice fund）捐款，所筹资金全部用于慈善事业与社会救济。

（五）阶级革命职能

阶级革命职能在劳工运动史上曾有过重要影响。历史上，工会阶级革命主要分为工团主义与社会主义两类。虽然两者都强调推翻资本主义制度，代之以新的经济秩序。但是，工团主义认为工会是工人阶级的唯一工具，通过工厂罢工、联合抵制、蓄意破坏等一系列活动最终发动总罢工；而社会主义认为只有依靠工人阶级自发的革命意识，发动有组织的群众政治运动，资本主义制度才能被推翻，工会的作用在于促进这一过程。

虽然历史上激进主义强调工会是推翻资本主义制度的最重要的力量，但是，工会的这一职能正在逐渐弱化。实际上，许多激进主义者对工会运动也是持消极态度的。

二、工会的职能分类

现实生活中，工会的职能往往是上述五种职能的不同组合，不同工会之间的区别在于其职能的多寡与强弱。从职能角度出发，可以将工会分为以下三类：

1. 工联工会

这类工会的唯一目标是通过集体谈判为会员谋求经济利益。

2. 福利工会

这类工会不仅关心会员的经济利益与劳动权益，而且关注更广泛的社会、经济与政治问题。

3. 政治工会

这类工会认为工会差别是社会政治差别的一种体现，主张通过政治结盟或法律规范来维护会员利益。

三、工会职能的理论分析

（一）工会性的概念

对工会的职能进行理论分析需要借助工会性这一概念。“工会性”，最初由罗伯特·马丁·布莱克本（Robert Martin Blackburn）提出，它是指工会参加劳工运动并利用这种力量的程度。[①]判断一个工会的工会性，可以从两个方面来考察。第一，该组织为成员谋取利益的能力及其意愿，包括是否将集体谈判作为维护雇员利益的首要职能，是否具有集体谈判力量，是否做好采取各种形式产业行动（如罢工、怠工）的准备；第二，该组织对工会运动的认同，包括是否对外宣布建立工会，是否登记注册成为工会，是否加入全国总工会，是否加入政党（如工党）。工会具备的要素越多，说明其工会性越强。

根据上述标准，布莱克本、亚历山大·斯图尔特（Alexander Stewart）与肯尼思·普兰迪（Kenneth Prandy）把工会性分为“企业工会性”与“社会工会性”两类。企业工会性，是指在不做出意识形态判断的条件下，工会在工具主义[②]和局部利益驱动下，为改善成员的就业条件在工作场所采取集体运动；而社会工会性是指工会在工作环境以外寻找与其利益相关的群体或组织，在全社会范围内采取集体行动来实现希望的变革。

（二）两种分析框架

关于工会性的分析，有两种分析框架：一是阶级意识法，二是地位意识法。

1. 阶级意识法

在工会运动发展早期，人们常用阶级意识来分析工会。在资本主义生产方式下，资本与劳动是相互分割的生产要素，劳动的所有者——雇佣工人在社会中既无权力又无地位，因而迫切需要组成工会来保护他们的利益。这种分析方法有助于解释为什么蓝领工人更愿意组成工会，而属于中产阶级的白领工人不愿参加工

---

① Robert Martin Blackburn：*Union Character and Social Class*：A Study of White-Collar Unionism，p18，London：Batsford，1967

② 所谓工具主义是一种实用主义哲学，主张有用即真理，成功证明手段合理，为达到目的可以不择手段等。

会。随着工会运动的发展，这种分析方法在 20 世纪受到普遍批评。首先，白领工会在 19 世纪 90 年代开始出现。其次，由于蓝领工人的收入水平与福利待遇不断提高，就业保障增强，蓝领与白领的差别正在缩小甚至已经模糊，因而很难再根据收入水平、受教育程度、社会权力等因素来划分阶级。最后，工会代表部分雇员利益而不是整体工人阶级利益，因而不再作为资本主义的对立面；相反，工会已经成为资本主义合作机制的一方。

2. 地位意识法

20 世纪 50 年代逐渐发展起来的地位意识法，着重研究社会分层导致的地位意识。根据这种分析方法，个人地位与该人在社会中的声望、所处的等级位置有关。社会分层决定了特定的行业形象和社会形象，从而影响雇员对工会的态度。白领雇员在社会中属于较高阶层，由此形成的个人主义价值观使他们只有在其社会地位受到挑战，感到被相对剥夺时才会组建工会。

迈克尔·普尔（Michael Poole）对不同国家工会的社会行为进行比较后，提出从工具理性和价值理性两个角度来分析工会的职能与行为。工具理性认为工会仅仅追求经济目标，而且活动范围仅限于工作场所；价值理性认为工会应把政治、宗教或民族目标放在首要位置，从根本上改变劳动关系。因此，工具理性与工联工会或企业工会性比较接近，而价值理性与福利工会、政治工会或社会工会性比较接近。

四、我国工会的社会职能

工会的社会职能是由工会自身性质决定，并通过其社会实践活动得以体现的社会功能和作用。工会的社会职能规范着工会的行为，影响和决定着工会参与社会实践活动的内容与范围。在我国，工会是工人阶级的群众性组织，工会职能的履行与工会在不同历史时期面临的社会矛盾和历史任务有着密切的联系。在市场经济体制下，我国经济关系和劳动关系发生了广泛而深刻的变化。企业从政府的附属物逐渐变成在国家宏观调控下的自主经营、自负盈亏、自我发展、自我约束的法人实体和市场竞争主体。投资者、经营者和劳动者之间的利益关系进一步明晰。劳动关系运行的市场化、契约化，劳动力供需双方力量的不平衡，使处于买方市场的劳动者的弱势地位更加明显。根据我国《工会法》的相关规定，工会的社会职能主要体现为维护职能、建设职能、参与职能和教育职能。

（一）维护职能

在市场经济体制下，工会作为职工利益的代表者和维护者，要求工会首先要在劳动关系领域发挥作用，加大劳动关系协调力度，突出对职工合法权益的维护。要在代表和维护职工政治利益和民主权利的同时，代表和维护其劳动权益和经济利益。通过依法维护职工的合法权益，进一步保护和调动职工的积极性。《工会法》在总则中明确规定，“中华全国总工会及其各工会组织代表职工的利益，依法维护职工的合法权益”，“维护职工合法权益是工会的基本职责”。同时还明确，工会“通过平等协商和集体合同制度，协调劳动关系，维护企业职工劳动权益”和“依照法律规定通过职工代表大会或者其他形式，组织职工参与本单位的民主决策、民主管理和民主监督”两大维权手段，来维护职工的合法权益。这些规定明确了工会是代表、维护劳动者合法权益的组织。当然，《工会法》所强调的维护是维护全国人民总体利益与维护职工具体利益的统一，是维护职工经济利益和政治利益的统一，是保障职工行使权利和教育职工履行义务的统一，是突出履行工会维护职能同履行其他职能的统一。

工会是代表和维护劳动者权益的组织，它以维护劳动者的经济利益和经济活动为基础。各国劳动法律一般也都明确规定了工会的这一基本职能。如日本《工会法》规定，工会是指以职工为主体，以维护和改善劳动条件，提高其经济地位为主要目的而自主地组织起来的团体或其联合团体。美国《劳资关系法》规定的“劳工组织”，是指职工参加的任何种类的任何组织……其存在的全部或部分目的是为了就各种申诉、劳动争议、工资、待遇等级、工时、工作条件等问题同雇主进行交涉。

市场经济条件下劳动关系的基本特点是主体双方存在着事实上的不平等，管理方处于主导地位。劳资关系天生、内在就是不平等的，劳资关系的运行就是利用法律、工会、资方的自我约束等等来限制这不平等的过程。工会作为一个独立的利益主体，其维护职能不仅体现在某一企业或行业的工资、福利保险待遇的集体谈判中，而且体现在国家劳动法律的制定和实施中。在有关劳动立法方面，政府要与最有代表性的工会组织进行协商。工会通过立法建议、监督法律执行等方式保护雇员利益，促进工会发展。我国《工会法》规定，工会通过列席董事会、参加总经理办公会、参与企业经营管理、集体协商、签订和履行集体合同，调解劳资矛盾以及发动职工开展合理化建议活动等形式，监督企业依法经营管理。对于企业违反劳动法律、法规的行为，如克扣工资、不提供劳动安全卫生条件、随意延长劳动时间等，工会应当代表职工与用人单位交涉，要求其采取措施予以改正，对拒不改正的，可以请求当地人民政府依法作出处理。工会对用人单位处分职工不当的，如缺少法律依据、缺少事实理由、超过法定处理权限等，有权提出意见、建议，要求重新研究处理，若用人单位坚持错误处理决定，工会应当帮助、支持职工依法申请仲裁和提起诉讼。对企业单方面解除劳动合同的，工会享有审查权。

（二）建设职能

工会的建设职能，就是工会吸引职工群众积极参加改革，努力完成国家经济建设和社会发展任务的职能。工会作为党领导下的工人阶级群众性组织，应把发展生产力作为自己一切工作的出发点和归宿。这完全符合广大职工群众的利益，符合工会的性质和宗旨。从这个意义上说，工会做好吸引职工群众参加经济建设，充分发挥工人阶级在改革和建设中的主力军作用，促进生产力的发展，就是从根本上维护了职工群众的长远利益。而工会通过维护职工的具体利益，调动和保护职工群众改革和生产的积极性，也从根本上推进了改革和经济的发展。

（三）参与职能

工会的参与职能，就是工会代表和组织职工参与国家和社会事务的管理，组织职工参与本企业、事业单位的民主管理的职能。我国《工会法》规定，工会通过职工代表大会或其他形式实施民主监督，对企业、事业单位违反职工代表大会制度和其他民主管理制度，工会有权要求纠正，保障职工依法行使民主管理的权利。工会要对企业落实职工民主管理权利和依法经营管理的状况进行监督。工会作为职工群众利益的代表者，作为党和政府联系广大职工群众的桥梁和纽带，是上情下达、下情上达的重要渠道，起着职工参与国家决策和企业管理的中介作用。工会只有充分履行好参与职能，代表职工搞好立法参与、政策参与，才能从源头上、总体上维护职工的合法权益。工会也只有组织职工参与好企业的民主管理、民主监督，把科学管理与民主管理、集中领导与民主决策结合起来，才能使职工群众的积极性、智慧和创造力迸发出来，汇集为企业的活力，成为企业发展的动力，从而最终达到发展企业经济，提高职工生活水平的目的。

（四）教育职能

工会的教育职能，就是工会帮助职工不断提高思想道德、技术业务和科学文化素质的职能。《工会法》规定，“工会组织和教育职工依照宪法和法律的规定行使民主权利，发挥国家主人翁的作用，通过各种途径和形式，参与管理国家事务、管理经济和文化事业、管理社会事务；协助人民政府开展工作”；“工会动员和组织职工积极参加经济建设，努力完成生产任务和工作任务。教育职工不断提高思想道德、技术业务和科学文化素质，建设有理想、有道德、有文化、有纪律的职工队伍”；工会“教育职工以主人翁态度对待劳动，爱护国家和企业的财产，组织职工开展群众性的合理化建议、技术革新活动，进行业余文化技术学习和职工培训，组织职工开展文娱、体育活动”。工会教育作用的发挥，直接关系到职工的眼前利益和长远利益，搞好职工教育是工会支持发展经济、提高生产效率的重要体现，也是从根本上实现职工利益的重要举措。

第3节　工会的组织结构

一、工会组织结构的概念

工会的组织结构，是指工会借以安排其内部管理体制、代表制度及职权体系的机构与过程，其中心问题是如何把效率与民主相结合。效率是指工会同管理方相抗衡的力量，发挥经济绩效与工作规范等职能的行动效率；民主是指工会会员参与各项工会活动，监督工会干部的行为方式。工会组织结构大体上可以分为地方工会和全国性工会。

二、工会的组织体系

根据《工会法》的规定，我国工会组织体系的设置是：全国总工会，地方总工会，全国和地方产业工会，乡镇、城市街道基层工会的联合会，基层工会委员会。《工会法》第 11 条第 1 款规定：“基层工会、地方各级总工会、全国或者地方产业工会组织的建立，必须报上一级工会批准。”这一规定体现了上级工会组织对下级工会组织的领导关系，保证了工会组织系统的统一。

（一）基层工会组织

《工会法》第 10 条第 1 款规定：“企业、事业单位、机关有会员 25 人以上的，应当建立基层工会委员会；不足 25 人的，可以单独建立基层工会委员会，也可以由两个以上单位的会员联合建立基层工会委员会，也可以选举组织员 1 人，组织会员开展活动。女职工人数较多的，可以建立工会女职工委员会，在同级工会领导下开展工作；女职工人数较少的，可以在工会委员会中设女职工委员。”按照这一规定建立起来的基层工会委员会，就是工会的基层组织。在我国，一个企业、事业、机关中的会员，不管是工人、技术人员还是管理人员，也不管是体力劳动者还是脑力劳动者，都要组织在一个工会组织，而不是按照会员的不同职业分别组织多个工会组织。工会基层组织的日常工作由基层工会委员会主持。基层工会委员会由工会基层组织的会员大会或会员代表大会民主选举产生。基层工会委员会每届任期 3～5 年。基层工会委员会的主席、副主席，可以由会员大会和会员代表大会直接选举产生，也可以由基层工会委员会选举产生。实行直接选举基层工会主席和副主席，有利于把工会主要领导人始终置于会员的监督之下。基层工会委员会主席、副主席和工会委员会委员的人选，应该由会员自下而上提名，并在充分酝酿协商的基础上确定正式候选人。基层工会委员会是建立在企业、事业单位、机关内的，如果工会所在的这个企业终止了或者事业单位、机关被撤销了，那么这个工会组织也就相应地被撤销了。《工会法》第 12 条第 2 款规定：“基层工会所在企业终止或者所在事业单位、机关被撤销，该工会组织相应撤销，并报告上一级工会。”

（二）乡镇、城市街道基层工会的联合会

随着乡镇经济的发展，乡镇企业规模不断扩大，职工人数大

量增加，经济技术开发区、工业区、高新技术园区、街道甚至是村工业也有较大发展。而恰恰在这些企业中职工合法权益受到侵害的现象比较严重。由于这些企业中没有工会组织，致使问题得不到及时解决。为此，《工会法》规定："企业职工较多的乡镇、城市街道，可以建立基层工会的联合会。"这一规定表明，乡镇、城市街道的工会的联合会具有总工会的性质。另外，这一规定并不是强制性的，可以根据实际需要进行选择。

（三）地方总工会

《工会法》规定："县级以上地方建立地方各级总工会。"我国地方行政区划分省（直辖市、自治区）、省辖市（自治州）、县（市）三级，按照行政区划建立地方各级工会组织。一个地方的工会，都在本地区的一个工会组织内。各级地方工会组织是由同级工会代表大会民主选举产生的。各级会员代表大会的代表，也是自下而上逐级经过民主选举产生的。各级地方工会组织的领导机关是各级地方总工会，它负责领导本地区工会工作，指导和促进本地区基层组织的工作。各级地方总工会的最高权力机构是各级工会代表大会。各级地方总工会委员会是地方工会代表大会的执行机构，它在代表大会闭会期间，执行上级工会组织的决定和同级工会代表大会的决议，讨论和决定有关本地区职工群众的重大问题，领导本地区的工会工作，定期向上级总工会委员会报告工作。各级地方总工会委员会选举主席 1 人、副主席若干人，组成常务委员会。常务委员会在委员会全体会议闭会期间，行使委员会的职权。工会委员会和常务委员会的选举结果，要报上一级总工会委员会批准。

（四）产业工会

《工会法》规定：同一行业或者性质相近的几个行业，可以根据需要建立全国的或者地方的产业工会。在同一行业中或者性质相近的几个行业中建立产业工会是非常必要的。因为在同一行业中，职工为完成共同的生产目标，从事着大致相同的生产劳动，有的则组织在一个生产过程之中，彼此之间有共同语言，有共同要求解决的问题，一起交流思想、交流生产经验比较方便。他们的共同性问题和要求，也可以集中地得到反映和解决。同时，同一行业区别于他行业的一些特殊问题，也便于通过产业工会组织系统集中起来，进行必要的协调。有些行业性质相近，可以组成一个产业工会。产业工会除建立全国组织外，还要设置各级地方产业工会组织。一般是在全国、省、市（县）三级建立产业工会组织。产业工会的全国组织机构设置，由中华全国总工会确定，根据各产业的不同情况分别建立产业工会全国委员会和产业工会工作委员会。产业工会全国委员会，由产业工会全国代表大会或者代表会议选举产生。代表大会每 5 年举行 1 次。产业工会工作委员会的组成由中华全国总工会确定。产业工会工作委员会对相应的地方产业工会的工作实行指导。

（五）全国建立统一的中华全国总工会

中华全国总工会是中国工会的最高领导机关，在国际活动中代表中国工会组织。中国工会的最高权力机构是工会全国代表大会。中国工会全国代表大会的代表，由各省（直辖市、自治区）代表大会和产业工会全国代表大会民主选举产生，每 5 年举行 1 次，由它选举中华全国总工会执行委员会。中华全国总工会执行委员会，在全国代表大会闭会期间，负责贯彻执行全国代表大会的决议，讨论和决定有关职工群众的重大问题，领导全国工会工作。执行委员会全体会议选举主席 1 人，副主席若干人，主席团委员若干人，组成主席团。主席团设书记处，由主席团推举第一书记 1 人，书记若干人组成。书记处在主席团领导下主持中华全国总工会的日常工作。

三、工会的组织原则

2001 年修正后的《工会法》第 9 条规定：工会各级组织按照民主集中制原则建立，民主集中制是工会的组织原则。民主集中制是民主与集中的统一，民主是在集中指导下的民主，集中则是在广泛的、高度的民主基础上的集中。工会作为职工群众自愿结合的群众组织，要求工会必须实行充分的民主。民主是工会工作的基础，没有民主就没有工会，不实行民主工会就会脱离群众，工会活动就难以为继。中国工会在广泛民主的基础上，自下而上建立了统一的组织体系，统一的利益和目标。

民主集中制的原则体现在两个方面：一是工会组织的建立要按照民主集中制的原则进行，二是工会组织开展活动要实行民主集中制。

工会组织建立的基础是职工自愿结合，这是工会组织民主的基础。工会作为自愿结合的组织，其会员大会或会员代表大会有权民主选举各级工会委员会，负责领导工会组织开展活动。这是民主与集中的具体体现，会员在民主的基础上选举出自己的工会领导机构，自觉接受其集中、统一的领导。

各级工会委员会向同级会员大会或会员代表大会负责并报告工作，接受其监督。这保证了工会集中领导能够真正反映和体现广大会员的民主意志，是会员民主权利的具体体现，使集中领导真正建立在民主的基础之上。

工会会员大会或者会员代表大会有权撤换或者罢免其所选举的代表或者工会委员会组成人员。这一规定进一步完善和保证了会员的民主权利，有利于督促会员代表及工会委员认真履行职责，行使职权时反映和体现会员的民主意志。

上级工会组织领导下级工会组织。这一规定则保证了在民主基础上集中意志的实现，它要求会员个人要服从工会组织的决定，下级工会组织服从上级工会组织的决定。只有这样才能在更广泛的基础上反映会员的民主意志，才能有效地将这些意愿化为具体的行动，保证工会组织系统的统一。

四、工会的组织保障

任何个人和组织不得控制或干涉工会组织的成立，不得妨碍工会的活动。《工会法》规定，不得阻挠和限制工人依法参加和组织工会的权利；不得随意撤销、合并工会组织。近几年来，工会基层组织呈现下降趋势，新建工会组织举步维艰，一些用人单位，特别是外商投资企业和私营企业，限制、阻挠甚至禁止职工依法组织和参加工会，新建企业工会组建率较低，职工合法权益难以得到保障，违法侵权现象严重。国有企业在改革和转制中随意撤并工会的问题也十分严重。国有小型企业由于改组、兼并、出售，大多变成了非公有制企业，工会组织和会员减少的趋势更为明显。针对这些现象，《工会法》规定：任何组织和个人不得阻挠和限制职工依法参加和组织工会的权利。上级工会可以派员帮助和指导企业职工组建工会，任何单位和个人不得阻挠。任何组织和个人不得随意撤销、合并工会组织。“阻挠职工依法参加和组织工会或者阻挠上级工会帮助、指导职工筹建工会的，由劳动保障行政部门责令其改正；拒不改正的，由劳动保障行政部门提请县级以上人民政府处理；以暴力、威胁等手段阻挠造成严重后果，构成犯罪的，依法追究刑事责任。”为保证工会作为工人阶级群众组织的性质，规定了“企业主要负责人的近亲属不得作为本企业基层工会委员会成员的人选”。

此外，2004 年 12 月 1 日施行的《劳动保障监察条例》第 29 条也明确规定，用人单位违反《工会法》，有下列行为之一的，由劳动保障行政部门责令改正：（1）阻挠劳动者依法参加和组织工会，或者阻挠上级工会帮助、指导劳动者筹建工会的；（2）无正当理由调动依法履行职责的工会工作人员的工作岗位，进行打击报复的；（3）劳动者因参加工会活动而被解除劳动合同的；（4）工会工作人员因依法履行职责被解除劳动合同的。这些规定，为工会组织依法开展活动提供了必要的法律保障。

第4节　工会的法律保障

一、工会干部岗位的设置

随着市场经济的发展，工会的维护职能日益突出，一些企业出于经济利益的考虑，或因不愿接受监督，大多不同意设专职工会干部。而工会在市场经济条件下承担的任务越来越重，包括推行平等协商签订集体合同，监督劳动法律的实施，预防和调处劳动争议，推行厂务公开等。这一切仅靠兼职来完成是很难做到的，必须配备一定的专职人员。另外，200 人以上的企业规模较大，也有能力配备专职工会干部。因此，《工会法》规定：职工 200 人以上的企业、事业单位的工会，可以设专职工会主席。工会专职工作人员的人数由工会与企业、事业单位协商确定。根据这一规定：（1）200 人以上的企业、事业单位，不论其所有制性质和经营管理方式如何，都可以设置专职工会主席，由其负责组织和开展企事业单位的工会工作；（2）根据工作的需要，在企事业单位，特别是规模较大的单位，除工会主席、还可设置其他的工会专职工作人员，但其具体人数应由工会与企业、事业单位协商确定。这一规定一方面以法律形式肯定了工会专职工作人员的岗位设置，保障了在基层企事业单位有一定的专职工会工作人员的具体人数，这有利于从实际出发，适当控制工会专职干部的编制，防止人浮于事现象的发生。

二、对工会干部任职资格的限制

《工会法》对工会干部的任职资格作出了限制性规定，规定“企业主要负责人的近亲属不得作为本企业基层工会委员会成员的人选”。这里的“企业主要负责人”既指企业的法人代表，也包括了直接负责企业经营管理的厂长、经理等高级管理人员。“近亲属”则主要指父母、配偶、子女及兄弟姐妹等直系亲属或血缘关系比较密切的亲属。《工会法》对工会干部任职资格的限制性规定，体现了工会组织的本质特征和要求。在市场经济条件下，劳动者与企业双方存在着具体利益的差别和矛盾，工会作为职工利益的代表者和维护者，要代表劳动者与企业进行平等协商，签订集体合同，是与企业相对应的一方当事人。当劳动者与企业发生劳动关系方面的矛盾和纠纷时，工会也必须从维护劳动者合法权益的立场出发进行协调和处理。工会与企业之间的这种关系，决定了企业工会干部不宜由企业的所有者、经营者和高级管理人员的近亲属来担当。否则，职工、工会和企业的关系就会发生错位，特别是当职工的利益和企业的利益发生矛盾和纠纷时，工会就很难站在职工的立场上，发挥代表和维护职工权益的作用。在个别非公有制企业，工会甚至可能被老板操纵和利用，成为所谓的“老板工会”。这样的工会也就完全失去了工会组织应有的意义和作用。

三、不得随意调动、罢免工会主席

针对实际生活中企业不经企业工会委员会和上级工会同意，随意调动工会主席、副主席工作岗位的现象，《工会法》第 17 条规定：“工会主席、副主席任期未满时，不得随意调动其工作。因工作需要调动时，应当征得本级工会委员会和上一级工会的同意。”“罢免工会主席、副主席必须召开会员大会或者会员代表大会讨论，非经会员大会全体会员或者会员代表大会全体代表过半数通过，不得罢免。”这不仅规定了工会主席、副主席在任职期间不得随意调动，而且对工会主席的罢免规定了更为严格的程序。根据这一规定，任何未经会员大会全体会员或者会员代表大会全体代表过半数通过而撤销或罢免工会主席职务的行为和做法都是无效的。同时，《工会法》第 51 条规定：“违反本法规定，对依法履行职责的工会工作人员无正当理由调动工作岗位，进行打击报复的，由劳动保障行政部门责令改正、恢复原工作；造成损失的，给予赔偿。”《工会法》对打击报复工会工作人员、无正当理由调动其工作岗位的情况，规定了两种处罚方式，一是由劳动保障行政部门责令改正、恢复原工作；二是造成损失的，给予赔偿。这些规定从实体内容和程序上对调动和罢免工会主席作出了限制性规定，并对随意调动工会干部工作岗位，对工会工作人员进行打击报复的行为明确了相应的法律责任，从法律上为工会主席、副主席提供了任职保障。这不仅充分体现了对工会会员民主权利的尊重，同时也有利于工会独立自主地开展工作，有利于工会主席大胆履行职责。

四、对工会干部劳动关系的保护

针对工会干部因维护职工权益而被企业单方面解除劳动合同的问题，《工会法》第 18 条对保护工会干部的劳动关系问题作出了专门规定：“基层工会专职主席、副主席或者委员自任职之日起，其劳动合同期限自动延长，延长期限相当于其任职期间；非专职主席、副主席或者委员自任职之日起，其尚未履行的劳动合同期限短于任期的，劳动合同期限自动延长至任职期满。但是，任职期间个人严重过失或者达到法定退休年龄的除外。”按照这些规定，企事业单位工会的专职工会主席、副主席和委员自担任工会职务之日起，其与企业签订的劳动合同的期限就自动延长，延长的时间与其担任工会主席、副主席或委员的时间相同；兼职做工会工作的工会主席、副主席和委员自担任工会职务之日起，其与企事业单位签订的劳动合同尚未到期的，若其尚未履行的劳动合同期限短于其工会干部任期，则其劳动合同自动延长到其工会干部任职期满。在上述情况下，除个人违反法律法规及企业的规章制度，发生严重过失，或其年龄达到国家法定退休年龄之外，企业不能解除工会干部的劳动合同，否则企业就要承担相应的法律责任。

同时，《工会法》第 52 条规定，对于工会工作人员因履行法定职责而被解除劳动合同的，“由劳动行政部门责令恢复其工作，并补发被解除劳动合同期间应得的报酬，或者责令给予本人年收入 2 倍的赔偿”。最高人民法院《关于在民事审判工作中适用〈中华人民共和国工会法〉若干问题的解释》规定，人民法院审理职工和工会工作人员因参加工会活动或者履行法定的职责而被解除劳动合同的劳动争议案件，根据当事人的请求，可以采用两种方式给予救济：裁判用人单位恢复其工作，并补发被解除劳动合同期间应得的报酬，或者裁判用人单位给予本人年收入 2 倍的赔偿，并支付经济补偿金。职工或者工会工作人员因参加或从事工会活动而被解除劳动合同后，如果已经找到其他工作或者认为已经无法继续在该单位工作，本人不要求恢复劳动关系的，请求用人单位支付其本人年收入 2 倍的赔偿金，同时要求支付解除劳动合同的经济补偿金的，人民法院应当予以支持。经济补偿金应当参照《违反和解除劳动合同的经济补偿办法》第 8 条规定的标准计算。

五、工会干部从事工会工作的时间和物质保障

工会工作者从事工会活动在时间上的保障。对工会工作者在生产时间内从事工会活动的时间，应将其限定在一定范围之内。

因为生产时间是法定的从事生产或工作的时间，作为非专职的工会工作者，不像专职工会干部可以将全部生产时间用于工会活动，其从事工会活动大部分是利用业余时间。但在某些场合下，非专职的工会工作者从事工会活动必须占用生产时间时，企业、事业单位也应为之提供必要的时间，以利工会活动的完成。《工会法》第 39 条规定：“基层工会的非专职委员占用生产或者工作时间参加会议或者从事工会工作，每月不超过 3 个工作日，其工资照发，其他待遇不受影响。”这样规定，较好地解决了非专职工会工作者占用生产时间从事工会活动的需要，同时也保证了非专职工会工作者的工资和福利待遇不因工会工作需要而占用生产时间受到影响。

基层工会活动需要占用生产时间的保障。《工会法》第 39 条对基层工会开展活动占用生产时间的问题作了限制，规定：“基层工会委员会召开会议或者组织职工活动，应当在生产或者工作时间以外进行，需要占用生产或者工作时间的，应当事先征得企业、事业单位的同意。”

基层工会干部的工资福利待遇。《工会法》第 41 条规定：“企业、事业单位、机关工会委员会的专职工作人员的工资、奖励、补贴，由所在单位支付。社会保险和其他福利待遇等，享受本单位职工同等待遇。”这一规定从经费上保证了基层工会工作与活动的开展，为工会基层专职干部依法取得工资提供了法律上的依据。明确了基层工会专职干部享有与其他职工同样的社会保险和福利待遇。

县以上各级工会离休、退休人员的待遇。《工会法》第 48 条规定：“县级以上各级工会的离休、退休人员的待遇，与国家机关工作人员同等对待。”这一规定有两个方面的内容：即保险制度未改革之前，县以上各级工会离休、退休人员的各项费用，由国家财政支付；保险制度改革后，国家机关工作人员的各项费用中由国家和地方财政按比例支付的部分，县级以上各级工会离休、退休人员的各项费用也由同级财政按比例支付相应的部分。国家机关工作人员个人缴纳的部分，县以上各级工会离休、退休人员也按相同比例由个人承担。

六、工会的经费和财产保障

工会享有独立的财产权及其他权益，工会组织的财产、经费和国家拨给工会使用的不动产归其所有或使用，工会投资建立的企业的财产与权益也归其所有。2003 年 7 月施行的最高人民法院《关于在民事审判工作中适用〈中华人民共和国工会法〉若干问题的解释》规定人民法院在审理涉及工会组织的民事案件时，要将工会组织及其投资设立的企业的财产权益与建立工会的企业、事业单位或者机关团体的财产权益区别开，作为不同的独立财产权益来对待和保护。人民法院不得裁判工会组织承担建立工会组织的企业、事业单位、机关的债务，也不得为清偿建立工会组织的企业、事业或者机关的债务而对工会组织财产采取划拨、扣押、冻结等强制执行措施，侵害工会组织的合法权益，妨碍工会组织的正常工作。

工会经费是工会依法开展活动的物质条件，企业、事业单位、机关按职工工资总额 2%拨缴工会经费，以保证各级工会开展工作。《工会法》规定：企业、事业单位无正当理由拖延或者拒不拨缴工会经费，基层工会或者上级工会可以向当地人民法院申请支付令；对不执行支付令的，工会可以依法申请人民法院强制执行。对侵占工会经费的财产拒不返还的，工会可以向人民法院提起诉讼，要求返还，并赔偿损失。这一规定为催缴工会经费提供了法律保障。最高人民法院《关于在民事审判工作中适用〈中华人民共和国工会法〉若干问题的解释》对工会组织要求企业、事业单位、机关团体支付拖欠的工会经费如何适用支付令程序问题作了明确规定：一是规定了申请支付拖欠的工会经费支付令案件，由被申请人所在地的基层人民法院受理，明确了受理此类支付令案件的法院的地域管辖问题。二是规定了人民法院适用支付令程序审理案件的有效快捷方式。在受理工会组织要求支付拖欠工会经费的支付令案件后，人民法院可以先行向被申请人询问是否对该支付令存有异议，如果被申请人对债权债务关系没有异议，仅对应拨缴工会经费数额有异议，人民法院可以就无异议的数额部分发出支付令，保证支付令不仅能够及时发出，而且确保得到执行。这是对支付令程序的重要完善，可以有效避免在支付令发出后，仅因被申请人对支付工会经费数额的一部分有争议，对债务存在没有异议而导致整个支付令失效，案件进入诉讼程序。从而使工会组织利益得到及时有效的维护。这些规定和解释，加强了工会经费收缴的力度，使工会经费的收缴更加具有法律上和事实上的保障。

◆ 本章小结 ◆

本章主要讲述了工会的基本含义、分类、职能作用及工会化的原因；分析了工会的组织结构以及我国法律对工会问题的主要规定。

◆ 关键词 ◆

工会　职业工会　行业工会　总工会　同行工会　工联工会　福利工会

◆ 复习思考题 ◆

1. 简述工会的结构分类和职能分类。

2. 说明工会化的原因。

3. 我国工会的社会职能包括哪些？

4. 阐述《工会法》对工会干部的工作岗位及劳动关系保护的规定。

◆ 案例分析 ◆

某饮料有限公司工会主席、党支部书记张某做梦都没有想到，在因病住院的第二天，他就接到公司解除其劳动合同的通知。

该饮料有限公司是由某股份有限公司和香港某饮料有限公司1993 年共同投资组建的。由于种种原因，中方的投资股份越来越少，公司的一切事务已全部由港方人员说了算。张某是原股份公司党办主任，后作为中方干部派到公司工作。经选举，张某当选为公司工会主席、党支部书记，并被公司任命为人事部经理，于1998 年 3 月 1 日与公司签订了为期 3 年的劳动合同。

2000 年 11 月 19 日至 12 月 12 日，张某因慢性结肠炎急性发作，住院治疗。11 月 20 日公司总经理当面向张某口头宣布解除劳动合同，理由是要减少中方管理人员，并要求张某病好后回公司办理有关工作移交手续。同月 29 日，公司正式书面通知解除张某的劳动合同，从 2000 年 11 月 29 日起生效。当时，张某仍在医院里住院治疗。

市总工会得悉此事后，立即派人到公司进行调解，并指出公司的做法违反了我国相关法律的规定。由于调解无效，张某于2000 年 12 月 25 日向劳动争议仲裁委员会申请劳动仲裁。经审理，仲裁委员会裁决撤销公司解除张某劳动合同的通知，双方继续履行劳动合同，补发张某 2 个月工资和补贴，报销因病住院的医疗费等。

裁决生效后，公司虽被迫收回解除决定，却通知张某“降职”为储运部的“汽修工”，月工资从1 800元降到 450 元。

问题 分析公司的做法在哪些方面违背了我国相关法律的规定？

第 6 章

政　府

◆ 学习目标 ◆

本章学习的重点是我国《劳动法》调整劳动关系的主要内容。目的是通过本章的学习，了解政府在劳动关系中的作用及在劳动关系实践中承担的五种角色，理解不同劳动关系学派的政府理论及政府的劳动关系实践、政府通过劳动立法调整和规范劳动关系的作用，掌握我国劳动关系法律的主要内容。

引导案例：美国西海岸码头工人罢工事件

2002 年 9 月 27 日至 10 月 9 日，美国西海岸 1 万多码头工人同时罢工，引发了 30 年来历时最长的封港事件，使美国三个州的 29 个主要港口处于瘫痪状态。这次大罢工给美国乃至亚洲、欧洲和拉美等多个国家造成重大经济损失。劳资纠纷是此次罢工的导火索，这次大罢工是“太平洋海洋运输协会”与“国际港口与仓库工人联盟”劳资双方发生的纠纷引起的。海运协会是美国西部太平洋沿岸全部 87 家海洋运输公司和码头装卸公司资方的代表；工人联盟则是劳方10 500名工人的代表，该联盟控制了美国西海岸所有港口的码头作业。双方的集体协议2002年7月1日到期，从5月劳资双方开始谈判，但在是否允许港口货运站采用新技术、工人的福利待遇及工作条件等关键问题上发生了分歧。工人联盟拒绝资方随意要求工人加班加点超时工作，拒绝接受资方随意支配工人从事新工作，拒绝资方提出的工资福利待遇和准备引进诸如货物扫描仪等加快码头货物处理速度的新技术。海运协会则认为，码头引进新技术可以减少码头货物流的瓶颈，提高码头货物运转的效率，从而增加经营者的效益。对此，工人联盟担心，一旦码头大量采用新技术，那么就有可能导致许多工人失业，因此，工人联盟表示，如果资方能保证码头最少要用工人的人数和新技术岗位优先由联盟会员上岗，那么就愿意与资方谈判，资方对此断然拒绝。结果，工人联盟旗下的码头工人开始“消极怠工”。资方一怒之下，下令10 500名工人全部“临时下岗”36小时，自此工人开始了大罢工。据美国运输部提供的统计数字，罢工每天造成20亿美元损失。港口瘫痪使得从海外进口的货物发生了短缺，一些工厂被迫关闭生产线。农场牧场的损失也非常严重，同时向美国市场输出货物的国家也同样受到影响，罢工已对美国国家安全造成危害。鉴于形势极其严重，特别是劳资双方10月6日谈判再次破裂之后，布什总统开始采取行动，指示劳工部组织专门委员会调查事件情况和给美国经济造成的损失，随后于10月8日根据《劳资管理关系法》即《塔夫特·哈特莱法案》(1947)，要求联邦法院下令停止罢工，重新开放港口。劳资双方在接到命令之后，于10日晨全面复工。根据美国法律规定，法院的强制性复工命令为劳资纠纷的解决提供了80天的“冷却期”。劳资双方在此期间必须在联邦政府调停人的协调下继续谈判，谋求就争议问题达成协议，但政府不得强制任何一方做出让步。如果届时仍达不成协议，劳方有权重新发起另一轮罢工。码头工人复工后，劳资谈判继续进行，到11月23日，经过谈判和调停人斡旋，双方终于达成协议，同意延续合同 6 年，从而宣告这场令人瞩目的劳资纠纷的结束。谈判协议将交付码头工会投票批准后正式生效，协议顾及了双方的利益，一方面大幅度提高了工人的工资和保险待遇，另一方面将允许资方使用先进的码头货物处理技术，加快装卸作业进度和劳动生产率。

从劳资关系角度看，美国码头工人大规模罢工，是一起典型的市场经济体制下劳资纠纷引发的事件，集中反映了美国劳资双方及政府在突发事件出现及处理过程中的行为模式，其突出特点是：(1) 劳资双方既“显示了力量”，又表现出灵活性。劳资双方都采取了劳资纠纷的最激烈行动，资方动用了“关厂权”向工人警示，工会则通过行使罢工权力对资方形成了决定性的压力。当然，双方的做法都是符合法律规定的，除此之外没有发生人身冲突或其他暴力事件等。尤其是一旦得知政府的决定和得到法院通知后立即无条件执行，工会方面更是率先表示接受，体现出劳资双方的成熟，以及法制意识和对法律的尊重。(2) 政府及时斡旋、从中调解起到重要作用。由于有充分的法律依据，政府在事件发生及发展过程中一直处在较为主动的地位，发挥了关键作用。政府在长达 2 个多月的谈判过程中，积极参与斡旋；罢工发生后，对双方行使权利不加干涉，直到谈判再次陷入僵局，社会反应强烈的情况下才启动特别程序；并及时促使劳资双方重新谈判，并在较短的时间内成功达成协议，避免了 80 天“冷却期”后再生事端。纵观整个过程，政府扮演了调停人的角色。主要体现在始终保持中立立场，维护双方利益，而且政府的决策依法有据，既能为劳资双方所接受，也未引起社会各界的反对，避免了将矛盾引向政府。(3) 劳资关系法律是解决争议事件的基础。一般情况下，美国劳资争议和纠纷主要通过劳资协商和谈判解决，政府的作用是通过调解和仲裁化解矛盾，促使双方达成一致。这是美国调整劳动关系，维护劳资双方利益的基本机制。对通过正常程序无法解决的严重问题，法律也有相应规定，主要是 1947

年的《劳资管理关系法》，该法授权总统在必要时可以要求法院决定停止罢工。这一规定对政府应对突发性质的劳资纠纷提供了法律依据，从而可以做到依法行事，迅速平息事态。[1]

第1节　政府的角色

一、政府的作用

在现代社会，政府的行为已经渗透到经济、社会和政治生活的各个方面，政府活动的主要范围应该是社会中的个人、企业、自治组织所无法管理的公共领域。在劳动关系领域，政府实施管理的重要途径是为雇主和雇员的行为制定并实施具有约束力的规范和准则，明确双方的权利和义务。为劳动关系的和谐发展创造一个良好的制度环境。政府在劳动关系中发挥着重要而特殊的作用。政府在劳动关系中的重要性体现在以下三个方面：

（一）政府有权修改劳动关系的各项制度

政府起草并由议会通过的各项法律，反映了政府对于公平与公正、权力与职权以及个人主义与集体主义等的主观价值判断，这为劳动关系的最终形成奠定了基本框架。

（二）为劳动关系的发展提供示范“样本”

政府可以通过直接或间接的方式控制许多公共部门，包括负

① 刘燕斌．美国西海岸码头工人罢工事件．劳动保障通讯．2003，1：52～53

责提供健康、教育、消防、警察、监狱等服务的政府机构，通讯、交通、电力等公用事业单位，以及在航空、汽车、钢铁、银行等行业中与私人部门竞争的国有企业。政府不仅控制这些部门的劳动就业人数，而且公共部门的劳动关系成为私人部门劳动关系的“样本”，因为它代表政府的偏好。

（三）创造和谐劳动关系的制度环境

政府针对不同经济或社会问题采取的方针、政策和行动为管理方和工会之间的集体谈判创造了宏观环境。

二、政府在劳动关系中的角色——5P 角色

英国利物浦大学教授罗恩·比恩（Ron Bean）在《比较产业关系》一书中指出，政府在劳动关系中主要扮演五种角色①：（1）政府扮演第三方管理者的角色，为劳资双方提供互动架构与一般性规范；（2）政府扮演法律制定者的角色，通过立法规定工资、工时、安全和卫生的最低标准；（3）如果出现劳动争议，政府提供调整和仲裁服务；（4）政府作为公共部门的雇主；（5）政府还是收入调节者。

台湾学者林大钧先生认为，美国联邦政府是促进劳资合作的催化剂或鞭策者，是劳动争议的调解人、仲裁者或受害方的支持者，是劳动法律的制定者和执行者，在劳动关系中扮演一个不可或缺的角色。②

政府在劳动关系中扮演的角色、强调的重点以及干预的程度，与各国的历史背景和传统文化有关。美国、法国与德国的劳

---

① Ron Bean：Comparative Industrial Relations：An Introduction to Cross－national Perspectives. 2nd，edition，pp. 102～103，London：Routledge，1994

② 林大钧．美国联邦政府在劳资关系中扮演的角色．劳资关系月刊（第六卷）．1987，4：15

动关系强调集体谈判，因此政府在这方面有相近的立法。英国的传统是采取自愿主义和自决（self-determination）信念。与前述欧美国家不同，澳大利亚政府很早就设立仲裁法庭，主要着眼点是希望由政府出面维持工业和平，它是西方国家中法制化程度最高的国家。

政府在劳动关系中的角色可以归纳为下面五项（见表6—1）。

表6—1　政府在劳动关系中的5种角色——5P角色

编号	角色名称	主要业务内容	政府应采取的态度
1	保护者	1. 劳动合同 2. 劳动标准 3. 劳工保险 4. 劳工福利 5. 劳工教育 6. 劳动安全卫生 7. 劳动监察	积极、主动
2	促进者	1. 工会组织 2. 集体谈判 3. 雇员参与 4. 分红入股	中立、不干预
3	调停者	劳动争议处理	中立、不干预
4	规划者	1. 职业培训 2. 就业服务 3. 失业保险 4. 人力资源规划	积极、主动
5	雇用者	公共事业	合法化、企业化、民主化

（一）劳工基本权利的保护者

政府的第一个角色是保护者或管制者。政府首先通过立法保护个别劳动者的基本权利，包括劳动合同、劳动标准、劳工保险、劳工福利、劳工教育以及劳动安全卫生等事务。同时，政府还应该监察最低劳动标准以及劳动安全卫生的执行，因此，劳动监察是政府的第一个角色衍生出的重要任务。2004 年《劳动保障监察条例》第 11 条明确规定劳动保障行政部门对下列事项实施劳动保障监察：（1）用人单位制定内部劳动保障规章制度的情况；（2）用人单位与劳动者订立劳动合同的情况；（3）用人单位遵守禁止使用童工规定的情况；（4）用人单位遵守女职工和未成年工特殊劳动保护规定的情况；（5）用人单位遵守工作时间和休息休假规定的情况；（6）用人单位支付劳动者工资和执行最低工资标准的情况；（7）用人单位参加各项社会保险和缴纳社会保险费的情况；（8）职业介绍机构、职业技能培训机构和职业技能考核鉴定机构遵守国家有关职业介绍、职业技能培训和职业技能考核鉴定的规定的情况；（9）法律、法规规定的其他劳动保障监察事项。政府通过制定法律介入和影响劳动关系，并推进其实施，反映了政府维持劳动力市场的社会公正及对劳动关系的基本理念。例如最低工资立法是劳动力市场中最能体现社会正义的政策，法律通过强制确定最低工资率和加班工资津贴、禁止使用童工等条款来保证每个雇员得到与其劳动相适应的报酬，保证雇员获得“维持生活工资”水平以上的工资，消除极端贫困。劳动立法涉及反对性别歧视与种族歧视、公平报酬、安全卫生、职业教育、冗员解雇等诸多方面，确定了劳动关系的调整框架，为保护劳动者基本权益提供了制度规范。

（二）集体谈判与雇员参与的促进者

政府的第二个角色是促进者。政府采取不同的方针政策积极促进劳动关系双方自行谈判与对话，使他们在政府制定的基本劳动标准的基础上发展适合的劳动条件，政府为开展集体谈判创造宏观环境，不宜进行过多干预。此外，分红和员工持股也是工业民主和雇员参与的重要手段，政府应该以促进者的角色促其实现。

（三）劳动争议的调停者

政府的第三个角色是劳动争议的调停者，有时也是调解者或仲裁者。劳动争议是工业社会的自然现象，政府必须建立一套迅速而有效的劳动争议处理制度。为了维持良好的劳动关系，政府通常作为中立的第三方提供调解和仲裁服务。理想的状况是，政府作为中立的调停者，为劳动关系营造一个公平的外部环境，促使劳资双方能够通过平等协商或谈判来解决内在冲突，使产业冲突减少到最小程度。对一些涉及国计民生的公用事业部门如天然气、电力、饮用水与污水处理、医疗机构、学校、交通等特殊部门的冲突和争议，政府要特别关注，比如采取强制仲裁方式解决冲突，以减轻争议对经济和社会生活造成的破坏作用。

（四）就业保障与人力资源的规划者

政府的第四个角色是规划者，为全体劳动者建立一套就业保障体系。这个体系包括三大支柱：职业培训、就业服务和失业保险。同时，在当今自由化、国际化和竞争日趋激烈的社会，政府必须在人力资源规划方面进行整体设计，做到人尽其才。

（五）公共部门的雇用者

政府的第五个角色是公共部门的雇用者。公共部门的雇员包括政府与地方公务人员，在一些国家还包括公用事业部门的雇员，其规模和人数在各国不尽相同，但都占相当比重。政府作为公共部门的雇主，应该提供合法、合理的劳动条件，以模范雇主的身份参与和影响劳动关系，使之成为私营部门劳动关系的“样本”。

政府在扮演上述五种角色中，在作为保护者和规划者方面，政府应该积极而主动地完成任务；在促进者和调停者方面，政府应该采取中立和不多干预的态度；至于政府在雇用者的角色方面，必须要真正成为民营企业家的表率，合法化、企业化和民主化是基本要求。

第2节　政府与劳动关系理论

一、保守主义政府理论

新保守主义主张政府应该扮演“守夜人”角色。除了维持法律和秩序、保障国防安全、促进自由市场的运作以外，政府应该尽量减少对经济和社会生活的干预。在劳动关系方面，新保守主义反对劳动与就业立法，认为这些法律将扭曲自由市场并降低效率。新保守主义也反对建立工会，认为工会是一个追求经济租的垄断性组织。

新保守主义中最有影响力的理论当属公共选择理论。与新古典主义经济学一样，公共选择理论假定投票者与政府官员都是追求效用最大化的理性人。政府官员的目标是保持已有的权力和地位，而投票者关心自身利益能否得到满足。为谋求连任，政府官员必须权衡不同投票者的利益，优先满足那些对竞选结果起决定性影响的投票者利益。在这种政治体制中，政府决策在很大程度上受利益集团左右，利益集团不仅可以影响公共舆论，而且可以通过选举捐款直接影响政府官员的行为方式。政府根据特殊利益集团而不是从公共利益出发制定经济和社会政策，这样容易形成

"大政府"。为了避免这一倾向，新保守主义认为唯一的办法是严格限定利益集团的活动范围，削减政府开支；同时认为工会作为一个强大的利益集团，有能力扭曲政府的公共政策，例如工会利用会员缴纳的会费开展政治运动，这种行动显然不符合自由市场秩序，因而政府应当控制工会的政治影响。

二、管理主义政府理论

所谓管理主义即主张对企业、机构、组织等采用经营技术进行规划和管理的学说。传统的管理主义者只关注劳动关系中企业管理方的政策与实践，而不考虑政府行为。近年来，管理主义者主张，政府应该采取措施促进劳资合作，应该在教育培训、研究开发、交通通讯等领域为私人部门提供更多、更有力的支持，增强它们的国际竞争力。与新保守主义一样，管理主义从本质上说也属于规范性流派。不同的是，管理主义更强调政府在保持劳动关系稳定、促进劳资合作和实现经济繁荣方面发挥的积极作用。这里，管理主义假定，不是公共舆论决定国家的法律与政策，相反，政府履行职能的有效性直接影响公共舆论，进而影响政府是否能够连任。

20 世纪 80 年代，政治社会学家提出了以国家为中心的研究视角，从更朴素的国家概念出发研究问题，认为政府制定的政策不仅反映决策者的意志、政府政策的历史连贯性，而且还体现了国与国之间关系与本国自身影响力的平衡。在劳动关系方面，该理论强调秩序与稳定，认为各种形式的骚动将危害国家的经济政策，最终不利于国家的统治。

三、正统多元主义政府理论

与管理主义相比，正统多元主义政府理论主要关注政府制定的政策以及采取的行动。该理论主张，政府应该在不损害第三方利益（如消费者利益）的前提下适度干预经济活动，平衡劳资双方的利益冲突。因此，政府的角色在于制定劳动政策并推进其实施。

正统多元主义假定，现代多元社会中存在不同的利益集团。为了争夺有限的稀缺资源，这些利益集团彼此之间展开竞争，因而利益冲突不可避免，但这并不意味着它们的利益是不可调和的。实际上，每个利益集团都希望在确保维持现状的前提下改善自己的境况。与公共选择理论不同，正统多元主义认为，不同利益集团的存在有利于增进民主，加强公民与政府之间的沟通，因而发挥着积极的而不是消极的作用。传统正统多元主义者假定各利益集团对政府具有大致相同的影响力，保持各个利益集团之间的力量平衡是政府的一项重要职责。但近年来，有些学者指出，政府平衡利益集团之间利益冲突的过程，实际上已经包含了政府的政治理念。因而，多数情况下只有少数利益集团能对政府的政策制定过程构成强大的压力。

在劳动关系方面，正统多元主义认为，政府的作用在于平衡劳资双方的利益冲突。政府制定的政策与法律不仅反映了劳资双方施加的压力，而且反映了公共舆论以及劳资力量对比的变化。理想的政府应该作为中立的仲裁者，为劳动关系营造一个公平的外部环境，使劳资双方能够平等地通过协商或谈判来解决内在的冲突，使产业冲突减少到最小程度。

四、自由改革主义政府理论

自由改革主义的代表是精英理论。精英理论认为，社会按照等级划分阶层，精英处于社会的最高阶层，因而对政策制定具有直接而重要的影响力。精英阶层主要由政府官员、政治领导、管理方组成，有些国家还包括知识分子、高级军官，甚至还包括工会领导，但是他们的影响力明显不如政府官员、政治领导或企业管理方。精英阶层内部也存在利益冲突和竞争。从这个方面看，精英理论与正统多元主义理论有相似之处。但与正统多元主义不同，精英理论认为不同的利益集团对政府具有不同的影响力。精英理论与正统多元主义理论的区别，主要体现在以下四个方面：

1. 从理论上说，精英阶层代表不同利益群体的利益（比如管理方代表企业利益相关者的利益，工会领导代表工会会员的利益）或全体公众的利益；但现实生活中，精英是否代表这些群体的利益，以及在多大程度上代表他们的利益，则是另外一回事。多数情况是，精英通过操纵或控制这些利益群体来维护自身利益。

2. 精英之间在权力和影响力方面存在很大差异，那些掌握实权、具有重大影响力的精英处于政府的关键部门，其他精英则处于次要部门。

3. 国家是由精英统治的，因此，政府的政策与法律主要体现精英阶层的权力结构，而不是不同利益群体力量平衡的结果。这种权力结构产生两种结果：不符合精英利益的经济和社会问题很少有机会被列入政府的议事日程，不属于精英阶层的群体利益经常被忽视。

4. 由于精英处于特权位置而拥有许多既得利益，他们努力维持现状而不是积极改变现状。选民虽然可以通过投票决定国家的重大决策，但是提供给选民的备选方案是在幕后决定的。在任何时点，精英阶层都有共同的利益和价值取向，他们不会提出损害自身利益的方案。从这个意义说，选民参与政策制定的机会十分有限。

在劳动关系方面，就工会领导是否属于社会精英阶层，学者形成两种不同的观点。一种观点认为，工会领导属于精英阶层，因而政府在不严重损害管理方利益的前提下通过立法保护工会会员的利益，但不保护非工会会员利益。这样，劳动关系的性质不会发生根本转变。这种观点由美国学者在 20 世纪五六十年代提出，主要背景是劳联—产联领导已经融入美国社会的主流阶层，他们对工会政策的态度是维持现状，而不是发动广泛而深远的经济与政治改革。另一种观点认为工会领导不属于精英阶层，但由于工会已经形成强大的政治力量，由精英统治的政府在不破坏现有精英结构和不牺牲精英阶层利益的前提下，通过颁布就业与劳动法律来缓和工会的不满。这在加拿大表现得特别明显，在加拿大，工会领导一般不参与政府的政策制定过程。

五、激进主义政府理论

激进主义从劳资双方的利益冲突和根本对立出发分析政府的角色。传统激进主义者接受工具主义思想，认为政府是资产阶级的工具。资本家可以通过各种方式控制政府和国家，他们可以向政党捐款，可以与政府官员建立亲密的个人关系和职业关系，还可以控制各种媒体从而控制公共舆论，因而政府制定各项政策或采取各种行动最终都是为了维护资产阶级的利益。政府颁布劳动法律是为了缓和雇员和工会的不满，防止社会发生根本变革。最终目的还是维护资产阶级的利益。激进主义者认为政府官员是资本家的傀儡。

从 20 世纪 70 年代开始，结构主义观点逐渐取代工具主义观点。根据结构主义的观点，资产阶级内部也存在冲突，例如大企业与小企业的利益存在差别，在政府政策与行为如何代表资产阶级利益这一问题上存在分歧。政府因此获得相对自主性，能够独立制定经济政策与社会政策。政府的政治哲学直接影响它所采取的战略。保守党政府往往削减社会福利计划，而社会民主党执政的内阁则会增加社会福利开支。

激进主义者认为，为了获取权力资源，工会应当形成强有力的政治力量，使阶级冲突从工厂转向政治舞台，才能获得执政党的支持。另一方面，他们指出，政府的独立性具有局限性。第一，当资产阶级内部所有派系都意识到他们的整体利益受到威胁时，他们会克服内部冲突而采取一致行动。例如，20 世纪 70 年代末至 80 年代，资产阶级向无产阶级与其他社会群体发动了一场声势浩大的“阶级攻势”。第二，资本主义经济客观上要求政府培育有利的投资环境。否则，本国资本为谋求更高的投资回报将流向国外，显然不符合国家利益。而且如果经济运行不良，失业增加，税收减少，那么政府用于社会福利的开支就会增加，结果财政支持不足，最终导致政府下台。因此，从本质上看，政府仍然是资产阶级的工具，旨在维护资产阶级利益，而不是先考虑工人或其他社会群体的利益。

进入 20 世纪 90 年代以后，随着全球化步伐的加快，激进主义者开始关注资本市场的全球化。因为资本市场的全球化意味着资本的流动速度加快，相对于工人、消费者和其他群体，资本家拥有更大的权力。政府制定的各项政策，例如降低企业税率、减少劳动和就业法律对工会和雇员的保护程度、削减社会福利计划，更多地体现资本家意志，从而有向新保守主义模式回归的迹象。激进主义者因此强烈反对政府的上述政策和行动。他们建议成立超国家机构来协调和控制国家之间的政策与行动，同时加强工人阶级自身的团结和发展。

第 3 节　劳动法——调整劳动关系的法律

一、劳动关系立法

（一）劳动法的功能

法律是社会关系的调整器。对劳动关系进行调整和规范的法律主要是劳动法。劳动法是一个独立的法律部门，是调整特定劳动关系及其与劳动关系密切联系的社会关系的法律规范的总称。劳动条件、报酬和保险福利决定着劳动者的生活基础，在劳动关系领域，劳动者、工会和用人单位深受法律的制约和规范。自20世纪80年代以来，我国劳动争议在总体上一直呈上升态势，劳动关系双方都希望从仲裁、审判以及国家立法中获得利益。有些集体争议使用了暴力，破坏了社会的安定，甚至威胁到重要的社会公共服务，政府不得不加以干涉。因而，劳动关系越来越多地受到法律的调整和监控。

现代劳动法起源于19世纪初的“工厂立法”，其产生以1802年英国国会通过的《学徒健康与道德法》为标志。20世纪初，在实行市场经济的西方国家，劳动法已形成为一个独立的法律部门。现代意义上的劳动法，是在工业社会发展到一定阶段，国家为维护和保障劳动者的利益而制定的调整劳动关系的法律。虽然各国根据自己的社会背景制定的劳动法不尽相同，如德国劳动立法强调保障劳动者权利、美国劳动立法重视协调劳动关系、日本劳动立法侧重劳动标准，但世界各国均认为劳动法是保护劳动者合法权益和调整劳动关系的法律规范。

劳动关系方面的法律具有三个主要功能：

1. 保护劳动关系双方的自愿安排并为之提供保护，如劳动合同、集体合同制度。

2. 解决纠纷。劳动法不仅赋予劳动者享有劳动权和保障权，而且还规定了保证这些权利实现的司法机制，这是民主法制的基本要求。

3. 确定基本劳动标准，如最低工资、最低就业年龄、工作时间和休息休假、社会保险以及安全卫生标准等。

劳动法是通过平衡雇员和雇主双方之间的权利、义务关系达到调整劳动关系的目的，通过规定雇员和雇主双方的权利、义务关系，将其纳入法制的轨道。我国《劳动法》规定：劳动者享有平等就业和选择职业的权利、取得劳动报酬的权利、休息休假的权利、获得社会保险和福利的权利、提请劳动争议处理的权利以及法律规定的其他劳动权利。同时，劳动者应当完成劳动任务，提高职业技能，执行劳动安全卫生规程，遵守劳动纪律和职业道德。权利与义务是一致的、相对应的。劳动者的权利，即是用人单位的义务；反之，劳动者的义务，即是用人单位的权利。为了强调用人单位的义务，我国《劳动法》第 4 条特别规定："用人单位应当依法建立和完善规章制度，保障劳动者享有劳动权利和履行劳动义务。"

（二）劳动法的本质和形式

劳动法的本质主要体现在两个方面：一是劳动法的主旨是保护雇员即劳动者的利益；二是劳动法所确定的劳动条件和劳动标准，是劳动关系双方所遵循的最低条件和标准。从劳动法产生和发展的历史主流看，劳动法的主旨集中体现为保护劳动者的权益，以法律手段确立公正的社会劳动秩序，保护在纯市场经济生产要素中处于弱势的劳动者。劳动法保护劳动者权益，是通过制定最低劳动条件和标准来实现的。劳动关系双方只能在法定条件以上协商订立劳动合同，而不能低于法定条件，否则即无法律效力。而且，最低劳动条件和标准并不是一成不变的，随着社会的发展，通过一定的法定程序，其标准水平呈逐步提高的趋势。

我国劳动立法的主要形式表现为：

1. 宪法

宪法是法的最高形式，其他所有法律法规都必须与宪法的精神保持一致。世界各国在宪法中都规定了劳动问题。1919 年德国的《魏玛宪法》率先规定了结社自由、就业保障、社会保险、劳动保护及照顾女工、童工等内容，提倡生存权、扶助弱者，成为 20 世纪各国宪法共同采取的原则。我国宪法对劳动问题的规定尤为详尽。宪法是劳动立法的最高法律依据，具有最高的适用效力。

2. 法律

全国人民代表大会的立法及其全国人大常委会制定或批准发布的规范性劳动法律文件，属于法律的范畴。如1994年制定颁布的《劳动法》、1992年制定、2001年修订的《工会法》等。

3. 劳动行政法规

由国务院制定、国务院总理签署发布的，以条例、规定、办法命名的有关劳动方面的规范性文件，如《女职工劳动保护的规定》《企业劳动争议处理条例》等。劳动行政法规是依据宪法、法律制定的，是劳动法律的具体化，是人民法院审理劳动案件的依据，属于“法”的范畴。

4. 地方性法规

由省、自治区、直辖市和较大的市（包括27个省会城市、18个经国务院批准的较大的市、4个经济特区所在的市）的人民代表大会及其常务委员会制定的规范性文件。地方性法规不能同宪法、法律、行政法规相抵触。

5. 行政规章

包括国务院各部委的部门规章和省级人民政府制定的规章。国务院各部委及省、自治区、直辖市人民政府制定的规范性文件，如北京市2001年2月发布的《北京市基本医疗保险规定》等。人民法院审理劳动争议案件，对规章是“参照”而不是“依照”。

6. 法律解释

有解释权的国家机关对劳动法律规范的含义以及所使用的概念、术语、定义所作的说明和解释，包括立法解释、司法解释和行政解释。如最高人民法院2001年《关于审理劳动争议案件适用法律若干问题的解释》等。

7. 国际劳工公约和建议书

截至2001年6月，国际劳工组织共制定了184项国际劳工公约和192项建议书。截至2002年6月30日，我国已批准23项公约，其中批准的两个核心劳动公约是：1951年第100号《同酬公约》和1973年第138号《最低年龄公约》。同工同酬公约规定，对于男劳动力和女劳动力同等价值的劳动，应付给同等的报酬。最低就业年龄公约的目的是提高就业的最低年龄，保证有效废除童工。凡是我国批准的劳工公约，即产生与国内法同等的法律效力。

二、工资的法律保障

（一）工资的法律含义

工资是雇员生活的主要来源，支付工资是雇主与雇员劳动义务相对应的一项重要义务。劳动法中，工资是雇主依据国家有关规定或劳动合同约定，以货币形式直接支付给劳动者的劳动报酬。我国《工资支付暂行规定》规定："工资是指用人单位依据劳动合同规定，以各种形式支付给劳动者的工资报酬。"工资总额由以下部分组成：计时工资、计件工资、奖金、津贴和补贴、加班加点工资、特殊情况下支付的工资。工资的种类可以是货币工资、实物工资和混合工资，其形式包括了计时工资、计件工资、奖励工资、津贴、佣金和分红等。工资的给付水平直接决定了劳动力的成本，它是由劳动生产率、通货膨胀率和市场竞争强度决定的。在市场经济条件下，工资作为劳动合同的重要条款，是由雇员和雇主定期协商决定的。

（二）工资支付的原则

1. 协商同意原则

工资的给付标准和数额，由劳动力市场最终决定。工资应当由雇员和雇主平等地决定。当事人协商确定工资标准，是工资支付的一般原则。工资集体协商是与市场经济相适应的工资决定和制衡机制，在工资问题上实行平等协商，可以使最敏感的问题由“模糊”变为公开，员工的意见通过工会与企业协商，及时得到沟通，矛盾得以化解。协商可以集思广益，使工资分配更加合理，从源头上避免矛盾和争议的产生。经协商确定的工资集体协议具有法律效力，双方都要依法履行。一旦发生争议，也能依法调解。

2. 平等付酬原则

在许多国家，因职业、产业、种族、性别、年龄、受教育程度的不同，工资高低差距很大，其中以男女同工不同酬和种族歧视尤为突出。第二次世界大战后，世界多数国家确立了平等付酬原则。美国 1963 年修改《公平劳动标准法》时，增加了男女同工同酬的规定。英国 1970 年制定了专门的《同酬法》、1975 年制定了《性别差别禁止法》。日本《劳动标准法》第 3 条和第 4 条规定：“雇主不得以工人的国籍、信仰和社会地位为理由，而在工资、工作时间和其他劳动条件方面规定不同的待遇。”“雇主不得以受雇者是女工为理由，而在工资方面规定与男工不同的待遇。”中国政府已批准加入的第 100 号国际劳工公约也规定：“对男女工人同等价值的工作给予同等报酬。”男女同工同酬是我国《劳动法》始终坚持的原则，该法第 46 条规定：“工资分配应当遵循按劳分配原则，实行同工同酬。工资水平在经济发展的基础上逐步提高。国家对工资总量实行宏观调控。”

3. 紧急支付原则

当劳动者遇有生育、疾病、灾难等非常情况急需用钱时，雇主应当提前支付劳动者应得的工资。日本《劳动标准法》第 25 条规定：“当工人遇有生育、疾病、灾难及法律所规定的其他情况急需用款时，雇主应当提前发放即将给付的工资。”

4. 依法支付原则

依法支付原则是指要按照法律规定或合同约定的标准、时间、地点、形式和方式发放工资。根据我国《劳动法》和《工资支付暂行规定》，工资支付应符合如下规定：工资应当以法定货币支付，不得以实物及有价证券替代货币支付。工资应当按月支付，如遇节假日或休息日，则应提前在最近的工作日支付。劳动者与用人单位在依法解除或终止劳动合同时，用人单位应同时一次付清劳动者工资。用人单位依法破产时，应将劳动者的工资列入清偿顺序，首先支付。工资应当直接支付给劳动者本人，用人单位可委托银行代发工资。支付工资时，用人单位必须书面记录支付劳动者工资的数额、时间、领取者的姓名以及签字，并保存2年以上备查，应向劳动者提供一份其个人的工资清单。

（三）工资的法律保障

1. 工资处理不受干涉

任何人不得限制和干涉雇员处理其工资的自由。雇主不得以任何方法要求甚至强迫雇员到雇主或其他任何人的商店购买商品，也不得强迫工人接受雇主提供的劳务服务。任何限定工资使用地点和方式的协议都是非法的、无效的。

2. 禁止克扣和无故拖欠劳动者工资

• 工资不得扣除。任何组织和个人无正当理由不得克扣和拖欠劳动者的工资。克扣和拖欠劳动者工资，是一种侵权行为。我国《劳动法》第50条规定："不得克扣或者无故拖欠劳动者工资。"所谓克扣劳动者工资，是指在正常情况下，劳动者依法律或者合同规定完成了生产工作任务，用人单位未能足额支付规定的报酬，或借故不全部支付劳动者工资。所谓拖欠劳动者工资，是指用人单位在规定时间内未支付劳动者工资。通常，劳动者和用人单位在一个工资支付周期内会事先商量具体付薪时间，并形成制度，超过商定付薪时间未能支付工资，即为拖欠工资。拖欠原因，有的是用人单位生产经营困难，资金周转受到影响，暂时不能支付；有的则是故意延期支付。

• 扣除工资的限制。为保证雇员的最低生活水平，各国法律多规定对工资的扣除要有一定比例，或者规定工资的扣除要保持在一定限度内，低于一定限度的工资不得扣除。我国《工资支付暂行规定》指出，因劳动者原因给用人单位造成经济损失的，用人单位可按照劳动合同的约定要求其赔偿经济损失。经济损失的赔偿，可从劳动者本人的工资中扣除，但每月扣除部分不得超过劳动者当月工资的20%。若扣除后的剩余工资部分低于当月最低工资标准，则按最低工资标准支付。

• 代扣工资的限制。用人单位可以代扣劳动者工资的情形主要是：用人单位代扣代缴个人所得税；用人单位代扣代缴应由劳动者个人负担的各项社会保险费用；法院判决、裁定中要求代扣的抚养费、赡养费；法律、法规规定从劳动者工资中扣除的其他费用。

3. 特殊情况下工资的支付

• 履行国家和社会义务期间的工资。劳动者在法定时间内依法参加社会活动期间，用人单位应视其提供了正常劳动而支付工资。社会活动包括：依法行使选举权或被选举权；当选代表出席乡（镇）、区以上政府、党派、工会、共青团、妇女联合会等组织召开的会议；出任人民法庭证明人；出席劳动模范、先进工作者大会；不脱产工会基层委员会因工会活动占用的生产或工作时间；其他依法参加的社会活动。

• 年休假、探亲假、婚假、丧假工资。劳动者依法享受年休假、探亲假、婚丧假期间，用人单位应当按劳动合同的标准支付工资。

• 延长工作时间的工资支付。我国《劳动法》对加班工资规定了三种情形：平时加班、休息日加班和法定休假日加班，不同的情形支付不同的加班工资（详见工作时间的有关规定）。

• 停工期间的工资。非因劳动者原因造成单位停工、停产在一个工资支付周期内的，用人单位应当按劳动合同规定的标准支付劳动者工资。超过一个工资支付周期的，若劳动者提供了正常劳动，则支付给劳动者的劳动报酬不得低于当地最低工资标准；若劳动者没有提供正常劳动，应按国家有关规定办理。

• 破产时工资之优先权。企业破产或司法清理时，劳动者对于企业破产或清理前应得的工资，享有优先清偿的权利。因为工资是劳动者以自己的劳动所获得的债款，所以比其他债款享有优先受清偿的权利。根据《工资支付暂行规定》，用人单位依法破产时，劳动者有权获得其工资。在破产清偿中，用人单位应按《中华人民共和国企业破产法》规定的清偿顺序，首先支付本单位劳动者的工资。

• 工资的诉讼保护。对用人单位非法扣除劳动者工资或拖延支付应发工资的，劳动者可依法向有关部门提出申诉或起诉，用人单位对此不得采取报复措施，拒绝支付工资、减发工资或开除劳动者。劳动保障行政部门有权监察用人单位工资支付情况。2004 年《劳动保障监察条例》第 26 条规定：用人单位有下列行为之一的，由劳动保障行政部门分别责令限期支付劳动者的工资报酬、劳动者工资低于当地最低工资标准的差额或者解除劳动合同的经济补偿；逾期不支付的，责令用人单位按照应付金额 50％以上 1 倍以下的标准计算，向劳动者加付赔偿金：（1）克扣或者无故拖欠劳动者工资报酬的；（2）支付劳动者的工资低于当地最低工资标准的；（3）解除劳动合同未依法给予劳动者经济补偿的。

劳动者与用人单位因工资支付发生劳动争议的，当事人可依法向劳动争议仲裁机关申请仲裁。对仲裁裁决不服的，可以向人民法院提起诉讼。

（四）最低工资法律制度

1. 最低工资的法律含义

最低工资是指劳动者在法定工作时间内提供了正常劳动的前

提下，其所在企业应支付的最低劳动报酬。法定工作时间是指国家规定的工作时间；正常劳动指劳动者按照劳动合同的有关规定，在法定工作时间内从事的劳动。根据国家有关规定，下列各项不得作为最低工资的组成部分：加班加点工资；中班、夜班、高温、低温、井下、有毒有害等特殊工作环境、条件下的津贴；国家法律、法规、政策规定的劳动保险、福利待遇等。

最低工资立法是国家制定的最低工资标准的法律。国家通过立法制定最低工资标准，确保用人单位支付劳动者的工资不得低于最低工资标准。最低工资法的目的在于保证工资劳动者的最低收入，使其得以维持生活、改善劳动条件，有利于安定工人生活，提高劳动力素质，确保企业公平竞争，同时有助于社会经济发展。最低工资立法本身具有救济、援助最低工资收入者的重要作用，同时对确保社会公正也十分必要。维持最低工资制与社会性成本的平衡将是一个重要的课题。我国《劳动法》第 48 条明确规定："国家实行最低工资保障制度，用人单位支付劳动者的工资不得低于当地最低工资标准。"这从法律上保证了劳动者享有的最低工资保障权的实现。国际劳工组织也先后于 1928 年、1951 年和 1970 年以国际劳动立法的形式分别制定关于最低工资的第 26 号、99 号和 131 号三个公约和第 30 号、89 号、135 号三个建议书，其中 131 号公约和 135 号建议书是专为发展中国家制定的。最低工资立法已成为世界通行的做法。

2. 最低工资的确定和发布

最低工资的确定。最低工资标准是指单位劳动时间的最低工资数额。我国《劳动法》第 48 条规定："最低工资的具体标准由省、自治区、直辖市人民政府规定，报国务院备案。"也就是说，我国不实行全国统一的最低工资标准，由各地根据具体情况确定最低工资标准。最低工资标准一般按月确定，也可以按周、日、小时确定。各种单位时间的最低工资标准可以互相转换。《劳动法》第 49 条规定："确定和调整最低工资标准应当综合考虑下列因素：(1) 劳动者本人及平均赡养人口的最低生活费用；(2) 社会平均工资水平；(3) 劳动生产率；(4) 就业状况；(5) 地区之间经济发展水平的差异。”一般来说，最低工资标准应高于社会救济金和失业保险金标准，低于当地平均工资水平。

最低工资标准的发布。省、自治区、直辖市人民政府劳动行政主管部门将确定的最低工资标准及其依据、详细说明和最低工资范围报国务院劳动行政主管部门备案。国务院劳动行政主管部门在收到备案后，应召集全国总工会、全国企业家协会共同研究。如其报送的最低工资率及其适用范围不妥的，有权提出变更意见，并在 15 天之内以书面形式给予回复。省、自治区、直辖市人民政府劳动行政主管部门在 25 天之内未收到国务院劳动行政主管部门提出变更意见的，或接到变更意见对原确定的最低工资率及其适用范围做出修订后，应当将本地区最低工资率及其适用范围报省、自治区、直辖市人民政府批准，并且在批准后 7 日内发布。省、自治区、直辖市最低工资率及其适用范围应当在当地政府公报上和至少一种全地区性的报纸上发布。

最低工资标准的调整。最低工资标准发布实施后，当最低工资标准制定时参考的各种因素如当地最低生活费用、职工平均工资、劳动生产率、城镇就业状况和经济发展水平等发生变化，或本地区职工生活费用价格指数累计变动较大时，应当适时调整。

3. 最低工资的效力

最低工资是法定的最低报酬。企业支付给劳动者的工资不得低于其适用的最低工资率。实行计件工资或提成工资等工资形式的企业，必须进行合理的折算，其相应的折算额不得低于按时、日、周、月确定的相应的最低工资率。当事人在劳动合同中约定的劳动报酬低于最低工资额时，其工资部分应视为无效。其无效部分应改按法定的最低工资执行。

4. 违反最低工资的法律责任

最低工资标准一经确认、发布，即具有法律效力。违反最低工资规定，应当承担相应的法律责任。根据《企业最低工资规定》，违反最低工资制度的法律责任主要有：

确定最低工资标准违法的法律责任。省、自治区、直辖市人民政府劳动行政主管部门确定最低工资标准违反法律规定的，由国务院劳动行政主管部门责令其限期改正。

支付最低工资违法的法律责任。企业支付给劳动者的工资低于最低工资标准的，由当地政府劳动行政部门责令其限期改正，逾期未改正的，对用人单位和责任人给予经济处罚。

拖欠最低工资的法律责任。企业拖欠劳动者最低工资的，由当地政府劳动行政主管部门责令其限期补发所欠工资，并视其欠付工资时间的长短向劳动者支付赔偿金。欠付 1 个月以内的向劳动者支付所欠工资的 20%赔偿金；欠付 3 个月以内的向劳动者支付所欠工资的 50%赔偿金；欠付 3 个月以上的向劳动者支付所欠工资的 100%赔偿金；拒发所欠工资和赔偿金的，对企业和责任人给予经济处罚。对处罚不服的，当事人可以申请行政复议，对复议不服的，可以向人民法院提起行政诉讼。

三、工作时间和加班加点

（一）工作时间立法

工作时间是法律规定的，劳动者在工作场所为履行劳动义务而消耗的时间，即劳动者每天工作的时数或每周工作的天数。作为法律范畴，工作时间既包括劳动者实际完成工作的时间，也包括劳动者从事生产或工作所必需的准备和结束的时间、从事连续性有害健康的间歇时间、工艺中断时间、女职工哺乳未满 1 周岁婴儿的哺乳时间以及因公外出等法律规定限度内消耗的其他时间。工作时间可以依小时、日、周、月、季和年来计算，用人单位必须按规定支付劳动者的劳动报酬。

工作时间的规定是工作场所的重要规则，也是现代劳动立法率先规范的领域。1919 年国际劳工组织大会通过了第 1 号国际劳工公约《工时公约》，1921 年通过了第 14 号国际劳工公约《工业企业中实行每周休息公约》，1935 年又通过了第 47 号《每周休息公约》。我国《劳动法》及有关法规规定，劳动者每日工作 8 小时，每周工作 40 小时，实行国际统一标准。

工作时间是最重要的劳动条件之一，工作时间制度是否优良，不仅影响劳动者工作权益的保障，也高度影响着企业的日常经营活动，甚至企业的竞争力。全球化时代的来临，高新技术的普遍应用，以及知识经济的发展，对落实劳动者权益的保障提出了新的要求，工时制度弹性化的调整是国际发展潮流，也是主要发达国家工时制度的发展趋势。

（二）工作时间法规

1. 标准工作日

标准工作日是国家统一规定的，在一般情况下，是劳动者从事工作或劳动的时间。我国的标准工作日为每日工作 8 小时，每周工作 40 小时。标准工作日是计算其他工作日种类的依据，如实行综合计算工作时间的用人单位，其平均日工作时间和平均周工作时间应与法定标准工作时间基本相同。对实行计件工作的劳动者，用人单位应当根据标准工作日制度，合理地确定其劳动定额和计件报酬标准。

国际劳工组织 2001/2002 年劳工市场指标显示，2000 年韩国工人最累，德国工人最闲。韩国、捷克、美国的工时均长于 10 年前，而加、法、德、英的工时短于 10 年前。美国工人 2000 年平均每人每年工作1 978小时，比 1990 年的1 942小时多出 36 小时；捷克工人比美国工人多工作 100 小时；韩国工人比美国工人多工作 500 小时；澳、加、墨、日等国工人比美国工人少工作 10 小时；英国、巴西工人比美国工人少工作 250 小时；德国工人比美国工人少工作 500 小时，即休闲时间多出 12.5 周。

2. 缩短工作日

缩短工作时间是指法律规定的少于标准工作日时数的工作日，即每天工作时数少于 8 小时或者每周工作时数少于 40 小时。我国实行缩短工作日的情况主要有：从事矿山井下、高山、有毒有害、特别繁重体力劳动的劳动者；夜班工作；哺乳期工作的女职工。

3. 不定时工作日

不定时工作日是指没有固定工作时间限制的工作日，主要适用于因工作性质和工作职责限制不能实行标准工作日的劳动者。主要包括：企业的高级管理人员、外勤人员、推销人员、部分值班人员和其他工作无法按标准工作时间衡量的职工；企业中的长途运输人员、出租汽车司机和铁路、港口、仓库的部分装卸人员以及因工作性质特殊，需机动作业的职工；其他因生产特点、工作特殊需要或职责范围的关系，适合实行不定时工作制的职工。

实行不定时工作制，应履行审批手续。经批准实行不定时工作制的职工，不受劳动法规定的日延长工作时间和月延长工作时间标准的限制，其工作日长度超过标准工作日的，不算作延长工作时间，也不享受超时劳动的加班报酬，但企业可以安排适当补休。对于实行不定时工作制的职工，企业应根据《劳动法》的有关规定，在保障职工身体健康并充分听取职工意见的基础上，采取集中工作、集中休息、轮休调休、弹性工作时间等适当方式，确保职工的休息休假权利和生产、工作任务的完成。

4. 综合计算工作日

综合计算工作日是指用人单位根据生产和工作特点，分别采取以周、月、季、年等为周期综合计算劳动者工作时间的一种工时形式。一般适用于从事受自然条件或技术条件限制的劳动，主要包括：交通、铁路、邮电、水运、航空、渔业等行业中因工作性质特殊，需连续作业的职工；地质及资源勘探、建筑、制盐、制糖、旅游等受季节和自然条件限制的行业的部分职工；其他适合实行综合计算工时工作制的职工。

实行综合计算工时工作制，应履行审批手续。经劳动行政部门批准执行综合计算工时工作制的，其工作时间可分别以月、季、年为周期，综合计算工作时间，但其平均日工作时间和平均周工作时间应与法定标准工作时间基本相同，超过法定标准工作日部分，应作为延长工作时间计算，并应按规定支付职工延长工作时间的工资报酬。在法定节日工作的，用人单位应按规定支付法定节日工作的工资报酬。实行综合计算工时制，企业要按劳动行政部门审批的、相应的周期时间安排劳动者工作和休息，而无权随意安排劳动者的工作时间。无论实行何种工时制度，都要做到保护劳动者的身心健康，不能以实行综合计算工时制或其他工时制为借口侵犯劳动者的休息权。

5. 弹性工作时间

弹性工作时间是指在标准工作时间的基础上，每周的总工作时间不变，每天的工作时间在保证核心时间的前提下可以调节。弹性工作时间制度是 20 世纪 60 年代末从德国率先发展起来，目前发达国家已普遍实行，我国在个别地区和行业开始试行。

6. 计件工作时间

计件工作时间是指以劳动者完成一定劳动定额为标准的工作时间。《劳动法》规定，对实行计件工作的劳动者，用人单位应当根据标准工时制度合理地确定其劳动定额和计件报酬标准。实行计件工作的用人单位，必须以劳动者在一个标准工作日或一个标准工作周的工作时间内能够完成的计件数量为标准，合理地确定劳动者每日或每周的劳动定额。

（三）加班加点

1. 加班加点的概念

加班加点，即延长劳动时间，是指劳动者的工作时数超过法律规定的标准工作时间。加班，是指劳动者在法定节日或公休假日从事生产或工作。加点，是指劳动者在标准工作日以外继续从事劳动或工作。为维护劳动者的身体健康和合法权益，国家法律、法规严格限制加班加点。我国《劳动法》第 43 条规定："用人单位不得违反本法规定延长劳动者的工作时间。"劳动法严格限制加班加点，规定了企业在生产需要的情况下，实施加班加点的条件、时间限度和补偿方式。

2. 加班加点的条件和限制

• 一般条件。用人单位由于生产经营需要，可以延长工作时间。《劳动法》第 41 条规定："用人单位由于生产经营需要，经与工会和劳动者协商后可以延长工作时间，一般每日不得超过 1 小时；因特殊原因需要延长工作时间的，在保障劳动者身体健康的条件下延长工作时间每日不得超过 3 小时，但是每月不得超过 36 小时。"这一规定，明确了加班加点的条件：（1）符合法定条件，即必须是生产经营需要，必须与工会协商，必须与劳动者协商，征得劳动者同意，不得强迫劳动。（2）不得超过法定时数，即每日不得超过 1 小时，特殊原因需要延长工作时间的，每日不得超过 3 小时，但每月不得超过 36 小时。此外，《劳动法》第 90 条还规定："用人单位违反本法规定，延长劳动者工作时间的，由劳动行政部门给予警告，责令改正，并可以处以罚款。"2004 年《劳动保障监察条例》第 25 条规定，用人单位违反劳动保障法律、法规或者规章延长劳动者工作时间的，由劳动保障行政部门给予警告，责令限期改正，并可以按照受侵害的劳动者每人 100 元以上 500 元以下的标准计算，处以罚款。

• 特殊条件。当出现特殊情况或紧急事件时，如救灾、抢险或威胁公共利益时，用人单位延长工作时间不受《劳动法》第 41 条的限制，即不受一般情况下延长工作时间的条件和法定时数的限制，既不需要审批，也不必与工会和劳动者协商。《劳动法》第 42 条规定："有下列情形之一的，延长工作时间不受本法第 41

条的限制：（1）发生自然灾害、事故或者其他原因，威胁劳动者生命健康和财产安全，需要紧急处理的；（2）生产设备、交通运输线路、公共设施发生故障，影响生产和公众利益，必须及时抢修的；（3）法律、行政法规规定的其他情形。”所谓“其他情形”是指：在法定节日和公休假日内工作不能间断，必须连续生产、运输或者营业的；必须利用法定节日和公休假日的停产期间进行设备检修、保养的；为完成国防紧急任务的；为完成国家下达的其他紧急生产任务的。

3. 加班加点的工资支付

无论哪一种情况安排劳动者延长工作时间，用人单位都应当支付高于劳动者正常工作时间的工资报酬。因为加班加点，劳动者增加了额外的工作量，付出了更多的劳动和消耗，这样规定，能够补偿劳动者的额外消耗，同时也能有效地抑制用人单位随意延长工作时间。根据我国《劳动法》的规定，劳动者加班加点的，用人单位应当按照下列标准支付高于劳动者正常工作时间工资的工资报酬：安排劳动者延长工作时间的，支付不低于工资的150％的工资报酬；休息日安排劳动者工作又不能安排补休的，支付不低于工资的200％的工资报酬；法定休假日安排劳动者工作的，支付不低于工资的300％的工资报酬。上述三种情形中，在休息日安排劳动者工作的，其待遇有两种选择，一是安排补休，二是支付不低于工资200％的工资报酬。而第一种、第三种情形下，只能支付法律规定的工资报酬，不能安排补休而不支付高于正常工作时间的工资报酬。加班工资以日工资和小时工资为基础计算，劳动保障部对日工资和小时工资的计算规定是，实行计时工资制的劳动者的日工资按其本人月工资标准除以平均每月法定工作天数20.92天进行计算。每月平均工作天数的计算公式为：

（全部日历天数－法定休假节日－公休日）÷12个月＝每月平均工作天数；日工资为劳动者本人月工资标准除以每月平均工

作天数；小时工资为日工资除以 8 小时。按照上述公式，企业每周实行 40 小时工时制度，每月的平均工作天数为 20.92 天。

（四）休息休假法规

1. 休息休假的概念

休息休假是指劳动者在国家规定的法定工作时间以外自行支配的时间。休息休假的规定是劳动者休息权的体现。世界各国普遍在宪法或劳动法中明文规定了休息权。我国《宪法》第 43 条规定："中华人民共和国劳动者有休息的权利"，"国家发展劳动者休息和休养的设施，规定职工的工作时间和休假制度"。

2. 休息休假的种类

根据《劳动法》及相关法规规定，劳动者的休息时间主要有：工作日内的间歇时间，即 1 个工作日内给予劳动者休息和用膳的时间；2 个工作日之间的休息时间，即 1 个工作日结束后至下 1 个工作日开始前的休息时间；公休假日，工作满 1 个工作周以后的休息时间。我国劳动者的公休假日为 2 天，一般安排在周六和周日；法定休假日，即国家法律统一规定的用于开展庆祝、纪念活动的休息时间。我国法律规定属于全体劳动者的法定休假日共 10 天，分别是：元旦 1 天，春节 3 天，国际劳动节 3 天，国庆节 3 天。此外，还有法律、法规规定的其他休假节日；年休假，即法律规定的劳动者工作满一定年限后，每年享有的保留工作带薪连续休假。《劳动法》第 45 条规定："国家实行带薪年休假制度。劳动者连续工作 1 年以上的，享受带薪年休假。具体办法由国务院规定"；探亲假，即劳动者享有的探望与自己分居两地的配偶和父母的休息时间。探望配偶的，每年给予一方探亲假 1 次，假期 30 天。未婚职工探望父母的，原则上每年给假 1 次，假期 20 天；两年探亲 1 次的，假期 45 天；已婚职工探望父母的，每 4 年给假 1 次，假期 20 天。

四、工作场所的规则

（一）劳动就业标准

1. 禁止歧视

1958年《就业和职业歧视公约》（第111号），其目标是促进就业和职业方面的机会与待遇平等。实效性条款共六条，主要是要求消除在就业和职业方面因种族、肤色、性别、政治见解、民族血统或社会出身等原因造成的歧视，并要求为此制定和执行专门的国家政策。目前，国际劳工组织强调的重点，是防止和消除对妇女的性别歧视和劳动者因政治见解不同而受到的歧视。我国《劳动法》第12条明确规定："劳动者就业，不因民族、种族、性别、宗教信仰不同而受歧视"，除政治见解未提及外，与公约规定是一致的。在实践中，我国在实现就业和职业平等方面在世界上也处于比较先进的地位。我国提倡平等就业，对不同民族、宗教信仰的劳动者，均给予了相同就业机会的权利。

2. 禁止强迫劳动

国际劳工组织1930年通过的《强迫劳动公约》（第29号），以及1957年的《废除强迫劳动公约》（第105号），其目的都是禁止强迫劳动。两个公约具体、明确规定了因兵役、公益事业、自然灾害、法院判决等形成的非自愿的劳动或服务不属强迫劳动；不得因政治见解、发展经济、劳动纪律、惩罚罢工、种族、民族、宗教歧视等原因使用强迫劳动。

3. 禁止使用童工

1999年《禁止最恶劣形式的童工劳动公约》（第182号），于1999年6月经国际劳工大会通过，其目的是突出国际反对童工劳动的重点，先解决最亟须解决的问题，将禁止和消除最恶劣形式的童工劳动作为一项紧迫任务加以贯彻执行。所谓最恶劣形式的童工劳动，主要是指强迫和奴役童工劳动、童妓和儿童制毒贩毒等利用童工的违法犯罪行为，以及在特别危险和恶劣条件下的童工劳动。我国《劳动法》规定的最低就业年龄为16周岁。

（二）女工保护标准

根据妇女的生理特点，对妇女劳动者在劳动过程和劳动市场中实施特殊保护，是保证人类健康繁衍生存和劳动力再生产质量的大事。国际劳工组织先后制定了对女职工进行特殊保护的公约和建议书。如1919年第4号建议书、1921年第13号公约、1935年第45号公约、1960年第114号建议书、1967年第172号公约等。我国也制定了一系列关于女职工特殊保护的法律、法规，如1992年4月全国人大通过的《妇女权益保障法》、1988年7月国务院发布的《女职工劳动保护规定》、1990年劳动部颁布的《女职工禁忌劳动范围的规定》以及1980年批准的联合国《消除对妇女一切形式歧视公约》等。其主要内容包括：

1. 就业权利的保障

我国劳动法律规定，妇女享有同男子平等的就业权利。凡适合妇女从事劳动的工作，不得以性别为由拒绝录用妇女或者提高对妇女的录用标准；不得以结婚、怀孕、产假、哺乳等为由辞退女职工或者单方面解除劳动合同；男女同工同酬，同等劳动应领取同等报酬，不得因女工怀孕、生育、哺乳而降低其基本工资。女职工生育期间，享受法律规定的产假和医疗待遇，产假期间应由所在单位照发工资。

2. 女职工禁忌从事的劳动

禁止女职工从事不利于身体健康的工作。《劳动法》第59条规定："禁止安排女职工从事矿山井下、国家规定的第四级体力劳动强度的劳动和其他禁忌从事的劳动。"《女职工禁忌劳动范围的规定》明确了女职工禁忌从事以下范围的劳动：（1）矿山井下作业；（2）森林业伐木、归楞及流放作业；（3）《体力劳动强度分级》标准中第四级体力劳动强度的作业；（4）建筑业脚手架的组装和拆除作业，以及电力、电信行业的高处架线作业；（5）连续负重每次超过20千克，间断负重每次超过25千克的作业。

3. 四期保护

针对女职工生理机能的变化，劳动法律、法规对女职工经期、孕期、产期和哺乳期规定了特殊保护。（1）经期保护：不得安排女职工在经期从事高处、低温、冷水作业和国家规定的第三级体力劳动强度的劳动。（2）孕期保护：不得安排女职工在怀孕期间从事国家规定的第三级体力劳动强度的劳动和孕期禁忌从事的劳动。对怀孕7个月以上的女职工，不得安排其延长工作时间和夜班劳动。（3）产期保护：女职工生育享受不少于90天的产假。难产的增加产假15天。多胞胎生育的，每多生育一个婴儿，增加产假15天。女职工怀孕流产的，也应给予一定时间的产假。（4）哺乳期保护：不得安排女职工在哺乳未满1周岁的婴儿期间从事国家规定的第三级体力劳动强度的劳动和哺乳期禁忌从事的其他劳动，不得安排其延长工作时间和夜班劳动。对有不满1周岁婴儿的女职工，其所在单位应当在每班劳动时间内给予其两次哺乳（含人工喂养）时间，每次30分钟。女职工每班劳动时间内的两次哺乳时间可以合并使用，哺乳时间和本单位内哺乳往返中的时间，算作劳动时间。

2004年《劳动保障监察条例》第23条规定，用人单位有下列行为之一的，由劳动保障行政部门责令改正，按照受侵害的劳动者每人1 000元以上5 000元以下的标准计算，处以罚款：（1）安排女职工从事矿山井下劳动、国家规定的第四级体力劳动强度的劳动或者其他禁忌从事的劳动的；（2）安排女职工在经期从事高处、低温、冷水作业或者国家规定的第三级体力劳动强度的劳动的；（3）安排女职工在怀孕期间从事国家规定的第三级体力劳动强度的劳动或者孕期禁忌从事的劳动的；（4）安排怀孕7个月以上的女职工夜班劳动或者延长其工作时间的；（5）女职工生育享受产假少于90天的；(6) 安排女职工在哺乳未满1周岁的婴儿期间从事国家规定的第三级体力劳动强度的劳动或者哺乳期禁忌从事的其他劳动，以及延长其工作时间或者安排其夜班劳动的。

4. 保护设施和保健措施

女职工较多的单位，应当逐步建立卫生室、浴室、哺乳室等设施。女职工保健的内容应该包括月经期保健、婚前保健、孕前保健、孕期保健、产后保健、哺乳期保健、更年期保健等。女职工保健以预防为主，注意女性生理和职业特点，认真执行国家有关法规。

(三) 未成年工保护标准

未成年工，指年满16周岁未满18周岁的劳动者。对未成年工，国际劳工公约最早是从不同行业的就业年龄分别制定标准，涉及的公约有近20个。1984年，中国政府批准了国际劳工组织《确定准许使用儿童从事工业劳动的最低年龄公约》。我国劳动法律对未成年工的特殊保护做了专门规定，主要内容包括：

1. 最低就业年龄的规定

禁止用人单位招用未满16周岁的未成年人，文艺、体育部门需招收未满16周岁的未成年人的，必须严格依照法律规定办理。禁止任何单位使用童工或为未满16周岁的少年、儿童介绍职业。

2. 禁止未成年工从事有害健康的工作

不得安排未成年工从事矿山井下，有毒有害、国家规定的第四级体力劳动强度的劳动和其他禁忌从事的劳动。

3. 定期体检

用人单位应当对未成年工定期进行健康检查。

4. 实行登记制度

用人单位招收使用未成年工，除符合一般用工要求外，还须向所在地的县以上劳动行政部门办理登记。

《劳动保障监察条例》规定，用人单位安排未成年工从事矿山井下、有毒有害、国家规定的第四级体力劳动强度的劳动或者其他禁忌从事的劳动的，以及未对未成年工定期进行健康检查的，由劳动保障行政部门责令改正，按照受侵害的劳动者每人 1 000 元以上 5 000 元以下的标准计算，处以罚款。

(四) 劳动安全与卫生

针对劳动过程中的不安全和不卫生因素，劳动法规定了劳动者有获得劳动安全卫生保护的权利，以保障劳动者在劳动过程中的安全和健康。国际劳工公约和建议书中涉及劳动安全卫生内容的约占一半左右。我国《劳动法》对劳动安全卫生做了专章规定。此外，还有一系列与《劳动法》相配套的劳动安全卫生法规和安全卫生的国家标准，如国务院 1991 年发布的《企业职工伤亡事故报告和处理规定》，1992 年全国人大通过的《矿山安全法》，劳动部 1994 年颁布的《矿山安全监察员管理办法》等。其主要内容有：

1. 劳动安全卫生管理法规

为保障劳动者在劳动过程中的安全和健康，用人单位应根据国家有关规定，结合本单位实际制定有关劳动安全卫生管理的制度。《劳动法》第 52 条规定："用人单位必须建立、健全劳动安全卫生制度，严格执行国家劳动安全卫生规程和标准，对劳动者进行劳动安全卫生教育，防止劳动过程中的事故，减少职业危害。"内容包括：企业管理者、职能部门、技术人员和职工的安全生产责任制；安全技术措施计划制度；安全生产教育制度，用人单位必须对劳动者进行安全卫生教育，从事特种作业的劳动者必须经过专业培训并取得特种作业资格；安全生产检查制度；安全卫生监察制度；伤亡事故报告和处理制度。

2. 劳动安全技术规程

劳动安全技术规程，是防止和消除生产过程中的伤亡事故，保障劳动者生命安全和减轻繁重体力劳动强度，维护生产设备安全运行的法律规范。《劳动法》第53条规定："劳动安全卫生设施必须符合国家规定的标准。新建、改建、扩建工程的劳动安全卫生设施必须与主体工程同时设计、同时施工、同时投入生产和使用。"劳动安全技术规程的内容主要包括：（1）技术措施，如机器设备、电气设备、动力锅炉的装置，厂房、矿山和道路建筑的安全技术措施；（2）组织措施，即安全技术管理机构的设置、人员的配置和训练，以及工作计划和制度。

3. 劳动卫生规程

劳动卫生规程，是防止有毒有害物质的危害和防止职业病发生所采取的各种防护措施的规章制度。包括各种行业生产卫生、医疗预防、健康检查等技术和组织管理措施的规定。职业危害主要有：生产过程中的危害，如高温、噪音、粉尘、不正常的气压等；生产管理中的危害，如过长的工作时间和过强的体力劳动等；生产场所中的危害，如通风、取暖和照明等。

4. 伤亡事故报告和处理制度

伤亡事故报告和处理制度是对劳动者在劳动过程中发生的伤亡事故进行统计、报告、调查、分析和处理的制度。《劳动法》第57条规定："国家建立伤亡事故和职业病统计报告和处理制度。县级以上各级人民政府劳动行政部门和用人单位应当依法对劳动者在劳动的过程当中发生的伤亡事故和劳动者的职业病情况，进行统计、报告和处理。"1991年国务院重新颁布的《企业职工伤亡事故报告和处理规定》对此做了具体规定：

伤亡事故的种类。伤亡事故是指职工在劳动过程中发生的人身伤害和急性中毒事故。伤亡事故按伤害程度和伤亡人数的不同可分为轻伤、重伤、死亡事故、重大伤害事故和特大伤亡事故。

伤亡事故的报告和调查。伤亡事故发生以后，负伤者或事故现场有关人员应立即直接或逐级报告企业负责人；企业负责人接到重伤、死亡、重大死亡事故报告后，应当立即报告企业主管部门或当地劳动部门、公安部门、监察部门和工会；企业主管部门和劳动部门接到死亡、重大死亡事故报告后，应当立即按系统逐级上报，死亡事故报至省、自治区、直辖市企业主管部门和劳动部门，重大死亡事故报至国务院有关主管部门。伤亡事故发生后，必须进行调查，查明事故发生原因、过程、人员伤亡和经济损失情况；确定事故责任者；提出事故处理意见和防范措施的建议；写出调查报告。伤亡事故调查工作，依事故的伤害程度和人数采取不同的方式，由不同的人员进行。

伤亡事故的处理。伤亡事故由发生事故的企业及其主管部门负责处理。(1) 对于因忽视安全生产、违章指挥、玩忽职守或者发现事故隐患、危险情况而不采取有效措施，以致造成伤亡事故的，由企业主管部门或者企业按照国家有关规定，对企业负责人或者直接责任人给予行政处分；构成犯罪的，由司法机关依法追究刑事责任。(2) 在伤亡事故发生之后隐瞒不报、谎报、故意延迟不报、故意破坏事故现场，或者无正当理由拒绝接受调查或拒绝提供有关情况和资料的，由有关部门按照国家有关规定，对有关单位负责人和直接责任人给予行政处分；构成犯罪的由司法机关依法追究刑事责任。(3) 在调查、处理伤亡事故中玩忽职守、徇私舞弊或者打击报复的，由其所在单位按照国家有关规定给予行政处分；构成犯罪的，由司法机关追究刑事责任。伤亡事故处理工作应当在 90 天内结案，特殊情况不得超过 180 天。伤亡事故处理结案后，应当公开宣布处理结果。

5. 劳动者的权利和义务

劳动者在劳动过程中必须遵守安全操作规程。劳动者对用人单位管理人员违章指挥、强令冒险作业，有权拒绝执行；对危害生命安全和身体健康的行为，有权提出批评、检举和控告。用人单位必须为劳动者提供符合国家规定的劳动安全卫生条件和必要的劳动防护用品，对从事有职业危害作业的劳动者应当定期进行健康检查。

第4节　政府劳动关系实践

政府在劳动关系方面制定并实施的方针、政策和战略在很大程度上直接或间接地受经济因素影响。近年来，随着经济全球化程度日益加深，如何为经济结构调整创造有利的外部环境，提高本国的国际竞争力成为各国政府面临的新课题。另一方面，各国政府纷纷意识到政府解决失业、养老、教育与卫生服务等社会问题的成本太高，其中有些项目已经被证明是无效率的社会福利计划。在这种背景下，政府对劳动力市场方面的关注主要集中在就业水平、劳动关系性质与收入分配三个方面。但如果劳动关系模式不同，政府的行为方式也会存在很大差异，主要体现在以下五个方面：（1）政府责任的边界，以及政府应该如何采取行动既促进经济发展、创造就业机会，同时又能降低失业与经济变迁的成本；（2）如何保证劳动力在企业层面和国家层面的公平竞争；（3）雇员与工会可以采取哪些产业行动；（4）管理方的决策和行为应该在多大程度上获得雇员的认同，或者，雇员能够在多大程度上影响管理方的决策与行为；（5）政府是否应该通过最低工资立法等收入政策对工资进行管制。

以下，我们从劳动力市场政策、社会正义与产业冲突等三个方面来详细分析政府劳动关系实践。

一、劳动力市场政策

政府在劳动力市场方面主要关注两方面：一是价格机制，即工资水平与收入分配；二是就业水平与就业结构，即劳动力的供给与需求。近20年来，由于经济与产业结构的变迁、技术进步以及劳动力参与率的变化，导致工业化国家的就业结构与就业水平发生了重大变化。首先，妇女劳动力参与率的提高，使劳动供给大幅增加；其次，就业结构逐渐由制造业向服务业转型，由体力工作向脑力工作转型；再次，技术变革要求更多的熟练技术工人；最后，长期高失业率使就业关系呈现短暂性、临时性特点。①政府通过调整工资水平与就业水平来提高劳动生产率，降低单位劳动成本，从而增强本国的国际竞争力。同时，政府会尽量使经济变迁所带来的不良社会与政治后果降到最低程度。这里所说的不良社会与政治后果主要是指失业以及由失业引发的一系列社会问题。政府的政治理念决定了劳动力市场的管制方式以及劳动力市场政策的战略重点，即优先考虑工资分配还是就业问题。例如，德国、日本、瑞典、新加坡等国的政府主要采取直接干预劳动力市场的管制方式，而英国和美国政府则主张解除对劳动力市场的管制(deregulation)，由管理方自行决定劳动力市场的运行秩序。

（一）失业政策

政府的劳动力市场政策可以分为积极的劳动力市场政策与消极的劳动力市场政策。前者是指由国家提供资金为失业者提供培训或创造新的工作岗位，使失业者重新就业；后者是指国家为失业者提供失业津贴。具体实施劳动力市场政策时，政府必须考虑两个重要问题：（1）解决失业问题的资金直接还是间接地从社会获得，即由雇主和雇员交费还是由政府的一般税收支付；（2）积极的劳动力市场政策需要就业、教育与贸易机构共同配合实施，而消极的劳动力市场政策通常由社会福利机构负责，政府对这些机构应该实行分别管理还是统一管理。

进入 20 世纪 80 年代，各国的失业率普遍上升，政府的失业

① Palph Fevre：*The Sociology of Labor Markets*，pp. 2—9，New York：Harvester Wheatsheaf，1992

开支随之大幅上升。为了摆脱困境，政府可以从积极政策和消极政策两方面入手加以解决。从消极政策看，政府可以提高雇主、雇员的交费水平来增加收入，或对领取失业津贴者实施更加严格的审查来减少支出。但是，提高交费水平会增加劳动成本，降低企业竞争力，企业裁员，最终失业人数继续增加；严格审查领取失业津贴的资格虽然有助于减少资源消费，但会使领取失业津贴的等待期延长，从而降低福利计划的效率。从积极政策看，政府可以通过组织失业者进行培训来解决失业问题，这是一种根本性的处理方案。

政府的政治理念决定了它对失业政策的选取。英国和美国政府信奉自由放任主义理念，主张通过降低失业津贴水平，提高领取失业津贴的资格条件，促使失业者接受临时工作、兼职工作或其他低收入工作。而法国和德国政府信奉社团主义理念，它们主张实施积极的劳动力市场政策来处理失业问题。具体说，企业负责培训在职员工，使他们及时更新知识，掌握最新技术，以适应经济与技术变革；青年与失业者则由国家统一组织培训。

（二）收入政策

政府除了通过财政政策与货币政策对收入分配进行宏观调整，还可以直接管制集体谈判确定的工资水平，即所谓的收入政策。收入政策的作用有二：一是通过限制工资增长来控制劳动力成本进而控制物价水平，从而缓解经济繁荣时出现的高通货膨胀；二是收入政策具有收入再分配的功能。

工资水平通常是工会和管理方通过集体谈判确定的。政府的收入政策不仅限制管理方的雇用权力，而且削弱工会的集体谈判力量，因此管理方与工会一般不支持这项政策，政府只能以立法形式强制实施收入政策。

二、社会正义

政府是否颁布劳动保护立法以及该法律保护的程度直接反映了政府是否维持劳动力市场的社会正义。劳动保护立法的内容包括反对性别歧视与种族歧视、公平报酬、安全与卫生、冗员与解雇等许多方面。以下着重讨论最低工资立法与社会倾销问题。

(一) 最低工资立法

最低工资立法是劳动力市场中最能体现社会正义的政策。法律通过强制确定最低工资率和加班工资津贴、禁止使用童工等条款来保证每个雇员得到与其劳动相适应的报酬，保证雇员获得“维持生活工资”水平以上的工资，消除极端贫困。

(二) 社会倾销

社会倾销是指跨国公司利用各国劳动力市场的差别，将本国的就业机会转移到国外以获取更大的利润。随着贸易壁垒的减弱以及像欧盟、东南亚国家联盟、北美自由贸易协定等经济区的建立，社会倾销问题变得越来越突出。劳动力作为企业与国家竞争力的重要方面，体现在以下四个方面：

• 直接劳动成本：雇员工资；

• 间接劳动成本：工作时间、节假日、小额福利、安全卫生条款；

• 社会附加成本：社会保障交费、冗员与解雇成本；

• 雇用弱势群体：妇女、儿童、囚犯等。

政府在社会倾销方面需要面对三个问题：(1) 什么是劳动力市场公平竞争的基础？(2) 政府如何协调提供就业保护的社会正义目标和促进就业创造的经济目标？(3) 政府应该优先考虑国家利益还是国际合作？

随着全球化程度的加深，国际贸易规模日渐扩大，世界各国对于社会倾销初步达成共识。例如，欧盟、东盟以及世界贸易组织都要求会员国执行规定最低劳动标准的社会条款，通过国际合作共同管制劳动保护权利，协调社会附加成本，共同促进就业，从而有效地限制跨国公司的就业转移战略。

三、产业冲突

社会结构中难免存在各种冲突。统治者认为冲突对社会秩序构成威胁，应该控制甚至镇压冲突；改革者则认为冲突是建立新秩序的必要方式。多元主义者指出，冲突是不同利益集团表达利益的一种方式，是保护社会结构连续性和稳定性的必要组成部分。产业行动是雇员集体利益的反映，是雇员集体力量的体现，它使雇员在与雇主进行集体谈判时能够获得更有利的结果，抵制无法接受的管理方行为。[①] 而自由放任主义者则认为，产业行动会破坏自由市场的经济秩序，它以牺牲其他人利益为代价为少数人谋福利。[②]

（一）产业行动中的公共利益

法律作为一种社会控制机制，是政府维护公共利益的体现。多数国家的劳动法律都规定，工会享有罢工权利，而且如果工会采取合法的产业行动将免除法律诉讼。这里，政府的角色首先体现为确定合法产业行动的边界范围以及工会采取产业行动的程序性规定，同时，政府保护工会罢工权的重要体现是政府是否保护罢工雇员免遭解雇。

---

① Cyril Grunfeld：Modern Trade Union Law，p. 367，London：Sweet & Maxwell，1966

② William H. Hutt：The Strike－threat System：The Economic Consequences of Collective Bargaining，pp. 282－283，New Rochelle，NY：Arlington House，1973

政府特别关注天然气、电力、饮用水与污水处理、医疗机构、学校、交通等关系国计民生的特殊部门的工会罢工问题。如果这些部门的工会举行罢工，将对经济和社会生活的正常运转构成严重威胁，甚至导致社会瘫痪。因此政府一般限制这些工会的罢工权，通过仲裁方式解决产业冲突。例如，美国许多州都禁止公共部门工会举行罢工，而实行强制仲裁程序；加拿大与意大利政府虽然没有完全剥夺这些工会的罢工权，但要求这些工会在罢工期间保证提供最基本服务，以此来减轻罢工对经济和社会生活造成的破坏作用。

（二）政府在处理产业冲突中的角色

多数政府认为，由于产业行动总会对经济和社会生活产生或大或小的破坏作用，因此产业行动只能作为最后一招，在其他途径无法解决产业冲突时才被采用。为维持良好的劳动关系，政府通常作为中立的第三方提供调解和仲裁服务。管理方认为政府干预会影响企业的经营自主权，从而削弱企业竞争力；而工会则希望政府作为公平的第三方积极干预劳动关系。因此，如果管理方的力量占优势，则政府将以自愿原则提供调解和仲裁服务；相反，如果工会占优势，则政府将采取强制性调解和仲裁措施。

◆ 本章小结 ◆

本章通过对政府在劳动关系中作用的概括，阐述了政府在劳动关系实践中承担的五种角色。从理论上概述了不同劳动关系学派的政府理论，以及政府的劳动关系实践。分析了政府通过劳动立法调整和规范劳动关系的作用，阐述了我国劳动关系法律的主要内容。

◆ 关键词 ◆

5P 角色　最低工资　工资保障　工作时间　休息休假　标准

工作日　缩短工作日　不定时工作日　延长工作日　综合计算工作时间

◆ 复习思考题 ◆

1. 说明政府在劳动关系中的角色——5P角色。
2. 比较政府理论不同学派的主要观点。
3. 劳动法如何调整劳动关系?
4. 工资支付的原则是什么?
5. 试述工资保障制度的主要内容。
6. 试述最低工资立法的主要内容。
7. 工作时间的种类有哪些?
8. 我国《劳动法》对延长劳动时间有哪些主要规定?
9. 伤亡事故处理和报告制度有哪些内容?
10. 女职工劳动保护的主要内容有哪些?
11. 未成年工劳动保护的主要内容有哪些?

◆ 案例分析 ◆

某合资企业的招聘广告中这样写道:“本企业现招聘流水线工人100名,性别不限,有本市户口,身体健康,年龄在30岁以下,男性应聘者须具备高中以上学历,女性应具备大专以上学历……”小李高中毕业后,前去应聘。人事经理以她的学历不够大专,不符合录用条件为由,拒绝让她参加考试。经小李一再央求,经理答应她可以考试,是否录用视考试结果再定。考试结果小李名列第一,但仍因她是女性,没有大专毕业,而未被录取。小李认为企业在招聘中存在性别歧视。而企业则认为,招什么样的人,录用条件怎么定,是企业的用人自主权,不存在男女不平等问题。

问题　企业的做法和解释对吗?为什么?

第7章

劳动合同管理

◆ 学习目标 ◆

本章学习的重点是劳动合同的订立、变更、解除、终止和续订，无效劳动合同的确认以及违反劳动合同的法律责任。目的是通过本章的学习，了解劳动合同的概念、种类和特征，掌握劳动合同的订立和内容、无效劳动合同的确认、劳动合同的变更和解除、劳动合同的终止和续订以及违反劳动合同的法律责任。

引导案例

刘工与某机电公司签订的劳动合同中规定：任何一方均不得擅自解除劳动合同，否则，须向对方支付6万元违约金。刘工入厂后不久，就成了该公司的顶梁柱，技术上非常出色。

当初签订劳动合同时，刘工为了保障工作稳定，与公司签订了为期10年的劳动合同。刘工表现很出色，但公司却从没有给他涨工资，刘工为此十分恼火。这时，一家跟机电公司有业务往来的公司的老总非常赏识刘工，许诺他年薪10万，外加住房1

套，刘工甚为动心！

但刘工考虑到，若自己提前解除劳动合同，就要交6万元违约金，于是他没有向公司提出辞呈，而是偷偷地到赏识他的老总的公司工作，并与之签订了劳动合同。机电公司曾多次派人到刘工家中劝其回原单位上班，继续履行双方签订的劳动合同，可刘工一直躲着，铁了心不回机电公司。

刘工的这种行为，最终给机电公司造成了20万元的直接经济损失。机电公司诉至劳动争议仲裁委员会，要求刘工赔偿20万元经济损失，同时还要求那家跟他签约的公司承担连带赔偿责任。

此案例中，刘工与机电公司签订的劳动合同是合法有效的，在履行合同期间，他擅离职守，为另一家公司工作，并致使机电公司遭受重大经济损失，根据《劳动法》的规定：用人单位招用尚未解除劳动合同的劳动者，对原用人单位造成经济损失的，该单位应当依法承担连带赔偿责任。刘工应依法承担赔偿责任，而那家招用他的公司，也应该承担连带赔偿责任。

第1节　劳动合同概述

一、劳动合同的概念

劳动合同是劳动者和用人单位之间确立、变更和终止劳动权利和义务的协议，是用人单位招用劳动者为本单位成员，劳动者在用人单位管理、指挥、监督下提供有偿劳动的协议。我国《劳动法》第16条规定，“建立劳动关系应当订立劳动合同”。《北京市劳动合同规定》进一步明确，用人单位自用工之日起即与劳动者建立劳动关系，建立劳动关系应当订立劳动合同。劳动合同是确立劳动关系的凭证，是建立劳动关系的法律形式，是维护双方合法权益的法律保障。根据劳动合同，劳动者加入到企业、事业、机关、团体等用人组织内，担任一定职务或从事某种工作，并遵守所在单位的内部劳动规则和制度；用人方按照劳动的数量和质量支付劳动报酬，依法提供劳动条件，保障劳动者依法享有劳动保护、社会保险等合法权利。

劳动合同制度是市场经济条件下确认和形成劳动关系的基本制度。在市场经济条件下，劳动关系是通过双向选择加以确定和形成的。改革前，中国实行的是计划经济管理体制下的固定工制度，职工是“国家职工”，在企业中能进不能出、能上不能下。实行市场经济，要求建立劳动者能进能出、自主择业，企业择优用人的新机制。劳动合同制度从法律上根本改变了计划用工制度，变“国家职工”为“企业职工”，实现了从“身份”到“契约”的变革，使用人单位和劳动者真正成为劳动关系的主体。

劳动合同制度是企业人力资源管理的重要手段和工具，凝聚着企业发展目标和发展战略。现代企业人力资源管理要实现人与岗位的匹配，最大限度地发挥人的潜力，而劳动合同正是规定劳动者工作内容、岗位、职责、工资福利待遇的最好的法律形式。企业通过劳动合同，能够实现“想留的人能留得住，想走的人能走得了”，为实现企业的发展目标服务。

劳动合同是处理劳动争议的法律依据，是维护双方合法权益的基本手段。劳动法律、法规只能对劳动关系双方的权利义务做出原则性、纲领性的规范，不可能对每个具体合同条款都做出详细规定，劳动合同作为双方“合意”的法律，可以对法律未尽的事宜做出详细、具体的约定，明确彼此的权利和义务，促进双方全面履行合同。在发生劳动争议时，劳动合同也是解决纠纷的重要依据和证据，为解决纠纷提供了便利，降低了争议解决的成本。因而劳动合同是劳动者实现劳动权的重要法律形式，也是维护劳动者和用人方合法权益的法律保障。

劳动合同制度是建立和维护劳动关系协调机制的一项基础性法规。国家对劳动关系的调整和规范是通过多种制度和手段实现的，比如劳动标准的立法、集体协商谈判、集体协议制度、员工参与管理制度等，其中劳动合同作为现代劳动法律制度的基石，是建立和维护劳动关系协调机制的一项基础性法规。

二、劳动合同的特征

劳动合同具有如下法律特征：

（一）主体的特定性

劳动合同主体一方为雇员（劳动者），另一方为雇主（用人单位），具体范围由国家法律确定。根据我国法律、法规规定，各类企业、个体经济组织、民办非企业单位（民办学校、医院、科研院所）等用人单位与劳动者建立劳动关系，应当订立劳动合同。国家机关、事业组织、社会团体和与之形成劳动合同关系的劳动者，也是签订劳动合同的主体。

（二）主体意志的限制性

劳动合同尽管由双方当事人协商一致，体现了双方的“合意”，但合同的条款已经相当多地受到国家法律和集体协议的约束。劳动合同主体双方的自由协商，要在国家法律规定的范围之内。从性质上看，劳动合同具有相当的社会品格，体现了一种社会利益。实践中有的劳动合同约定劳动者在合同期内不得结婚，或规定合同期内不得参加非本单位组织的培训等条款，虽然有双方的签字，是双方的“合意”，但这些条款因为严重侵犯了劳动者的婚姻自由权、受教育权和培训权而不具有法律效力。

（三）合同履行中的隶属性

劳动合同具有身份性质，劳动合同在履行中，劳动者要参加到用人方的劳动组织中去，担任一定的工作，服从用人方的领导和指挥，遵守劳动纪律和内部劳动规则，双方存在着管理上的依从、隶属关系。这意味着一般而言，劳动者不允许有第二职业，即劳动者在同一时期，只能与一个用人单位签订劳动合同，若要“跳槽”，需与原单位先解除劳动关系，但非全日制劳动者的劳动关系除外。

（四）劳动合同的目的在于劳动过程的完成，而不是劳动成果的实现

建立劳动合同，是为了确立劳动关系，实现一定的劳动过程，劳动过程相当复杂，并不是所有的劳动都能直接创造出劳动成果。劳动合同作为确立劳动关系的凭证，它只要求劳动过程的实现，只要求劳动者按照用人单位的要求从事了劳动，即有权享有相应的权利。

（五）劳动合同是通过双方选择确定的

订立劳动合同要遵循平等自愿、协商一致的原则，劳动者自由择业，用人单位择优录用。

（六）劳动合同是有偿的合同

劳动合同是以劳动换取报酬的协议，当事人一方享有利益，须向对方当事人支付相应代价，有偿性是劳动合同的本质特征。

（七）劳动合同一般有试用期限的规定

我国法律规定，劳动合同可以约定试用期，试用期最长不得超过 6 个月。北京、上海等地方性法规、规章中进一步规定了不

同期限的合同，试用期不同。

（八）劳动合同往往涉及第三人的物质利益

由于劳动力本身的再生产，劳动合同条款往往会涉及劳动者供养的亲属的入学、入托、统筹、疾病保险等问题。

三、劳动合同的种类

《劳动法》第 20 条规定：“劳动合同的期限分为有固定期限、无固定期限和以完成一定的工作为期限。”劳动合同的期限是企业根据生产、工作特点和需要，合理配置人力资源的手段，也是劳动者进行职业生涯设计，分期实现就业权的方式。

（一）有固定期限劳动合同

有固定期限的劳动合同，是指明确约定合同终止时间的合同。合同期限届满，双方的劳动关系即行终止。如果双方协商同意，还可以续订期限。这类劳动合同适用范围广，应变能力强，可以根据生产需要和工作岗位的不同要求来确定合同期限，有利于合理使用人才，也有利于促进职工合理流动。目前，我国劳动法律对有固定期限的劳动合同没有具体时间限制，用人单位和劳动者可以协商一致选择不同期限的劳动合同。

（二）无固定期限劳动合同

无固定期限的劳动合同，是指双方当事人没有明确约定合同终止日期的劳动合同。无固定期限的劳动合同可以约定合同终止条件，但不得将法定解除条件约定为终止条件。无固定期限的劳动合同，只要不出现约定的终止条件或法律法规规定的其他情形，一般不能终止。但无固定期限的劳动合同不等于一成不变，只要符合法律、法规或者双方约定的条件，任何一方均可提出解除或终止劳动合同。

《劳动法》第 20 条第 2 款规定："劳动者在同一用人单位连续工作满 10 年以上，当事人双方同意续延劳动合同的，如果劳动者提出订立无固定期限的劳动合同，应当订立无固定期限的劳动合同"。无固定期限劳动合同，是为了保护劳动者职业的稳定和安全，防止企业只在劳动者"黄金年龄"阶段进行雇佣。《北京市劳动合同规定》具体规定有下列情形之一，劳动者要求订立无固定期限劳动合同的，用人单位应当订立无固定期限劳动合同：

• 全国劳动模范、先进工作者或者"五一劳动奖章"获得者；

• 复员、转业退伍军人初次分配工作的；

• 建设征地农转工人员初次分配工作的；

• 尚未实行劳动合同制度的用人单位初次实行劳动合同制度时，劳动者连续工龄满 10 年，且距法定退休年龄 10 年以内的；

• 国家和本市规定的其他情形。

2001 年 4 月《最高人民法院关于审理劳动争议案件适用法律若干问题的解释》规定，根据《劳动法》第 20 条之规定，用人单位应当与劳动者签订无固定期限劳动合同而未签订的，人民法院可以视为双方之间存在无固定期限劳动合同关系，并以原劳动合同确定双方的权利义务关系。

(三) 以完成一定工作为期限的劳动合同

以完成一定工作为期限的劳动合同，指以完成某项工作或某项工程的日期作为合同终止日期的劳动合同。该项工作或工程开始的时间，就是劳动合同履行的起始时间；该项工作或工程一旦完成，劳动合同随即终止，适用于建筑业、铁路交通和水利工程等。此类劳动合同，实际也是一种定期的劳动合同，只是与有固定期限劳动合同在表现形式上有所不同。

此外，按照用工形式，劳动合同可分为：全日制劳动合同和非全日制劳动合同。全日制劳动合同是指以日计酬、在同一用人单位每日工作时间在 5 小时以上，8 小时以下，每周工作时间不超过 40 小时的劳动者与用人单位签订的书面劳动合同。非全日制劳动合同是指以小时计酬、在同一用人单位平均每日工作时间不超过 5 小时，累计每周工作时间不超过 30 小时的劳动者与用人单位以口头或书面签订的劳动合同。

四、非全日制用工劳动合同

近年来，以小时工为主要形式的非全日制用工发展较快，非全日制就业呈现迅速发展趋势，特别是在餐饮、超市、社区服务等领域，用人单位使用的小时工越来越多。这一用工形式突破了传统的全日制用工模式，适应了用人单位灵活用工和劳动者自主择业的需要，成为促进就业的重要途径。

从国际上看，非全日制就业已成为各国推广灵活就业的一种重要形式。国际劳工组织认为，非全日制就业是指正常工作时间少于可比性全日制正常工作时数的就业。欧盟将非全日制就业定义为少于法定的、集体合同规定的或惯例的工作时间的就业。欧盟为缓解各成员国失业率较高的压力，颁布了《非全日制工作法令》，要求雇主为全体雇员提供弹性就业机会。非全日制就业是欧盟各国实施弹性就业发展战略中最普遍推行的做法。在非全日制就业人员中，既有非正式员工，也有正式员工。国外经验表明，推行非全日制就业不仅使广大劳动者能够分享就业机会，减少失业，而且有利于企业降低人工成本，适应灵活用工需求，提高市场竞争力。

在我国，非全日制用工是指以小时计酬、劳动者在同一用人单位平均每日工作时间不超过 5 小时，累计每周工作时间不超过 30 小时的用工形式。

2003 年劳动和社会保障部下发了《关于非全日制用工若干问

题的意见》，对非全日制用工的劳动关系进行了规范。从事非全日制工作的劳动者，可以与一个或一个以上用人单位建立劳动关系。用人单位招用符合建立劳动关系条件的非全日制员工，也应当与其订立劳动合同。订立劳动合同是确定双方劳动关系的必要形式。如果劳动者是通过依法成立的劳务派遣组织为其他单位、家庭或个人提供非全日制劳动的，由劳务派遣组织与非全日制劳动者签订劳动合同。

非全日制劳动合同的内容和形式可以比全日制劳动合同简化和灵活。非全日制劳动合同的内容由双方协商确定，应当包括工作期限、工作内容、劳动报酬、劳动保护和劳动条件五项必备条款，但不得约定试用期。

非全日制劳动合同的解除或终止条件以及手续，也比全日制劳动合同更加简便。非全日制劳动合同的终止条件，按照双方的约定办理。如果非全日制劳动合同当事人未约定终止劳动合同提前通知期的，任何一方均可以随时通知对方终止劳动合同。双方约定了违约责任的，按照约定承担赔偿责任。

五、劳动合同制度的历史发展

（一）劳动合同立法实践

劳动合同立法源于民法的契约自由原则，产生于 19 世纪末 20 世纪初。1896 年德国在制定民法典时已注意到劳动力的交换关系不同于一般的民事权利关系，它是一种经济强者与弱者之间的合同，当事人在事实上处于不平等的地位。劳动合同的履行要依赖于劳动力本身的劳动，而劳动力的交换又不同于其他商品的交换。随着劳动者在人身和财产上独立人格的确立，以及对劳动力作为特殊商品属性的认识，劳动合同单独立法具备了社会条件。1900 年比利时首先制定了独立的《劳动合同法》，意大利于

1902 年、德国于 1907 年、法国于 1910 年分别制定了《劳动合同法》，标志着劳动合同立法从民事合同中独立出来。20 世纪 40 年代逐步兴起的集体谈判和集体协议制度，解决了个别劳动合同情形下，劳动者实际难以与雇主抗衡的问题。到 20 世纪 80 年代，随着知识员工就业形式的多样化、弹性化、个性化的特点，使劳动合同制度重现其光辉。

在我国，随着市场经济体制和现代企业制度的建立，已逐步实行了劳动合同制度。我国《劳动法》规定，用人单位与劳动者建立劳动关系，应当签订劳动合同。通过签订劳动合同确立劳动关系，从法律上打破了原来计划经济条件下劳动者的身份界限，有利于劳动力的合理流动和劳动力资源的合理配置，充分保障劳动者和用人单位的合法权益，也是促进劳动关系良好运行以及预防、妥善处理劳动争议的必要条件。

在我国，劳动合同制度的发展大致经历了三个阶段：

1. 建国初至 20 世纪 80 年代初：探索和反复阶段

建国以来我国最早有关劳动合同的规定，是 1951 年初劳动部发布的《关于各地招聘职工的暂行规定》，具体规定："招聘职工时雇佣与被雇佣者双方应直接订立劳动契约，须将工资、待遇、工时、试用期以及招住远地者来往路费、安家费等加以规定，并向当地劳动行政机关备案。"这一规定主要限于非国营企业。随着对工商业社会主义改造的完成，我国在用工制度上，逐步形成了固定工制度，劳动力就业由国家包安置，统一分配到用人单位。企业在国家下达的劳动计划内用工，分配到企业的职工一般不流动。这种用工制度，在建国初期对稳定就业发挥了积极作用。但统得过死、不能适应生产需要的弊端很快暴露出来。20 世纪 50 年代末和 60 年代初，政府对用工制度改革进行了探索，对使用合同工的方式进行了尝试，规定部分私营企业和建筑、矿山、交通、铁路等用人单位及其招用的临时工、季节工和轮换工，应当订立劳动合同。1957 年中央提出了"合同工制度"，允许企业在一定条件下辞退职工，职工也可以自由选择职业。1958年推行了新的劳动制度，除了对临时性、季节性生产工作招用职工由用人单位与劳动者本人订立劳动合同外，新招收的学徒工也由用人单位与学徒工签订劳动合同。“文革”中，一大批临时工、合同工转变为固定工，更强化了固定工制度。

2. 20世纪80年代初至1995年：试点和实践阶段

20世纪80年代，随着经济体制改革的深入，劳动用人制度改革日益成为一种迫切需求。1983年原劳动人事部发布《关于积极试行劳动合同制度的通知》，提出今后无论全民所有制单位还是区、县以上集体所有制单位，在招收普通工种或技术工种的工人时，都必须与被招用人员签订劳动合同。这一年，全国29个省、自治区、直辖市均开始试行劳动合同制度，到年底，签订劳动合同的企业职工达到332万人。1986年7月国务院发布了《国营企业实行劳动合同制度暂行规定》，规定企业在国家劳动工资计划指标内招用常年性工作岗位上的工人，除国家另有规定外，统一实行劳动合同制度；国家机关、事业单位和社会团体在常年性岗位上招用的工人，应当比照该规定执行。并且，对劳动合同制度的基本原则，合同制工人的招收录用，在职、待业、退休期间的待遇以及劳动合同的订立、变更、解除和终止等内容作出了较为系统的规定，成为我国第一部较为系统地规定劳动合同法律制度的劳动行政法规。通过对新招工人实行劳动合同制度，开始建立了我国养老失业保险制度。

3. 1995年至目前：全面实施阶段

1994年7月5日，第八届全国人民代表大会常务委员会第八次会议审议通过了《中华人民共和国劳动法》，并决定自1995年1月1日起实施。它通过基本法律的形式从根本上改变了劳动用工依靠行政分配的计划管理体制，全面实行劳动合同制度。《劳动法》明确规定，建立劳动关系应当订立劳动合同，将劳动合同上升为法律规范，标志着我国劳动用人制度从此走向了法制化、规范化的轨道。《劳动法》对劳动合同的订立原则、订立形式，劳动合同的内容，劳动合同的期限，劳动合同的终止、变更和解除，经济补偿金，无效劳动合同等作出了详尽的规定。为配合《劳动法》的贯彻实施，原劳动部相继发布了一系列配套规章和政策，主要有《违反和解除劳动合同的经济补偿办法》《违反〈劳动法〉有关劳动合同规定的赔偿办法》《关于贯彻执行〈中华人民共和国劳动法〉若干问题的意见》《关于实行劳动合同制度若干问题的通知》《关于企业职工流动若干问题的通知》等。

（二）劳动合同制度面临的挑战

劳动合同制度的理论和实践面临着一系列的挑战：

1. 传统劳动合同理论中，“雇员依附于雇主”的理念，随着知识型员工独立性的增强而正在逐步弱化。

2. 劳动合同的主体身份发生变化，越来越多的雇员既是企业的劳动者，又是企业的股份持有者，传统的、泾渭分明的“劳资”界限正在淡化。

3. 在传统的保护劳动者权益的理念中引入了效率原则，劳动合同作为现代企业人力资源管理的有效工具，在坚持保护弱者、公平合理的基础上，必须将效率原则引入用工期限、岗位配置、工资福利待遇和晋升等条款，以调节变动活跃、具有创造力和竞争力的企业劳动关系。

4. 在劳动合同中将更多地引入国际因素，随着劳动力在国际市场的流动，需要各国在劳动合同立法方面予以合作与协调，国际劳工标准、惯例以及国内劳动标准可能同时出现在同一个劳动合同之中，同时还可能出现不同地区之间的劳动力倾销与反倾销问题。

5. 劳动合同的功能从单纯维系就业关系，保护劳动权，向适应劳动力市场变化、促进和增加就业的方向发展，合同的种类增多，条款更加有弹性。

第 2 节　劳动合同的订立和履行

劳动合同的订立，是指劳动者与用人单位之间为建立劳动关系，依法就双方的权利义务协商一致，设立劳动合同关系的法律行为。

一、劳动合同订立的原则

《劳动法》第 17 条规定："订立和变更劳动合同，应当遵循平等自愿，协商一致的原则，不得违反法律、行政法规的规定。"订立劳动合同必须遵循的原则有：

（一）平等自愿，协商一致

平等，是指订立劳动合同的双方当事人具有相同的法律地位。在订立劳动合同时，双方当事人是以劳动关系平等主体资格出现的，不存在命令与服从的关系，任何一方不得歧视、欺压对方，任何以强迫、胁迫、欺骗等非法手段订立的劳动合同，均属无效。只有在法律地位平等的基础上订立、变更劳动合同条款，才具有协商的前提条件。这一原则赋予了双方当事人公平地表达各自意愿的机会，有利于维护双方的合法权益。

自愿，是指订立劳动合同必须出自双方当事人自己的真实意愿，是在充分表达各自意见的基础上，经过平等协商而达成的协议。凡是采取强迫、欺诈、威胁或乘人之危等手段，把自己的意志强加于对方，或者所订条款与双方当事人的真实意愿不一致，都不符合自愿原则。这一原则保证了劳动合同是双方当事人根据自己的意愿独立自主决定的，当事人一方不得强制或者欺骗对方，也不能采取其他诱导方式使对方违背自己的真实意思而签订合同。劳动合同的期限、内容的确定，必须完全与双方当事人的真实意思相符合。

协商一致，指当事人双方依法就劳动合同订立的有关事项，采用协商的办法达成一致协议。强调当事人对签订合同过程中发生的一切分歧，要充分协商，只有通过协商达到统一，才能真正体现平等自愿的原则，劳动合同也才能成立。这一原则表明，劳动合同的全部内容都必须符合当事人的意愿，能为双方当事人所接受。协商一致的原则是维护劳动关系当事人合法权益的基础。

平等自愿、协商一致是相互联系的，平等是自愿的前提、基础，自愿是平等的体现，协商一致则是平等自愿唯一最好的体现形式。

（二）依法订立

依法订立，指订立劳动合同不得违反法律、法规的规定。劳动合同的订立不得与法律、法规相抵触，是劳动合同有效并受国家法律保护的前提条件，也是把劳动关系纳入法制轨道的根本途径。依法订立具体包括：

1. 主体合法

所谓主体合法，是指双方当事人必须具备订立劳动合同的主体资格。对于用人单位而言，主体资格是指必须具备法人资格，必须有被批准的经营范围和履行能力以及承担经济责任的能力，个体工商户必须具备民事主体的权利能力和行为能力。招用劳动者的用人单位应当依法成立，并具有履行劳动合同义务的能力。对于劳动者而言，则必须达到法定就业年龄，并具有履行劳动合同义务的能力。在我国，劳动者一方必须是有劳动能力、年满16周岁的劳动者，从事繁重体力劳动的，还必须是年满18周岁的劳动者。文艺、体育和特种工艺单位招用未满16周岁的未成年人，应当依照国家有关规定，履行审批手续。任何一方如果不具备订立劳动合同的主体资格，所订立的劳动合同就属于违法合同。如北京市具体规定：用人单位应当依法成立，能够依法支付工资、缴纳社会保险费、提供劳动保护条件，并能够承担相应的民事责任。劳动者应当达到法定就业年龄，具有与履行劳动合同义务相适应的能力。用人单位招用未成年人或者外地来京务工人员，应当符合国家和本市有关规定。

2. 目的和内容合法

所谓目的合法，是指当事人双方订立劳动合同的宗旨和实现法律后果的意图不得违反法律、法规的规定。对于劳动者而言，是为了实现劳动就业，获得劳动报酬，以维持生活和生存。对于用人单位而言，是为了使用劳动力来组织社会生产劳动，发展经济。当事人不得以合法形式掩盖其不法意图和违法行为。目的合法往往是双方当事人内心的行为动机，一般不易从外表上体现出来，这就要求当事人必须自觉遵守订立劳动合同的法律规定，不得违反法律、法规规定。

所谓内容合法，是指双方当事人在劳动合同中订立的具体劳动权利和义务条款必须符合法律、法规和政策的规定。劳动合同的内容涉及国家的用工、工资分配、社会保险、职业培训、工作时间和休息休假以及劳动安全卫生等多方面的内容，劳动合同在约定这些内容时，必须在法律、行政法规的范围内确定，不能违背法律、行政法规和政策的规定。

订立劳动合同，用人单位不得要求劳动者提供担保，不得以担保为名向劳动者收取抵押金、抵押物、保证金、定金及其他费用，也不得扣押劳动者的身份证及其他证件。

3. 程序合法

程序合法，是指劳动合同的订立，必须要遵循法定的步骤和方式，一般要经过要约和承诺两个步骤，具体方式是先起草劳动合同书草案，然后由双方当事人平等协商，协商一致后签约。在订立劳动合同前，用人单位应当向劳动者如实告知用人要求、工作岗位和内容、劳动报酬、劳动条件、规章制度等与订立和履行劳动合同有直接关系的事实情况，但用人单位的商业秘密除外。同时，用人单位有权了解劳动者的居民身份、知识技能、工作经历等与订立和履行劳动合同有直接关系的事实情况，劳动者应当如实告知，但劳动者的个人隐私除外。劳动合同的文本可以由用人单位提供，也可以由用人单位与劳动者共同拟订。由用人单位一方提供的合同文本，不得损害劳动者的合法权益。

4. 形式合法

劳动合同有书面形式和口头形式，我国《劳动法》第 19 条规定："劳动合同应当以书面形式订立。"这表明，在我国，劳动合同的法定形式是书面形式，以口头方式订立的劳动合同，一般属于不合法的劳动合同，也无法得到法律的保护，但非全日制劳动者与用人单位之间的劳动合同可以口头方式约定。书面劳动合同一式两份，双方当事人各执一份。劳动合同的形式是建立劳动关系的表现形式，形式合法是劳动合同主体资格和内容合法的保证。如果劳动合同订立的形式不合法，就难以保证劳动合同的内容合法。如以口头方式订立的劳动合同，由于没有文字记载，就无法鉴别其内容是否符合法律、法规的规定，因而无法确认和保证劳动合同的合法性。

二、订立劳动合同的程序

劳动者和用人方在签订劳动合同时，应遵循一定的手续和步骤。根据《劳动法》的有关规定以及订立劳动合同的实践，签订劳动合同的程序一般为：

（一）提议

在签订劳动合同前，劳动者或用人方提出签订劳动合同的建议，称为要约，如用人方通过招工简章、广告、电台等渠道提出招聘的要求，另一方接受建议并表示完全同意，称为承诺。一般由用人方提出和起草劳动合同草案，提供协商的文本。

（二）协商

双方对签订劳动合同的内容进行认真磋商，包括工作任务、劳动报酬、劳动条件、内部规章、合同期限、保险福利待遇等。协商的内容必须做到明示、清楚、具体、可行，充分表达双方的意愿和要求，经过讨论、研究，相互让步，最后达成一致意见。要约方的要约经过双方反复提出不同意见，最后在新要约的基础上表示新的承诺。在双方协商一致后，协商即告结束。

（三）签约

在认真审阅合同文书，确认没有分歧后，用人单位的法定代表人或者其书面委托的代理人代表用人方与劳动者签订劳动合同。劳动合同由双方分别签字或者盖章，并加盖用人单位印章。订立劳动合同可以约定生效时间。没有约定的，以当事人签字或者盖章的时间为生效时间。当事人签字或者盖章时间不一致的，以最后一方签字或者盖章的时间为准。

三、劳动合同的形式

劳动合同的形式，一般有书面和口头两种方式。采取何种方式，应以法律规定为准，我国除 1 个月以内的非全日制劳动合同可以采用口头形式之外，原则上劳动合同应采用书面形式。《劳动法》第 19 条规定："劳动合同应当以书面形式订立"。书面形式是签订劳动合同的法定形式，双方当事人应严格遵守。北京市具体规定：用人单位与劳动者存在劳动关系未订立劳动合同，劳动者要求签订劳动合同的，用人单位不得解除劳动关系，并应当与劳动者签订劳动合同。双方当事人就劳动合同期限协商不一致的，劳动合同期限从签字之日起不得少于1年。书面劳动合同是用文字形式将双方当事人达成的协议记载下来，作为劳动法律关系存在的凭证，它有利于在劳动争议处理过程中举证责任的承担，有利于维护双方的合法权益。

书面劳动合同的成立。劳动合同内容经当事人双方协商一致，自用人单位法定代表人（主要负责人）或其人事部门或者其书面委托授权的其他代理人与劳动者分别签字或盖章时，劳动合同成立。存在事实劳动关系，即劳动者实际接受用人单位的管理、指挥、监督，劳动者提供的有偿劳动是用人单位业务的组成部分，用人单位向劳动者提供基本的劳动条件，但双方没有订立书面劳动合同的，自劳动者为用人单位提供劳动时，劳动合同关系成立。依法成立的劳动合同，自成立时生效。当事人双方对劳动合同的生效期限或者条件有约定的，从其约定。

书面劳动合同应当用中文书写，双方当事人另有约定的，从其约定。书面劳动合同分别用两种以上的文字书写，内容不一致时，按照有利于劳动者的规定执行。

四、劳动合同的履行

劳动合同的履行，是指当事人按照生效后的劳动合同规定，实现各自权利和义务的活动。劳动合同的履行过程，也就是双方当事人享受权利、承担义务的过程。劳动合同依法订立之后，双方当事人要遵守和执行劳动合同规定的各项条款，完成劳动合同规定的任务，实现劳动合同规定的权利。从另一角度讲，劳动合同的履行又是和劳动过程的进行相一致的，是劳动力与生产资料结合实现劳动过程的法律体现方式。所以，劳动合同能否履行，履行得好坏，直接关系到劳动过程的结果及劳动过程中生产要素配置效率。

（一）劳动合同履行的条件

劳动合同是特定对象之间的合同，其履行也必须在特定对象之间进行，即要在劳动合同双方当事人之间履行，而不允许任何第三者代为履行。履行劳动合同应当具备以下条件：

1. 履行主体明确

劳动合同履行的主体是指劳动合同双方当事人的相互履行，不允许由第三人代替一方当事人履行，也不能由一方当事人向第三人履行。

2. 履行标的明确

劳动合同的具体内容，必须有明确的标的，如劳动者在一定时期内的生产数量、质量以及该生产数量、质量完成后用人单位提供的具体报酬等。劳动合同只有具备明确的内容标的，才能为实际履行提供准确的物质衡量，以体现履行的实现。

3. 履行期限明确

劳动合同履行期限是双方当事人相互接受履行的时间。劳动合同履行期限明确后，当事人一般不得迟延履行，如遇特殊情况，一方当事人须征得另一方当事人的意见，协商一致另行确定履行期限。

4. 履行地点明确

劳动合同履行的地点，通常也是劳动者最关心的问题之一。履行地点关系到劳动合同内容履行的实现，因此，双方当事人在劳动合同中必须明确劳动合同履行的地点，如果在履行过程中变更劳动地点，应当按照变更劳动合同的有关规定处理。

（二）劳动合同履行的原则

1. 全面履行原则

劳动合同中订立的各项条款都必须得到认真履行，因为劳动合同是一个整体，合同中订立的条款相互之间有内在的联系，不能任意割裂。只有当事人双方认真地全面履行了劳动合同所规定的全部义务，当事人双方的权利才能充分实现。要克服那种对有利于自身的条款就积极履行，有利于对方的条款则消极对待的现象。通过全面履行，使双方当事人的合法权益得以全面实现。

2. 实际履行原则

劳动合同的履行必须由当事人亲自履行，双方均不得由他人顶替，其权利必须亲自享受不得转让，义务必须亲自履行不得代行或转移。为了防止那种宁肯支付违约金或者赔偿经济损失而不履行劳动合同的行为，《劳动法》第 17 条规定："当事人必须履行劳动合同规定的义务"，以强制性规范形式明确了劳动合同实际履行的原则。只有在法律规定或客观上不需要或不可能时，才能允许用支付违约金和赔偿经济损失的办法，代替当事人的亲自履行。如因市场变化，企业转产或倒闭，已无法实际履行劳动合同时，企业应以经济赔偿或补偿代替履行劳动合同。

（三）劳动合同履行的法律保障

劳动合同是以法律法规为依据而订立的，其履行也必须得到法律的保障。在劳动合同履行过程中，任何一方不履行或不完全履行劳动合同的约定而给对方造成损失的，都要被依法追究违约责任，这是保护当事人双方的合法权益，维护和谐稳定劳动关系的重要手段。劳动合同的履行依程度不同，可以分为完全履行、不完全履行或完全不履行三种情形，它们又导致不同的法律后果。双方完全履行劳动合同的，劳动权利义务得以完全实现；劳动合同的不完全履行、完全不履行都属于违反劳动合同的行为，应根据情节轻重和造成的危害后果，依据《劳动法》追究违约责任。

五、无效劳动合同的确认及处理

（一）确认

无效劳动合同，是指劳动者与用人单位订立的违反劳动法律、法规，不具有法律效力的劳动合同。无效劳动合同从订立时起就不具有法律效力，不受法律保护。劳动合同符合法律法规的要求，是合同受法律保护的前提。《劳动法》对确认无效劳动合同的条件、无效劳动合同的处理及确认权归属作出了具体规定。无效劳动合同主要有：

1. 一方或双方当事人主体不合格

（1）无劳动能力或无民事行为能力的人与用人单位订立的劳动合同；

（2）用人单位与不满 16 周岁的未成年人订立的劳动合同；

（3）不具备法人资格的单位与劳动者订立的劳动合同；

（4）未经核准登记领取营业执照的个体工商户与劳动者订立的劳动合同；

（5）未取得就业许可的外国人与中国企业订立的在国内履行的劳动合同。

2. 内容不合法

（1）违反劳动法律、法规和集体合同的强制性规定，如劳动条件不符合国家规定，劳动报酬低于国家和当地规定的最低工资标准，劳动合同中的劳动报酬和劳动条件等标准低于集体协议的标准。集体协议的法律效力高于个别劳动合同，劳动合同约定的劳动条件和劳动标准不得低于本企业集体协议规定的条件和标准。

（2）当事人规避法律订立的劳动合同。

3. 严重违反一方当事人真实意思的合同

（1）采取欺诈手段订立的劳动合同。所谓欺诈，指一方当事人故意捏造虚假情况，或歪曲、掩盖事实真相，致使另一方陷于错误而签订的合同，如劳动者故意隐瞒其真实健康状况、技术水平；企业已经被撤销，但仍通过广告招工，隐瞒真实情况与劳动者订立劳动合同。

（2）采取威胁的手段订立的劳动合同。所谓威胁，指一方以给对方当事人及其亲友的生命健康、荣誉、名誉、财产等造成损害为要挟，迫使对方违背其真实意志而签订的合同，如用人方胁迫劳动者从事劳动条件很差的工作。

（3）重大误解签订的劳动合同。签订劳动合同，意思表示必须真实，必须表达各自的真实意图和意愿。“重大误解”实际是一种虚假的意思表示。

（4）内容显失公平。权利义务不对等，显失公平，严重损害一方当事人利益的劳动合同。

（5）乘人之危签订的劳动合同。利用一方当事人处于危难之时签订的违反其真实意志的合同。

根据《劳动法》第 18 条的规定，无效劳动合同由劳动争议仲裁委员会或者人民法院确认，其他任何组织都无权确认。法律之所以规定无效劳动合同的确认权归属上述两个专门机构，是因为它们是法律规定的处理劳动争议的机构，其决定具有法律效力。

（二）处理

无效的劳动合同，从订立的时候起，就没有法律约束力，当事人双方都可以不必履行。确认劳动合同部分无效的，如果不影响其余部分的效力，其余部分仍然有效，但对无效部分必须加以修改。劳动合同双方当事人，对劳动合同法律效力发生争议时，应向劳动争议仲裁委员会申请仲裁或向人民法院起诉确认。劳动合同被法定专门机构确认无效后，当事人双方已确立的劳动权利义务关系随之无效。劳动合同尚未履行的，不得继续履行，正在履行的，应当立即终止履行。

劳动合同被确认无效后，应及时处理。

1. 确认劳动合同是全部无效，还是部分无效。对全部无效的劳动合同，制作无效劳动合同确认书，终止仲裁审理程序；对部分无效的劳动合同，以裁定方式终止仲裁程序，有效部分按仲裁程序审理。

2. 分清造成无效劳动合同的责任。对无效劳动合同造成的损失，应分清责任轻重，分别采取返还财产、赔偿损失的责任方式处理。双方都有过错的，各自承担相应的责任。对双方恶意串通订立的无效劳动合同，损害他人和公共利益的，要追缴责任人已经取得的利益，返还第三人和国家。劳动合同被确认为无效后，劳动者已履行劳动合同的，用人单位应当支付相应的劳动报酬，一般可参照本单位同期、同工种、同岗位的工资标准支付劳动报酬。根据劳动法有关规定，由于用人单位的原因订立的无效合同，给劳动者造成损害的，应当比照违反和解除劳动合同经济补偿金的支付标准，赔偿劳动者因合同无效所造成的经济损失。

第3节　劳动合同的内容

一、劳动合同的内容

劳动合同的内容是指劳动关系双方的权利和义务，由于权利义务是相互对应的，一方的权利即为对方的义务，因此劳动合同往往从义务方面表述双方的权利义务关系。

1. 劳动者的主要义务

（1）劳动给付的义务。包括劳动给付的范围、时间和地点。劳动者必须按照合同约定的时间、地点亲自提供劳动，有权拒绝做约定范围以外的工作。

（2）忠诚的义务。包括保守用人单位在技术、经营、管理、工艺等方面的秘密；在合同规定的时间和地点，服从用人单位及代理人的指挥和安排；爱护所使用的原材料和机器设备。

（3）附随的义务。由于劳动者怠工或个人责任，使劳动合同义务不能履行或不能完全履行时，应负赔偿责任。

2. 用人单位的主要义务

（1）劳动报酬给付的义务。即按照劳动合同约定的支付标准、支付时间和支付方式按时足额支付劳动者工资，不得违背国家有关最低工资的法律规定及集体协议规定的最低标准。

（2）照料的义务。用人单位应为劳动者提供保险福利待遇，提供休息、休假等，保障劳动者享有职业培训权、民主管理权、结社权等，并为行使这些权利提供时间和物质条件保证。

（3）提供劳动条件的义务。用人单位有义务提供符合法律规定的生产、工作条件和保护措施，如工作场所、生产设备等其他便利条件，提供劳动保护设备等。

给付劳动和支付劳动报酬是劳动合同的主要义务，忠诚义务和照料义务则是次要义务。用人方通过增强劳动者的责任感促使其长期、准时、出色地履行劳动义务，并根据劳动法的补充规定奖优罚劣。劳动者经过警告，工作成绩依然很差的，可能被解雇；对自己因工作中的过错而给雇主造成损失的，可能要承担赔偿义务。一般认为劳动者在从事有危险倾向工作时，只对重大疏忽负责，对轻微疏忽和中等疏忽，负有部分损害赔偿的义务。现代西方国家劳动法具有一种强调雇主利益的倾向，而在过去一直把维护雇员利益放在首位。

除劳动义务外，劳动者还负有忠诚义务。除本职工作外，在可期望的范围内，劳动者还必须照顾和维护雇主利益，负有不得扰乱企业安宁和严守企业秘密等义务，甚至主张雇员对雇主的违法行为也要保持沉默，即把雇主的违法行为作为企业的秘密对待，不过在环境保护方面，现在普遍已制定了不同于上述观点的法规。雇员的忠诚义务与雇主的照料义务一样，清楚地表明了劳动关系并不局限于以劳动换取报酬，而是一个广泛包括了诸多权利和义务于一体的法律关系，因这种法律关系，双方当事人都负有尽可能维护另一方利益的义务。雇主不仅负有支付劳动报酬的义务，而且还必须照料雇员以及与劳动关系有关的人员、所有权和财产。劳动者在生病期间，有权要求用人方继续支付一定的报酬，有权享有法定休假等。

二、劳动合同的条款

劳动合同的内容是通过具体条款体现的。合同的条款，分为法定条款和约定条款，约定条款只要不违反法律和行政法规，具有与法定条款同样的约束力。

（一）法定条款

法定条款是指劳动法律、法规规定的，双方当事人签订劳动合同必须具备的条款，主要有：

1. 劳动合同期限

根据法律、法规的规定，以及用人方和劳动者的实际情况，协商约定合同的期限。合同期限可以分为有固定期限、无固定期限和以完成一定工作为期限三种情况。合同期限是双方当事人所订立的劳动合同起始和终止的时间，也是劳动关系具有法律效力的时间。劳动合同期限是劳动合同成立的必备条款，是判定劳动合同是否有效、何时有效的依据。

2. 工作内容

这是对劳动者设定的义务条款，根据劳动者的技能和企业的需要，可以规定劳动者从事某一项或者几项具体工作，也可以是某一类或者几类工作，明确在生产或工作岗位上应当达到的数量、质量或应当完成的任务。工作内容是用人方对劳动者劳动的具体要求，也是劳动者获得劳动报酬的依据。

3. 劳动保护和劳动条件

这是对用人单位设定的义务条款，用人单位要按照国家安全卫生法规的标准，建立劳动保护设施及相关劳动保护制度，为劳动者提供必要的劳动条件，保证劳动者在生产过程中的安全和健康。

4. 劳动报酬

协商约定劳动者的工资额（含试用期工资）、工资调整的权限、发放时间、报酬的构成和变更，对生产型企业还可以有最低工资条款。劳动关系双方在约定劳动报酬时，不得违反国家法律、法规的规定，如工资不得低于当地政府规定的最低工资标准，工资支付形式和期限也不得违反有关的法律、法规和政策。

5. 劳动纪律

劳动纪律也可称为厂规厂纪，是用人单位制定的劳动者在生产过程中必须遵守的劳动规则和各项规章制度，包括上下班纪律、工作时间纪律、生产安全、考核考勤、奖惩、保密纪律等。劳动纪律是用人单位组织生产经营活动、完成工作任务的保证条件，是规范劳动行为的一项重要内容，也是劳动者必须履行的义务。最高人民法院《关于审理劳动争议案件适用法律若干问题的解释》指出，用人单位通过民主程序制定的规章制度，不违反国家法律、行政法规及相关政策规定，并已向劳动者公示的，可以作为人民法院审理劳动争议的依据。用人单位的劳动纪律要注意内容合法、经过民主程序，并向劳动者公示。

6. 社会保险

基本养老保险、基本医疗保险、失业保险、工伤保险、生育保险等项社会保险制度，属国家强制性规范，凡是法律法规规定范围内的劳动者和用人单位都应当依法参加，并办理社会保险登记，履行缴纳社会保险费的义务，享有相应的权利。为突出、强调社会保险的强制性，《北京市劳动合同规定》把社会保险内容作为劳动合同的必备条款。

7. 劳动合同终止的条件

劳动合同终止的条件，是指通过一定法律事实（包括行为和事件）解除现存劳动关系的条件。对于无固定期限的劳动合同，双方可以约定合同终止的条件，但不得将法定解除合同的条件作为约定解除合同的条件，借以逃避用人单位在解除劳动合同时应当承担的经济补偿义务。

8. 违反劳动合同的责任

双方可以协商约定违约责任的认定、赔偿范围、计算方法和承担方式，计算违约金和经济补偿金应将津贴计算在内。违约金的约定要公平合理，合乎实际。在劳动合同中规定这一内容是为了促使当事人双方切实履行劳动合同所规定的各项条款，维护当事人的合法权益。

（二）约定条款

双方当事人在必备条款之外，根据具体情况，经协商可以约定的条款主要有：

1. 试用期

试用期是劳动合同当事人在合同中约定的互相考察、相互熟悉的期间。《劳动法》第 21 条规定：“劳动合同可以约定试用期。试用期最长不得超过 6 个月。”试用期包括在合同期限中。在试用期内，劳动者享有合同期内法律赋予劳动者的一切权利，包括享有社会保险权利和住房公积金权利。用人单位可以以不符合录用条件为由解除劳动合同，劳动者也可以随时解除劳动合同。一些地方根据《劳动法》制定了地方性的法规或规章，如北京市具体规定，劳动合同期限在 6 个月以内的，试用期不得超过 15 日；劳动合同期限在 6 个月以上 1 年以内的，试用期不得超过 30 日；劳动合同期限在 1 年以上 2 年以内的，试用期不得超过 60 日；劳动合同期限在 2 年以上的，试用期不得超过 6 个月。劳动合同的试用期超过规定期限的，劳动者可以要求变更相应的劳动合同期限，或者要求用人单位对超过的期限，按照非试用期工资标准支付工资。用人单位应当及时变更劳动合同期限，或者按照非试用期的工资标准支付工资。劳动合同只约定试用期，未约定劳动合同期限，劳动者要求约定期限的，用人单位应当与劳动者协商确定劳动合同期限，协商不一致的，按《北京市劳动合同规定》确定劳动合同期限。

2. 培训

针对实践中劳动者在用人单位出资培训后违约现象比较突出，用人单位可以在劳动合同中约定培训条款或签订培训协议，就用人单位为劳动者支付的培训费用、培训后的服务期以及劳动者违约解除劳动合同时赔偿培训费的计算方法等事项进行约定。

3. 保守商业秘密

《劳动法》第 22 条规定："劳动合同当事人可以在劳动合同中约定保守用人单位商业秘密的有关事项。"商业秘密是指不为公众所知悉、能给用人单位带来经济利益、被用人单位采取保密措施的技术、经济和管理信息。商业秘密具有秘密性、经济性和保密性特点，秘密性是指不为公众所知悉；经济性是指能带来经济利益，有实用价值；保密性则是指采取了保密措施进行保护。商业秘密可大致划分为技术信息和经营信息，技术信息如技术方案、工程设计、制造方法、配方、技术指标、设计软件、实验结果、操作手册、图纸等；经营信息如客户名单、营销计划、定价政策、招投标中的标底或标书、不公开的财务资料、法务资料等。在劳动关系存续期间，企业与劳动者双方均可在劳动合同中订立保密条款，或单独订立保密协议，就企业的技术信息和经营信息等保密问题达成协议。无论劳动者是否在职，均有义务保守企业商业秘密的义务。为了更好地保护商业秘密，用人单位还可以在劳动合同中约定"脱密期条款"，即劳动者解除合同的提前通知期。北京市具体规定，用人单位在与按照岗位要求需要保守用人单位商业秘密的劳动者订立劳动合同时，可以协商约定解除劳动合同的提前通知期。提前通知期最长不得超过 6 个月，在此期间，用人单位可以采取相应的脱密措施。

4. 竞业限制条款

竞业限制条款，是用人单位与知悉本单位商业秘密或者其他对本单位经营有重大影响的劳动者，可以在劳动合同中约定竞业限制条款或者单独订立竞业限制协议，约定劳动合同终止或解除后的一定期限内，劳动者不得到生产同类产品或经营同类业务且有竞争关系的其他用人单位任职，也不得自己生产与原单位有竞争关系的同类产品或经营同类业务，但用人单位应当同时支付劳动者一定的经济补偿。竞业限制协议的内容一般包括：确定竞业限制的形式和范围；竞业限制的期限和企业的补偿义务，包括约定按时足额支付经济补偿金，具体支付数额、前提、方式、时间等；违反竞业限制的法律责任，约定劳动者违约应承担的违约金和造成经济损失的赔偿金，明确劳动者违约金的支付不免除竞业限制义务等。

通常，需要签订竞业限制条款的岗位和类型主要包括高级管理人员、核心技术人员、核心营销人员、法务、财务、人事等管理人员，及其他接触公司商业秘密的岗位和人员。竞业限制范围的确定，应从保护原企业商业秘密出发来划定劳动者不得从事的职业范围。竞业限制的地域范围，应当以能够与原用人单位形成实际竞争关系的地域为限，是从地域角度对劳动者择业进行的限制。竞业限制的期限一般最长不超过 3 年，发展较快的高新技术产业，一般以 1 年为宜。竞业限制协议中的补偿条款，是竞业限制协议最重要的内容之一。竞业限制条款的实质是对劳动者将来的就业范围进行一定限制，以更好地保护企业商业秘密，但同时，用人单位应对负有竞业限制义务的劳动者以一定的经济补偿，否则竞业限制义务将自动终止。经济补偿的标准应根据保护商业秘密给企业带来的效益，竞业限制的区域、时间等因素，由双方进行约定，根据有关的立法，法律应当规定的最低补偿标准，比如说劳动者在用人单位最后12个月总收入的1/2，以此来保障劳动者得到最基本的补偿。

5. 补充保险和福利待遇

用人单位和劳动者除应当依法参加社会保险外，可以协商约定补充医疗、补充养老和人生意外伤害等条款，明确有关福利，如给劳动者提供的住房、通勤班车、带薪年休假、托儿所、幼儿园、子女入学等条件。

6. 其他事项

双方认为需要约定的其他内容，如对第二职业的限制、对归还物品的约定等。

第4节　劳动合同的变更和解除

一、劳动合同变更

（一）合同变更的含义

劳动合同的变更，指劳动合同在履行过程中，经双方协商一致，对合同条款进行的修改、补充或废止，具体包括工作内容、工作地点、工资福利的变更等。劳动合同的变更，其实质是双方的权利义务发生改变。合同变更的前提是双方原已存在着合法的合同关系，变更的原因主要是客观情况发生变化，变更目的是为了继续履行合同，它是原来已经存在的劳动权利义务关系的发展。当客观情况发生变化，原劳动合同的部分条款难以继续履行时，劳动法律、法规允许双方当事人在合同有效期限内，对原劳动合同的相关内容进行调整。劳动合同的部分内容经过双方当事人协商一致得以依法变更以后，劳动合同仍然有效。

劳动合同一经依法订立，即具有法律效力，对合同当事人具有法律约束力。当事人应当按照约定履行自己的义务，不得擅自变更合同。但这并不意味着当事人就没有在合同生效后，变更相应权利义务的途径。恰恰相反，当事人既可以经自由协商变更合同，也可以在约定或法定的条件满足时，行使合同的变更权。劳动合同的变更，要遵循平等自愿、协商一致的原则，任何一方不得将自己的意志强加给对方。

（二）合同变更的条件

劳动合同的变更，必须符合法定的条件，并经双方协商一致。否则，所变更的内容无效，得不到法律的保护，并视为违反劳动合同的行为而承担相应的责任。根据现行规定，变更劳动合同一般须具备以下条件：

1．须有正当理由

所谓正当理由，主要是指由于工作或生产需要而出现某种情况的变化，或者劳动法规明确规定、劳动合同约定变更的情况已经发生。通常在下列情形下，当事人可以提出变更合同的相关条款：

订立劳动合同时所依据的法律、法规、规章发生变化的，应当依法变更劳动合同的相关内容。

企业经上级主管部门批准或根据市场变化决定转产或调整生产任务。企业转产或调整生产任务，必须在产品、产量、质量要求、技术规范，以及经营管理、组织形式等方面引起变化，原订劳动合同的相应内容就要进行修改或补充。

劳动合同履行过程中，当事人一方或双方的情况发生重大变化，致使劳动合同无法履行，当事人一方要求变更其相关内容的。比如企业随着技术水平、生产设备的更新和生产效率的提高，原来的技术规范、工时定额已不适应新的需要，必须对原劳动合同中的产量、质量指标、工资、奖金等条款作相应的修改、补充或废止。劳动者一方情况发生变化，如部分丧失劳动能力或身体健康状况发生变化，要求企业另行安排工作，就必须对原劳动合同中的工作岗位、劳动报酬等条款作相应的修改。

用人单位发生合并或者分立等情况，原劳动合同继续有效，劳动合同由继承权利义务的用人单位继续履行。用人单位变更名称的，应当变更劳动合同的用人单位名称。

2. 须双方协商一致

变更劳动合同是双方当事人的法律行为，必须经双方当事人平等自愿、协商一致，依法对劳动合同的部分内容作某些修改而达成新的协议，任何一方不得单独变更劳动合同。

（三）合同变更的程序

劳动合同当事人一方要求变更合同相关内容的，应当将变更要求以书面形式送交另一方，另一方应当在 15 日内答复，逾期不答复的，视为不同意变更劳动合同。具体做法：（1）提出要求。书面向对方提出变更合同的要求和理由。（2）做出答复。在规定的期限内给予答复，同意、不同意或提议再协商。（3）签订协议。在变更协议上签字盖章即生效。

二、劳动合同解除

劳动合同解除，是指劳动合同在期限届满之前，双方或单方提前终止劳动合同效力，解除双方劳动权利义务关系的法律行为。它既可以是一方当事人单方面的合法行为，也可以是双方当事人的合法行为。由当事人一方的行为导致劳动合同解除的，必须符合法律、法规规定的条件和程序。劳动合同解除分为法定解除和协商解除。法定解除是指法律、法规或劳动合同规定可以提前终止劳动合同的情况。协商解除指双方经协商一致而提前终止劳动合同的法律效力。

（一）双方协商解除合同

《劳动法》第 24 条规定："经劳动合同当事人协商一致，劳动合同可以解除。"劳动合同被称为合意上的法律，它既可以通过合意来订立、变更，也可以通过合意而提前终止。一些地方性规章进一步规定：用人单位经与劳动者协商一致，可以解除劳动关系，并向劳动者支付经济补偿金；劳动者要求解除劳动关系的，劳动关系即行解除，用人单位可以不支付经济补偿金。

（二）用人单位单方解除合同

1. 过失性解除

《劳动法》第 25 条规定，劳动者有下列情形之一的，用人单位可以解除劳动合同：

（1）在试用期间被证明不符合录用条件的；

（2）严重违反劳动纪律或者用人单位规章制度的；

（3）严重失职，营私舞弊，对用人单位利益造成重大损害的；

（4）被依法追究刑事责任的。

这四种情况主要是由于劳动者本身的原因造成的，劳动者主观上有严重过失，因而用人单位有权随时解除合同。过失性解除，不受提前通知期的限制，不受用人单位不得解除劳动合同的法律限制，且不给予经济补偿。

2. 非过失性解除

根据《劳动法》第 26 条规定，劳动者有下列情形之一的，用人单位可以解除劳动合同，但是应当提前 30 日以书面形式通知劳动者本人：

（1）劳动者患病或者非因工负伤，医疗期满后不能从事原工作，也不能从事由用人单位另行安排的工作；

（2）劳动者不能胜任工作，经过培训或者调整工作岗位，仍不能胜任工作的；

（3）劳动合同订立时所依据的客观情况发生重大变化，致使原劳动合同无法履行，经当事人协商不能就变更劳动合同达成协议的。

上述三种情况，劳动者主观上并无重大过错，主要是客观情况发生重大变化、劳动者身体不好或能力较差，致使劳动合同无法履行。在上述情况下，用人单位可以解除劳动合同，但要提前30日以书面形式通知劳动者本人，并受用人单位不得解除劳动合同的限制，且要依法给予劳动者经济补偿。

3. 经济性裁员

根据《劳动法》第27条的规定："用人单位濒临破产进行法定整顿期间或者生产经营状况发生严重困难，确需裁减人员的，应当提前30日向工会或者全体职工说明情况，听取工会或者职工的意见，经向劳动和社会保障行政部门报告后，可以裁减人员"，"用人单位依据本条规定裁减人员，在6个月内录用人员的，应当优先录用被裁减的人员"。所谓"法定整顿期间"，是指依据《破产法》和《民事诉讼法》的破产程序进入清理整顿的期间；而"生产经营状况发生严重困难"则可以依据地方政府规定的困难企业标准来界定。

经济性裁员，要提前书面通知，且受用人单位不得解除合同的限制，并向劳动者支付经济补偿。

4. 用人单位不得解除合同

为了保护劳动者合法权益，防止不公正解雇，《劳动法》除规定用人单位可以解除劳动合同的情形外，还规定了用人单位不得解除劳动合同的情形。根据《劳动法》第29条和《工会法》的规定，劳动者有下列情形之一的，用人单位不得进行无过失解除合同和经济性裁员：

（1）劳动者患职业病或者因工负伤并被确认丧失或者部分丧

失劳动能力的；

（2）劳动者患病或者负伤，在规定的医疗期内的。医疗期是企业职工因患病或非因工负伤停止工作治病休息不得解除劳动合同的时限；

（3）女职工在孕期、产期、哺乳期内的；

（4）担任集体协商代表的职工在履行代表职责期间的；

（5）职工应征入伍或者预备役服役期间以及履行其他法定义务期间的；

（6）法律、行政法规规定的其他情形。

（三）劳动者单方解除合同

为了保障劳动者择业自主权，促进人才合理流动，《劳动法》第 31 条、32 条明确规定了劳动者提前解除劳动合同的情况：

1. 提前通知解除

《劳动法》第 31 条规定："劳动者解除劳动合同，应当提前 30 日以书面形式通知用人单位。"这一规定赋予劳动者以辞职权，符合社会发展需要和国际惯例，其宗旨在于维护劳动者的择业自主权，有利于劳动者根据自己的能力、特长、志趣和爱好，选择适合的职业。"提前通知"既是劳动者单方解除劳动合同的条件，也是解除合同的程序。同时，为防止劳动者任意解除合同可能损害用人单位利益，《劳动法》规定，劳动者违反规定的条件解除劳动合同，对用人单位造成损失的，应当依法承担赔偿责任。北京市具体规定，劳动者给用人单位造成经济损失尚未处理完毕或者未按照劳动合同约定承担违约责任的，不得依据这一规定解除劳动合同。

由劳动者本人提出解除劳动合同要求的，用人单位可以不支付经济补偿金。

2. 随时解除

我国劳动法律法规规定，有下列情形之一的，劳动者可以随时通知用人单位解除劳动合同，用人单位应当支付劳动者相应的劳动报酬并依法缴纳社会保险费：

（1）在试用期内的；

（2）用人单位以暴力、威胁或者非法限制人身自由的手段强迫劳动的；

（3）用人单位未按照劳动合同约定支付劳动报酬或者提供劳动条件的；

（4）用人单位未依法为劳动者缴纳社会保险费的；

（5）法律、法规规定的其他情形。

上述情况，劳动者或是在试用期内，或是其合法权益受到了侵害，因而法律规定可以随时解除劳动合同，而没有时间上的限制。

（四）解除合同的程序

劳动合同解除程序，指双方当事人在解除劳动合同时，应当依法办理的手续或者遵循的步骤。当事人依据法律法规规定解除劳动合同的，用人单位应当向劳动者出具解除劳动合同的书面证明，并办理有关手续。解除合同的程序主要有：

1. 提前书面通知

规定解除合同的预告期，是各国劳动立法的惯例。除了“过失性解除合同”和“随时解除合同”之外，我国劳动法律、法规一般要求用人单位和劳动者解除劳动合同要提前 30 日以书面形式通知对方，北京市具体规定，劳动者违反提前 30 日或者约定的提前通知期要求与用人单位解除劳动合同的，用人单位可以不予办理解除劳动合同手续。

2. 征求工会意见

我国《劳动法》规定，用人单位进行经济性裁员时，要听取工会或者职工的意见。用人单位解除劳动合同，工会认为不适当的，有权提出意见。如果用人单位违反法律、法规或者劳动合同，工会有权要求重新处理；劳动者申请仲裁或者提起诉讼的，工会应当依法给予支持和帮助。

3. 经济补偿

经济补偿是用人单位提前解除劳动合同而给予劳动者的一次性经济补偿金。我国现行解除劳动合同的经济补偿金标准主要取决于劳动者在本单位的工作年限和劳动者解除劳动合同前 12 个月的平均工资水平。根据解除合同对劳动者的影响程度，以及解除合同的具体原因，确定了两个补偿标准，设置了 12 个月平均工资的补偿上限和不设上限的补偿标准。具体是：

经双方协商一致、由用人单位解除劳动合同的；或者劳动者不能胜任工作，经过培训或调整工作岗位仍不能胜任工作而被用人单位解除劳动合同的，用人单位应按劳动者在本单位工作年限，每满 1 年发给相当于 1 个月工资的经济补偿金，但最多不超过 12 个月。

劳动者患病或者非因工负伤，经劳动鉴定委员会确认不能从事原工作、也不能从事用人单位另行安排的工作而解除劳动合同的，用人单位应按其在本单位的工作年限，每满 1 年发给相当于 1 个月工资的经济补偿金，同时加发不低于 6 个月的医疗补助费，患重病和绝症的还应增加医疗补助费，患重病的增加部分不低于医疗补助费的 50%，患绝症的增加部分不低于医疗补助费的 100%。

对经济性裁员，即用人单位濒临破产进行法定整顿期间或生产经营状况发生严重困难，必须裁减人员的，或者因客观情况发生重大变化，双方不能就变更合同达成协议而由用人单位解除合同的，用人单位按劳动者在本单位的工作年限，每满 1 年发给相当于 1 个月工资的经济补偿金，不设上限。

对用人单位强迫劳动，劳动者解除劳动合同的，用人单位应当按照劳动者在本单位连续工作年限，每满 1 年发给劳动者 1 个月工资的经济补偿金，工作年限不满 1 年的按照 1 年计算，经济补偿金按照本地区上一年企业平均工资计算。

4. 提供书面证明

解除和终止劳动合同时，用人单位应当向劳动者出具书面证明，并依照国家有关规定转移劳动者的档案。

第5节 劳动合同的终止和续订

一、劳动合同的终止

（一）合同终止的条件

劳动合同的终止，是指劳动合同期限届满或双方当事人约定的终止条件出现，以及劳动合同一方当事人消失时，合同规定的权利义务即行消灭的制度。劳动合同终止，并非双方的积极行为所致，一般是由于合同本身的因素或法律规定、或不可抗力所致。劳动合同签订后，双方当事人不得随意终止合同。符合下列条件之一的，劳动合同即行终止：

1. 劳动合同期限届满或者当事人约定的劳动合同终止条件出现。《劳动法》第23条规定："劳动合同期满或者当事人约定的劳动合同终止条件出现，劳动合同即行终止。"如果劳动合同以完成某种任务为期限，那么该项任务完成时，劳动合同即行终止。

2. 劳动合同主体一方消失或者劳动者丧失劳动能力，无法继续履行劳动合同。如用人单位依法破产或劳动者死亡或被人民法院宣告失踪、死亡的；劳动者达到法定退休条件的；劳动者因病、伤残完全丧失劳动能力的，劳动合同即行终止。

（二）合同终止的程序

1. 是否需要提前通知

《劳动法》没有规定终止合同是否需要提前通知，但一般而言，终止合同应在合同期满日提出，而不是期满后一段时间才提出。一些地方根据实际情况，进一步规定终止劳动合同时，用人单位应提前 30 日通知劳动者，如北京市规定：劳动合同期限届满前，用人单位应当提前 30 日将终止或者续订劳动合同意向以书面形式通知劳动者，经协商办理终止或者续订劳动合同手续。用人单位终止劳动合同未提前 30 日通知劳动者的，以劳动者上月日平均工资为标准，每延迟 1 天支付劳动者一日工资的赔偿金。用人单位终止劳动合同的，应当向劳动者出具终止劳动合同的书面证明，并办理有关手续。

2. 逾期终止的法律后果

最高人民法院《关于审理劳动争议案件适用法律若干问题的解释》规定：劳动合同期满后，劳动者仍在原用人单位工作，原用人单位未表示异议的，视为双方同意以原条件继续履行劳动合同。一方提出终止劳动合同关系的，人民法院应当予以支持。根据《劳动法》第 20 条之规定，用人单位应当与劳动者签订无固定期限劳动合同而未签订的，人民法院可以视为双方之间存在无固定期限劳动合同关系，并以原劳动合同确定双方的权利义务关系。北京市规定：劳动合同期限届满，因用人单位的原因未办理终止劳动合同手续，劳动者与用人单位仍存在劳动关系的，视为续延劳动合同，用人单位应当与劳动者续订劳动合同。当事人就劳动合同期限协商不一致的，其续订的劳动合同期限从签字之日起不得少于 1 年；劳动者在用人单位连续工作满 10 年以上，劳动者要求续订无固定期限劳动合同的，用人单位应当与其续订无固定期限劳动合同。

3. 终止合同是否应支付经济补偿

对于终止劳动合同，用人单位是否应给予一定经济补偿金，《劳动法》没有明确规定。劳动和社会保障部的解释是，用人单位可以不支付劳动者经济补偿金，但国家另有规定的除外。实践中，一些地方性法规规章规定终止劳动合同，用人单位应支付经济补偿金。根据劳动法保护劳动者的原则和精神，如果地方性法规规定应支付经济补偿金的，应适用地方性法规。

4. 办理相关手续

劳动关系结束后，企业应当在劳动关系解除或终止后 7 日内为劳动者办理离职手续。实践中，一些劳动者要求企业办理离职手续，而企业则以不为劳动者办理离职手续为手段或谈判的砝码，要求劳动者支付违约金或退还培训费等，由于企业不办理离职手续造成劳动者无法再就业的，劳动者有权要求企业赔偿工资损失。我国法律规定，企业应当在劳动关系解除或终止后 7 日内为劳动者办理离职手续，因为不及时办理离职手续造成劳动者损失的，企业应当赔偿，企业为劳动者办理离职手续是法律规定的义务。

为了保护劳动合同双方当事人的合法权益，终止劳动合同必须依法进行。对患病或者非因工负伤在规定的医疗期内的，即使劳动合同期满，用人单位也不能终止劳动合同，必须延续到医疗期或孕期、产期、哺乳期满。

二、劳动合同的续订

劳动合同的续订，是指劳动合同期满终止后，经劳动关系双方当事人协商一致，继续签订劳动合同的法律行为。我国《劳动法》对续订劳动合同没有作出具体规定，但在实际操作中，劳动合同续订的条件及程序与前述的劳动合同订立的有关规定一致。原劳动部在有关文件中对劳动合同续订作出了特别的规定：用人单位对工作岗位没有发生变化的同一劳动者在续订劳动合同时，不得约定试用期；针对终止时间相同的劳动合同数量较多的情况，为防止由于大量终止劳动合同而带来不利影响，要求地方劳动保障部门引导、鼓励企业在生产经营、组织结构等没有发生重大变化的情况下与劳动者续签劳动合同。

劳动合同续订的情形具体包括：

1. 双方协商续订劳动合同。

2. 劳动者在同一用人单位连续工作满 10 年以上，当事人双方同意续延劳动合同的，如果劳动者提出订立无固定期限劳动合同，用人单位应当与劳动者订立无固定期限劳动合同。

3. 劳动者患职业病或者因工负伤并被确认达到伤残 5～6 级的，劳动者要求续订劳动合同的，用人单位应当续订劳动合同。

4. 劳动者在规定的医疗期内或者女职工在孕期、产期、哺乳期内，劳动合同期限届满时，用人单位应当将劳动合同的期限顺延至医疗期、孕期、产期、哺乳期期满为止。

第 6 节　法律责任

劳动合同一方当事人不履行或者不完全履行劳动合同，以及违反《劳动法》规定的条件解除劳动合同，应当承担相应的法律责任。

一、劳动合同的法律约束力

劳动合同一经依法订立即具有法律约束力，当事人必须履行劳动合同所规定的义务。劳动合同所具有的法律约束力主要表现在以下几方面：

1. 劳动合同一经依法订立，用人单位与劳动者之间的劳动关系得以确立，即当事人之间产生了法律意义上的劳动权利义务关系。当事人必须按照亲自履行和全面履行的要求完成各自的全部义务，以实现劳动合同的目的。如果当事人没有按照合同规定履行所承担的义务，即构成违约，要承担相应的法律责任。

2. 当事人必须严格履行劳动合同中所规定的义务，一方当事人也有权要求对方当事人全面履行劳动合同所确定的义务。一方违反合同不履行义务，对方有权要求赔偿由此造成的经济损失；必要时，可以要求调解、仲裁或诉诸人民法院保护自己的合法权益。

3. 未经协商，当事人不得任意变更、增减合同内容或终止合同，否则视为违反劳动合同而承担责任。

4. 用人单位法人代表的更换，不影响劳动合同的法律约束力。法人代表所签订的劳动合同，并不是以个人名义签订的，劳动合同所确定的权利义务，应由法人直接承担。因此，不能因法人代表的更换而影响劳动合同的法律效力，后任法人代表必须履行原订劳动合同所确定的义务。

5. 任何单位和个人不得非法干预当事人履行劳动合同所确定的义务。由于第三人的非法干预造成一方违约而使另一方遭受经济损失的，应由违约一方先承担赔偿责任，然后由违约方向第三人追偿。

6. 双方当事人因劳动合同的订立、履行、变更、解除和终止发生争议，经协商不能解决的，均可向当地劳动争议仲裁机构申请仲裁，对仲裁裁决不服的，可以在规定的期限内向人民法院提起诉讼。

二、用人单位的法律责任

《劳动法》和原劳动部《违反和解除劳动合同的经济补偿办法》，规定了用人单位违反劳动合同的法律责任。用人单位违反劳动合同，应承担如下经济赔偿责任：

1. 违反劳动法律、法规规定或不按劳动合同的约定支付劳动报酬，如克扣或者无故拖欠劳动者工资、拒不支付劳动者延长工作时间工资报酬、低于当地最低工资标准支付工资，造成劳动者工资收入损失的，除按劳动者本人应得工资收入支付给劳动者外，还应加付劳动者应得工资收入25%的赔偿费用。

2. 解除劳动合同后，未依法支付劳动者经济补偿金的，劳动保障行政部门可以责令支付劳动者赔偿金。

3. 违反劳动法律、法规，对女职工或未成年工造成损害的，应当承担赔偿责任。

4. 由于用人单位的原因签订、执行了无效劳动合同，对劳动者造成损害的，应承担赔偿责任。

5. 违反劳动法律、法规规定的条件解除劳动合同或者故意拖延不订立劳动合同，对劳动者造成损害的，应承担赔偿责任。

6. 招用尚未解除劳动合同的劳动者，给原用人单位造成经济损失的，该用人单位应承担连带赔偿责任，其连带赔偿的份额应不低于对原用人单位造成经济损失总额的70%。向原用人单位赔偿的损失包括：对生产、经营和工作造成的直接经济损失；因获取商业秘密给原用人单位造成的经济损失。

7. 造成劳动者工伤、医疗待遇损失的，除依法为劳动者提供工伤、医疗待遇外，还应支付劳动者医疗费用一定比例的赔偿金。

三、劳动者的法律责任

劳动者违反劳动法律、法规或劳动合同的约定，给用人单位造成经济损失的，应承担赔偿责任。主要有以下情形：

（一）违反法律规定和合同约定的法律责任

劳动者违反法律规定和合同约定，要支付违约金和赔偿金。违约金的约定要合法、公平、合理，不能显失公正。关于违约金的具体数额，我国法律没有统一规定，一些地方性立法做了具体规定，如《北京市劳动合同规定》指出，订立劳动合同可以约定劳动者提前解除劳动合同的违约责任，劳动者向用人单位支付的违约金最多不得超过本人解除劳动合同前 12 个月的工资总额。但劳动者与用人单位协商一致解除劳动合同的除外。

关于赔偿金，没有具体数额的限制。原劳动部《违反〈劳动法〉有关劳动合同规定的赔偿办法》规定：劳动者违反规定或劳动合同的约定解除劳动合同，对用人单位造成损失的，应当赔偿下列损失：

1. 用人单位为录用劳动者直接支付的费用；

2. 用人单位为劳动者支付的培训费用；

3. 对生产、经营和工作造成的直接经济损失；

4. 因劳动者严重违反劳动纪律或者用人单位规章制度；严重失职、营私舞弊，对用人单位利益造成重大损害，被解除合同的，应当承担赔偿责任；

5. 劳动合同约定的其他赔偿费用。

劳动合同的违约条款应当详细、具体，一般应包括录用劳动者所支付的费用数额或计算方法、培训费用数额、服务期、违约时赔偿培训费用的计算方法、违约解除合同对生产、经营和工作造成的直接经济损失的计算方法等。

(二) 违反保密条款的法律责任

劳动者违反劳动合同中约定的保密事项，对用人单位造成经济损失的，应当依法承担赔偿责任。保密条款的约定，只要合法、合理、合乎实际，就受到国家法律的保护。我国法律法规对劳动者泄露企业商业秘密要承担的法律责任做了明确规定，《劳动法》第 102 条规定，劳动者违反本法规定的条件解除劳动合同或者违反劳动合同中约定的保密事项，对用人单位造成经济损失的，应当依法承担赔偿责任。劳动者违反劳动合同中的保密事项，对用人单位造成经济损失的，按《反不正当竞争法》的有关规定支付用人单位的赔偿费用。此外，我国法律还规定了相应的刑事责任。《刑法》第219条规定，违反约定或者违反权利人有关保守商业秘密的要求，披露、利用或者允许他人使用其所掌握的商业秘密的，造成重大损失的，处3年以下有期徒刑或拘役，造成特别严重后果，处3年以上7年以下有期徒刑。

◆ 本章小结 ◆

本章从法理上阐述了劳动合同的订立、变更、解除、修正和续订制度，概述了劳动合同制度的内容和作用，分析了违反劳动合同的法律责任。

◆ 关键词 ◆

劳动合同　有固定期限劳动合同　无固定期限劳动合同　无效劳动合同　非全日制就业　劳动合同变更　劳动合同解除　劳动合同终止　劳动合同续订　法定条款　约定条款　违约责任　竞业限制　劳动纪律

◆ 复习思考题 ◆

1. 试述劳动合同的概念、特点和种类。
2. 实行劳动合同制度有何意义？劳动合同立法面临怎样的挑战？
3. 订立劳动合同的原则和程序是什么？
4. 如何确认无效劳动合同？无效劳动合同怎样处理？
5. 劳动合同的内容包括哪些？签订劳动合同应注意哪些问题？
6. 试述劳动法规定的解除劳动合同的条件和程序。
7. 试述劳动合同终止的条件。
8. 违反劳动合同应承担的法律责任是什么？

◆ 案例分析 ◆

（一）竞业禁止义务应如何履行

王某2001年10月到某科技公司从事研发工作，因其从事的工作直接涉及公司的商业秘密和业务关系，王某又有一定的专业特长，公司为王某安排了较高的年薪和其他比较优厚的条件，同时与王某签订了一份《保密协议》，协议规定，王某在离开公司1年内不得在同行业的其他企业或业务与本公司有竞争关系的企业工作。作为补偿，公司在王某离职之日起3个月内向王某支付人民币10 000元。2002年1月，王某以妻子病重需要照顾为由向公司提出辞呈，获准后离开。2002年3月，公司发现王某在辞职后到了另一家通讯公司工作，而且该公司与其原先的公司属于同行业的竞争对手。故原公司到当地劳动争议仲裁委员会提出申诉，要求王某支付违约金并不得在另一通讯公司工作。

问题：

1. 王某的行为是否违反了有关《保密协议》的约定，是否属违约？

2. 如何界定“商业秘密”这一关键概念？是否当事人签订了“竞业禁止协议”就可视为职工掌握了企业的商业秘密？应由谁来确定“商业秘密”是否存在？

3. 在现实中，企业是否有权利要求所有的职工签订保密协议，而又如何认定职工是否掌握了企业的商业秘密？

（二）某饭店有限公司与马某工伤补偿案

马某于1989年5月到某饭店工作，双方于1997年9月签订了为期1年的劳动合同。1998年5月双方又签订了延长劳动合同协议书，期限至2000年5月25日。马某在饭店工作期间，受饭店指派到某外资商店工作。该商店在中国境内无法人资格，依靠在饭店内租赁场地进行经营，对外活动均借用饭店的名义。1998年5月，某外资总公司举办活动，马某在工作现场受伤。1998年

8月，北京市东城区劳动局职业安全卫生监察科认定马某受伤为工伤，后经北京市东城区劳动鉴定委员会鉴定工伤等级为八级。1999年3月，马某与外资商店的上级主管公司达成《清算协议》，约定由主管公司一次性支付马某8万美元，该赔偿包括“事故的任何和所有支出费用、旅行费用和精神损失赔偿，赔偿金额为现在或将来、直接或间接与该事故有关的索赔的最终和全部赔偿金额”。2000年4月，在饭店与马某合同期满前1个月，饭店以书面形式通知马某不再履行合同，其理由是外资商店一次性补偿马某的款项包括马某现在以及将来的各种损失，饭店不应再承担任何义务，包括双方继续履行劳动合同。马某在接到终止劳动合同通知后，以自己在工伤期间饭店无权终止劳动合同为由向北京市劳动争议仲裁委员会提出仲裁申请，要求与饭店继续履行劳动合同，并由饭店支付工伤津贴、伙食补助费，报销2000年3—8月的医疗费。

问题：

1. 劳动者发生工伤并被鉴定为有伤残等级的，用人单位能否与其解除劳动合同，能否终止劳动合同？

2. 马某与饭店之间存在劳动合同关系，那么，他与外资商店主管公司之间是什么关系？马某、饭店有限公司、外资公司三者之间是什么关系？

3. 外资公司已经实际支付马某工伤费用8万美元，该笔费用能否视为饭店给予马某的工伤赔偿，马某还能否再向饭店请求工伤津贴？

第8章

集体谈判

◆ 学习目标 ◆

本章的重点是掌握我国集体协商谈判制度。目的是通过学习，了解集体谈判的含义、功能，理解集体谈判的结构、谈判的技巧、谈判力量的含义，以及不当劳动行为和诚信谈判制度，掌握我国关于集体谈判制度的相关规定。

引导案例：从某日资有限公司终止工会主席劳动合同说起

2000年11月，某日资有限公司在事先未征求公司工会和上级工会组织意见的情况下，单方面做出了终止包括工会主席、工会委员和集体协商代表在内的众多员工劳动合同的决定，造成了事实上该公司工会组织无法正常开展工作，陷于瘫痪的局面。上级部门得知此事后，即向该公司指出：这是对中国工会组织的不尊重，且违反了中国法律规定和政策。因为中国《工会法》规定，“工会主席、副主席任期未满时，不得随意调动其工作。因工作需要调动时，应当征得本级工会委员会和上一级工会的同意。”该公司法律顾问称：

公司与工会主席等人终止合同并不违反法律、法规和北京市的劳动政策，因为“终止”与“解除”是两个不同的法律概念，而且终止合同也不等于调动工作，中国法律、法规、规章及北京市劳动部门对企业与工会主席终止劳动合同没有任何特别规定，坚持公司方面的做法是正确的。2001年1月，日资有限公司函告有关工会组织：由于公司工会主席已被终止劳动合同，故公司于2000年12月28日召开全体职员大会，改选工会主席。工会也致电日资公司，明确指出在事件未解决以前，只承认经合法审批的原工会主席，改选无效。此后，工会部门又多次约见公司总经理，均无结果。2001年2月，北京市总工会法律部正式致函日资公司，再次要求约见总经理商谈此事，并请公司在2月20日前做出安排或答复。

此事发生在《工会法》修改之前，当时我国法律只规定工会主席在任职期间企业不得随意调动其工作，解除其劳动合同，但并没有对合同自然到期的终止情况做出明文规定，日资公司正是利用了法律规定不完善的漏洞，先是终止了工会主席的劳动合同，后又以关闭工厂威胁上一级工会，最后又选举了一个受雇主操纵和控制的工会主席。整个事件中，企业对存在的违法行为始终不予纠正，对上级工会约见公司总经理的要求不予理睬，拒绝协商，使原本应当及时解决的问题变得更复杂。①

第1节　集体谈判的含义和功能

一、集体谈判的概念

劳动条件可以通过多种方式予以确定，比如雇员与雇主之

① 程延园．集体谈判制度研究．北京：中国人民大学出版社，2004．144～145

间通过签订个人劳动合同确定，工会与雇主或雇主协会通过集体谈判方式达成，还可以通过国家劳动立法或司法判例形成。在许多国家，这三种方式都不同程度地影响着劳动关系的形成和发展。

在大多数国家的文化中，除非劳动者个人拥有企业急需但劳动力市场又十分短缺的特殊技能，否则他们更倾向于与其他劳动者联合起来共同确立就业条件和待遇，以防止雇主提供不利于自己的劳动条件。于是一些工人团体或工会便开始与雇主或雇主群体就工会会员的就业条件和待遇进行谈判和协商，这种行动被称之为集体谈判。

“集体谈判”这一术语由英国学者西德尼·韦布（Sidney Webb）和比阿特丽斯·韦布（Beatrice Webb）首先提出并开始使用。韦布夫妇研究工会和集体谈判的代表作是《工会运动的历史》(1896）和《产业民主》（1902）。在《产业民主》一书中韦布夫妇指出：“在无工会组织的行业，雇员个人无论在寻找工作，还是接受或拒绝雇主提供的就业待遇时，除了考虑自身所处的紧急状况之外，并没有与其同伴进行交流。为了出卖劳动力，雇员个人不得不与雇主进行艰难的个人交涉，但如果工人团结起来，推选代表以整个团体名义与雇主谈判，其弱势地位将会即刻得到改变。雇主也无需再分别与每个雇员签订一系列的个别劳动合同，而只要签订一个能够满足集体意愿、规定集体劳动条件的协议即可。根据这一集体协议所确立的准则，从签订之日起，所有特定群体、特定阶层、特定等级的人员都要遵守该协议。”① 这一论述阐明了集体谈判制度的起源。集体谈判与工业革命所出现的经济、社会、人口的变化是分不开的，技术革新带来的机械化使一些雇员失去了传统的技能，劳动力市场竞争加剧，形成了劳动

① Terry Mcllwee, “Collective Bargaining”, in *European Labor Relations*. Vol. 1. Gower, England, 2001. p14

力的买方市场，单个雇员难以通过个别谈判、签订个人劳动合同与雇主进行抗衡，维护自身利益，因而出现了雇员自发组成的群体性的组织，并开始了集体谈判。

国际劳工公约对集体谈判的定义为：集体谈判是适用于一名雇主、一些雇主或一个或数个雇主组织为一方，同一个或数个工人组织为另一方，就以下目的所进行的所有谈判：（1）确定工作条件和就业条件；（2）调整雇主与工人之间的关系；（3）调整雇主组织与工人组织之间的关系。[①] 这一定义描述了集体谈判的主体和内容。

集体谈判是工会和资方确定就业条件和待遇的交涉过程，它是雇员以工会这种团体形式所进行的交涉，它包含了谋略、运气、能力、压力、让步、冲突等多种因素。由于劳资双方对集体谈判的理解认识不同，以及双方利益的差异，他们对集体谈判的描述也不同，通常最能为人们所普遍接受的一个中立的描述为："集体谈判"这个概念有时意味着温和地解决共同的问题，以友好的协议为结果；有时意味着一种艰难的、相互猜疑的、不友好的关系，只有施加压力，采取经济威胁，罢工或闭厂之后，才能恢复理智。[②]

在我国现行法规文件中，通常将"集体谈判"表述为"集体协商、平等协商"。集体协商是企业工会或职工代表与相应的企业代表，为签订集体合同进行商谈的行为。"集体谈判"区别于雇员个人为自己利益与雇主进行的个别谈判，它是工会与雇主或雇主协会之间针对工作报酬、工作时间及其他雇佣条件，在适当时间以坦诚态度所进行的协商和交涉。

集体谈判的目的是签订集体协议，规范双方的权利义务关系，解决工作场所共同关注的问题。集体谈判可以在不同层次上

---

① 国际劳工组织第 154 号公约《促进集体谈判公约》（1981 年 6 月 19 日通过）第 2 条。

② [美] 丹尼尔·奎因·米尔斯. 劳工关系. 北京：机械工业出版社，2000. 236

进行，涉及的问题范围也可以有宽有窄。集体谈判之所以能够成为调整劳动关系的重要机制，受到工人的推崇和喜爱，主要是因为它能够克服个别劳动关系的失衡状态，同时使雇主可以直接与雇员的代表进行集体交涉，而无须与每个雇员逐一谈判。集体谈判可以在单个雇主与单个工会之间展开，也可以在代表多个雇主的雇主组织与多个工会之间举行，谈判所达成的协议可以覆盖少量工人，也可以覆盖成百上千的工人。随着社会环境的变化，集体谈判在不断发展。最初雇主反对与工会进行谈判，国家法律只承认个人劳动合同，因而削弱了工会参与集体谈判的力量，阻碍了集体谈判的发展，直到19世纪末20世纪初，国家对集体谈判在一定程度上才放松了限制。由于长期以来工会对雇佣关系领域中平等地位与社会公正目标的追求，集体谈判逐步成为工人参与企业民主和社会决策过程的主要形式。

二、集体谈判的功能

韦布夫妇认为集体谈判主要体现为一种经济功能，因为工会通过限制某些人进入某些职位就业，形成同业联盟，从而能够代表技术工人进行谈判，协调雇员的薪酬。

其他学者包括英国的艾伦·弗兰德斯（Allan Flanders）认为，集体谈判不仅具有经济功能，而且更具有政府的作用。因为集体谈判本身也是规则形成的过程，涉及到不同组织之间的权力对比。他认为，“集体谈判的双方除了对实体性条款进行谈判之外，还要对程序性规则进行协商，从而将自身关系的调整与委托人之间的雇佣关系清楚地区别开。这些程序性规则，规范着解决争议的行为，包括第三方的调解、仲裁程序。”

实际上，正如张伯伦（Chamberlain）和库恩（Kuhn）概括的那样，集体谈判的过程实际也就是完成三个功能的过程：市场或经济功能；政府作用以及决策功能。即通过谈判确立劳动力市场工资水平，体现了集体谈判的经济功能；通过谈判形成的一系列规范雇佣关系的程序性规则，体现了政府行业管理的作用；通过谈判确认雇员有权通过工会参与工作场所规章制度的制定，体现了集体谈判的决策功能。

市场或经济功能以韦布夫妇的理论为基础，把集体谈判看作是在劳动力市场上以合同方式购买劳动力的手段，它建立了一种交易关系，通过这种交易，雇员个人可以出卖其拥有的技能、知识或经验，签订适用于全体雇员的就业协议。集体谈判是劳资双方根据市场供求变化调整和确定双方均衡效用，并使效用最大化的一种有效交易方式。通过不断谈判，明确双方权利和义务，达成协议。同时，集体谈判也是一种分配机制，是企业内部调节劳资分配和就业的交易行为，是雇佣双方相互确定交易对象、内容以及交易价格的一种市场机制。交易主体是雇主和工会，交易内容是工资、就业、利润率、保障福利水平等。

政府作用是把集体谈判看作行业管理的一种方式，其主要目的是建立管理方行使权力的规则，因而在集体协议中制定了一系列规范工会与管理方关系的程序性规则，如惩戒、不满申诉和争议处理程序等。这样，虽然管理职能仍由管理方行使，但工会作为雇员代表，与管理方共享了企业的最高管理权。

决策功能承认雇员有权通过工会代表参与工作场所规章制度的制定，工会或雇员的其他代表组织可以与雇主一起，就共同关心的问题进行磋商和谈判。这一功能强调了工会和企业间的相互依赖关系，认为雇佣双方应通过集体谈判联合起来，使冲突制度化，用共同的利益协调存在的分歧。并且承认，那些努力为企业工作的员工，应该有权对企业的经营管理发表意见，尤其当这些决策对他们会产生某种影响时，更应当赋予工会代表他们参与企业管理的权利。

集体谈判的这三个功能并不是互相排斥的，大多数谈判都包含了这三种功能。但集体谈判在多大程度上能够体现其第二或第三种功能，则取决于雇员及其工会参与决策的愿望；取决于他们拥有的能够迫使雇主接受那些影响其管理权力协定的力量大小；以及管理方在多大程度上愿意接受这些要求。由于谈判级别不同，对集体谈判三种功能的讨论也会在不同层次、不同侧面展开。市场功能主要体现在行业、甚至国家层级的谈判上，在企业级别的谈判中则几乎没有灵活性；政府作用在组织之外也很难发挥作用，主要通过地方工作委员会将其明确化、具体化；而决策功能则对企业制定决策具有重要意义。

第2节　集体谈判的结构

一、“正式”与“非正式”的谈判结构

集体谈判的结构，是指不同层次、不同等级、不同类别的谈判单位的集中或分散程度，以及相互间的内在联系。集体谈判可以建立在企业这一级别上，也可以在行业一级展开，可以是分散的，也可以是集中式的。谈判结构取决于多种因素，主要包括市场因素、历史因素、主体因素、利益因素和国家政策因素等。总的讲，西欧国家集体谈判结构比较集中，北美国家谈判结构比较分散；就谈判主体而言，工会多主张集中，集中有利于工会争取统一的较好的劳动条件，而雇主或管理方则倾向于分散，分散有利于企业争取更大的活动空间。

在市场经国家，集体谈判的结构通常分为“正式”和“非正式”的谈判结构。正式谈判结构是指为集体谈判的目的而设立、并受到集体协议覆盖的实际谈判单位。非正式谈判结构通常则反映了正式谈判单位之间的相互关系，尤其是一个谈判单位的解决办法与其他谈判单位解决办法之间相互关联的趋势。通常谈判单

位的确立，要考虑双方的愿望；传统的产业或职业安排；雇员之间是否存在“共同利益”等因素。一个谈判单位通常覆盖了某个工作场所内所有从事相似工作或职业的雇员。但是，谈判双方也可以决定，他们是否需要合并到另一个覆盖范围更广的谈判单位中去谈判，达成协议，这些协议覆盖了一个以上的群体或工作场所、雇主，甚至一个以上的工会。此外，政府可以通过立法建立覆盖范围更广的谈判单位，特别是在公共部门，通过司法审判确立的谈判单位可能覆盖了某一职业的所有雇员，如所有的医院护士，所有的中学教师等。

（一）正式谈判结构

最常见的正式谈判结构有以下六种：

1. 单雇主——单机构——单工会

即雇主与雇员同在一个工厂，一对一的谈判，这是加拿大、美国、日本等国家最普遍采用的一种谈判结构。

2. 单雇主——多机构——单工会

即谈判在一个雇主与一个工会（代表的雇员分布在几个地方）之间进行，但谈判达成的协议却覆盖了一个以上的工作场所。这种谈判结构在北美也相对较普遍。如通用汽车公司、克莱斯勒等大公司与加拿大汽车工人工会进行谈判，签订的协议覆盖了其在加拿大的所有企业的劳动者。

3. 单雇主——单机构——多工会

即谈判在一个雇主与多个工会之间展开，这种结构主要是英国集体谈判的结构特点。在英国，不同群体的工人通常由不同的工会所代表，近年的劳动法律制度改革，使得这种在工作场所建立多个工会进行集体谈判模式得以发展。

4. 单雇主——多机构——多工会

这种谈判常见于单个的大雇主与分散的不同行业工会之间的谈判。比如多个行业工会与每个主要铁路公司进行谈判，分别达成一个总的、适用于本行业的协议。

5. 多雇主——多机构——单工会

即多个雇主与一个工会之间的谈判，通常适用于特定行业的所有机构，比如雇主协会与行业工会之间的谈判，这一结构是大多数北欧国家的主要谈判结构模式。

6. 多雇主——多机构——多工会

即多个雇主与多个工会之间的谈判，这是一种高度集中的谈判模式，常见于一个甚至多个行业一级的谈判中，在一些国家从总体上覆盖了经济部门的所有工人。如在瑞典，大多数私营部门的劳动联盟和雇主协会过去常常通过谈判签订一个覆盖全部蓝领工人的协议。但从 1992 年起，雇主协会抛弃了这一做法，转而采取在行业一级展开集体谈判。

这些谈判结构随着时代的发展也在不断发生变化。比如大多数在行业一级展开谈判的国家，也以企业一级的谈判作为补充。一般而言，工资的增长以及与工资相关的问题趋向于集中谈判，而与激励报酬相关的或大部分非工资事务，则在工作场所这一级进行谈判。这种变化在加拿大、美国、日本等以企业为谈判单位的国家相对比较少见，但在以“多机构——多雇主”为谈判单位的国家则非常普遍。谈判双方通常签订一个独立的“主要契约”，适用于谈判单位内的所有企业，其内容包括工资水平、福利计划和工作安全等事务。同时，各企业可以根据具体情况就本企业所关心的工作时间、工作分类、规章制度等制定“补充契约”。这种被称为“双层契约”的制度在一些诸如钢铁、汽车等行业非常普遍。

（二）非正式谈判结构

集体谈判并不是孤立进行的。相反，由于“非正式”结构倾向的存在，不同的谈判之间会相互牵连、相互影响，尤其是同一个雇主要面对多个谈判达成多项协议时，更是如此。为避免罢工，除非雇主能够提供非常充分的理由，否则在一般情况下，雇主对不同的谈判单位提供的谈判条件几乎是相同的。对于行业的谈判来说，除非雇主正经历实质性的经济困境，否则如果他提供的劳动条件和福利待遇不及同行业的其他企业，就会受到来自工会方面的强大抵制，引起工人的强烈不满。非正式谈判结构在一些行业表现为“协调性谈判”（coordinated bargaining），即不同的集体协议虽然分别由不同的组织谈判而成，但是所有谈判最终达成的协议，在基本内容、基本条件上却几乎相同，至多仅有细微的差异。例如在加拿大，虽然通用、克莱斯勒和福特公司都要分别与加拿大汽车工人工会谈判订立集体协议，但由于这三个公司的谈判几乎是同时进行的，所以汽车工人工会仍酝酿把其中之一列为可能采取罢工行动的目标。因为它是谈判的关键所在，一旦第一个协议达成，也就确立了后面两个公司的谈判标准。

目前，“协调性谈判”似乎在实际中的运用已越来越少，而“示范性谈判”（pattern bargaining）却更为广泛，它包括了行业之间的示范性谈判和行业内部的示范性谈判。行业之间的示范性谈判，在20世纪50年代到70年代尤为普遍，这一时期不同行业之间的主要协议的达成通常要经过几个月的谈判，率先达成的协议将对后来的协议起到“标准示范”作用，如果达不到这一标准，不仅意味着本行业的劳动条件和待遇要相对落后于其他工会和行业，而且还会在工会会员之间产生相当多的不满。例如，如果钢铁行业的工人工资增长5%，那么汽车行业工人也会期望工资增长同样的幅度。

当然，这种行业间相互攀比的谈判方式至今还在多大程度上存在，已经很难确定。但毫无疑问，如果某一行业的某个工会与雇主达成的协议突破了公认的标准，就会给相关行业带来压力，因而行业之间的协调性谈判至今仍相对较为普遍。

另一种是行业内部的示范性谈判方式，20世纪50年代到70年代，它首先作为工会的谈判战术和策略得到广泛适用。工会首先选择一个经济效益好、赢利能力强、在既定条件下能够做出最大让步的雇主及时进行谈判，以达成对工会最有利的协议。然后，再将这一协议作为随后谈判的一个最低条件迫使其他雇主接受。因为不满足这一条件将会导致工人的强烈不满和可能延长罢工时间，雇主一般除了答应甚至提高这一标准之外，别无选择。但是，随着近 20 多年经济条件的变化，这种过去由工会所采取的策略战术逐渐转为由雇主所采用。雇主为了赢得较多的让步，首先挑选那些工会力量薄弱的企业率先签订协议，并以此作为随后与其他工会谈判的基础。

二、集体谈判的级别

不同因素共同影响下形成的特定文化倾向，促成了集体谈判级别的选择和发展。对集体谈判制度而言，必须考虑的关键因素之一，是这一制度主要参与者即雇主、工会以及政府的偏好。政府在建立促进集体谈判制度发展的政治环境方面起着重要作用，特别是在推崇合作理念的背景下，政府也是集体谈判的参与者。在工业化发展初期，多雇主的谈判结构是最富成效、也是得到重要发展的一种谈判模式。在一些劳动密集性行业，或者由于地理位置集中而竞争激烈的企业之间，雇主为了控制工资成本，避免无序竞争，阻止工会各个击破进入企业，联合起来形成了多雇主谈判的模式。

集体谈判模式是多样而复杂的，谈判级别因国而异，谈判层次影响着工资和就业条件的变化。有的国家的集体谈判还可能在多个级别上展开，如意大利就有产业级别的全国范围的谈判、企业或地区级别的谈判以及新近发展起来的工作场所的谈判。集体谈判的级别，可以有全国或行业级别的多雇主谈判制度，以及单雇主谈判制度。单雇主谈判也有不同的级别，即企业或集团层次的谈判、工厂或工作场所的谈判，以及英国一些地方出现的车间或部门的谈判。

大多数西欧和北欧国家，包括德国、法国、意大利、荷兰、瑞典、挪威和芬兰等，大多实行独立于企业之外的行业范围的多雇主谈判制度，由雇主协会代表本行业的单个雇主进行谈判，签订集体协议。一些国家尤其是挪威、瑞典、奥地利，在雇主和工会中央联盟之间也签订有覆盖所有经济领域和行业之间的协议，德国和芬兰过去也如此。多雇主谈判制度之所以受到雇主青睐，是因为它能有效避免工资水平的竞争，工资的增长也不与企业实际支付能力挂钩，因而有利于加强雇主的谈判力量。另外，实行行业范围的谈判，还使工会看起来更像一个独立于工作场所之外的组织。重视行业谈判同样也反映了工会的偏好，工会认为集中谈判和较大的谈判单位可以使工会拥有最大的谈判力量，使谈判力量不依赖于具体企业经济实力的强弱，或者某一技能在劳动力市场上的重要程度。通过缩小行业内部就业条件和待遇的差异，可以减少劳动者为就业而竞相压低工资带来的竞争风险，但这一目的在北欧的一些国家如荷兰，某种程度上由于雇主雇用了兼职劳动者而受到削弱和破坏。因此，一些国家如法国，已通过协议防止工厂或企业通过雇佣非全日制工人，来裁减全日制劳动者人数。

除英国以外的大部分欧洲国家，对某些多雇主谈判制度，法律倾向于只赋予工会和独立于工作场所之外的雇主协会拥有合法的谈判地位，地方工人理事会只能参与高层次集体协议的实施和执行，不具有法定罢工权，因为协议中规定了强制和平义务条款。许多欧洲国家如意大利、荷兰、葡萄牙、瑞士和比利时等，均规定行业或地区级别的谈判所达成的协议，对本行业或本区域内所有企业及其雇员都具有法定约束力，而无论这些企业或雇员是否是相应的雇主协会或工会组织的成员。

单一企业或者公司级别的谈判制度在美国、日本和英国相当普遍。在欧洲大陆，由于集体谈判结构分散化压力的不断增加，企业级别的谈判也正在成为一种趋势，虽然这种变化目前在不同国家还很不同，但世界上愈来愈多的国家在企业级别缔结集体协议。

三、谈判结构的调整

虽然集中谈判结构仍是欧洲国家集体谈判制度的主要特点，但在英国、西班牙、葡萄牙和意大利等国家，由于政府政策的制定和实施越来越普遍朝着解除对劳动力市场管制方向变化，这种牢固的集中谈判体制已呈现朝着相反方向变动的趋势。竞争的加剧和经济衰退引起的市场巨大变化，以及技术变革和雇佣压力的变化等，使劳动者更多地将就业条件和待遇的确定与提高，与所在企业的成功与否联系在一起。经济和技术的发展，要求每个企业都要控制生产成本，尤其是劳动成本，并不断提高技术水平，更快、更好地满足消费者对产品需求的变化。这就需要企业要有更大的灵活性，采用具体有效方法来利用、配置劳动力资源，合理规定就业条件待遇，因为不同企业在不同时间、受到的这些变化影响的程度是不同的。

1990 年在英国所做的“工作场所劳动关系调查”表明，即使那些英国雇主协会的成员，在雇主协会已对工资、工时、轮班和加班费做了基本规定的情况下，他们仍倾向于从整个行业的集体协议中退出，转而采用企业或工厂级别的谈判制度。在实行集中谈判的公共部门，谈判分散化给政府带来的压力，导致了在私营公用事业、地方政府事务、教育和健康部门也趋于在工作场所一级签订协议。整个欧洲的迹象表明，即使在那些保留行业和区域谈判的地方，实际上也为在工厂和企业级别签订协议留下了更大的灵活性。例如法国 1982 年颁布的《集体谈判与雇员参与法》规定，为提高企业生产效率、增加地方灵活性，鼓励集体谈判在企业一级展开，虽然行业级别的集体谈判仍是其劳动关系的基本体制。这样，过去居于补充地位的企业层次的谈判协议就可能逐步成为一种标准规范，如果法律不明确规定行业协议的优先效力，阻止企业协议对行业协议的逐步削弱或修改，久而久之，行业级别的谈判协议甚至会被企业级别的协议所取代。

在多数国家，行业级别的集体协议在一些基本问题上对企业协议的范围进行了限定，同时也为多雇主范围内所应该能够达成的协议留下了空间。大型企业由于产品多样化，集体谈判更多地向企业或工作场所层级转变，小企业由于更倾向将工资谈判与工人个人工作绩效挂钩也日益脱离集体协议，这些压力最终导致了工会会员人数的不断下降，以及雇主逐渐脱离雇主协会的倾向不断上升。总之，整个欧洲的集体谈判制度正呈现为一种日益分散化趋势，虽然各国具体谈判制度不尽相同，但却都以相似的方式在适应这些变化。与这些变化相关的是工会会员在不断的减少、工会力量在逐渐变弱，政府解除管制的政策的出台，以及资方试图重新获得某些特权等，这些变化将在多大程度上会削弱或者替代各国现有集体谈判制度结构，值得进一步关注。

综合起来，影响集体谈判结构的主要因素包括：（1）工会和雇主组织内部结构的紧密程度。一般而言，谈判主体组织紧密程度越高，相应的谈判层次也较高，如北欧国家；谈判组织紧密程度较低，谈判层次也较低，如美国、日本等。工会的组建率越高，其影响力就越大，如北欧国家较高的工会组建率，使得工会的影响力要远远大于美、日等低组建率的国家。（2）企业间竞争的激烈程度。企业竞争程度高，则谈判层次低，如美、日等国；企业间竞争程度较低，则谈判层次较高，如西欧、北欧国家。（3）企业在市场中的地位。一般来说，垄断性企业强调行业级别的谈判，非垄断性企业则强调地区或企业级别的谈判，中小企业一般强调在企业级别开展谈判。

四、我国集体谈判的结构

2004 年劳动和社会保障部发布的《集体合同规定》着重对企

业一级的集体合同作了规定，对行业集体协议虽没有明确规定，但却隐含了行业集体协议的内容。中华全国总工会也没有排斥行业集体合同。行业或产业工会是推行集体合同的重要力量。在企业工会组建率较低、谈判力量较弱的情况下，由地方行业或产业工会与地方行业协会或产业协会或者企业进行集体谈判，签订集体合同，不失为发展集体协议制度的一种思路。[①] 在实行企业一级谈判的同时辅以产业的或地方的集体谈判，其原因主要有两个：一是涉及工资等劳动条件时，有一个产业或行业的标准问题，这不是一个企业可以自行决定的，如铁路和民航。二是工会的组织和力量不足以在企业开展集体谈判，如在一些小型的特别是外资企业中。在这些情况下，就要借助行业或地方的集体谈判。

企业一级的集体谈判和集体协议是我国目前集体合同制度的基本形式。从我国实际情况看，应探索不同层次的集体合同形式。针对一些外商投资企业，以及为数众多的乡镇企业和私营企业还没有建立工会的情况，为解决在企业级别难以谈判的问题，切实维护劳动者利益，有必要突破单纯企业层级的集体合同。一些行业在经济结构调整时期，出现了经营困难、失业下岗人数较多、职工生活困难的情况，在这些行业，产业工会应与企业联合会、政府部门就劳动者的基本生活和就业出路问题进行磋商。开发区、工业区和高新技术园区等外商投资企业比较集中的地方，也应以推行区域性平等协商谈判和签订集体合同为主要形式。建立产业或行业级别的集体协商制度可以弥补企业级别谈判制度之不足，有利于全面准确地收集和掌握谈判信息资料，集中谈判专家的优势和力量，提出协商方针和方案，提高劳动者一方的整体力量，避免在单个企业中因实际力量的不平衡造成的不平等。同时，也有利于形成产业、行业的劳动标准，避免企业之间无序竞争。

---

① 姜俊禄．论集体合同法律制度．北京大学博士论文，2001

第3节　集体谈判的进程

一、如何理解谈判

集体谈判是相当复杂的，一方面是由于需要谈判的问题如工资本身就非常复杂，但更为复杂的是谈判过程中的各种压力和不确定性。谈判双方在整个谈判进程中，都会感到始终面临着各种压力和不确定性，尤其对工会谈判者而言，他们必须要缓和工会内部的各种矛盾和冲突，准确把握工人的期望与谈判“实际”之间的差距。因而，对他们来讲，谈判的过程并不在于是否能够得到一个最好的结果，而在于使其会员及工会内部各派别都能接受这个结果。对谈判者而言，也许最困难的是如何提出一个最好的报价问题，因为谈判的进程，实际是谈判双方在努力掩饰自己“最底线”的过程，这就会引起双方对谈判报价的不确定性，尤其对工会谈判者，由于他们不完全掌握企业的经营状况和财务机密，因而难于确定企业能够做出的实际让步。这种不确定更增加了工会谈判者对会员最终能否接受谈判结果的不确定性，通常只有等到会员投票批准了协议，才能最终做出决定。另外，谈判的复杂性还在于上级工会有时可能会强迫下级工会达成某项协议，比如在1984年的加拿大汽车工会的谈判中，虽然工会谈判者很清楚协议内容不可能为其会员所接受，但迫于其美国上级工会的压力而不得不在协议上签字，这最终直接导致了加拿大汽车工会1985年从其美国上级工会中分立出来。

雇主的谈判代表会发现他们也处于相同的境地。首先，在管理方内部对需要做出的让步事项和让步程度可能会存在相当大的分歧，虽然这种分歧在谈判之前或至少在谈判代表承诺之前，可以由高级管理人员出面协调解决。但谈判代表会发现他们只能在接到指示后才能做出决定，而这在工会看来是不现实也是难以相信的。其结果是，管理方谈判代表会发现，他们也处于进退两难的境地，一方面要在谈判桌上与工会官员谈判，另一方面还要尽力说服幕后的决策者改变决定。其次，在管理方内部，决策者还要承受来自外部的各种压力以及不同股东的影响，公共部门尤为如此，因为无论是从与政府财政支出的联系，还是公众对工会的支持角度来看，公共部门的决策都会产生重要的政治影响。在私营部门也同样如此，因为在发生罢工，或者由于较高的工资引起产品价格上涨时，消费者会威胁转向其他供应商，或者如果管理方在谈判中采取了明显不合理的手段，消费者也可能会抵制其产品。除了这些压力和不确定性因素之外，还有诸如未来经济形势，尤其是有关竞争环境，以及集体协议有效期内发生通货膨胀或者政府采取预算限制等所带来的更大范围的不确定性。这些不确定因素加剧了谈判双方内部的分歧，促使双方利用这些不确定因素为自己在谈判中谋求更大的利益。

谈判双方所承受的压力和面对的不确定因素是不同的，了解谈判过程，最主要的就是要把握这些因素。因为，谈判者所面临的问题，与其说是要通过谈判达成协议，不如说是要与其所代表的成员之间进行沟通并促使其改变初始预期的过程，这就是所谓的“组织内部谈判”。的确在一些谈判中，劳资双方谈判代表可能在签订协议之前很长时间，就已经有了解决问题的好办法，但为了使其所代表的成员满意，和/或说服他们改变初衷，谈判双方不得不经历一个冗长的、仪式化的程序。因而，较之于在罢工的最后期限到来之前达成协议，谈判者可能会等到最后一分钟甚至超过最后期限才签订协议，这样做在很大程度上是出于对外的考虑。

二、谈判的内容

对谈判的内容加以分类并不是一件简单的事情，但区分哪些是实体性内容，哪些是程序性内容，哪些是有关双方关系的问题，仍是十分必要的。对这些问题的考虑，要和“分配谈判”(distributive) 与“整合谈判”(integrative) 的方式联系起来。所谓分配谈判，是指劳资双方由于资源有限需要分配而进行的谈判，把谈判当作是一种不赢即输的情景，自己得到的同时意味着对方失去；一方资源的增加，就意味着另一方资源的减少，是单方获益的谈判。所谓整合谈判，是指双方都能从解决方案中获取潜在利益的谈判，把谈判当作是一种双赢的情景，追求双方均有所得，反映了劳资双方对所要解决的问题，达成了共识，通过合作能够同时增加可分配的资源。总地说，谈判是为了实现某些目标，在这个问题上劳资双方并不存在根本的冲突。分配谈判和整合谈判都是劳资双方联合解决问题的过程。

（一）实体性内容

所谓实体性内容，是那些对劳资双方利益直接产生冲突的问题。实体性内容几乎总是与工会的经济功能相联系，主要包括工资、福利计划、工作量、就业保护以及对技术改进的限制等。这些问题在总体上是需要进行分配的，但也不尽然。比如，如果雇主很难吸引、留住员工，那么无论工会是否提出要求，雇主都会从自己的利益出发，给予工人较高的工资。即使不存在这些问题，如果企业工资优厚、工作条件好，也会使求职者增多，从而使雇主有更多的选择余地，并最终录用到更高素质的雇员。而且，由于这些条件和待遇的确定，是出于雇主的积极政策而不是罢工或以罢工相威胁的结果，从而能极大地鼓舞员工士气。因而，雇主从提供更好的工作条件中获得的好处远大于不这样做。尽管这些好处并不一定等于成本，但有可能帮助抵消成本。

（二）程序性内容

程序性内容，是有关谈判双方如何达成协议的规则，其中最值得关注的是申诉程序，这些程序一经谈判商定，双方就要通过它来解决冲突。其他程序性规则还包括解雇提前通知、安排加班的程序，以及擢升、调动程序等。此外，与平等就业、骚扰、健康和安全相关的程序性规则也包括在内。雇主对于程序性问题做出让步，通常并不需要直接的成本。事实上对这些问题达成共识通常也符合双方的利益，因为程序性规则为协议期内解决或者避免纠纷提供了规范化的步骤，因而，人们一般认为劳资双方在这类问题上更趋于一致性、整体性，而不是相互对立。但是，对这类问题的谈判也会产生矛盾，存在分歧，特别是要赋予雇员享有过去不曾有的权利时，这种分歧就更为明显。因为这些权利的规定反过来会削弱雇主的权力或者在实际管理中的灵活性。这种权力和灵活性，对雇主来说，即便做出让步的经济成本很低，他们也不愿放弃。

（三）劳动关系问题

劳动关系问题与工会的职责、功能紧密相连，通常包括了那些影响工会力量和安全的因素，尤其是雇员是否有义务要加入工会或者至少要交纳一定的费用，同时也包括了那些与工会参与决策过程、共同管理委员会的建立有关的问题，以及诸如工会在工作场所中的角色等问题。尽管从管理学角度讲，企业需要工人的合作与参与，但实际上，这些共同参与条款能够得到切实执行的却相对比较少。之所以如此，同样是因为这些规定被认为实际限制了雇主拥有的权力。事实上这些问题在谈判中，要比程序性内容更具有整体性、一体化特点，因为它本身就是建立在加强双方合作的基础之上。

（四）三类问题的相关重要性

如何比较、认识上述三类问题的重要性呢？1997 年加拿大对 96 个工会的调查显示了工会对这三类问题相关重要性的看法（表 8—1）。[①] 在实体性内容中，“工资和福利的保障”以及“解雇保护”被列为工会最关注的两类问题，分别占到被调查者的 91％和 64％；而通常被认为是首要问题的“增加工资和福利”，在被调查的工会中，仅占 44％，排在第七位。而在劳动关系问题中，有关“增强工会在决策中的角色”排位较高，列在第三，占到被调查者的 49％，其他一些有关劳动关系的问题，如“建立共同磋商机制”的排位，与增加工资福利的排位不相上下。最后，在程序性问题中，“有关组织变化的预先通告”的排位也高于加薪，位列第五，在被调查者中占到了 47％的优先排位。这些结果表明，尽管工会认为工资福利这些实体性内容是最重要的问题，但同时，工会也将一些程序性问题和劳动关系问题列在了非常靠前的位置，表明工会对这类问题的关注和重视。对“增加工资福利”的排位相对较低，显示出传统的、以关注工人经济利益为主的工会活动方式可能业已过时。这反映了近几十年来随着经济的发展，西方国家工会的地位和职能已有所改变。但在这种情况完全变为现实之前，如果不加分析地批评工会人为地提高工资，也是有失偏颇的。

---

① Kumar, Pradeep, Gregor Murray, and Sylvain Schetagne, Adapting to Change: Union Priorities in the 1990s, *Directory of Labor Organizations in Canada*. Ottawa: Human Resource Development Canada. 1999. 49～50

表 8—1　　　　工会谈判问题的优先排位

	样本数	高（%）	中（%）	低（%）
工资和福利保障	$N=96$	91	6	3
解雇保护	$N=90$	64	20	16
增强工会在决策中的角色	$N=90$	49	38	14
限制合同转让/外包	$N=92$	48	25	27
有关组织变化的预先通告	$n=88$	47	28	25
提高退休金和提前退休的规定	$n=93$	45	40	15
增加工资和福利	$n=97$	44	37	19
建立共同协商机制	$n=88$	44	34	22
增加培训和再培训的机会	$n=92$	42	40	17
公司合并/联合保护制度	$n=87$	36	25	39
生活费用的调整	$n=94$	35	28	37
保证最低雇佣水平	$n=88$	34	26	40
工作数量的调整和限制	$n=94$	34	50	16
技术革新的规定	$n=91$	33	32	35
劳动调整规定	$n=87$	32	36	32
服务期补偿及规定	$n=92$	32	34	35
工作时间的规定	$n=93$	30	36	34
财务状况的知情权	$n=90$	29	34	37
工作场所变化的改变规则	$n=90$	28	37	36
健康和安全改善	$n=92$	27	38	35
增加员工责任心	$n=91$	26	48	25
有关骚扰的规定	$n=89$	24	32	52
雇佣公平政策	$n=91$	19	30	52
与家庭有关的假期（婚丧假等）	$n=89$	11	42	47
加班加点的限制	$n=89$	11	39	49
弹性工作时间	$n=90$	6	31	63
儿童看护设施	$n=88$	2	17	81

注：由于四舍五入的影响，后三栏数字之和可能不是100。

三、谈判的底线

劳资双方到谈判桌之前，预先都有一个可接受条件的最低线，也就是谈判底线。如果双方的底线有交叉或部分重叠，我们说双方之间存在着一个积极的解决问题的区域，否则，就是一个消极的或否定的区域。比如，工会希望能增加5%的工资，底线是增加2%，同时雇主希望只提高1%的工资，最大的让步底线是4%，双方的最低让步底线就有重合的部分，在2%～4%之间，这就是双方可以接受的积极地解决问题的区域。然而，如果工会能接受的底线是4%，而雇主最大的让步底线为2%，则在双方之间就不存在一个都能接受的解决问题的区域。能否达成协议不仅取决于双方之间是否存在一个积极的协议区域，同时还取决于这个区域的大小。区域越大，双方的让步余地就越大，也就越容易达成协议；如果解决问题的区域很小，虽然有可能不举行罢工而达成协议，但谈判将是非常艰难的，在很大程度上取决于双方能否准确无误地理解对方的意思。如果一开始就不存在一个积极的协议区域，事情将更为复杂，因为要达成协议，至少一方必须降低其预期并重新设置谈判底线。如果双方都犹豫不决，就意味着谈判将难上加难，很可能要举行罢工，迫使谈判者及其成员改变其预期。在这个意义上，我们说否定的区域越大，罢工发生的可能性就越大，持续的时间可能越长。

尽管这些特征对谈判有帮助，但可能过于简单，因为谈判中要面对的问题很多，很复杂。对双方来说，在一些非重要问题上很容易达成共识，不会冒险罢工。但在一些重要问题上，即使分歧很小，也会严重影响达成协议的可能性。通常谈判双方会在某些问题上作些交易，一方对某一问题的让步是以对方在另一个问题上的让步为基础的。对一系列问题，双方都暗含着一个让步底线，如果难以互惠，谈判就会陷入僵局，直到罢工开始后，双方才会严肃讨论那些重要的问题。无论是重要问题还是次要问题，积极区域的存在总要依赖于一系列的因素，如双方的谈判底线、谈判者的专业水平、其成员的态度和预期等。正确认识协议区域，对谈判的进行以及协议的达成，具有重要意义。

四、谈判的准备

谈判的准备，对劳资双方来说，通常是很广泛且不断发展的。谈判一般从工会向雇主发出谈判新协议的通知不久后开始，可能会持续1年甚至更长的时间。各国法律规定不一，如在加拿大，谈判通知必须在协议期满前30天至4个月送达雇主，雇主接到通知后，应立即或在20天内安排谈判。一般而言，谈判从现有集体协议期满前3周到4个月，甚至更长一段时间开始。

双方都要为谈判做大量的准备工作。对工会一方来说，当地工会官员会举行会议，采取正式或非正式的方式了解工人的想法及其关心的事务。之后，再碰头讨论、研究其成员的需求和期望，列出一个初步的谈判事项。上级工会提供与谈判相关的其他谈判组织的信息和建议，诸如行业的竞争发展，公司的利润及支付能力等。同时成立工会谈判委员会，通常由上级工会推荐的有经验的谈判者，以及来自谈判单位内部的各方代表组成。尽管他们并不一定实际参加谈判过程，但要负责给主要谈判人提供建议，帮助制订方案和应对措施。对管理方而言也一样。高层管理人员要从职能部门详细了解工作场所存在的问题，收集有关行业趋势、解决问题的办法、工会发展等有关信息。通常，高级劳资关系或人力资源经理会担任资方的主要谈判代表，此外还包括一些资深的部门经理和员工总监。当然雇主也会雇佣一些外部谈判专家。

在谈判之前，双方对自己在谈判中希望达成的协议以及谈判的底线已经有了清晰地认识。但正确理解自己的谈判底线与对方最后能接受的底线之间的关系，是很重要的。例如，如果双方准备接受的工资增长幅度在4%～6%之间，这就意味着在双方之间存在着一个积极的协议区域。但与此相反，工会可能会要求增加10%的工资，而公司则可能宣称只能承受2%的增长幅度。在整个谈判过程中，每一方都会逐步向对方靠拢，但同时又会隐藏自己的底线，以获得对自己更为有利的解决方案。所以，即便管理方准备给予6%的增长幅度，但也会想方设法使工会确信这是不可能的，以迫使工会同意5%的增长幅度。

五、谈判阶段

谈判的实际过程至少包括四个阶段：接触、磋商、敲定、扫尾。因为谈判的主要目的是要解决双方利益和预期冲突，因而每一个阶段对于整个谈判进程都十分重要。如果一方试图省略或者匆忙越过任何一个阶段，另一方会认为他没有严肃认真地对待谈判，从而也不会在充分阐明问题和要求之前将谈判向前推进。谈判实际是一个相互交流、协商的过程，双方都会把它看成是一个表达思想、阐明观点并使对方了解、认可的重要方式。对谈判者而言，如果不清楚对方的来意，是不可能在谈判进程中有效解决潜在分歧的。

（一）接触

接触通常包含最初的几个谈判会议，双方交换初始的需求、表明立场。由于这个阶段是整个谈判进程的开始，通常没有多少压力，气氛相对融洽、和谐，双方多采用一些幽默、诙谐或略带些挖苦、讽刺的语言。这一阶段，双方都清楚，各自的观点和态度仅仅开始表明，随着整个谈判的深入，会做些修改和让步。通常这一阶段也会产生一些小的争议和纠纷，一方提出来，另一方会同意将这类问题撤出谈判范围。这样，谈判者也逐渐意识到争议的主要问题所在，以及对方可能持有的态度。

（二）磋商

磋商，是谈判中时间最长、也是最令人头疼的过程。谈判双方虽然都坐到了谈判桌前，试图开始严肃的谈判，并且也都想以一定的让步获取对方相应的回应。但问题是双方都过低估计了对方要求自己所做的让步，同时过高估计了对方所能做出的让步一方采取的策略在另一方看来有时完全是不能理解的。虽然为了推进谈判进程和获得对方回应，双方可能都做出了一些让步，也都认为自己已经尽到真诚谈判的义务。但在一些关键性问题，尤其是一方或双方认为是原则性的问题上，却难于做出实质性让步。例如“资历”条款在工会的谈判中，始终居于重要地位，尤其在涉及企业裁员时，如果雇主要想取消这些条款，罢工就很难避免。在这一阶段，双方为了获得比较有利的谈判协议，都会进行大量的说服工作，促使对方重新调整预期，并最终愿意做出让步。正如我们经常看到的那样，劳资双方为了使对方相信他们确实已经不能或者不愿意做出哪怕最小的让步，常常会采取各种手段如虚张声势、强烈反对和欺骗等来达到目的。同时，如果双方都想达成协议，最终他们确实又会在一些比较重要的问题上做出让步，通常，劳资双方会从一些争议较少的问题入手，从已经达成一致的某些条款开始，努力达成全部协议。当逐步认识到无法获得最初所期望的条件时，他们也会不断修改一些问题的底线。在这一过程当中，任何一方都不太可能再回到最初的起点，而是劝说其委托人改变预期，或至少帮助他们探讨进一步让步的可能性。

（三）敲定

由于最有争议的问题往往留在最后，因此“敲定”往往发生在罢工的最后期限即将来临之时。较理想的情况是，双方的主要谈判者都已经对对方能够并愿意做出的让步以及自己和其委托人能够接受的条件，有了比较清楚正确的认识。如果方案明显可以接受，这一阶段会非常简单，双方只需就协议的措辞进行修改，使其更加有利于自己即可。如果方案明显不能被接受，则双方在这一阶段仍需进一步尝试改变其委托人的预期，或促使对方改变预期。这时会有大量的“哗众取宠”式的表演，一方或双方会停止正式的谈判，转而攻击对方“没有诚意”。但同时双方又会一直保持着非正式接触，讨论他们可能在面对委托人时面临的问题，甚至寻求对方的耐心与合作。如果存在一个积极的协议区域，而且双方都真正“读”懂了对方的意图，那么双方会在罢工最后期限到来之前达成协议，签署一个“协议备忘录”，包含已经达成一致的所有内容。但这个备忘录通常比较粗糙，仅仅是每一方同意的内容的框架。

（四）扫尾

扫尾，通常在双方签订了“协议备忘录”之后展开。工会官员把协议备忘录反馈给其成员进行投票表决，如果批准，那么新协议将产生预期的法律效力。但通常是双方在达成协议时，还没有最终形成具体的合同语言，解决合同语言问题也就成为扫尾阶段一项非常重要的工作。因为双方有时会发现他们虽然达成了协议，但对协议的理解可能大相径庭。而且，在谈判过程中没有考虑到的一些细节问题可能也会提出来，如果一方不保持警惕，可能会发现合同语言变得难以接受。

如果谈判双方始终不能达成一致，那么就会出现僵局，雇主可能会关闭工厂，但更常见的是工会领导人可能决定号召工人罢工。一些国家法律规定，罢工要在会员对雇主的最后方案进行表决之后才能举行。有时，工会领导人也可能误解其会员的意思，谈判者同意的协议随后遭到了会员的投票反对，这时为避免罢工，雇主可能要做进一步让步。否则，罢工很可能会在几天之内爆发，并一直持续到一方或双方改变其预期，做出进一步让步。是否对雇主的最后方案举行投票表决，通常由工会官员决定。但一些国家也规定，政府劳动部门也可以根据雇主申请，决定是否对罢工举行投票表决，以确认罢工是否代表了大多数会员意志，但问题是工会谈判者可能采取一些有效策略避免进行公开投票。另外，如果工会领导人确实违背了其会员意志，不仅会员可能冲破罢工纠察线，而且还可能罢免或重新选举工会领导人，所以劳动部门直接插手工会内部事务，要求工会投票表决的事情，一般很少发生。

最后，谈判双方还可以通过斡旋、调解和仲裁来裁判纠纷，避免或缩短罢工。斡旋是通过劝说化解双方的分歧，而调解是更为主动地介入谈判过程，帮助双方达成协议，仲裁则是对纠纷所做的强制性的最终裁决。

六、我国集体谈判的进程

集体协商谈判的策略和技巧、程序和步骤，各个国家的表现形式不同。根据我国相关法律的规定以及集体协商的实际情况，应做好以下工作。

（一）协商准备

协商代表在协商前应做好充分准备，尤其是职工和工会一方的协商代表应当做到：（1）熟悉与集体协商内容有关的法律、法规、规章和制度。（2）充分掌握参与集体协商所必需的信息和资料，收集用人单位和职工对协商意向所持的意见，确定协商中需要解决的问题和希望达成的意向，明确协商代表的分工和各协商代表应发挥的作用，掌握同对方争辩的口径，弄清协商议题的优先顺序，预测对方基本态度并找出避免和解决陷于僵局的积极方法，酝酿如何创造积极的协商氛围，考虑协商失败可能带来的不良后果以及应采取的对策。（3）拟定集体协商议题，集体协商议题可由提出协商一方起草，也可由双方指派代表共同起草。（4）集体协商的内容、时间、地点应由双方共同商定。（5）共同确定一名非协商代表担任集体协商记录员。记录员应保持中立、公正，并为集体协商双方保密。

（二）确定协商代表

企业与职工双方要按照一定程序确定本方的集体协商代表，并各自确定一名首席代表。双方代表人数应当相等。协商代表一经产生，如果没有特殊情况，必须履行其义务。如遇有不可抗力因素造成空缺的，应当重新指派或推荐。关于谈判代表，我国法律规定协商双方的代表人数应当对等，每方至少 3 人，并各确定 1 名首席代表。职工一方的协商代表由本单位工会选派。未建立工会的，由本单位职工民主推荐，并经本单位半数以上职工同意。职工一方的首席代表由本单位工会主席担任。工会主席可以书面委托其他协商代表代理首席代表。工会主席空缺的，首席代表由工会主要负责人担任。未建立工会的，职工一方的首席代表从协商代表中民主推举产生。用人单位一方的协商代表，由用人单位法定代表人指派，首席代表由单位法定代表人担任或由其书面委托的其他管理人员担任。集体协商双方首席代表可以书面委托本单位以外的专业人员作为本方协商代表。委托人数不得超过本方代表的 1/3。首席代表不得由非本单位人员代理。

双方签约人为举行谈判进行各项准备工作：确定谈判代表，拟订谈判方案，组成谈判委员会，预约谈判内容、日期和地点。

关于集体协商的提出，任何一方均可就签订集体合同或专项集体合同以及相关事宜，以书面形式向对方提出进行集体协商的要求。一方提出进行集体协商要求的，另一方应当在收到集体协商要求之日起 20 日内以书面形式给以回应，无正当理由不得拒绝进行集体协商。

（三）协商程序

关于集体协商的程序，《集体合同规定》第 34 条规定：集体协商会议由双方首席代表轮流主持，并按下列程序进行：（1）宣布议程和会议纪律；（2）一方首席代表提出协商的具体内容和要求，另一方首席代表就对方的要求作出回应；（3）协商双方就商谈事项发表各自意见，开展充分讨论；（4）双方首席代表归纳意见。达成一致的，应当形成集体合同草案或专项集体合同草案，由双方首席代表签字。集体合同草案在经过职工大会或职工代表大会审议通过后，由企业法定代表人代表企业，企业工会主席代表职工在协议上签字。

市场经济国家在谈判举行阶段，可能出现几种情形：一是双方互相妥协，顺利达成协议；二是双方互相讨价还价，谈判陷入僵局，后经协商或调解达成协议；三是谈判陷入僵局且调解失败，导致谈判破裂甚至罢工或闭厂，后又在政府干预下继续谈判，最终达成协议。

在我国现行立法中，对如何举行谈判作了如下规定：在谈判中，任何一方不得有过激行为；在不违反保密法规和不涉及企业商业秘密的前提下，双方有义务向对方提供与谈判有关的情况或资料；谈判未达成一致或出现事先未预料的问题时，经双方同意可以暂时中止谈判，具体中止期限及下次谈判的具体时间、地点、内容由双方共同商定。

（四）策略

在协商过程中，双方协商代表，应当对正式协商的实施运作从策略上进行整体运筹谋划。从协商策略的类型看，主要包括：进攻策略、退却策略和迂回策略等。平等协商策略的运用，是一种复杂巧妙的组合搭配，实战中往往需要攻守兼备，扬长避短。协商策略一旦确定，双方各自的协商代表都应按照本方确定的策略执行，切忌各行其是。

（五）技巧

实践中，协商技巧的运用十分灵活，具体可通过下列原则得以体现：

1. 双赢原则

即在协商过程中，不仅应考虑职工方面的利益目标，同时也应兼顾企业方面的利益目标，从而通过有效的协商和所达成的共识，使双方的利益目标趋向接近，进而使双方通过协商共同受益。

2. 4P 原则

即政策（policy）、预测（predict）、准备（preparation）、陈述（presentation），在协商过程中，不仅应坚守本方的基本政策和主张，同时又能够预测对方可能作出的反应并适时采取相应的对策；不仅对协商资料准备充分，而且能够充分陈述自己的立场和基本主张。

3. 2C 原则

即控制（control）、协调（coordination）。在协商过程中，不仅能够有效控制协商的过程并使其逐渐靠近所期望达到的目标，同时又能够有效协调内部成员之间的分工以形成默契配合。

第 4 节　集体谈判的结果

谈判过程的中心问题是双方是否愿意，并且能在多大程度上做出让步。谈判结果如何，在相当程度上取决于以下三方面因素：即双方的谈判力量；利益，价值观和期望值；谈判技巧。

一、谈判力量

谈判力量是三个因素中最重要、也是最难解决的问题。一般认为，劳动关系双方在某些方面之所以能达成一致，是由于谈判力量在起作用。但如果认为凡是与谈判结果有关的任何事情，都可以归为力量来源的话，“力量”这一概念也就变得没有实际意义。所以，对“谈判力量”的界定，范围要适当，才能明确其含义。劳资双方都具有一定的谈判力量，才可能从对方那里赢得让步。由于罢工在某种程度上能给对方带来直接和间接的损失，我们可以把谈判力量区分为直接和间接两个来源，把相互关联的力量区分为：退出力量、罢工力量和岗位力量。

对管理方来说，罢工带来的直接成本和工人的罢工力量是对等的。在私营部门，这些成本主要表现为，在罢工期间和罢工结束后，由于销售额和市场份额下降引起的利润损失。一般来说，在经济繁荣时期，这些成本是最高的，因为雇主不能有效地利用替代工人从其他工作场所为顾客供货，也没有专门为预防罢工储备的产品或服务。在公共部门，罢工力量在某种程度上更为复杂，但主要表现为公众对罢工者的同情以及对政府信任度的下降。在这两种情况下，他们往往期望管理方做出更大的让步，让步越大，超过其罢工成本的利益就越多。对管理方来说，间接成本包括罢工后因工人不满和敌意引起的辞职的增加，以及管理成本的提升。由于这与工人的退出力量和岗位力量紧密结合在一起，因而，尤其对那些技术水平高、专业技能强的工作，以及那些高度复杂、精确、资本技术密集型的工作来说，成本通常是最高的。

对工会来说，直接成本与管理方的罢工力量（即闭厂）是等同的。主要是参与罢工者能在多大程度上弥补因为罢工而损失的收入，包括罢工前后的加班工资收入、在别处从事临时或非全日制工作所得，以及罢工期间工会提供给他们的津贴等。间接损失包括由于罢工而引起的潜在的工作损失，以及由于管理政策的改变而有可能被转移到条件更艰苦的工作场所，如工作负荷增加、劳动纪律更加严格等。同时，这些又与管理方的退出力量和岗位力量紧密相联系，管理方辞退员工，其结果可能增加在职雇员的工作负担。

二、利益、价值和期望值

双方的利益、价值判断和期望值直接决定了彼此会在多大程度上抵制对方的要求，承受罢工可能引发的损失，因而对于谈判结果有着重要的影响。对管理方而言，有三类因素是很重要的：首先是各种让步的成本，具体数额依赖于雇主的实际支出。有些企业已经有了相当的规模，经济实力雄厚，或者做出让步有利于与工会共同建立管理规则及程序，如对一些灵活性小的岗位建立标准化流程等，因而他们可能会发现对工会做出让步的成本并不高。第二类因素是管理方持有的反工会化的价值和观念。在某种程度上，这种价值和理念促使其在集体谈判中采取比较强硬的态度。第三类因素是管理决策者的想法，他们相信能够吸收和转移这些成本的程度。在私营部门，主要取决于雇主的经济状况、竞争对手是否联合并做出相似的让步等。在公共部门，则更多取决于预算情况和通过提高税收把费用转嫁给纳税人的能力。

对工会来说，同样有三类因素会对谈判结果产生重要的影响：（1）工人及其谈判代表认为做出让步的成本很高，尤其是工资和福利，以及在协议有效期内如何保护工人权利的程序性问题。（2）工人及其谈判代表受到压抑、挫折，或对管理政策和实践不满，所引起的强烈反应。（3）公平感，特别是感到雇主有能力做出让步而不肯让步时，或者受到相似职业工人的就业条件和待遇的影响时，这种感觉会更为明显。

三、谈判技巧

谈判技巧的重要性表现在两个方面：一是改变对方期望值和

谈判底线的技巧，二是准确判断对方让步位置的能力。谈判技巧的获得，不仅要通过对对手在谈判桌上的行为进行准确分析，还要对谈判力量、对方的价值取向以及期望值做出正确判断，以确定对方可能做出的让步限度。例如在失业率很高，工会又不能提供罢工津贴的情况下，管理方就可能获得比较好的谈判方案，因为罢工成本很高，工人会减少罢工倾向，谈判代表更愿意做出让步。反过来，如果工人辞职、罢工、岗位力量很强大，工会的谈判代表则可能获得有利的结果，因为工人不满，管理成本加大，使得管理方谈判代表更愿意做出让步。

显然，这三类因素之间是相互关联的，如果工会方的谈判力量弱而管理方的力量强，那么工人就会降低期望值而且改变强硬态度，因为他们知道如果罢工，代价将是极其昂贵的。同时管理方则会提高期望值，在谈判中采取强硬态度，不愿接受妥协。另外，这些因素的变化也与经济状况和经济形势紧密相联，在企业层次上进行的谈判，一般比较关注工人的不满和节约成本，雇佣更多熟练工人，发展资本、技术密集型的产业等问题。但从宏观上讲，在失业率居高不下的情况下，要在罢工和削弱工会力量之间进行选择，难度是很大的。经济衰退意味着通过罢工造成的销售和利润的下降也是有限的，这反过来又会削弱工人的罢工力量。对一个具体的谈判结果的影响，从根本上说，有赖于谈判者及其所代表的群体对形势的把握和选择。

第 5 节　不当劳动行为及其救济

为了保障谈判主体的独立性和代表性，防止任何一方对另一方的抵制、干预和控制，1935 年美国通过的《劳动关系法》率先对不当劳动行为进行了限制。此后，日本、加拿大等国也在其劳动关系立法中对不当劳动行为进行了具体规定。我国《工会法》

虽然没有使用“不当劳动行为”一词，但却包含了不当劳动行为立法的一些具体内容。

一、不当劳动行为

不当劳动行为又称为不公正劳动行为或不公正劳工措施，是指工会在组建过程之中或组建之后，任何一方采取不法手段试图对抗对方的措施或行为。不当劳动行为虽然从理论上讲包括了劳资双方的不当行为，但一般主要是限制管理方在工会承认过程中的不当劳动行为。对雇主不当劳动行为的限制，是为了保障劳动者的组织权和集体谈判权。如在美国，由不当劳动行为提起的诉讼和实施的司法救济，绝大多数是由于雇主的不当劳动行为所引起。在市场经济国家，法律对雇主不当劳动行为的具体限制主要有：

工人不能因为从事合法的工会活动而遭解雇，即使这仅是解雇的原因之一。比如雇主可能已经趋于解雇某个不服管理的工人，但后来知道这个工人正在组建工会，对工人来说，这可能是免遭解雇的“最后一根稻草”。这时如果解雇工人，雇主的行为就构成不当劳动行为。因为如果工人因参加工会活动而被解雇，那就意味着自由组织工会的行为是违法、不受保护的，从而使其他工人由于惧怕失业而远离工会。

在工会的组建过程中，雇主不能单方面改变雇佣待遇和条件，除非能够证明这种变更符合过去的做法和传统，而与工会的组建没有任何关系。例如，如果雇主每 6 个月根据物价上涨指数对工资进行调整，那么即使在工会组建过程中，雇主依然有权按照惯例对工资进行正常调整，而不构成不当劳动行为。但如果没有惯例而这样做，或者工资的实际增长高于物价上涨幅度，则可能构成不当劳动行为。因为它不仅使工人难于弄清雇主的真实意图，而且如果允许雇主变更雇佣条件，会大大增加工会的组建难度，挫伤上级工会对资助建立基层工会的愿望，也使工人更难以意识到法律规定的自由结社权利。禁止雇主对组建工会进行任何形式的威胁或者承诺。在工会的组建过程中，雇主可以给工人提供一些有用的、真实的信息，表明其雇用条件和待遇比竞争对手要好，或者也可以直接“打开账簿”，向工人证明他确实已经没有能力提供更好的条件和待遇，但这些信息的提供不能暗含着威胁或承诺。雇主不能声称或者暗示，假若工会组建成功，他将关闭工厂或停止某些福利；或者承诺如果不组建工会，他将改善、提高雇佣条件等。雇主的这些威胁、恫吓或承诺等不当劳动行为，在很大程度上降低了工人组建工会的愿望，干涉了工人结社权的行使，或者使组建工会的成功率大打折扣，降低了劳动者建立工会的意愿和积极性。

禁止雇主暗中监视和破坏工会活动。雇主不能暗中监视或讯问工人，也不能派人暗中混入工会或者影响工会的活动。雇主的暗中监视和渗透在很大程度上对工人造成了威胁，明显破坏了工会的组建，削弱了工会的基础。雇主不得改变选举单位雇员的构成，尤其不得从选举单位之外雇佣其他雇员。因为新雇员对雇佣心存感激，不太可能反对雇主，而且如果是从事非全日制或临时性工作，则他们对加入工会更加缺乏兴趣，更有可能投票反对组建工会，从而削弱工会的组建率。近十多年来，市场经济国家工会组建率大都呈现日益下降的趋势，其重要原因之一是企业雇佣的兼职劳动者人数日益增多。雇主不得从事任何有可能影响工会自治权力的活动。在工会组建之前、组建过程之中，以及组建之后，雇主不得从事任何有可能影响工会自治权力或者完整性的活动，尤其是不能试图建立一个已经与之达成秘密交易的“情人”工会。在工会的组建过程中，雇主不得对工会提供任何形式的支持；在多个工会试图同时组织工人的情况下，也不得影响工人的选择。否则，工人们会发现他们加入的工会，是一个没有真正独立于雇主的组织，因而也就不可能很好地维护其合法利益。

雇主不得为了避免工会化或试图摆脱已建立的工会而关闭工厂或重新开业，即使这仅是原因之一。例如，雇主可能会对一个利润很小的部门做出这样的决定，即一旦工会建立，该部门也就没有再营业下去的价值了。如果工会的组建和这个决定有任何关联的话，那么雇主的行为就可能被认定为不当劳动行为。

从某种程度上说，法律对雇主行为的限制，可能有些片面或者过度。但必须看到，工会的组建通常是非常艰难的，因为雇员为了生活，要高度依赖于雇主，担心因参加工会遭到报复，其结果是雇主的任何行动，哪怕非常微弱，也可能破坏工会的组建。因而有学者建议，一切形式的雇主参与，甚至包括真实信息的提供，都应该是违法的。

同样，法律也对工会的不当行为做出了相关限制。例如，工会组织者不得采用任何高压手段，强迫、威胁工人签名加入工会。在企业“内部”，为雇主工作的工会组织者，在工作时间不得从事与工会相关的活动；在企业“外部”，组织者未经雇主许可，不得进入企业经营场所从事工会的组建活动。后者被认为是把工会置于一个更为不利的地位，因为如果工会组织者不进入企业，就难于获得工人的姓名和地址，从而需要花费大量时间在工作时间之外同工人联系。而这似乎又使工人感到，卷入工会活动好像是做了错事。另外，在工会的组建过程中，工人不得从事罢工或者任何其他报复行动。

二、不当劳动行为的救济

与不当劳动行为内容同样重要的是，如何对不当劳动行为采取救济措施。因为对不当劳动行为的救济如果不能充分保证雇员利益，保护工人免遭其侵害，劳动法也就难以真正发挥其最大价值。在市场经济国家，法律规定的不当劳动行为救济措施主要是行政救济和民事救济。

（一）行政救济

不当劳动行为的救济机构一般为劳动委员会，劳动委员会发现雇主存在不当劳动行为，可以发布命令要求其立即停止。劳动委员会的命令应在法庭登记，如果雇主不执行，可被处以藐视法庭罪。

（二）民事救济

劳动委员可以基于民法“全面救济”理论，采用恢复原状、赔偿损失等多种保护措施，对不当劳动行为进行全面救济。如果雇员因参加工会活动而被不公正解雇，劳动委员会可以判令雇主恢复工人职位，并赔偿其损失——通常为雇员失去的工资与其在别处工作所得收入之间的差价。如果雇主关闭工厂的原因之一是为了削弱工会，劳动委员会通常要求雇主对免职的雇员进行经济补偿或者提供相应的工作岗位；也可以要求这些工厂的工会自动获得资格承认，或者甚至使质疑中的工厂重新开业。

这些救济措施初看起来好像很严厉，但总体上所发挥的作用仍然很有限。因为与遵守法律相比，雇主即使被认定构成不当劳动行为，也不会受到实质性的损害，付出的代价也不大。比如雇主通过解雇一二个工会积极分子，能明显使工会的组织活动降温，因为劳动委员会将如何裁决还不清楚，其他工人会担心自己处于相似境遇而不敢贸然组织工会。即使雇主的行为最终被认定为不当劳动行为，他所唯一需要支出的只是对被解雇工人的收入损失进行补偿，而这对雇主来说，不管数额如何，都不是一笔很大的花费，更何况它还对工会的组建起到了抑制作用。通常，各国政府对这类问题还是比较敏感的，多数国家规定，即使在只有少数工会成员指控不当劳动行为的情况下，也允许劳动委员会对它进行审查，并做出快速表决，一些国家还规定了相应的程序确保不当解雇案件能尽快解决。但这些措施收效甚微，对雇主的限制也很有限，而且要证实不当劳动行为的成立在法律上也有难度。比如，有些工人指控受到雇主的威胁、审问、或监视，但由于缺乏具体证据，对劳动委员会来说，要支持工人对不当劳动行为的指控非常困难。根本原因在于，通过惩罚性措施如罚款、监禁对不当劳动行为进行制裁，需要提起刑事诉讼，而刑事案件要有充分的证据支撑。这对按照民事法律裁决纠纷的劳动委员会来说，要举证证明雇主违法是非常困难的。因此，惩罚性制裁方式对不当劳动行为的约束极为有限。

防止不当劳动行为的侵害，是劳动法保护工人结社权和集体谈判权的基础。因为在工会在组建过程中，工会不能号召工人以罢工形式给予雇主"还击"。工会虽然可以通过消费者对雇主的产品进行抵制，但这显然比较困难。值得注意的是，不当劳动行为在现代西方国家并不是很普遍，这反映了多数雇主比较重视、尊重法律，或者遵从这样一种理念，即不当劳动行为将极大挫伤员工士气，破坏企业的公众形象。但这并不是说不当劳动行为就不存在。在过去的几十年，一些著名的大公司如加拿大皇家商业银行（The Canadian Imperial Bank of Commerce）、加拿大 K-玛特（K-Mart Canada）、美国沃尔玛商场等都曾经被指控从事了不当劳动行为。从本质上讲，随着全球经济的一体化，越来越多跨国公司的进入，不当劳动行为会不可避免地增加。

三、我国法律对不当劳动行为的有关规定

（一）我国法律对不当劳动行为的规定

我国劳动立法虽然没有直接使用"不当劳动行为"的概念，但现行法律对用人单位一方的不当劳动行为进行了明确列举，并规定了相应的法律责任。2001 年 10 月我国对《工会法》进行了修订，保障劳动者享有建立、参加和从事工会活动的权利，明确

规定法律对以下行为予以限制。

1. 实行差别待遇

劳动者不因为参加工会活动而受到不公正对待。用人单位不得因为劳动者组织、参加工会活动，而采取包括解雇、调动、减薪、降职等方式进行阻挠和限制。此外，中国法律特别规定，不得随意调动工会主席、副主席的工作，解除和终止集体协商谈判代表的劳动合同。基层工会专职或非专职主席、副主席、委员是工会会员大会或者会员代表大会依法选举产生的工会工作人员，肩负着协调劳动关系，维护职工合法权益的法定职责。工会主席、副主席任期未满时，不得随意调动其工作。因工作需要调动时，应当征得本级工会委员会和上一级工会的同意。罢免工会主席、副主席必须召开会员大会或者会员代表大会讨论，非经会员大会全体或者会员代表大会全体代表过半数通过，不得罢免。基层工会专职主席、副主席或者委员自任职之日起，其劳动合同期限自动延长，延长期限相当于其任职期间；非专职工会主席、副主席或者委员自任职之日起，其尚未履行的劳动合同期限短于任期的，劳动合同期限自动延长至任期期满。但是，任职期间个人严重过失或者达到法定退休年龄的除外。

2. 拒绝集体谈判

《工会法》第53条规定："违反本法规定，有下列情形之一的，由县级以上人民政府责令改正，依法处理……无正当理由拒绝平等协商的。"这一规定实质上确立了企业和工会的集体谈判义务，以及无正当理由拒绝履行集体谈判义务时的法律责任。所谓"正当理由"是指不可避免且足以妨碍集体谈判正常进行的、或者勉强进行集体谈判会妨碍更大利益实现的情形。构成"正当理由"的情形消灭之后，不得再拒绝进行集体谈判。《工会法》将"集体协商"规定为用人单位的义务，是一种强制性条款，改变了《劳动法》把集体协商作为选择性条款的规定，而且具体规定了用人单位如果无正当理由拒绝平等协商所应承担的法律责任。

3. 控制干涉工会

任何个人和组织不得控制或干涉工会组织的成立，不得妨碍工会的活动，控制干涉工会是雇主的不当劳动行为之一。《工会法》规定，不得阻挠和限制工人依法参加和组织工会的权利；不得随意撤销、合并工会组织。《北京市实施〈中华人民共和国工会法〉办法》进一步规定，工会主席、副主席不得由本企业的法定代表人兼任，也不宜由分管劳动、工资、人事的企业负责人兼任。企业主要负责人的近亲属不得作为本企业基层工会委员会的成员。但雇主控制干涉工会的行为，特别在非公有制企业是比较普遍存在的问题。在一些已经建立工会的非公有制的企业中，工会主席有相当部分是由企业行政负责人如副厂长、人事部长、行政处长，或雇主的亲戚、亲信乃至老板娘充任。

（二）我国法律对不当劳动行为的救济

在不当劳动行为的救济方面，我国《工会法》规定了相应的法律责任，主要表现在以下方面：

1. 关于妨碍职工行使结社权和阻挠工会建会工作的法律责任

针对一些企业限制、阻挠甚至禁止职工依法组织和参加工会，或以精简机构为名撤并工会的现象，2001 年《工会法》新增了对侵害参加和组织工会权利的行为的制裁措施，规定“阻挠职工依法参加和组织工会或者阻挠上级工会帮助、指导职工筹建工会的，由劳动行政部门责令其改正；拒不改正的，由劳动行政部门提请县级以上人民政府处理；以暴力、威胁等手段阻挠造成严重后果，构成犯罪的，依法追究刑事责任”。

2. 关于对工会工作人员打击报复、侮辱诽谤或人身伤害的法律责任

针对工会干部在履行职责中，因维护职工合法权益而遭到打击报复，有的被调离，有的被撤职，有的被扣发工资，有的被解

除劳动合同，而原法律的保护范围、保护力度又不够的情况，《工会法》对打击报复工会工作人员、无正当理由调动其工作岗位的情况，规定了两种处罚方式：一是由劳动行政部门责令改正、恢复原工作；二是造成损失的，给予赔偿。针对侮辱、诽谤或者人身伤害工会工作人员的情况，规定了两种处罚方式：一是追究刑事责任；二是依照治安管理处罚条例的规定处罚。

3. 关于解除参加工会和从事工会工作的人员的劳动关系应当承担的法律责任

实施这两种违法行为引起的处罚方式有两种，其一是由劳动行政部门责令恢复其工作，并补发被解除劳动合同期间应得的报酬，可以包括工资、奖金、津贴、补贴等；或者，其二是由劳动行政部门责令恢复其工作，并责令给予本人年收入 2 倍的赔偿。最高人民法院《关于在民事审判工作中适用〈中华人民共和国工会法〉若干问题的解释》规定，人民法院审理职工和工会工作人员因参加工会活动或者履行法定的职责而被解除劳动合同的劳动争议案件，根据当事人的请求，可以采用两种方式给予救济：裁判用人单位恢复其工作，并补发被解除劳动合同期间应得的报酬，或者裁判用人单位给予本人年收入 2 倍的赔偿，并支付经济补偿金。职工或者工会工作人员因参加或从事工会活动而被解除劳动合同后，如果已经找到其他工作或者认为已经无法继续在该单位工作，本人不要求恢复劳动关系的，请求用人单位支付其本人年收入 2 倍的赔偿金，同时要求支付解除劳动合同的经济补偿金的，人民法院应当予支持。经济补偿金应当参照《违反和解除劳动合同的经济补偿办法》第 8 条规定的标准计算。

4. 关于阻挠工会依法行使职权的法律责任

《工会法》明确规定，对于妨碍工会组织职工通过职工代表大会和其他形式依法行使民主权利的；对于非法撤销、合并工会组织的；对于妨碍工会参加职工因工伤亡事故以及其他侵犯职工合法权益问题的调查处理的；对于无正当理由拒绝进行平等协商的，由县级以上人民政府责令改正，依法处理。法律规定的“依法处理”有多种情况，对于给职工和工会造成损失的，应当依照法律规定进行民事赔偿；对拒不改正的，或给予行政处罚，或给予违法行为直接责任人行政处分；对情节严重，构成犯罪的，应当交司法机关依法追究其刑事责任。

5. 关于保障工会经费收缴的规定

目前工会经费收缴难已成为一个普遍问题，一些企业因经济效益不佳而拖欠工会经费，甚至拒缴工会经费，有的省、市工会经费收缴率只有50%左右，有的甚至仅有30%，严重地影响了工会工作的顺利开展。为此，《工会法》第43条规定：“企业、事业单位无正当理由拖延或者拒不拨缴工会经费，基层工会或者上级工会可以向当地人民法院申请支付令；拒不执行支付令的，工会可以依法申请人民法院强制执行。”这一规定为催缴工会经费提供了法律保障。2003年7月8日施行的最高人民法院《关于在民事审判工作中适用〈中华人民共和国工会法〉若干问题的解释》对工会组织要求企业、事业单位、机关团体支付拖欠的工会经费如何适用支付令程序问题作了明确规定。一是规定了申请支付拖欠的工会经费支付令案件，由被申请人所在地的基层人民法院受理，明确了受理此类支付令案件的法院的地域管辖问题。二是规定了人民法院适用支付令程序审理案件的有效快捷方式。在受理工会组织要求支付拖欠工会经费的支付令案件后，人民法院可以先行向被申请人询问是否对该支付令存有异议，如果被申请人对债权债务关系没有异议，仅对应拨缴工会经费数额有异议，人民法院可以就无异议的数额部分发出支付令，保证支付令不仅能够及时发出，而且确保得到执行。这是对支付令程序的重要完善，可以有效避免在支付令发出后，仅因被申请人对支付工会经费数额的一部分有争议，对债务存在没有异议而导致整个支付令失效，案件进入诉讼程序。从而使工会组织利益得到及时有效地维护。

第6节　诚信谈判的责任

一、诚信谈判责任的含义

诚信谈判的责任，是指工会一旦获得承认，赢得选举，无论工人是否签字，都取得代表所有工人的“排他代理权”，雇主负有“诚实”谈判的法律义务。诚信谈判也称之为善意谈判、真诚谈判、诚实谈判，是有效劳动关系的基础，它意味着双方进行有效的沟通和谈判，意味着双方的主张互相磨合，双方做出每一个合理的努力以达成一致。真诚的谈判对于谈判的成败至关重要，虽然从实践上讲，做出一些让步是必要的，但它并不意味着任何一方被迫地同意某一主张，也不要求任何一方做出任何具体让步。集体谈判开展的一个重要条件是谈判双方彼此之间的信任程度，彼此信任是彼此诚挚合作的基础，因而也是集体谈判制度的重要内容。有关诚实谈判、善意谈判的概念始终存在争议。有人认为，“善意谈判”这一概念毫无意义，至少是无法执行的，因为究其本质，这是以法律的形式要求承担这一责任的当事人保持某一特定的情绪。也有人认为此责任仅仅是促成工会与雇主坐下来谈判，而不用关心其结果如何。①

目前，无论在法律还是在学理上，人们还难以对“诚实谈判”给出准确定义，其原因很复杂，主要是因为谈判很少能在真空状态中进行，在进行诚信谈判之前、之中、之后，都可能会出

① ［美］道格拉斯·L·莱斯利. 劳动法概要. 北京：中国社会科学出版社，1997. 117

现经济手段的运用，有时这些经济手段也可能用来破坏谈判。而判断雇主或工会的某一行为是合法运用经济手段的行为，还是非法拒绝诚信谈判的行为也是一个棘手问题。因而人们一般从立法上对诚实谈判进行概括性描述或解释。如美国《国家劳工关系法》第 8 条要求雇主与工会双方善意地进行谈判，并将“诚信谈判”解释为双方会面并开诚布公地进行谈判，但并不要求达成某种协议。[①] 要求工会和雇主都应以“讲究信用”的态度进行交涉。日本劳动法律要求雇主在谈判时，必须严格履行真诚谈判的义务。真诚谈判原则包括：雇主提供情报、提出反提案，不直接与个别工会成员谈判。日本《工会法》第 7 条规定：“资方不得无正当理由而拒绝与劳方代表进行集体谈判。”韩国《工会及劳动关系调整法》也规定了诚信谈判的原则，该法第 81 条规定，禁止劳动力使用者无正当理由拒绝集体交涉。使用者对和平地进行集体交涉具有诚实回应的义务。第 30 条规定，工会与使用者或使用者团体应诚实交涉并签订团体协约。无正当理由不得拒绝交涉或签订团体协约。劳动关系双方都有诚实交涉的义务。如果使用者违反诚实交涉义务，以不当劳动行为进行处罚；但如果工会违反诚实交涉义务，则使用者可以正当地拒绝集体交涉，此时使用者的行为不构成不当劳动行为。[②]

此外，一些国家在实践中对“不真诚”谈判的行为也进行了列举式描述，如根据美国国家劳动关系委员会（NLRB）和法庭的解释，下列各项属违反了真诚谈判的要求：（1）表面谈判。仅仅履行谈判的过程，没有真正达成正式协议的目的。（2）让步。虽然法律不要求任何一方做出让步，但 NLRB 和法庭对“真诚”的定义表明，妥协的意愿是真诚地进行谈判的重要因素。（3）主

---

① ［美］道格拉斯·L·莱斯利．劳动法概要．北京：中国社会科学出版社，1997．117

② 王益英主编．外国劳动法和社会保障法．北京：中国人民大学出版社，2001．506～507

张和要求。NLRB把提出主张看作是决定总体真诚的一个因素。(4) 拖延策略。法律要求双方碰面，并在合理的时间进行磋商。显然，拒绝与工会碰面就没有履行法律加于雇主的积极性义务。(5) 强加条件。强加不合理或苛刻的条件是不真诚的表现，NLRB将对此进行调查。(6) 单方变更条件。这被看作是雇主在谈判中没有达成协议意图的重要特征。(7) 回避代表。当雇主拒绝与工会代表进行谈判时，就违反了自己的谈判职责。对管理方而言，真诚谈判责任的最底线是雇主承认工会法定代表是自己在谈判中必须与之交涉的对象。(8) 在谈判中采取不正当劳动行为。(9) 提供信息。必须应工会要求向工会提供信息，使工会能够理解并有理性地讨论谈判当中出现的问题。(10) 谈判项目。拒绝就法定项目进行谈判或坚持就约定项目进行谈判也被视为不真诚地进行谈判。①

二、诚信谈判责任的内容

尽管对“诚实谈判”理论的具体涵义，学界理解不一，但通常包括以下内容：

(1) 双方会面并开始谈判；

(2) 全面讨论双方面临的问题、所处立场和理由；

(3) 任何一方不得隐匿、扣留和歪曲信息，也不得故意误导对方；

(4) 任何一方都不得通过自相矛盾的方式或者做出简单毫无意义的让步之举，破坏谈判进程，通常被称为“表面谈判”战略；

(5) 雇主不得绕开工会直接向会员允诺条件。②

国际劳工组织也非常重视集体谈判中的诚信谈判原则。主张

---

① [美] 加里·德斯勒. 人力资源管理（第六版）. 北京：中国人民大学出版社，1999. 569～570

② Bemmels, B., E. G. Fisher, and B. Nyland, “Canadian—American Jurisprudence on ‘Good Faith’ Bargaining,” *Relations Industrielles*, 1986. 41: 596～621

"雇主和工会必须诚信地谈判，并尽一切努力达成协议"；"真诚和建设性的谈判是建立和维持当事人之间信任关系的必要条件"。诚信谈判的原则，"意味着举行谈判的任何不合理的延误都应该避免，"① 它要求双方在谈判过程中要负起保护这种特殊信赖关系的协作义务、通知义务、照顾义务、保护义务和保密义务等。国际劳工大会1981年通过的第163号建议书中规定，应当按照国情采取措施，使参与集体谈判的各方取得为进行有意义的谈判所需要的各种信息资料。为此目的，公私雇主都应根据工人组织的要求，提供关于谈判单位和整个企业事业的经济与社会状况的信息资料，如果其中有些信息资料的泄露会对企业事业造成不利，那么对这些信息资料的提供可以是有条件的，即工人组织要承担义务对这些信息资料进行保密。

诚实谈判的责任要求双方以迅速、有效、诚恳的方式就工资、工时和其他就业条件进行谈判，达成协议，包括解决任何不满。从诚信的表现形式看，在谈判过程中，当一方就某项议题提出自己的主张或要求时，另一方应耐心听取，并加以认真考虑，对做出的答复和许诺负责，促使谈判获得成功。如果不要求雇主坚持诚信谈判原则，在法律上承认工会就变得毫无实际意义，尤其对那些缺乏足够力量，不能以罢工威胁促使雇主对重要事务进行谈判的企业。因而集体谈判要求双方具有诚意，并通过交涉来履行各自的义务，只有在相互信赖的基础上，才能使劳资关系走向民主化的道路。

对拒绝诚实谈判采取适当的救济措施，有利于确保这一原则的贯彻和落实。市场经济国家一般在法律上规定了相应的救济制度，如韩国《劳动组合法》第39条规定，经营者违反集体谈判的义务属不当劳动行为。雇主没有正当理由或不答应集体谈判要

---

① 国际劳工组织．结社自由：国际劳工组织理事会结社自由委员会的决定和原则摘要．日内瓦，1996．140

求，或不诚实地进行谈判，则工会可以根据该行为属于工会法所禁止的拒绝集体谈判的不当劳动行为，向劳动委员会请求不当劳动行为的救济，并且违反救济命令则处2年以下的有期徒刑或3千万元以下的罚金。在美国，如果确认雇主没有诚实谈判，劳动委员会可以要求雇主补偿工会所受的损失，赔偿工会谈判者的工资。工会也可以要求雇主签订一个具有溯及力的合同，一直追溯到劳动委员会对这一问题做出裁决的日期，在这种情况下，工人有权要求应得的工资。然而，要确定雇主确实拒绝诚实谈判是非常困难的，多数雇主认为对工会的任何要求一味让步，是明显不合适的，这也是为什么在美国新建工会的企业中，集体协议覆盖率不到1/3的主要原因。在加拿大，为避免这种现象的发生，多数省区通过司法判例确认了“第一协议仲裁”制度，即在劳资双方不能通过谈判达成协议时，不管是否存在不诚实谈判的情形，都由劳工部长或劳动委员会指定一名中立仲裁员，根据本地区同种类工人工资福利增长幅度进行裁决，达成协议。协议期限通常为1至2年，期满后再由劳资双方重新商定。从理论上讲，这时工会地位更加稳固，雇主反工会的策略也难以成功，而且最初的敌意也可能已经消失。

三、我国劳动立法与诚信谈判责任

我国劳动立法虽然没有直接使用“诚实谈判”责任的用语，但在一些法规和规章中却包含了相应的内容。如2004年《集体合同规定》第25条明确了协商代表应履行的职责：（1）参加集体协商；（2）接受本方人员质询，及时向本方人员公布协商情况并征求意见；（3）提供与集体协商有关的情况和资料；（4）代表本方参加集体协商争议的处理；（5）监督集体合同或专项集体合同的履行；（6）法律、法规和规章规定的其他职责。2000年劳动和社会保障部颁布的《工资集体协商试行办法》也明确规定了协商谈判的规则，如“协商双方享有平等的建议权、否决权和陈述权”；“工资集体协商的提出方应向另一方提出书面的协商意向书，明确协商的时间、地点、内容等。另一方接到协商意向书后，应于20日内予以书面答复，并与提出方共同进行工资集体协商；”“在不违反有关法律、法规的前提下，协商双方有义务按照对方要求在协商开始前5日内提供与工资集体协商有关的真实情况和资料”；“协商代表应遵守双方确定的协商规则，履行代表职责，并负有保守企业商业秘密的责任。协商代表任何一方不得采取过激、威胁、收买、欺骗等行为”。规定了在协商的准备阶段、对协商过程中的有关事项提出异议时，以及集体合同的执行过程中，工会都有权获得所需要的有助于了解实际情况的任何资料。这些资料包括企业财务状况、生产和销售额、原材料成本和营业费用等数据。雇主负有披露相关信息的义务。按照国际惯例，雇主若不能及时地向工会提供有关资料就等于拒绝谈判，应当承担因为不合作而带来的后果。对雇主而言，他们常常担心披露情况、提供足够的信息材料会增强工会的谈判实力，或被竞争对手所利用，但积极的方面是有利于雇主与雇员互通信息，加强在企业层面的合作。

第7节　罢工及其争议处理

一、罢工的法律含义

（一）含义

对罢工有多种不同的定义和表述。有的认为，“罢工是劳工互相团结暂时不履行依劳动契约所负劳务供给义务之集体行动”；

有的认为，“罢工是多数劳工为达一定之争议目的，有计划地共同中止工作之行为”；亦有的认为，“罢工是多数被雇人，以劳动条件之维持、改善或其他经济利益之获得为目的，协同的为劳动之中止”[①]。一些国家劳动法中明确界定了罢工的概念，如《菲律宾劳动法》规定，罢工是指由工业或劳资纠纷引起的，雇员一致的暂时停止工作的行动。

罢工是劳动者为改善工作条件而实施的有计划、有组织的集体暂时停止工作的行为。罢工是以工会为主体而展开的，是集体谈判中的一种压力手段。罢工权是劳动者为改善劳动条件，缔结或变更集体协议而集体停止工作的权利。罢工是集体劳动冲突的一种形式，也是劳动者表达和保护自身权益的一种基本手段。罢工作为工会向资方施加压力的战术，是工会在集体谈判中威胁对方的手段和解决争端的最后武器。

对罢工含义的理解，台湾学者史尚宽先生在其《劳动法原论》中最早作了阐述，之后台湾学者黄越钦在《劳动法新论》中也对这一问题进行了论述。通常，对罢工主要从以下三方面理解：(1) 罢工是劳动者暂时停止工作的行为。罢工是单纯的劳动行为的中断，而不是劳动契约关系的终结，劳动者是暂时离开工作岗位，引起生产秩序的中断，给雇主造成压力，而不是永久离开岗位。罢工结束，劳动者仍可以回到工作岗位上。(2) 罢工是劳动者集体的、一致的行为。罢工是多数劳动者的共同行为，而不是个人的单独行为，是多数劳动者在工会领导下有组织地停止工作，给雇主造成一定的影响，个人罢工一般为观念所不许。(3) 罢工是以维持和改善劳动条件，提高劳动报酬，获得经济利益为目的，以缔结或修订集体协议为目标，而不是以取得政治、宗教等非经济利益为目标。工会举行罢工，是为了增强谈判力量，迫使雇主提高工资和福利水平，改善工作条件。罢工的目的

---

① 黄越钦．劳动法新论．台北：台湾翰芦图书出版有限公司，2000.440

限于经济范畴，是劳动者为实现经济目的所为的经济行为，联合国也把它规定在《经济、社会和文化权利国际公约》中，而不是《公民政治权利国际公约》之中。

（二）分类

由于罢工行使的手段、发起组织、追求目的、策略运用以及罢工规模的不同，可以将罢工分为不同的形态进行研究。

1. 依争议手段的先后不同，可分为攻击性罢工和防御性罢工。攻击性罢工是由劳动者首开争议，要求满足一定条件而发起的罢工。防御性罢工是劳动者为防止雇主裁员、解雇、关闭工厂或采取其他不利于劳动者的行为而实施的罢工。

2. 依罢工发起组织的不同，可分为工会罢工和非工会罢工。工会罢工是指由工会组织策划、号召举行的罢工，通常要遵循法定的程序，如要经调解无效、工人投票表决、发布罢工令等才能中断工作。工会通常要设置罢工纠察队、紧急服务人员以及公共关系声援中心，并支付罢工津贴。非工会罢工，又称“野猫罢工”（wild-cat strike），即未经过工会组织策划，由工人自发组织的罢工。

3. 依罢工的目的不同，可分为协约罢工、同情罢工和示威罢工。协约罢工是为了签订集体协议而进行的罢工。同情罢工是为了声援其他劳动者的罢工行动而采取的罢工，其目的不是为了反对本企业雇主，而是为了对另一个举行罢工的工会表示同情。示威罢工是为了向雇主或国家机关表达某种强烈要求或不满情绪而举行的罢工。

4. 依罢工策略不同，可分为间隔罢工、巡回罢工、象征性罢工和迟滞罢工。间隔罢工是每隔一定时间，即反复进行一定时间的罢工。巡回罢工，也叫轮流罢工，指不同企业或工厂轮流持续进行一定时间的罢工；也指罢工轮流在不同的部门之间进行，即一个部门罢工后另一个部门接着罢工的方式。象征性罢工，又称警告罢工，指为迫使雇主做出让步而短暂中止工作，以表示对抗之决心与准备，通常是对雇主发出的进行正式罢工的预警。迟滞罢工，又称“怠工”（go-slow strike），即不是全部中止工作，而是减量或减缓进行工作。

5. 依罢工规模的不同，可分为总罢工、全面罢工和部分罢工。总罢工是所有劳工组织都参与的罢工。全面罢工是特定经济产业或行业的全部劳动者都中断其工作。部分罢工是特定经济行业中，居于关键地位的企业或工厂的劳动者所举行的罢工，又称“重点罢工”①。

罢工虽然有多种形式、多种形态，但并不是每种形态的罢工都是合法的。而且，即使是合法的罢工，劳动者在罢工中的种种行为，是否都属于正当的争议手段而受到法律保护，也需要进一步斟酌和研究，具体要看各国劳动法有关罢工的具体规定。

二、罢工的功能

劳资冲突可以多种形式表现出来，但罢工是最激烈的一种冲突形式，因为双方都要承受相当的损失和压力。同时，罢工也最具公开性，最受媒体和公众的关注，而且常常会影响甚至损害第三方以及社会公众的利益，尤其是在某些罢工发生较多的国家如西班牙、希腊和加拿大等。通常，人们都很关注罢工所产生的负面影响，关注罢工给生产带来的损失，以及对企业经营管理权的侵害。因而有人认为，罢工在某种程度上就是一种“强索”，是工人和工会以停工相威胁，迫使雇主接受高于市场水平的工资和劳动条件。既然如此，为什么还有那么多国家允许罢工？罢工为什么又能够存在如此之久？答案只能是，在罢工给人们带来损失和不便的同时，也许它的确具有某些积极的作用。因而，对罢工的功能和作用的分析就变得非常有价值了。

---

① 黄越钦．劳动法新论．台北：台湾翰芦图书出版有限公司，2000．441～442

(一) 罢工是解决冲突的主要方法

罢工是由工会发起的最明确、最典型的产业行动，在解决劳动冲突方面，罢工所起的作用是矛盾的。罢工既是冲突的形式，又是可以迫使双方妥协让步的压力。由于种种原因，有时劳资双方在谈判中都不肯或者不愿意妥协，但迫于谈判破裂可能引发罢工的损失压力，双方又会重新考虑各自的让步底线，降低其心理预期，在罢工前或罢工过程中相互妥协，达成协议，解决冲突。如果禁止罢工，则双方都不会面对罢工的压力，其结果可能是永远也达不成和解。这样，在整个集体协议的执行中，冲突依然存在，矛盾并没有化解，表现为离职率上升、劳资关系恶化、甚至出现蓄意破坏，同时还会引发工人申诉比率上升。加拿大安大略省一项对公共部门工人申诉比率的研究表明，“禁止罢工所引发的工人申诉比率，要远远高于允许罢工引发的申诉比率”。

(二) 罢工是迫使雇主让步的压力手段

没有罢工权意味着雇主可以根本不理会工会的要求。罢工权不仅确认了工会代表工人的权利，而且更重要的是它保证了这种代表权能够得到实际落实。如果没有罢工权，“工会代表工人”就会成为一句空话，因为在没有罢工压力的情况下，雇主可以根本不理会工会的要求。因此，不仅在法律上规定罢工权非常必要，而且，还要确保工人拥有能够通过罢工或罢工权给雇主造成损失的能力。

(三) 罢工是工人自由表达不满的方式

享有罢工权而无须担心遭到报复，对工人自由表达其意志至关重要。当工人对工作和劳动报酬不满时，罢工是表达其不满的主要方式和手段。如果不加区别地对所有罢工活动一律禁止，在某种程度上等于侵犯了公民所拥有的言论自由权利，而在今天，言论自由是国际社会公认的最基本的人权。因此，不仅从法律上规定罢工权十分重要，而且确保工人享有罢工权而不被解雇也同样重要。例如美国法律虽然规定工人享有罢工权，但如果罢工，雇主可以雇佣永久性替代工人，这就使工人有理由担心他们会因为履行了最基本的人权而失去工作。在加拿大，虽然法律对罢工权保护力度要远远高于美国，但罢工对工人来说，仍要付出很大的代价，尤其是在雇主有意要通过“艰难的谈判”和延长罢工时间才做出让步的情况下，工人付出的代价会更高。但即便如此，“加拿大相对较高的罢工率依然表明，罢工的预期损失仍没有高到足以有效否定法定罢工权的程度，在美国通常也是这种情形”。因此，在罢工已成为工人向雇主施加压力，表达不满的主要手段的情况下，在一定程度、一定范围内允许罢工活动是可取的，也是必要的。一些欧洲国家允许工人成立“工作委员会”（works councils)，对雇主的决策过程施加影响，使雇主在决策时更多地考虑工人利益，从而减少冲突发生的可能性，降低产生冲突的基础。同时，强调企业要像保护投资者利益那样保护工人的利益，因而，在这些国家出现了人们所期望的罢工率较低的景况。

罢工在集体谈判过程中的潜在功能是始终存在的，它确认了劳资双方相对的谈判优势，而且作为一种妥协诱因，罢工能促使双方找到一种彼此都能接受的解决方案，是双方达成协议的手段。罢工又是工人表达不满的权利，工人通过罢工和行使罢工权可以对管理方施加压力，罢工是市场经济体制下劳资双方矛盾导致的结果。由于劳动者和管理方在经济地位上的强弱不平衡，现代劳动法为实现强调保护弱者的目标，赋予劳动者以罢工权，使劳资双方在新的基础上重新达到动态平衡。

三、对罢工的法律约束和限制

工人拥有罢工权并不意味着罢工在任何情况下都是可行、不受限制的。罢工使工人、雇主，以及那些从罢工企业获得原料设备的第三方，直接或间接受到影响，遭受损失，罢工还使劳资双方加深了相互间的不信任和敌对情绪。如果罢工不受任何约束，还会导致双方谈判力量的失衡，尤其是企业生产受到较大影响或者出现少数工人就能使一个大企业关闭的情况。因此，许多国家法律在赋予工人享有罢工权的同时，对罢工权的行使、罢工行为也进行了相应的规范。

（一）对公用事业的罢工限制

最显著的限制就是规定在公共部门无条件禁止罢工。禁止公共事业部门的雇员罢工，是多数国家通行的做法和规定，但由于各国对公共事业的界定不同，因此禁止罢工的人员范围也不同。一些国家法律明文规定，禁止所有公务员（政府直接雇佣的工作人员，如公务员、法官、检察官、军人等）从事罢工活动，而代之于仲裁解决双方争议。那些正在从事与人们日常生活密切相关的公益事业以及关系国计民生或国家安全等行业（包括运输、煤气、交通等）的雇员，如消防员、警察等，同样也不享有罢工权。政府有权根据法律裁定那些正在罢工的工人停止罢工，返回工作岗位。但一般而言，以强制仲裁取代罢工的方式，只是紧急情况下处理罢工的临时性措施。

显然，法律对罢工行为是否予以限制的重要标准，是雇员所从事的工作，究竟是否属于影响社会公共利益的工作。同时对法律要求罢工者返回工作岗位，究竟是出于政治上的考虑，还是因为罢工确实给公众带来过度不便，也存在着争论。一些学者认为，政府在劳动关系中的角色，既是雇主又是立法者，显然政府在制定法律时也有其利益和偏好。政府既要保证工人享有合法的罢工权，又要确保这一权利的实施不会造成严重后果，危害公共利益，因而规定在某些情况下政府有权要求停止罢工。但这样做的结果，使得工人无法表达其不满，潜在的矛盾并没有得到适当的、令人满意的解决。对罢工权的否定可能在短期内是政治上的权宜之计，但从长远看，可能会把事情弄得更糟，如在美国，法律一般禁止公共事业部门的雇员进行罢工，比如中小学教师和护士等，但这些雇员越来越多地举行“违法”的罢工，或者利用集体辞职等手段，收到与罢工相同的效果。

总的来说，鉴于公用事业的社会性，许多国家法律严格限制公用事业部门的罢工权。如限定罢工人员的范围、提前通知说明罢工的理由、罢工的地点、开始时间与日期、期限、是有限期罢工还是无限期罢工等。而且，当罢工危及社会公共利益时，政府可以采取法律措施结束罢工。另外，法律严禁在公用事业部门举行巡回罢工和怠工。

（二）罢工的原则

从市场经济国家的立法来看，法律规定罢工通常要遵循两个原则：

1. “社会适当”原则

衡量罢工是否合法的标准是“社会适当”原则，其含义是社会一般能够接受而又合法的行为。[①] 罢工不能损害工作场所及其他有关房屋、生产设备等企业财产，不得伤害他人及其财产。罢工应以“正当非暴力”的方式进行，不得采取极端手段，罢工活动受“禁止过分”“公平进行对抗”“公共利益拘束”原则的约束。

2. “均衡性”原则

为防止工会过多地使用罢工权利，规定罢工应当符合法定的条件，如罢工必须是不得已而采取的方式；必须是工会已经履行了通过“诚实”谈判达成协议的义务；罢工手段的运用应当符合

---

① 石美遐. 市场中的劳资关系：德、美的集体谈判. 北京：人民出版社，1993. 65

当时签订集体协议的合适手段。实行罢工并不是解决劳资矛盾的唯一手段，应尽量使用其他较平和的方式。有的国家规定，罢工应当经过调解或仲裁程序之后才能举行，只能作为解决争议的最后手段，在调解或仲裁期间不得进行罢工。

遵循罢工原则，是确保这一制度良性运行的关键，也是法院衡量罢工合法与否，以及确定运用罢工权利与滥用罢工权利的重要界限。

（三）规定合法罢工的条件

大多数西方市场经济国家劳动法都有对罢工权的规范。如澳大利亚 1996 年修订的《工作场所关系法》对罢工做了具体规定，其主要内容是：在合法的集体谈判期间，劳方享有罢工权，资方享有关厂权；协议有效期内采取的争议行为属非法行为；采取争议行为须提前 72 小时书面通知产业关系委员会及对方，且必须事先已通过谈判努力和对方达成共识；如果想采取争议行为的当事人无诚意与对方谈判，或争议行为将给个人生命、健康、安全及居民生活带来危害以及给国家经济带来重大损害时，产业关系委员会有权冻结或阻止劳资双方的谈判；在委员会冻结或阻止劳资双方谈判期间，不得强行罢工或闭厂，否则受害者有权向民事法庭起诉，追究其民事责任；产业关系委员会有权命令停止非法的劳动争议行为，对不执行者罚以重金；坚决取缔劳方为胁迫雇主而采取的妨碍企业正常交易的行为。

韩国《劳动争议调整法》（1987 年）规定，争议行为具体包括罢工、破坏、关厂和其他劳动关系当事人为实现其要求而采取的破坏性手段，以及为反对这些手段而实施的行为，二者都有害于正常的经营活动。工会采取的争议行为要受到如下限制：须通过直接、秘密的无记名投票，并得到大多数会员的赞同；涉及国家、地方政府，以及与国防工业有关的、属于法定国防工业范围内的工作，不得有争议行为；争议行为不得在有关工作场所以外的地方进行等。同时规定雇主实施关闭工厂的行为也要受到相应限制：（1）必须是雇主面临明显暴力威胁；某些财产受到严重损害；工作场所有被非法占领的危险；旷工或其他行为严重影响了生产的正常进行等情况下，才得关闭工厂；（2）在强制调解和政府紧急处理期间雇主不得关闭工厂；（3）一般须经政府劳动当局许可，且限定在一定期限之内；（4）关闭工厂不能作为对合法罢工的报复；（5）劳动当局有权对违法关闭工厂的雇主给予罚款处罚、对经理（董事）暂停或解除职务，并责令重新开放工作场所、补发全部工资等。

一般来说，罢工权的行使应当符合如下条件：

1. 必须是原集体协议期限届满。在集体协议履行期间，当事人负有和平的义务。

2. 工会已经履行了“真诚”与雇主谈判、达成协议的义务。

3. 必须通知劳动行政部门。工会在举行罢工之前，要通知劳动行政部门，劳动行政部门在接到通知后应先行调解，确认双方能否和解。如调解失败，工会应在罢工前以书面形式向劳动行政机关报告。

4. 投票表决。一些国家规定，工会在举行罢工前，应当先在工会会员中举行投票表决，在获得多数会员支持后才能罢工。另外，劳动委员会根据雇主要求，也有权决定是否举行罢工投票表决。

5. 提前通知。工会在罢工前应当提前正式通知资方罢工的目的、时间和地点。

（四）对罢工行为的限制

对罢工行为的限制，与工人在罢工期间享有的纠察权直接相关。通常，罢工工人只能对雇主的经营场所设置纠察，对不属于雇主所有的任何私人经营场所，必须得到允许才能设置纠察线，即使这些经营场所是为公众所使用的（如购物中心的停车场）。

罢工工人不得阻挡这些经营场所的出入口，也不得威胁、损害任何人通过纠察线。如果有迹象表明纠察员违背这些限制，或者有理由相信他们会这样做，雇主可以请求法院或劳动关系委员会出面制止，甚至同时解除纠察。除了针对雇主实施的纠察受到限制之外，罢工期间罢工工人能否对与雇主继续经营的其他企业实施纠察，也有相应的限制。通常这种纠察只有在这个企业被怀疑为雇主的“积极同盟者”，并充当雇主的生产替代者，或作为其代表时，对它实施的纠察才是合法的。最后，是对“同情罢工”的限制，同情罢工是为了支持已经罢工的工人而举行的罢工，通常被认为是非法的。对罢工行为进行必要的限制，预防没有参加罢工的工人举行同情罢工，符合保持稳定、提高效率的政策目标。

如果同时从雇主的权利和罢工的法定条件上考虑，罢工权不是一种绝对的权利，因而对罢工权的行使要进行必要的限制。

四、罢工原因分析

工业化国家对罢工原因的分析，主要有两种解释。

（一）罢工是一种“错误”

如前所述，集体谈判是一个极其复杂的过程，包含了大量的不确定性因素和信息失真的情况，任何一方在努力识别对方真实情况的同时，也在竭力夸大自己承受罢工的能力。这样，尽管每一方都在通过多种渠道了解对方的真实处境和立场，但仍不能准确地判断对方实力，错误地认为对方已准备做出让步，但实际却并非如此。其结果是任何一方或双方都没能在谈判中及时调整自己的立场，找到双方都能接受的解决办法。只有在集体协议期限届满或者罢工已经爆发时，一方或双方才意识到自己错误地估计了对方，并开始重新调整各自的立场。这种解释，是将罢工看作是一个“错误”，因为在理想条件下，双方不会发生误解，罢工也就不会发生。很明显，由于罢工给双方都会带来损失，因而劳资双方为追求自身经济利益的最大化，都会尽可能避免这种损失的发生。实际上，如果不是信息受到限制或者沟通复杂，任何一方都能够预见对方的让步能力和意愿，以及罢工的后果，从而在罢工到来之前达成协议，避免罢工带来的损失。由于“错误”导致罢工的情况通常有以下几种：

1. 由于误解引发的罢工

在不成熟的谈判关系中，由于谈判者缺乏谈判技巧和经验，因而可能错误地传递自己的意愿和误解对方的观点。而且，一方或双方对谈判对手或者其观点、日程安排的厌恶，也可能干扰他们做出理智的判断和选择。另外，如果谈判者彼此不熟悉、相互之间不了解，也难以对谈判进程达成默契和共识，难以形成可供继续磋商的“草案”，使双方的误解进一步加深，沟通更加困难。

2. 为确认雇主的真实让步能力而引发的罢工

一般而言，当企业面临的竞争环境改变时，雇主的让步能力也会随之做出相应调整。由于劳资双方谈判信息不对称，资方掌握着相关的产品市场和财务机密，而工会谈判者却不拥有这些信息。为了确认资方的真实让步能力，工会谈判者常常会指责资方存在着欺骗行为，声称要发动罢工。在这种情况下，如果资方确实在欺骗工会，则会因此而迅速改变态度；如果没有，则会继续拒绝让步。工会据此可以识别资方提供的信息真实与否。因而，有人认为罢工能给工会提供有关雇主财务状况的重要信息。①

3. 由于不确定因素引发的罢工

企业面临的不确定因素，不仅包括竞争环境的改变，而且还

---

① 在这一点上存在争论。正因为如此，罢工更容易被视为工会获得信息的有效手段，而不是双方误解的结果。但工会获得的信息总是有限的，如果工会根据自己掌握的信息认为资方还有能力做出更大的让步，则会继续罢工。如果工会的信息是错误的，工会的决定就是错误的；而如果工会的信息是正确的，则资方会由于低估了工会而做出错误的决断。

有通货膨胀率、失业率的变化等，这些因素最终都会对双方的预期或罢工力量产生影响。当这些因素出现时，罢工造成的损失变得难以预料，一方或谈判双方也很难确定最终能够接受的让步条件，从而错误地估算对方能够做出让步的意愿和/或罢工成本，而这最终又会引发罢工。

4. 不切实际的期望引发的罢工

有时罢工的发生，并不是由于双方谈判者的错误估算所致，而是由于工人的错误判断引起的。换句话说，工会谈判者的预期可能是现实而合理的，但其委托人工人却缺乏理性。这时，除非谈判者能够代表工人的期望，否则工人也不可能批准随后达成的协议，甚至在下次选举中投票罢免代表者的资格。这样，罢工表现出的误解，不是来自工会谈判者，而是来自工人本身。只有在罢工爆发后，工人才会调整、变更其预期，才有可能与资方达成协议。[①]

5. 谈判自身的复杂性引发的罢工

由于劳资之间的争议非常复杂，或者由于工会、管理方内部意见不一致而使谈判变得错综复杂时，也可能引起谈判破裂，爆发罢工。一般来说，这种情况之所以发生，是由于谈判单位自身情形比较复杂，比如谈判单位覆盖了多个机构和/或不同职业、不同技能的工人等。

将罢工的原因解释为“错误”，有利于分析、关注那些影响双方做出决定（或者产生误解）的因素。如果谈判双方或者政府决策者能够采取有效措施，降低影响谈判的不确定因素或者减少双方产生误解的可能，鼓励有经验的专家从事谈判活动，就能确保谈判进程的健康发展，避免罢工的发生。但也有学者认为，即使采取了这些措施，也不可能完全避免罢工，其主要原因是：

---

① Ashenfelter, O., and G. Johnson, 1969. “Bargaining Theory, Trade Union, and Industrial Strike Activity,” *American Economic Review*, 59: p35～49.

第一，将罢工看作是双方的“错误”，过于狭窄地理解了谈判、罢工的概念，因为它通常假定谈判双方只关心经济利益最大化，而不重视对谈判过程中双方行为所依赖的社会经济背景进行分析，不关心那些通常在罢工中居于核心地位的人们的道德观念、社会影响力等因素。如果仅从经济角度看，有些罢工的确缺乏理性。但如果从谈判主体、尤其从工人和工会的角度思考，罢工与否取决于更广泛的社会原因，包括不同的价值观、原则和公平信念，它反映了工作场所存在的潜在冲突的根源。因而，毫无疑问，工会在决定罢工时，不仅要考虑罢工的经济后果，而且要考虑工人的不满程度，以及资方应让步而不让步引发的工人不满。

第二，劳动关系的本质，是劳方隶属于资方，这种隶属地位并没有因工人享有集体谈判权而得到实质性改变。在劳动关系中，劳动者要服从管理方的指挥和命令，工人无权制定管理规则，也无权参与工作过程的管理，劳资之间的潜在冲突构成了劳动关系的基础。不满、愤恨、缺乏信任弥漫着整个工作场所，因而罢工是劳动者集体表达其不满和愤怒的主要渠道。

因而，仅仅将罢工看作是谈判中“错误”，太过于狭隘。最重要的，罢工是表达“集体声音”的渠道，是劳动者集体表达不满和不信任的重要方式。

（二）罢工是“集体的声音”

罢工是“集体的声音”，这种解释认为只要在劳资关系中存在着一定程度的不满或不信任，就总会有发生罢工的可能。但这并不意味着罢工发生的可能性就很大，或者持续时间会很长。在这方面应特别关注以下因素：

1. 工人的不满程度

企业的管理政策、实践以及工作性质本身，对工人的满意度特别重要。管理方在某种程度上都采取了“高度认同”的管理方式，通过给工人提供自主性强、工作条件好的岗位，吸引工人参与政策的制定，期望从整体上降低工人的不满程度。另外，在一些小企业，工人的不满程度也较低，因为小企业工作不是那样按部就班，工人也不太会形成明显的“阶层”观念。在这些情况下，工会谈判者很少支持罢工活动，也很少号召罢工，而且一旦发生罢工，因为担心会员会越过纠察线，也会尽可能及时寻求解决办法。

2. 管理方的让步程度

如果管理方愿意满足工人期望，尽可能消除工人的不满，也可能避免罢工。管理方在某种程度上做出让步，会使工人感到罢工并不可取，这样，工会谈判者更容易与资方达成协议，满足工人的要求。

3. 工人辞职离职的意愿和罢工自身的可行性

工人通过选择其他方式尤其是以辞职、离职来表达不满，在某种程度上也能减少罢工发生的可能性，但这时失业问题是一个重要的影响因素。失业率居高不下会降低工人重新就业的机会，尤其对那些拥有丰富资历的雇员来说，选择辞职可能更加不可取。资深雇员在原企业、原岗位上积累的技能和经验，使他们能够获得资历福利或者更高的工资，但如果换一个企业工作，一切可能又得从头开始。因而，对多数工人而言，不考虑失业水平的辞职并不是一个很好的选择。

另外，还有罢工本身的可行性问题。罢工的发生，往往取决于工会所拥有的罢工力量，罢工力量越强，发生罢工的可能性也越大。工会罢工力量强，意味着不仅管理方更容易对工会的要求做出让步，而且也意味着罢工是工人表达不满、争取权利而无须担心遭到报复的最有效途径，因而，也是工人宣泄感情的重要方式。

4. 社会影响力的大小

主要表现在两个方面：一是工会领导人鼓动工人表达不满的

能力，通常工人的不满情绪是潜在的、隐藏的，没有适当方式表达，但在谈判中，工会领导人能否成功地引导工人的不满情绪并将其表达出来是非常重要的。因为它不仅可以增强工会在谈判桌上的谈判、说服能力，而且也是权衡罢工是否可行，进而决定是否罢工、罢工持续时间长短的重要因素，而且还是谈判破裂时能够得到工人继续支持的重要因素。二是社会文化的影响，尤其是罢工所在社区的凝聚力，以及人们对罢工活动是否合法的看法。如果社区凝聚力强、罢工合法，不仅工人自身会倾向于罢工，就连社区成员也会期望罢工，并在罢工开始后向罢工工人提供道德、甚至经济上的援助和支持，特别是对公共部门，人们也期望通过罢工能对雇主施加某种压力。

除此之外，工会内部的政治策略、工会领导人的价值观和意识形态、工会的能力以及工人是否以政治方式表达其忧虑等因素，都可能减少人们对罢工的需求。总之，罢工的发生不仅取决于谈判活动本身，而且也取决于谈判的经济社会背景，反映了经济生活中由于劳资关系的结构和本质所引发的潜在冲突的根源，如果没有这些根源，罢工在总体上就会降低。

因而，认为罢工是一种“错误”这种解释强调了谈判活动和谈判行为的重要性，而罢工是“集体的声音”这种解释则认为谈判行为并不能直接导致罢工，因为工会谈判者会尽力避免“错误”发生，即使出现“错误”，也会及时寻找解决办法，因而其支持罢工的理由并不充分。研究表明，认为罢工是一种“错误”，有利于解释罢工发生的可能性的大小，而不能解释罢工持续时间的长短。

从冲突是劳资关系基础的观点看，保持相对较高的罢工活动也许是劳资关系健康发展的信号，但这并不是说罢工就必然是件“好事”。相反，由于罢工会给劳资双方，以及第三方造成损失，带来不便，因而在不过度侵害工人罢工权的前提下，人们总是在寻找各种方法降低罢工发生的可能性。从对罢工原因的这两种不同解释出发，减少罢工的方法也是不同的。

基于罢工是一种“错误”，则可以通过减少谈判中的“错误”来避免罢工，比如采用比较集中的谈判结构，确保较高水平的专家参与，选择合作式谈判方式，采取第三方斡旋、调解等。

基于罢工是“集体的声音”，则需要消除引起罢工产生的不信任和不满意的根源。具体措施包括，一是鼓励雇主采取进步的管理策略，尤其是与高绩效模式相适应的“高度认同”的管理方式，但这些管理方式往往难以引起雇主的兴趣。二是通过制度改进，加强工人的参与决策权，促使雇主优先考虑工人的工资福利待遇。一些欧洲国家如德国等，所采取的措施降低了劳资冲突的程度，减少了罢工发生的可能性。此外，通过制订强有力的就业法，保障工人的工资福利、安全工作条件以及雇佣关系中的公平待遇，也能降低由于不满意、不安全引发的罢工。

五、罢工的处理和解决

第三方介入谈判、解决争议的方式通常有两种：和解和裁决。和解是双方自愿，但不阻止、不排除双方最终选择罢工或关闭工厂；而裁决则是强制性的，禁止罢工或采用过激行为。和解的形式有很多，包括斡旋、调解和实情调查。裁决通常包括多种形式的“利益仲裁”。

（一）斡旋、调解和实情调查

斡旋、调解和实情调查这三个概念非常接近，在解决争议中有时甚至可以相互替代。但无论怎样定义，其特定程序都是通过帮助双方有效沟通、澄清事实，和/或通过公众压力、直接或间接说服双方改变立场，降低由于“错误”引发罢工的频率。

1. 斡旋

斡旋，是 20 世纪头 10 年和战后许多国家劳动立法中规定的解决争议的方式。传统的斡旋方式包括两个阶段，并要求在罢工爆发前合法地进行。第一阶段，由劳动部门任命的独任斡旋者对双方争议进行调解。斡旋者的作用是调和双方分歧，帮助双方达成解决方案。如果不成功，斡旋者向劳动部门提交报告，说明双方所争议的问题及解决的可能性。第二阶段，由劳动部门任命一个“斡旋委员会”（通常由中立者、工会和资方代表三方组成），发挥更积极的作用，促使双方陈述各自立场，提出正式、可行的建议并促成问题的解决。从理论上讲，这不仅有利于澄清事实，而且也促使双方根据“斡旋委员会”的建议，调整、改变各自的立场和观点。

这种传统的、分两步走的斡旋程序多年来已受到严厉批评。批评者认为斡旋违背了一方或双方的意愿，干扰了谈判过程，使谈判变得更加复杂、甚至失败。同时，还使一方或双方从物质上、心理上为罢工做好了准备，一旦罢工爆发，双方会变得更加强硬，不愿改变立场。即使不这样，斡旋程序也由于过于繁琐、耗时而限制了工人通过罢工集体表达不满的权利。因此，目前这种传统的、分两步走的强制斡旋程序在实践中已很少被采用。虽然一些国家对斡旋程序进行了调整和变通，但批评者仍认为，斡旋的本质是用“行政”干预“自由”的谈判过程，其效果是“积极”还是“负面”，仍不清楚。

2. 调解

调解与斡旋的作用大致相似，相当于斡旋的第一个阶段。作为一种解决纠纷的主要措施，调解在两方面不同于斡旋：第一，与斡旋相比，调解是建立在自愿的基础之上，是双方通过协议商定由一个中立的第三方帮助他们达成协议；第二，调解者的角色更多表现为“干预”，在谈判过程中发挥着更积极作用，通过劝说、调解，促使双方让步，达成协议。其主要步骤是：召集双方会面，确定问题之所在；以中间人身份确定可行的解决方案；通过积极施压，引导、诱使双方改变立场，促使问题得到圆满解决。

3. 实情调查

实情调查相当于斡旋的第二阶段，是法律规定的用于打破公共部门谈判僵局的方式。在公共部门，当调解或斡旋失败时，可采取的解决办法之一就是“实情调查”。实情调查，顾名思义，是指依靠外来者，调查争议事实并提出报告，试图提高争议的公开性，迫使当事人双方达成妥协。实际上，实情调查人也可在发布报告前，尝试先行调解，如果成功，报告也就失去意义。这些尝试不像常规调解那么深入细致，主要由调查人根据个人经验和感受，对能否达成协议做出判断。

总的来说，斡旋、调解和实情调查都是由中立的第三方介入谈判过程，作为专业人员，他们更可能确定一方或双方的让步底线，从而降低罢工发生的可能性以及持续时间。而且，斡旋、调解和实情调查主要都是以罢工是一个“错误”为假设前提，如果双方都极力想达成协议，而又业已存在一个积极的协议区域，那么斡旋、调解和实情调查就会更为有效，因为在这种情况下，罢工的确是一个错误。但如果罢工或谈判破裂是由于明显的外部压力，罢工的原因是为了反映集体的声音，这些方式则可能难以奏效，只会使事情变得更加难以解决。尤其是如果第三方提出的解决方案，一方难以接受时，会使其变得更加固执己见。

（二）利益仲裁

之所以称为利益仲裁，是因为它是对谈判双方利益冲突的裁决，而不是对个人冤情的评判。相对于斡旋、调解和实情调查，利益仲裁是对争议的最终裁决，而不是试图让双方自行解决冲突。虽然有时它也尝试让双方自行和解，甚至选择解决方案，但总的讲，由于利益仲裁免除了工人的罢工权、限制了劳资双方的民主权利，并最终要迫使双方接受一方或双方都不太满意的裁决决定，因而长期受到人们的批评。因而利益仲裁很少以自愿为基础，通常用于公共部门的劳资纠纷裁决，因为政府可以以罢工过度伤害公共利益为由，限制公共部门的罢工权。

利益仲裁有两种方式："常规仲裁"和"最后出价仲裁"。"常规仲裁"是由一个仲裁员或三方组成的仲裁委员会，根据双方的意见和相似行业中其他雇员的劳动标准，对争议做出最终裁决。"最后出价仲裁"，是指劳资双方各自提出最终解决方案，由仲裁员从中选择最合理的一种方案作为最终解决方案。"最后出价仲裁"通常有两种形式，一是由仲裁员对谈判条款进行逐项选择，这样任何一方可能都会有"得"有"失"；二是所谓的"一揽子"选择，即由仲裁员从双方的整体方案中选择其中之一作为最终方案，这时"赢"者只有一个，要么是工会，要么是资方，而且一旦"赢"就赢得了全部方案。

然而，任何一种利益仲裁形式都不是很普遍。"常规仲裁"存在的最大问题是它抑制了双方的真诚谈判，通常出现的问题是：（1）劳资双方更容易依赖仲裁员，而不是依靠双方谈判独立达成协议；（2）双方会拒绝或控制做出让步的程度，而认为仲裁员会倾向于在双方的最终出价中寻求平衡，做出一个中间裁决，这时，拒绝让步意味着将得到更有利的结果。前者通常使劳资双方处于"麻木"状态，因为双方都过于依赖仲裁员，而后者又使双方都感到"寒栗"，因为双方都不会为达成协议而积极做出某种让步。

而"最后出价仲裁"则克服了"常规仲裁"出现的这些问题，因为劳资双方不会再依赖仲裁员做出一个中间裁决，在这种情况下，仲裁对双方都是孤注一掷、及其冒险的，尤其是基于"一揽子"的整体方案裁决时，任何一方面临的风险都是输掉全部。为避免全盘皆输，双方都会积极做出某些额外让步，使自己提出的方案看起来最合理。因此，从理论上讲，"最后出价仲裁"有利于克服"常规仲裁"下双方的"麻木"和"寒栗"，避免双方过于依赖仲裁，鼓励在仲裁之前尽可能通过谈判做出适当让步，使问题得到解决。

对仲裁结果的研究表明：常规仲裁方式下谈判双方能够自行达成协议的比例，要远低于工人享有罢工权条件下能够达成协议的比例；同时，选择“最后出价选择”的裁决方式，双方能够达成协议的比例也要高于“常规仲裁”方式，但仍低于享有罢工权条件下能够达成协议的比例。这表明与“常规仲裁”方式相比，在“最后出价选择”仲裁方式下，谈判双方会以更加积极、主动的态度促成协议的达成。这一研究存在的问题是，它并没有说明仲裁结果是否会随着适用条件的不同而变化。

以上研究了罢工及其争议的解决，但实际上，在西方国家劳资双方很少出现不能达成某种协议的情况，即使一方或双方对协议并不十分满意。一旦协议达成，在协议有效期内工会不得举行罢工，双方负有诚实谈判、达成新协议的义务。同时对协议执行过程中引发的争议，协议的解释方法和运用、双方遵守协议的意愿等以及由此引发的争议，则主要通过个人申诉或申诉程序处理。

总体上说，之所以避免过多地使用利益仲裁，主要是因为人们怀有这样一种强烈的信念，即对劳资双方实际情况最了解的是工会和资方，而不是仲裁员，劳资双方才应该是最能有效地解决冲突的人。

六、我国对罢工问题的法律规定

确认罢工权，规范罢工行为，是劳动法调整集体劳动关系的需要。在我国建国后颁布的四部宪法中，1975 年和 1978 年宪法规定了“公民有言论、通信、出版、集会、结社、游行、示威、罢工的自由”，但 1982 年通过的宪法（现行宪法）出于对“文革”中社会混乱局面的纠正，取消了关于“罢工自由”的规定。目前我国法律对罢工既没有明确授权，也没有明文禁止。事实上，自改革开放以来，各种类型的企业都曾经发生过罢工事件，但无论中央政府还是地方政府从未宣布过任何一起罢工为非法事件。

1994 年 7 月 5 日颁布的《劳动法》也没有就罢工问题做出明确规定，但在劳动安全方面规定了工人享有“拒绝作业的权利”，即劳动者在用人单位管理人员违章指挥、强令冒险作业的情形下，有拒绝执行的权利。劳动者享有的“拒绝作业权利”仅限于安全生产过程之中，而且是任何劳动者个人都享有的一项权利。它不同于罢工权，罢工权是劳动者集体享有的，为提高工资福利、改善劳动条件而有组织的停工活动。事实上，在《劳动法》的起草过程中，起草人员也曾经试图对罢工权做出一些具体规定，但是，由于 1982 年宪法取消了罢工权的规定，起草人员遂放弃了这一计划。

在法律中唯一提及罢工问题的是我国《工会法》的有关规定。1992 年 4 月 3 日颁布的《中华人民共和国工会法》第 25 条规定：“企业发生停工、怠工事件，工会应当会同企业行政方面或者有关方面，协商解决职工提出的可以解决的合理的要求，尽快恢复生产秩序。”这似乎暗示罢工在我国仍然合法，但这一规定并没有明确劳动者的罢工权，在措辞上使用了“停工”这种含糊其辞的用语，实际是在回避承认“罢工”现象的存在。2001 年 10 月 27 日第九届全国人大常委会第 24 次会议通过了《关于修改〈工会法〉的决定》，新修改的《工会法》第 27 条规定：“企业、事业单位发生停工、怠工事件，工会应当代表职工同企业、事业单位或者有关方面协商，反映职工的意见和要求并提出解决意见。对于职工的合理要求，企业、事业单位应当予以解决。工会协助企业、事业单位做好工作，尽快恢复生产、工作秩序。”修改后的《工会法》在内容上作了一些实质性的变更，并特别明确了工会在发生停工、怠工时“应当代表职工”“反映职工的意见和要求并提出解决意见”，突出和强化了工会维护职工合法权益的职能，明确了工会在停工、怠工事件中，不能站在用人单位的立场压制工人，而应当代表工人与用人单位协商，反映工人的意见和要求。[①] 与1992年《工会法》相比，2001年修改后的《工会法》对停工、怠工问题的规定更接近于国际通行的“罢工”含义。但仍在以下方面与通行的“罢工”标准相去甚远：一是罢工的目的，我国《工会法》规定解决停工、怠工的最终目标在于“尽快恢复生产工作秩序”，而不是提高和改善劳动条件和待遇；二是没有明确罢工的主体、条件和程序。且在立法上仍回避使用“罢工”一词，继续沿用“停工或怠工”。这一规定间接默认了“停工或怠工”事件，但并不是对罢工权的直接确认。一些地方政府为了解决现实存在的罢工问题，也曾颁布了一些具体规定，如1994年大连开发区劳动人事局、总工会等有关部门在总结处理罢工事件经验的基础上，联合起草并以大连开发区管委会的名义下发了《大连开发区劳动争议处理暂行规定》，福建省省政府办公厅1995年下发了《企业职工罢工处理预案》等。这些地方性的规定规范了合法罢工的条件，如提前报告、推举职工代表等。

在我国参加的国际公约方面，联合国1966年12月16日通过的《经济、社会和文化权利公约》第8条承认了罢工权，并要求公约的签署国承诺保证罢工权，指出工人“有权罢工，但应按照各个国家的法律行使此项权利”，说明罢工权是一项国际公认的劳动者应当享有的基本权利。我国政府在1997年10月27日签署了该公约，并于2001年2月28日第九届全国人民代表大会常务委员会第20次会议正式批准了该公约。但由于我国《劳动法》和《工会法》中对此没有相关规定，因而罢工权实际难以落实。参照市场经济国家调整劳动关系的规则，将罢工机制纳入协调群

---

① 周长征. 论非公有制企业劳动者的罢工权.《劳动法》改革学术研讨会及全国劳动法学与社会保障法学第六届年会会议论文集. 2003.51

体矛盾的体系之中，认真研究群体争议的现状和发展趋势，制订既适合国情又能规范对此类事件的有效程序，如罢工的申请、审批机构及期限，工会的职责，罢工期间及事后有关费用的承担，违法责任的追究等，做到既保护劳动者享有合法的罢工权，又防止罢工权的滥用，已是一个亟须研究和规范的问题。

◆ 本章小结 ◆

本章从理论上阐述了集体谈判制度的含义和功能，集体谈判的结构、进程和结果，分析了不当劳动行为制度、诚信谈判的责任，以及罢工及其争议处理制度，概述了我国集体协商谈判制度的相关规定。

◆ 关键词 ◆

集体谈判　谈判结构　谈判力量　分配谈判　整合谈判　诚信谈判责任　罢工　不当劳动行为　不当劳动行为救济

◆ 复习思考题 ◆

1. 试述集体谈判的概念、目的和意义。

2. 集体谈判在劳动关系系统中的主要功能是什么？集体谈判是如何执行这些功能的？

3. 什么是诚信谈判责任？我国法律对诚信谈判责任有何规定？

4. 什么是谈判力量？你个人认为谈判力量包括哪些组成要素？

5. 试述我国法律关于不当劳动行为的规定以及救济措施。

◆ 案例分析 ◆

2004 年初，某新建食品企业的 300 多名职工要求与企业签订一份集体合同。由于企业刚成立尚未组建工会，部分职工就委托本企业的 5 名职工和当地商会的朱某作为代表，向企业提出就工资标准、工资支付方法、工时制度、劳动定额标准、休息休假、劳动条件、安全技术措施及各项保险、福利等内容进行集体协商的要求。企业经过考虑，对员工的要求表示同意。双方约定在2月25日，由各方的代表在企业的会议室里就集体合同的具体约定进行协商。当日，商会的朱某和5名职工作为作为职工方的代表参加了集体协商会议，企业总经理（兼法定代表人）并未到场，而是由企业的一位副总经理、人事部门经理和律师3人代表企业参加协商会议。经过认真热烈的讨论，双方就协商内容基本达成一致，朱某作为职工方的首席代表在集体合同草案上签了字，副总经理作为企业方的首席代表也签字认可。随后，朱某等职工代表将集体合同草案向全体职工作了公布，但一些职工对合同协商内容及朱某的代表资格却表示不满，发生了争议。

问题 企业和职工双方的代表是否符合规定？关于集体协商双方的代表人数、产生办法及资格条件有何限制性规定？

第9章

集体协议

◆ 学习目标 ◆

本章的重点是集体协议的订立、变更和修正以及我国集体协议制度的法律规定。目的是通过本章的学习，理解集体协议制度的意义、集体协议的效力、期限和内容，掌握集体协议的订立、变更和修正以及我国集体协议的法律规定。

引导案例：集体合同对员工个人有效吗？

某商场每逢节日和周末，人流量会增大许多。为此，商场的集体合同中有这样一条规定：商场在周末和节日的经营活动中，员工需要延长1个小时工作时间，商场向员工支付加班费。

职工小王下班时间应该是下午5点，因为这天恰是中秋节，商场领导要求小王加班1小时，但小王提前几天约好与女朋友去看电影，故不愿意加班。小王认为加班自愿，自己不愿意，当然可以不加班。于是就去找经理谈。

“这是集体合同的规定，你作为商场一名员工，是应该遵守的。”经理回答他，“要是你请假的话，也不能是今天，今天是周末，又是中秋节，加班都忙不过来，不能准假。”

“谁说我要请假？”小王不服气，“加班自愿嘛，集体合同又不是我签的，为什么非要我遵守？”

集体合同一经签订，对全体职工都具有约束力。小王错误地认为集体合同不是自己签订的，就对自己无效，是不正确的。

第1节　集体协议的性质

一、集体协议的含义

“集体协议”一词，英文为 collective agreement，我国称为集体合同。关于集体协议的概念，从国内有关著述看，主要有以下几种定义：（1）集体合同，在社会主义制度下是企业、事业单位和工会之间就各项具体劳动标准协商谈判而缔结的协议；（2）集体合同是工会与用人单位或其团体为规范劳动关系而订立的，以全体劳动者的共同利益为中心内容的书面协议；（3）集体合同，又称集体协议、集体协约等，是工会与企事业单位及产业部门、雇主及雇主团体之间就劳动报酬、工作时间、休息休假、安全卫生、保险福利等事项，经协商谈判缔结的书面协议。

台湾学者对集体协议的代表性定义，是直接援引《团体协约法》第1条的规定。台湾《团体协约法》规定，团体协约是指雇主或具有法人资格的雇主团体，与具有法人资格的工人团体之间，以规定劳动关系为目的所缔结的书面契约，这一概念强调了团体协约主体的法人资格。

德国劳动法专家施耐德先生提出，集体合同是一方为单个雇主或一个或多个雇主协会，与另一方为工会（一个或多个）之间签订的调整双方权利和义务，确定劳动关系内容、签订、终止以及双方共同机构的法律规范的合同。

与我国国内学者多采用集体合同说法不同，国际劳工组织多采用集体协议的名称。1951 年 6 月国际劳工大会通过的《集体协议建议书》（第 91 号建议书）指出，集体协议是一个雇主、一群雇主或一个或多个雇主组织为一方，与一个或多个劳动者代表组织（或选出并依法授权的工人代表）为另一方之间签订的关于工作条件和就业条件的书面协议。这一定义表明了国际劳工组织一贯坚持的有关工会、自由结社和集体协议的主张。

上述概念从不同方面对集体协议作了概述。集体协议是个人劳动合同的对称，是指工会代表劳动者与雇主或雇主团体之间签订的，有关劳动条件、劳动标准及劳动关系问题的书面协议。2004 年劳动和社会保障部《集体合同规定》指出，集体合同是指用人单位与本单位职工根据法律、法规、规章的规定，就劳动报酬、工作时间、休息休假、劳动安全卫生、职业培训、保险福利等事项，通过集体协商签订的书面协议。集体协议是有关集体劳动条件、就业条件和劳动关系的规定，对缔约当事人以及缔结协议双方所代表的人员都具有约束力，包括集体协议订立时或订立后加入该团体的雇主及工人。受集体协议约束的工人个人与雇主之间签订的劳动合同中如有违反集体协议之规定的，则此项规定应属无效条款，除非它对劳动者更为有利。

二、集体协议的意义

（一）集体协议制度是劳动力市场机制运行的必要条件

劳动力市场机制的有效运行，依赖于市场主体力量的相互平衡和制约，依赖于建立规范的程序性规则。劳动关系是一种隶属关系，劳动者个人处于相对弱者的地位，在劳动力市场上难以与雇主相抗衡，而劳动契约在人格上、经济上的从属性更加重了这种失衡。集体协议制度的建立，可以使劳动者个人意志通过劳动者团体表现出来，由团体代表劳动者个人交涉劳动过程中的事宜，这有助于克服个别劳动关系的内在不平衡，弥补个别劳动契约之不足，增强劳动者一方的力量，确保劳动力市场的平衡和谐发展。

（二）集体协议制度建立了平等协商谈判机制

协商谈判是签订集体协议的前提，谈判质量的高低决定了集体协议内容的质量。集体谈判和集体协议制度，是市场经济条件下劳动关系主体双方自主协调的基本机制。谈判协商是双方在法律地位完全平等的基础上，就劳动标准、劳动条件以及其他与劳动关系相关的问题，依据国家法律、法规而进行沟通、协商、交涉的行为。建立谈判协商机制，是保护劳动者合法权益，建立和谐稳定的劳动关系，调动和发挥劳动者积极性、创造性，促进企业和劳动者加强沟通，共谋发展的重要手段。

（三）集体协议制度是雇主谋求工业和平和工业利润的目标之一

经过协商谈判订立的集体协议，是协调劳动关系的重要依据，对企业和劳动者都具有约束力。企业要从各自实际出发，因企制宜，合理确定集体协议的具体内容和标准，增强实效性和可操作性。根据具体情况，可以签订综合性集体协议，也可以就工资分配等问题签订单项集体协议。集体协议的签订，可以使雇主在既定的劳动条件基础之上组织生产经营；可以避免怠工、罢工等争议行为带来的经济损失；可以防止本行业的不正当竞争，使劳动条件趋于标准化，降低员工流动率，保持工业和平，促进技术改进和生产提高。

（四）集体协议制度是协调劳动关系的手段

集体协议制度是市场经济国家通行的调整劳动关系的制度，是维护劳动者权益的有效手段，也是预防和化解劳资冲突、维护社会稳定的重要制度。为确保这一制度的有效运行，法律规定任何一方都有权提出谈判要求，另一方没有正当理由不得拒绝。规定了谈判代表的产生程序、加强了对谈判代表的保护力度，强化了谈判代表的义务，禁止企业以保护商业秘密为由拒绝披露有关信息，赋予集体协商双方代表平等的建议权、否决权和陈述权，明确了协约文本的制作方和协约成立时间。

（五）集体协议制度是法律、法规的重要补充

劳动法律法规所规定的劳动条件和标准是保护劳动者权益的最低标准，而且许多规定比较原则，相对于复杂丰富的劳动关系而言，难免有所疏漏。而集体协议可以弥补法律法规的不足，根据不同企业、不同行业的具体情况，就劳动者权益和劳动关系协调的共同问题做出规定，具体规范劳动关系，对劳动立法起到补充作用。

正如德国学者马克曼所说，集体协议是市场经济的一种调节手段，它避免了劳动条件的一成不变，特别是避免了政府直接确定工资水平。集体协议最重要的作用在于它保证了有组织的劳资双方平等地参加对劳动条件的确定，消除了单个雇员和其雇主之间的力量不均衡的状态。作为个人劳动合同的一个合法的补充，

它在劳动市场和整个经济中发挥了调解缓和的作用。

三、集体协议制度的历史发展

（一）国外集体谈判制度的产生和发展

英、美是最早实行集体谈判和集体协议制度的国家。18 世纪末资本主义自由竞争时期，英国雇佣劳动者团体与工厂主谈判所签订的劳动协定是集体合同的萌芽。1799 年美国费城制鞋业工人工会与雇主举行谈判。1850 年英国纺织、矿山、炼铁业工会与雇主谈判达成一系列协议。英美等国出现的工会与雇主进行谈判达成协议的现象，标志着集体谈判制度的产生。

集体谈判和集体协议制度之所以首先产生在英美等经济发达国家，是有其历史必然性的。正如一些学者在分析美国集体谈判制度产生原因时所指出的：工业革命、庞大的公司、产业的崛起和边疆地区的消除把美国变成了受薪阶级的社会，大多数人都要依靠出卖劳动力来谋生和进取，因而劳动者面临着五大问题：（1）个别劳动者将不得不接受企业所确定的任何工资并为之劳作，而企业方则很少需要某一特定个人的工作，因而雇主通常可以说：要工作就要接受我们的条件；如果你不做，外面还有别人在等着！（2）工作的持续性和稳定性成为一件令人担心的事情。如果工厂因为缺少订单而裁减雇员，或将某一工厂转移到另一地点经营，则其雇员就要遭遇贫穷和艰苦。（3）工业上的意外伤害或疾病，以及由此带来的工资损失，也是生活艰苦的根源之一。（4）成千上万的雇员聚集在工厂工作，使庞大的权力集中在经理和经理属下的人员手中，从而造成权力执行容易趋于武断。（5）劳动者开始丧失古代工匠在完成一件制品时所特有的引以为豪的心理。由于工作按部就班，他们发觉自己变成了劳动的单位，因而渴望能够对影响其工作的决策发表意见。[①] 这五大问题正是劳动问题的核心，也是每一个工业化国家都会遇到的共同问题。各国解决这些问题的方式不同，美国工人采取了在现存经济制度中谋求自助的途径，于是产生了工会，集体谈判、集体协议、罢工、锁厂等成为解决劳动问题的手段。

从法律上确认集体谈判、集体协议制度，有利于将工会与资方的行为纳入法律的约束之下，使工会能够获得与资方平等的谈判地位，为劳动者争取更好的利益。集体谈判立法的最主要目的是建立对等的劳资关系，使劳资双方透过诚实谈判和咨询，解决相互之间的分歧。法律本身并不会直接介入劳资谈判的过程和结果，谈判结果如何，主要依靠工会的力量。

集体谈判和集体协议制度的发展并不是一帆风顺的。从世界范围看，它经历了"禁止、承认和支持"的历程。

在集体谈判和集体协议产生之初，政府对集体谈判制度多采取禁止态度，通过制定禁止结社法将工会进行集体谈判和签订集体协议的行为视为非法。如英国议会 1799 年至 1800 年通过了《禁止结社法》，宣布组织工会为非法。然而，《禁止结社法》不但没有将工会消灭，反而促使劳资矛盾更加激烈，最终"工会运动是真正地诞生了，更广泛的统一、更普遍的团结开始代替了地方同业俱乐部的狭隘观念"[②]，1871 年工会在英国开始获得合法地位。[③]

通过立法禁止工会参加谈判，其结果导致了工会向地下转移，工会罢工的规模越来越大，手段也越来越激烈。承认工人享有结社权、工会享有谈判权逐渐成为各国政府的立法取向。从 20 世纪初期开始，各国开始承认并支持集体合同立法，规定集体合

---

① 哈罗德·伯曼编. 美国法律讲话. 陈若桓译. 北京：三联书店，1988. 119～120

② 艾伦·胡特. 英国工会运动简史. 北京：世界知识出版社，1954. 13

③ Willian L. Keller：International Labor and Employment Laws，Volumel，7～19

同具有法律效力。新西兰是世界上最早进行集体合同立法的国家，早在1904年就制定了有关集体合同的各种法律。1907年奥地利、荷兰也先后制定了这类法律。1911年瑞士在其颁布的《债务法》中也规定了集体合同问题。

第一次世界大战之后，出现了一些较有影响的单行集体合同法，或在劳动法典等基本法中对集体合同做出专章规定。1918年12月23日德国颁布了《劳动协约、劳动者及使用人委员会和劳动争议仲裁法》，对集体合同作了较为详细的规定，并于1921年4月颁布了《劳动协约法（草案）》。法国于1919年3月制定了集体合同特别法，后将该法编入《劳动法典》。芬兰和瑞士也分别在1924年和1928年制定了集体合同法。美国在1935年颁布的《国家劳工关系法》中也规定了集体合同内容。第二次世界大战之后，一些国家在制定和修改劳动法时，大都对集体合同作了专门规定。集体谈判和集体合同作为调整劳动关系的手段在西方国家得到了新的发展。

如果说第二次世界大战以前集体谈判的产生和发展是劳动者主动为争取改善劳动条件而斗争的结果，那么第二次世界大战之后，集体谈判制度不仅是对劳动者的一种契约保障，而且也成为雇主谋求工业和平和工业利润的目标之一。第二次世界大战以后，由于世界范围内经济结构和社会体制发生的巨大变化，摒弃劳资对立，谋求劳资合作成为工业国家劳资关系发展的主要潮流。无论劳方还是资方，都认识到劳资之间长期的斗争和争议给双方都会带来损失，雇主不仅不能增加利润，反而因停产使利润减少，工人的生活也受到影响，不仅罢工期间收入受损，而且一旦企业关闭、破产或被解雇还要蒙受失业之苦。在这种双方长期斗争——双方损失利益——双方对立的恶性循环中，一些人认为如果劳资双方一开始就采取合作的态度，比斗争到“两败俱伤”再妥协对双方都有利。此外，20世纪科学技术的发展及其在生产中的应用，使雇主们认识到应用科技提高劳动生产率对创造利润增加财富的重要作用，而应用科技提高生产率就必须重视劳动者在生产中的地位和作用，注意提高工人的生产积极性，改善其生产和生活条件，加强同工人的合作。集体谈判、缔结协议是增进劳资合作的一种重要形式，它连接了劳资双方的利益，使劳动者生活待遇和工作效率的提高互为因果，也为协调劳资间的经济利益提供了一种有效途径。

集体谈判对劳动者来说，是他们团结自助的手段，可以保障工资、工时、劳动条件等法律规定的最低利益，在一定条件下还可以提高福利待遇。对于雇主来说也是有利的，至少在以下几方面具有保障作用：一是通过谈判约定劳动条件，可以使雇主能在既定的基础上有计划地从事生产经营，不会因为劳动条件的变更而妨碍雇主总体经营计划的执行；二是在协议有效期内，可以避免怠工、罢工等争议行为带来的经济损失；三是通过谈判达成的协议可以防止本行业的不正当竞争，使劳动条件趋于标准化，从而可以降低工人的流动率，有助于技术的改进和生产力的提高。对于政府来说，通过集体谈判可以避免、减少和规范劳动争议，在一定程度上促进了社会经济秩序的稳定，因而政府从最初对集体谈判采取不承认态度，转变为以立法形式给予确认和保护。可见，集体谈判对于劳、资、政三方都是有利的。集体谈判已成为劳资双方合作的规范，成为工业和平发展的基石，成为发挥工会力量的重要途径。

（二）集体谈判的国际立法

在推行集体协议和集体谈判制度的过程中，国际劳工组织发挥了积极的作用。1944 年第 26 届国际劳工大会在《费城宣言》中提出“切实承认集体谈判权利”的要求。第二次世界大战结束后，国际劳工组织通过了一系列推动集体谈判的文件，包括 1949 年的《组织权利和集体谈判权利公约》（第 98 号公约）、1951 年的第 91 号建议书即《集体协议建议书》、1971 年的《工人代表公约》、1981 年的《促进集体谈判公约》（第 154 号公约）和同名建议书（第 163 号建议书）。此外，还有关于公共事业雇员和乡村工人开展集体谈判的特别公约和建议书。这些公约和建议书规定了集体谈判的概念、原则、地位和实施办法。

《组织权利和集体谈判权利公约》第 4 条规定："对于雇主或雇主组织同工人组织之间进行自愿谈判的机制，政府应当采取适合本国国情的措施鼓励，并促进其充分地发展与运用，以使双方通过签订集体协议来规定工人的就业条件。"作为一项基本劳工权利公约，此公约主要从权利的角度规定了政府应当鼓励和保护集体谈判机制的运用。在第 91 号建议书中，更具体地规定了集体谈判和集体协议的程序、定义、效应、延伸、解释、监督等要求。这些劳工公约和建议书，对于促进国际劳工组织成员国更切实地开展集体谈判，起到了积极的推动和促进作用。

1981 年通过的《促进集体谈判公约》和同名的建议书，是专门规定集体谈判的国际劳工公约和建议书。该公约适用于所有经济活动部门，但公约所规定的保障在何种程度上适用于军队和警察，可由各国法规或惯例确定。对于公职人员，公约具体实施办法可由各国法规和惯例确定。公约要求各国采取符合国情的措施促进集体谈判。这些措施的目的应当是：使所有的经济活动部门的雇主同工人群体之间都有可能进行集体谈判；使集体谈判的内容逐步扩展到确定劳动条件和就业条件、规范工人与雇主之间的关系、规范雇主或其组织同工人组织之间的关系；促进雇主组织和工人组织之间所达成的程序规则的发展；使集体谈判不因缺乏决定其进程的规则，或这些规则不足，或不适当而受到妨碍；使解决劳资纠纷的机构和程序的确立有助于促进集体谈判。公约要求各国把政府采取措施推动集体谈判的开展，作为政府当局同雇主、工人组织之间优先进行协商的项目，在可能的时候成为签订协议的项目。强调为促进集体谈判而采取的措施，在制订和实施过程中不得妨碍集体谈判的自由进行。

第163号建议书着重从促进集体谈判的方法方面做出规定。包括：（1）各国主管机关按确定程序确认哪些雇主组织和工人组织有资格进行集体谈判。（2）谈判双方应采取措施，使各层次的谈判人员有可能受到适当培训。（3）应采取适合国情的措施，使参与集体谈判的双方获得为进行谈判所需的必要信息资料。为达到这一目的，公私雇主得应工人组织的请求，提供有关谈判单位和谈判企业总的经济与社会状况的信息资料；如果披露某些情况可能给企业带来损害，则对这些信息资料的提供可以是有条件的，即工人组织要承担义务对这些信息资料进行保密。至于提供信息资料的具体种类，可以在参加集体谈判的双方之间达成协议。政府主管当局应提供必要的有关国家和所涉及的经济活动部门的全部经济与社会状况的信息资料，其限度是披露这些情况并不损害国家利益。

20世纪80年代以来，国际劳工组织基于全球经济一体化的发展趋势，提出创造协调劳动关系新机制，履行国际劳工标准，共同制定经济与社会发展规划的新思想，越来越多的国家接受了国际劳工组织的建议，建立了包括集体谈判内容在内的社会伙伴、社会对话和社会合作的新机制。

（三）中国集体协议制度的产生和发展

集体合同制度在我国出现较早。1922年7月中国共产党第二次全国代表大会《关于"工会运动与共产党"的决议案》中，将"订立团体契约"作为工会最重要的任务之一。团体契约之所以成为工会的最重要的任务之一，是因为"单独契约是有利于雇主掠夺的工具，他利用这一工具便可随意来进退工人及操纵劳动力的卖价。因此，工会须努力做到：一切工人进退和待遇条件，不得由雇主与工人单独缔结，须由工会代表工人同雇主协定"。1924年孙中山就以大元帅令的方式公布了《工会条例》，确认工人有组织工会的权利，工会有权与雇主或雇主团体缔结协约。

20世纪20年代初团体契约在中国产生，是与当时工业发展密切联系的。自1840年鸦片战争以后，中国逐步沦为半殖民地、半封建的社会。随着中国的被迫开放，外国资本逐步进入，在中国开设工厂、雇佣劳工，促成了中国工人阶级的产生。19世纪末20世纪初中国早期的资本家也投资纺织、煤炭等行业，雇用了大量劳工，当时劳动条件极其恶劣，1922年之后工人所受的剥削不断加重。各帝国主义为了补偿其战争损失，挽救其战后资本主义的衰落，拼命压榨其在华企业的中国工人。中国资本家为了和帝国主义竞争，维持其高额利润，也尽量延长工人劳动时间，减低工人工资，劳资矛盾非常尖锐。

1930年，在工人斗争的压力下，国民党政府颁布了《团体协约法》，这是中国历史上第一部专门的集体合同法。该法承认工人团体有与雇主或雇主团体缔结团体协约的权利，但并没有得到实际实施。同一时期，中国共产党也十分重视利用集体合同制度来维护工人阶级利益，在苏区全面推行集体合同制度。1931年11月，在江西瑞金召开的中华苏维埃第一次全国代表大会通过了《中华苏维埃共和国劳动法》，对集体合同的定义、内容、法律效力等问题作了明确规定，该法在1933年10月修订之后又将集体合同专门规定为一章。抗日战争和解放战争时期，各抗日根据地和解放区政府颁布的法规中，对集体合同制度也做了相应规定，如陕甘宁边区总工会于1940年制定了《陕甘宁边区工厂集体合同暂行条例》，并在这些地区普遍实行了集体合同制度。

1949年7月5日中共中央在《关于处理劳资纠纷问题的数点建议》中着重强调了集体合同的重要性，指出解决劳资纠纷的形式，应以订立集体合同为主。在现代化的企业中，可以由每个工厂企业的工会组织直接与本企业的资本家谈判订立。如在同一城市中，有几个同一性质的工厂企业，而资本家又有联合组织者，最好还是由产业工会与资本家的组织订立，而不要个别订立，以免高低不齐，互相影响。在旧式的小企业、商店、作坊中，也采用同样办法。这种办法可以做到使同一行业包括许多企业、作坊或店铺所发生的问题，在同一个集体合同当中得到基本解决。这样，才能使许多零碎分散的劳动纠纷，做到有条理、有组织的解决，而且做到比较合理恰当。

1949 年 9 月中国人民政治协商会议通过的具有临时宪法性质的《共同纲领》规定："私人经营的企业，为实现劳资两利的原则，应由工会代表工人职员与资方订立集体合同。"中华全国总工会于 1949 年 11 月 22 日发布了《关于私营工商企业劳资双方订立集体合同的暂行办法》，对集体合同的内容、订立原则、手续及合同的期限等做出了规定。1950 年 4 月劳动部颁布了《关于在私营企业中设立劳资协商会议的指示》，在私营企业广泛实行了集体合同制度。1950 年 6 月中央人民政府颁布的《中华人民共和国工会法》规定："在国营及合作社经营的企业中，工会有代表受雇工人、职员群众参加生产管理并与行政方面缔结集体合同之权"，"在私营企业中，工会有代表受雇工人、职员群众与资方进行交涉、谈判、参加劳资协商会议并与资方缔结集体合同之权"。1950 年《工会法》规定了不论是在公有制企业还是私营企业中，工会都"有权"代表工人进行集体谈判，集体谈判、缔结集体协议的权利被列为工会的首要权利。1956 年随着对资本主义工商业的社会主义改造的完成，集体合同制度也就逐步停止实行，六七十年代集体谈判和集体合同制度一度消失。

1978 年之后，集体谈判和集体合同制度又开始恢复和发展。1979 年 4 月召开的中国工会九届二次执委扩大会议发出了倡议，呼吁在全民所有制企业中恢复集体合同制度。1983 年 10 月，中国工会第十次全国代表大会通过的《中国工会章程》第 26 条规定，工会基层委员会有权代表本单位职工同行政签订集体合同或专项决议。同年 9 月 20 日，国务院发布的《中华人民共和国中外合资经营企业法实施条例》规定："合营企业工会是职工利益的代表，有权代表职工同合营企业签订劳动合同，并监督合同的执行。”这些规定推动了集体合同的恢复和发展。80 年代中期，江苏等地采用工会与企业签订共保合同方式，来确定企业和职工在完成生产任务和分配利润工资方面的权利义务。

1986 年国务院发布《全民所有制工业企业职工代表大会条例》，规定在职工代表大会上，可以由厂长代表行政、工会主席代表职工签订集体合同。1992 年，第七届全国人民代表大会通过的《中华人民共和国工会法》规定：“工会可以代表职工与企业、事业单位行政方面签订集体合同。集体合同草案应当提交职工代表大会或者全体职工讨论通过”。

1994 年 7 月 5 日第八届全国人民代表大会常务委员会第八次会议通过的《中华人民共和国劳动法》，对集体合同的主体、内容、订立程序、审查、生效条件、效力、争议处理和无效时的赔偿责任作了简明扼要的规定，规定“企业职工一方与企业可以签订集体合同，集体合同由工会代表职工与企业签订；没有建立工会的企业，由职工推举的代表与企业签订”。这一规定在用语上继续使用了“可以”而不是“有权”或“应当”，并且《劳动法》也没有具体规定如何进行集体谈判，比较缺乏可操作性。

为配合该法的实施，劳动部于 1994 年 12 月 5 日发布了《集体合同规定》，其内容包括总则、集体合同签订、集体合同审查、集体合同争议处理、附则等五章内容，对集体合同制度作了比较全面、具体的规定。《集体合同规定》适用于各类企业与职工通过集体协商签订的集体合同，并对集体协商的程序作了详细规定。按照该规定，集体协商每方代表为 3～10 名，双方人数对等，并各确定一名首席代表。一般情况下，职工一方由工会代表，工会主席为首席代表；没有建立工会的，则由职工民主推举代表。企业代表由其法定代表人担任或指派。双方经过协商，达成一致的，则由双方首席代表签字。合同文本报送劳动主管部门审查，经审查 15 天内没有提出异议的，则合同生效。这样《劳动法》规定的集体谈判权利得到进一步落实。

中华全国总工会于1995年8月17日制定了《工会参加平等协商和签订集体合同试行办法》，指导各地基层工会与企业行政签订集体合同。2000年11月8日劳动和社会保障部发布了《工资集体协商试行方法》，这是我国集体谈判和集体合同制度方面又一项重要规章。2001年10月27日，第九届全国人民代表大会第24次会议决定对1992年《工会法》进行全面的修改。修改后的《工会法》第20条第2款规定，“工会代表职工与企业以及实行企业化管理的事业单位进行平等协商，签订集体合同”，删除了1992年《工会法》中关于工会“可以”代表工人签订集体合同的规定，但是也没有恢复到1950年《工会法》中的用语，即明确宣布代表工人进行集体谈判是工会的一项权利，而是回避了这个问题。修订后的《工会法》的规定，既可以理解为工会“有权”代表工人进行集体协商，又可以理解为工会“应当”代表工人进行集体协商。按照前一种理解，代表工人参加集体协商是工会的一项权利。而按照后一种理解，则是工会的一项义务。2004年，劳动和社会保障部又颁布了新的《集体合同规定》，全面规定了集体协商和集体合同制度。

第2节 集体协议管理

一、集体协议的当事人

有协约能力者为协约当事人，在劳动者一方主要应以工会为限，在雇主方则不仅雇主组织有协约能力，单个的雇主也具有谈判签约的能力。因此集体协议可以区分为工会与雇主组织之间的协约，以及工会与单个雇主之间的协约。

实际上，集体合同中与雇主或雇主团体相对应的一方当事人只能是工会，因为劳动者只有组织起来才能运用集体的力量同雇主抗衡，进行集体谈判，签订集体合同，而“组织起来的劳动者”就是工会，没有组织起来的劳动者是分散的个体，彼此没有集体交涉的共识，无法运用集体力量进行谈判和签订合同，因而不可能成为集体合同当事人。集体合同的主体一方为工会，另一方为雇主或雇主团体，这是各国劳动法学者的共识。但对于没有组织工会的雇员是否有权签订集体合同的问题，则存在不同的看法。国际劳工组织《集体协议建议书》指出，集体协议的一方主体是一个或几个劳动者代表组织，或在没有此类组织的情况下，由有关劳动者根据本国法律或条例正式选出并委任的代表来进行谈判，签订协议。而且这些组织是不受雇主或其代表建议、控制或资助的劳工组织。从这一规定可以看出，国际劳工组织关于“在没有此类组织的情况下，由有关劳动者根据本国法律或条例正式选出并委任的代表”，也可以作为缔约方。国际劳工组织认可的作为集体协议主体的工会，必须是独立的，而且可以是多元的。我国《劳动法》规定了在没有工会的情况下，由职工推举的代表签订集体合同。

二、集体协议的效力

集体协议是劳资自治的契约形式，是一种对劳资双方及其成员都具有规范效力的协约。任何协议，究其本质都是缔约双方的合意，只要是依法订立的契约，对于缔约当事人双方具有相当于法律的效力。集体协议也不例外，只要是工会与雇主或雇主组织依法订立的协议，对缔约双方即具有约束力。在早期，这种约束力表现为缔约双方负有义务令其成员在签订个别劳动合同时，不得逾越集体协议合意的范围，但这种义务强制效力非常有限，因为单个的劳动者或雇主只要不参加各自的联盟，则联盟间的集体协议对之即无约束力。为了使联盟间签订的协议发生广泛的概括拘束力，有的学者提出，集体协议不仅具有“相当于法律的效力”，而且在国家认可后，在法源体系中由契约规范之地位，上升至法律规范之地位，成为劳动法独立的法源，具有如同国家所制定之法律应具有的效力。① 如美国法律通常也将集体协议视为具有拘束力的契约，协议中所有有关工资、工时、劳动条件的条款，甚至非交涉义务事项，只要是当事人之间协商一致的所有条款，最终都具有司法强制力。在我国，多数学者都认为集体协议具有法律规范的效力。《集体合同规定》第 6 条规定：符合本规定的集体合同或专项集体合同，对用人单位和本单位的全体职工具有法律约束力。用人单位与职工个人签订的劳动合同约定的劳动条件和劳动报酬等标准，不得低于集体合同或专项集体合同的规定。从法理上考察，集体协议的法源效力，实际为宪法上立法权之授予，本质上与宪法中央和地方均权关系中地方自治团体之立法分权性质相仿。在理论上则假设“雇主联盟”与“受雇人联盟”为创造概括拘束力之法律，所共同组成之大联盟，对其内部关系行使立法权。② 因此，一方面劳资团体享有国家授予的、在法律范围内制定团体规则的权利，另一方面规则的内容又要在国家劳动标准的严格限定之下，要受到国家法律的监督和控制。换言之，劳资双方在法规契约范围内自主谈判签订的协议，在理论上系契约行为与团体规则制定行为之结合。

三、集体协议的内容

集体协议的内容是指订约双方当事人的权利和义务。由于集体协议是劳资团体之间的一种协议，它具有协议的效力，当事人要受协议的拘束，协议的解释要遵循、依据合同法的一般原则。

---

① 黄越钦．劳动法新论．台北：台湾翰芦图书出版有限公司，2000．427，428

② 黄越钦．劳动法新论．台北：台湾翰芦图书出版有限公司，2000．427，428

同时，集体协议又是劳资双方的自治规章，对双方当事人及其成员来说，又具有法律规范的效力。

（一）作为协议所具有的内容

依据“协约必须遵守”原则，集体协议的双方当事人均应尽其注意义务，履行契约，维持和谐义务，并敦促其成员履行义务。集体协议一经签订，在签约者即工会与雇主、雇主组织之间就产生了相应的权利和义务，主要表现为：

1. 维持和谐义务

也称和平义务，指在集体协议有效期内，任何一方都不得为了改变集体协议中规定的工作条件，发起罢工或者关厂。除当事人另有约定的以外，维持和谐义务的范围应以维持集体协议所规定的内容为限，且为一种相对义务，即在协议期内对集体协议中规定的事项不得产生争议，但在不影响协约存在的前提下，可以对协约没有规定的事项产生补充性争议，这一义务也被称之为相对和平义务。所谓绝对维持和谐义务，是指在集体协议有效期内，任何一方无论如何不得有过激行动，即使是针对集体协议中没有规定的事项也不得产生争议，绝对和平义务一般需经过双方的特别合意。

如果违反了和谐义务，则构成违约。但对工会违约之后是否承担责任、承担什么责任，则有不同的看法。一般认为，工会不履行集体合同规定的义务，应对会员和上级工会机关承担道义和政治上的责任。工会不履行集体合同不负物质责任。如果工会可以不承担协议义务，则集体协议将会形同虚设，同时也违背了契约的基本原则和精神。因而，有学者主张，任何一方违反了和谐义务，相对人可以主张对方不作为的义务，及损害赔偿义务，并可以主张正当防卫。在团体进行赔偿之后可以对其成员行使求偿权，个别成员也可以对其他成员行使赔偿请求权。

2. 敦促义务

集体协议的签订者是工会与雇主或雇主组织，但协议的履行则要依赖于全体会员，因而当事人必须尽力确保其组织成员能够切实履行合同，为此应当向其会员提供足够的信息。为了保证集体协议的履行，团体有义务在其成员违反义务时，行使团体力量或采用其他法律方法敦促其履行义务，包括行使必要的制裁方式如警告、催促、惩戒、罚金、停止团体支持、停止团体成员的资格、抵制、甚至开除等。敦促义务对集体协议的实现具有重要意义。

如果团体违反敦促义务时，应负损害赔偿责任，相对人可因此解除集体协议。但是，敦促义务并非保证义务，团体实行制裁无效时，团体不负责。如果要使团体负保证责任，应特别合意记载于协约之中。

3. 其他义务

除了维持和谐义务和敦促义务之外，劳资双方还可以在集体协议中约定对双方共同建立设施的管理、费用分担，调停、仲裁以及协约履行的监督等事项。

（二）作为法律规范所具有的内容

劳动条件集体形成，最重要的实际要依据集体协议中具有规范效力的内容，其中包含最低劳动条件及其他有关劳资双方关系的重要依据。主要是劳动条件和劳动标准，如工资、工时、休假、补偿、工作环境、退休、保险，以及规定个别劳动契约的订立、具体内容、终止等内容。

集体协议这些内容，除法律另有规定外，其效力直接及于当事人及其成员。而且为受雇人之利益的条款具有强行效力，但对受雇人不利时，只具有相对强行效力。① 当有关规定不明确时，如果集体协议的规定有利于劳动者，则适用对劳动者有利的规

① 黄越钦．劳动法新论．台北：台湾翰芦图书出版有限公司，2000．434

定。并且，集体协议只能规定最低劳动条件，而不能设定最高劳动标准，因此个别劳动合同约定的劳动条件和标准可以高于集体协议，但如果低于集体协议的，低于部分无效，无效部分适用集体协议的相应规定。此外，凡是集体协议中规定的劳动者权利，均不可以抛弃。

集体协议的目的在于维护并促进劳动条件、经济条件的改善和提高，任何超越、背离这一目的的规定都不具有相应的约束力，比如侵犯个人生活权利和范围的规定，如规定工资应该如何使用、强制进修、全部否定兼职等条款，因侵犯了劳动者的个人权利而不具有法律约束力。集体协议的订立虽然以劳资自治为原则，以双方合意为前提，但并不是完全不受限制。劳资双方应绝对遵守法制原则，任何协商与合意最终都不得违反国家法律、法规规定。

四、集体协议的形式

集体协议的订立、变更和终止是具有重要意义的法律行为，一般要求以书面形式签订，书面方式具有警戒和证据作用，因此不具书面方式的集体协议无效。要求集体协议采用书面形式是各国普遍的做法，其理由在于：书面协议是当事人履行集体协议的依据；是劳动者签订个别劳动合同的参考凭证；是处理集体争议的根据和证据，同时也有利于政府对集体协议履行情况进行监督。由于集体协议比个别劳动合同复杂得多、详细得多，因而采用书面形式更符合集体协议自身的特点。

五、集体协议的期限

集体协议的期限是指协议的有效存续期间。按照期限形式的不同，分为不定期集体协议和定期的集体协议。各国一般采用定期集体协议，并在立法中限制其最短期限（通常为1年）和最长期限（通常规定为3～5年），规定协议的最短期限，是为了保证协议的相对稳定性，而规定协议的最长期限，则是为了使协议内容与社会经济发展相适应。不定期集体协议则较少被采用，少数国家只规定了协议的生效时间而不规定其终止时间。按照惯例，这类协议可以在当事人提前一定期限通知对方时即行终止。

我国现行立法只就定期集体协议作了规定，期限为1～3年。在协议约定的期限内，双方代表可对协议履行情况进行检查，每年可对协议进行修改。

六、集体协议的批准

在西方国家，大多数谈判可以顺利地达成协议，而不会出现谈判中断或破裂的情况。协议一般在现有集体协议到期之前达成。当谈判双方对协议的所有条款初步达成一致后，会起草一份包括这些条款及合同的有效期和终止日期的书面协议。资方对协议的批准程序要比工会方面容易一些。总经理或总裁经常定期地听取有关谈判进展情况的汇报，所以任何可能阻碍谈判协议批准的问题也许已被高层管理人员和谈判者解决了。

然而，工会的批准程序则相对复杂，一般而言，只有大多数会员投票表示赞成，该协议才会得到最终批准。如果工会会员投票反对，就得开始新一轮的谈判。近几年，美国大约有10%的协议草案在提交工会成员表决时被否决。如果工会谈判代表能更清楚地了解会员的愿望，也许就不会出现这种现象。

我国《集体合同规定》第36条规定：经双方协商代表协商一致的集体合同草案或专项集体合同草案应当提交职工代表大会或者全体职工讨论。职工代表大会或者全体职工讨论集体合同草案或专项集体合同草案，应当有2/3以上职工代表或者职工出席，且须经全体职工代表半数以上或者全体职工半数以上同意，集体合同草案或专项集体合同草案方获通过。第 37 条规定：集体合同草案或专项集体合同草案经职工代表大会或者职工大会通过后，由集体协商双方首席代表签字。从这一规定可以看出，我国集体协议需要经过职工代表大会或职工大会通过，方才有效。

第 3 节　集体协议的条款

一、确定集体协议内容的规则

（一）集体协议的内容范围

集体协议的内容取决于双方谈判范围的划定，谈判范围的合理界定是完善集体协议制度的核心。集体谈判一般围绕劳动条件的改善和劳动关系处理而展开，其内容限于与雇佣有关的问题。一些国家如西班牙，法律就明确规定了谈判涉及的问题范围；一些国家如英国，法律则很少具体规定集体谈判的内容；另一些国家如美国则是通过司法判例来解释谈判的内容范围，将谈判内容划分为“义务性”（强制性）事项和“允许性”（约定性）事项，对“允许性”事项雇主可以不必与工会谈判，以此来限制、缩小工会享有的部分法定集体协议谈判的权利，并使雇主保留对企业重大事务的决策权，避免在一些重大问题上与工会分享决策权力。新加坡 1968 年《劳动关系法》（修订）则明确规定了“不可谈判的问题”，如雇员的晋升、调动职位、招聘、裁员、工作分配、雇员的解聘或重新雇佣等不列为集体谈判的内容，而由资方独立决定，属于雇主的法定权力，不允许工会再加以挑战。虽然这一规定经常受到质疑和批评。

集体协议内容的确定，从理论上讲，其实质是对传统雇主权利的分享和分配。与劳动者所享有的劳动权相对应，雇主在劳动关系领域中的权利主要表现为财产权，具体包括经营权和所有权。保障和实现雇员的基本劳动权，某种意义上就要限制雇主的财产自由权。随着现代工业民主的不断推进，过去被认为是雇主享有的一些特权如“经营权”“人事权”“管理权”等也开始被广泛纳入集体谈判的范围，有的国家还将集体协议有效期内企业经营管理应达到的目标及实现措施，也纳入集体协议谈判范围之内。在雇主享有的经营权方面，呈现出民主化趋势，表现为各种形式的雇员参与；在雇主享有的所有权方面，则呈现出社会化趋势，主要表现为员工持股和企业股票上市。

集体协议内容的确定，在实践中还要区别于与谈判制度密切相关的企业共同协商制度。共同协商是企业民主管理的一种重要形式。除集体谈判制度之外，许多企业为提高工作条件，改善劳动关系，建立了企业内部共同协商体系，为劳资双方提供分享信息的机会，促进雇员参与企业管理。比如在日本，相当多的大企业除集体谈判制度之外，还建立了各种形式的共同协商体系，由管理方与工人代表共同对企业的基本管理政策、生产和销售计划、雇佣及人事、工作时间、工作条件、雇员福利等影响工作环境的问题进行讨论，交换信息，加深彼此的理解和沟通。一些企业甚至将共同协商作为集体谈判的初始阶段，另一些企业则明确区分了共同协商体系与集体谈判制度分别讨论的主题。根据1999年日本劳动管理委员会的调查，通常企业越小，集体谈判的频率越高，但建立共同协商体系的比例越低。比如雇员在30～99人的小企业，工会开展集体谈判的比例高达84.4%，但建立共同协商体系的比例仅为21.9%；而雇员超过5 000人的大企业，集体谈判的比例为41.0%，但建立共同协商体系的比例则高达77.9%。

（二）确定集体协议范围的规则

用立法事先规定可以谈判的事项，或者规定确立谈判内容的规则，对于确定集体协议内容具有重要意义。在西方劳动关系研究学派中，管理学派和新保守学派主要关注的问题之一，就是在集体谈判中工会对雇主权力的过分限制问题。北美传统工会的主要作用之一，是经常要求对一些涉及管理制度的事项，如激励和提升、员工规模、工作进度、工作分配、工作种类等进行谈判，这种对管理权力的限制与工业民主的一贯要求相吻合，因而，工会的成立和获得谈判资格最终会导致对管理权力的限制和约束。在理论上确定集体协议内容主要有如下规则。

1. “剩余权利”规则

这一规则认为凡是集体协议没有具体约定的内容，都由管理方单独决定。因而，对雇主权力的约束（有例外）仅仅是那些雇主本身在集体谈判过程中就已经同意（即使非自愿）接受约束的内容。一般来说，工会在谈判中对雇主的约束仅限于与“人事”相关的内容，极少涉及诸如投资、生产方式变革以及关闭工厂等虽与工人有密切联系，但范围更广、并带有“战略性”决定的事务。这类事务很少出现实际的权力分享，一般由管理方在采取行动之前，征得工会同意即可。理解这些限制的范围是很重要的，尤其是在出现争议、申请仲裁时，“剩余权利”规则构成了仲裁裁决的基础。①

当工会在谈判中限制了雇主权力，而这些限制又不合雇主喜好时，工会在集体协议有效期内的地位就十分“低下”。工会的地位使得工会在谈判中必须要将那些复杂的管理规则与程序纳入集体协议，否则，按照剩余权利规则，工会就没有什么方式可以直接影响管理权的行使。这意味着工会保护其成员免受雇主任意和不公正管理的能力，在相当程度上要依赖于工会在谈判中限制资方的能力——而这种能力本身会依据罢工力量的强弱而变化。除此之外，至少还有四种不同于剩余权利规则的理论，可以使工

① John Godard, *Industrial Relations*, *the Economy*, *and Sonciety*, 2nd edition, Captus Press Inc., York University Campus, 2000, 315～316

会为其成员提供更好的保护，减少在集体协议中对管理权力限制的需求。

2.“公平管理”规则

即无论集体协议如何规定，雇员都有权要求得到“公平合理”的待遇。比如雇员对随意被忽略晋升的问题有权提起申诉，即使协议条款中没有处理类似问题的规定。

3.“隐含义务”规则

即管理方负有一种隐含的义务，在做出与集体协议相关的重大改变之前，要先征求和取得工会的同意。例如，如果正在计划中的一项重大技术变革，可能会影响工人的工作性质，甚至可能会导致某些工人被解雇，那么管理方就有义务首先与工会进行磋商。

4.“权利分享”规则

即除了在谈判桌上形成的任何正式的合同之外，还存在着一些非正式的或隐含的合同，它实际上是长期形成的有关工作的性质、双方的责任和义务的各种习惯和惯例。因而，如果管理方未经工会同意而试图违反长期遵循的这些非正式规则和程序，也可能构成工会提起申诉的理由。

5.“工作权利”原则

即工人因工作时间的积累而获得的与管理权力相抗衡的权利，简言之就是工人因为工作而享有的权利。例如当一个雇员被解雇时，他/她有权获得某种形式的补偿以寻找其他工作，具体补偿数额依其服务年限的长短而定。这一原则有助于为雇员提供收入和工作保障，而无须在集体协议中通过谈判来规定。

所有这些规则在实践中都已获得了不同程度的认可。例如，一些仲裁员已试图将公平问题引入申诉裁决，虽然这种做法受到法院的限制，但却符合公平管理规则。此外，一些司法判例要求管理方对协议期内出现的重大技术变革，要与工会领导人进行磋商甚至谈判，这与隐含义务规则的要求是一致的。许多国家的劳动法或司法判例要求雇主对集体裁员要支付额外的终止合同的经济补偿，虽然这些仍受到一些限制，但它们都符合工作权利规则。在所有这些规则中，剩余权利规则仍居统治地位，在不久的将来也难以有大的变化，如果产生重大变化，则预示着劳资关系的性质和集体谈判过程将发生根本性的意义。

二、市场经济国家集体协议的主要条款

根据协议内容和企业的不同，集体协议文本的篇幅也长短不一。在西方国家，集体协议文本一般首先从总体上概述双方的权利和义务，其中最有名的是有关“工会承认”和“管理权力”条款。前者确认了管理方“承认”工会是协议覆盖范围内的工人的唯一谈判代表，后者通常则规定除了已在协议中明确规定的事项之外，管理方对工作场所的所有事务拥有单方决定权，这为争议发生时仲裁人如何解释附加权利确定了原则。一般情况下，这些条款通常没有特别的意义，只有当附加权利条款所暗含的对管理权的解释比通常情况下要更宽泛或更狭窄时，才会涉及到如何解释的问题。此外，还包括了工会在集体协议有效期内不得罢工、雇主无“正当”理由不得处罚或解雇雇员的规定。其次，是规定集体协议的主要内容，即大量的有关工资和福利、工作分类、资历、申诉处理、工会保障和权利、工作规则、劳动纪律及惩处程序、工作和收入保障以及其他在谈判中所出现的问题的规定。除了这些法定内容之外，谈判双方还会根据实际情况规定一些“约定性条款”，比如约定在技术变革成为必须时，雇主愿意对雇员提供保护等。最后，在行业性、区域性谈判中还有所谓的“双层协议”情况，即存在着一个覆盖谈判单位内部所有工作场所的“主要协议”和针对不同工作场所特点的各项“补充协议”，“主要协议”通常规定涉及全体劳动者工资福利的大问题，“补充协议”则具体规定个别工作场所工人具体关心的问题，如工作分类和工作规则等。

（一）工资和福利

工资和福利始终是集体谈判中最具争议性的问题。在谈判单位内部，有关工资福利水平、分配方式以及协议期内工资调整机制等都会引发争论，近年来，有条件的报酬条款亦变得日益重要。

1. 工资和福利水平

工资和福利水平是潜在的劳资冲突的首要原因之一。对雇员而言，工资福利不仅对其特定阶段的生活水平有着重要意义，而且还直接影响其未来的收入，如养老金。在其他条件不变的情况下，尽可能争取最有利的工资福利待遇是雇员在谈判中的利益所在。对雇主来说，工资福利支出对于企业的财务状况和经营活动意义重大。在其他条件相同时，最大限度地降低工资福利待遇是其利益所在。因此，工资福利始终构成了谈判的主要焦点，也始终是集体协议的主要条款。但同时，如果认为工资福利问题必然会引起很大的争议也是错误的。在某些情况下，管理方会愿意提供一种"合理的"工资福利安排，比如在雇员退出和岗位力量强、离职率高、管理成本大的条件下，为了保持雇员对企业的忠诚度，降低离职率，雇主会愿意提供一种合理的工资福利制度。或者在与主要竞争对手结成联盟的条件下，为了"不再为工资竞争"，也会提供相似的工资增长水平。对工人来说，如果其期望和公平感得到满足，他们通常会对稳健的工资福利增长感到满意。影响工资满意度的原因很多，其中三个主要的因素是：同行业雇主所提供的工资福利水平；生活费用的增长；在不危及企业安全前提下，雇主具有的对工资福利做出让步的能力。从 20 世纪 80 年代开始，严峻的经济形势已使后者显得尤为重要。已有许多事例表明，工人为确保企业的生存发展，实际已对工资的增长、福利的削减做出了让步。很显然，工资福利水平已不再像人们通常认为的那样总是引起争议了。

那么，为什么谈判经常会在工资福利问题上受阻呢？主要原因是满足雇员的要求不符合雇主的利益，雇员不愿意降低其期望预期。另一个原因也许是一方或双方均未理解对方的“底线”。但真正的原因不是工资福利本身，而是一方或双方借工资福利问题来表达其在谈判中潜在的敌意。比如，当雇员对雇主的管理不满时，可能尝试通过额外的（至少从管理方的观点）工资要求，“要回”一些权利；或者，当管理方希望削弱工会领导人或工会的基础时，往往通过拒绝合理的工资福利增长迫使工人罢工，直到罢工工人被迫接受管理方的条件。但无论如何，工资和福利要求作为一个原因，更多地只是罢工或关闭工厂的一个借口，这一点是很明确的。

2. 工资分配

除了对总的工资福利水平进行谈判之外，在谈判单位内部如何从整体上分配工资福利，也会引发冲突和矛盾。在大多数工作场所，由于工作类别不同、工作的复杂程度和责任大小不同，因而所需要的技能和经验也不同。根据这些差异将工作（职位）划分为不同的类别等级，一般较高等级的工作（职位）能够获得较高的工资报酬。在规模较大的企业，因为工作差异较大，最终导致的工资差别也就比较大，尤其是在建立了“职位阶梯”的工作场所，工人自然会期望快速向更高工资水平的职位流动。尽管雇主已采用了一些与高绩效工作模式相联系的自动组合的工作方式，职位阶梯将逐渐被淘汰已成为共识，但目前仍然广泛存在。

建立职位阶梯和从整体上拉大工资差别的真正原因，在学术界存在着争论。一种观点认为管理方建立职位阶梯的目的，是要体现不同经验和技能的工人，其工作效率是不同的；另一种观点认为其目的在于从内部分化工人以加强管理和控制；还有一种观点认为建立这一制度，在很大程度上是对工会压力所做的反应，体现了工会罢工的力量。但毫无疑问，职位阶梯是导致谈判以及集体协议条款存在重大分歧的主要原因之一，因为对每一具体职位而言，总是存在着一个报酬争议空间，而这对于决定工人的工资数额又具有重要意义。同时，不同等级工资水平的总体差异程度也是很重要的。研究表明，雇主通常比工会更愿意拉大工资收入差距，更关注较高职位雇员的士气和忠诚度；而工会通常则更关心那些职位较低的工人的工资福利水平的提高，因为这部分工人人数多，拥有大量选票，当然也有社会民主方面的原因。但不管怎样，无论是工资在各职位之间的分配，还是工作职位本身的划分，都存在着相当大的争论。

3. 工资调整条款

集体协议除了规定工资分配之外，还涉及工资增长的数量和增长方式，尤其是在通货膨胀的情况下工资如何增长及计算问题。当通货膨胀水平较高时，如果缺乏工资调节条款，则意味着在协议期内工人的实际购买力将大大降低。为保护会员利益，工会通常主要有四种选择：谈判签订1年期左右的短期协议，以逐年调整工资增长水平；签订“重新调整”条款，双方同意在合同期内，当通货膨胀达到某一高度时对工资问题重新谈判；根据预期的通货膨胀率，双方通过谈判确立在合同有效期内，工资定期（比如每6个月）有计划地增长，以避免通货膨胀的影响；通过谈判制定“生活费用调节”条款，规定雇员在合同期内工资增长的幅度将与政府制定的反映通货膨胀率的物价指数的增长挂钩。这些条款相当复杂，一般只有在通货膨胀率达到预期规定时才能做出调整，通常工资的增加率要低于通货膨胀率，而且调整幅度也不能超过规定的调整“上限”或最高水平。例如规定当物价指数上升到3个百分点，或高于3个百分点、不超过4个百分点时，物价指数每上升1个百分点，工资将增加0.5个百分点。

管理方通常都不喜欢这些选择，尤其当通货膨胀不确定时（因为通货膨胀通常处于较高水平），在前两种情况下，不仅工资福利的支出不确定，而且还有罢工的可能性。因此管理方通常更趋于签订长期合同，规定固定的工资增长幅度（即采纳上面的第三种选择）。但问题是，在通货膨胀不确定的条件下，双方很难就工资的增长达成一致，管理方担心承诺的增长幅度会远远超过通货膨胀率，而工会则担心会大大低于通货膨胀率。物价指数条款可以避免这一问题，但对管理方而言，成本支出仍不确定，如果管理方不能在维持自身市场竞争力的前提下，按照物价指数的调整增加工资，将会引发严重的经济后果。这些困难带来的结果是，在通货膨胀期间谈判更加复杂，特别是工资保护问题尤为突出。

4. 有条件的薪酬制度

个人奖金分配制度作为一种报酬形式，自工业资本主义以来已经非常普遍。但近年来，更多以团体为基础的有条件的薪酬计划已得到越来越多的关注，尤其是在那些高绩效的工作部门。这些制度包括团体奖金制度、获利共享制度、利润分享制度等，这些制度大部分都可以追溯到20世纪的头10年，但这一制度在高绩效的工作中表现得更为充分和重要。工会通常会反对由雇主单方决定的制度安排，因为它导致了雇员收入的不稳定，也使工会很难对此施加影响。例如，当雇员对利润水平的确定发言权很少或没有发言权时，规定其收入由利润决定，实际上使雇员要为他人的错误承担责任。此外，工会在传统上总是致力于通过每次谈判，在集体协议中建立固定的工资增长机制，因而工资也就不断地提高，但有的薪酬制度特别反对这一做法，如果雇主以牺牲工人工资增长为代价倡导这一制度，会遭到工会及其会员的强烈抵制。例如，在20世纪80年代早期，大众汽车公司试图通过谈判将利润共享条款列入集体协议，改变它在整个战后所推行的按年度增加工资的做法，结果这一做法在美国获得了极大成功，但在加拿大却遇到来自工人一方的强大抵制，不仅发生了罢工，而且由于美国总工会成功接受利润共享制度所带来的压力，在工会内部造成了较大的分裂。这种分歧最终使加拿大工会退出美国总工会，创立了自己的独立工会——加拿大汽车工人工会。

尽管遭到工会抵制，但总体上利润共享条款还是在集体协议中大幅增长。1998年，由加拿大人力资源开发部企业信息董事会监控的集体协议中，有1/3的集体协议订有利润共享条款，这与10年前仅有5%的情况形成了鲜明对照。然而，有关团队奖金制度或获利共享的规定却几乎没有增长，一些条款甚至还在显著降低条件。

（二）工作时间和加班

集体协议中有关工作时间条款的争论，近年来主要集中在如何限制资方分配工作时间和加班时间的权利上。大多数集体协议都涉及到雇员每日或每周的工作时数，以及雇主有权要求工人完成的工作。例如集体协议可以具体规定，每天标准工时为8小时，雇主可以要求工人加班每天不超过1小时，或者规定每周标准工作时间是40小时，雇主要求工人加班每周不得超过5小时。另外，集体协议还对雇主可以安排工人工作或加班的时间进行了限制，如规定雇主不得安排工人在周末工作，或在周五下午加班。除此之外，集体协议还包括了对雇主安排加班的方式进行限制的条款，如具体规定雇主有权要求加班，但资深工人可以拒绝从事资历较浅的工人就能完成的加班工作，或者具体规定要将加班任务平均分派，使工人感觉不到自己不得不比本部门或地区的其他工人工作更长时间。

虽然工会极力限制雇主对非自愿加班做出的安排，但加班对工人而言，通常也意味着能够获得额外的收入和高于正常工资的待遇（比如1.5倍或2倍于常规小时工资），因此，工会也试图通过谈判获得对自愿加班做出安排的权利。比如在集体协议中具体规定，无论是资深工人还是过去那些获得加班机会最少的工人，对于本职位的加班工作，享有最先选择或拒绝的权利。

这类规定，尤其是对非自愿加班的规定，极大限制了管理的灵活性。比如由于某种原因，当某个工作领域或部门的计划没有完成时，如果不能通过加班及时进行弥补，就可能影响到其他部门的工作，最终可能会给消费者带来不便。另外，对非自愿加班的限制，使得雇主为了应付需求波动，可能需要雇佣更多的工人。当需求降低时，这些人被暂时解雇；在需求上升时，又被重新雇佣。但这样做既麻烦也行不通，尤其是当需求高峰时期短暂时（比如几个星期）。当然，在工会看来，雇主的管理灵活性是以工人失业和被解雇为代价的，而且它还侵扰了工人的个人生活，尤其是对那些家庭地位显要，或认为加班会影响其获得尊敬的工人等。更多的工人可能只是感觉太疲劳、太紧张，不能再从事加班劳动。不过管理方则认为，限制、约束加班会削弱企业对经济需求的反应能力。

（三）工作规则

工作规则，是人们长期以来在工作场所形成的有关工作内容及完成方式的非正式规则和惯例。一般而言，这些规则不仅反映了作为“工资—劳动”契约谈判中的劳动者一方，要通过提供一定的劳动获取相应的工资报酬，同时也反映了不同类别的工作内容所包含的职责范围。例如在生产车间，对机器设备的保养和维修，一般属于机械工的职责范围，而不属于操作工的职责和义务，如果要求操作工负有维修和保养机器的职责，则不符合一般常规。

尽管这些规则和惯例已或多或少被工人及其主管所接受，但在“剩余权利”规则影响下，雇主可以堂而皇之地违反那些行之有效、但却没有写入集体协议中的不成文的规则。比如管理方可以通过裁减工人而不减少总工作量的方式“合理”地安排工作；或者在保持人员规模不变的前提下提高工作定额；或者可以通过“工作再设计”重新分配工作任务，使那些不熟练或半熟练工人能够完成以前由熟练工人才能做完的工作。在这三种情况下，管理方实际都将推翻已达成的工资协议。在前两种情况下，工人会发现他们完成了更多的工作却领取相同的薪水，而在第三种情况下，由于工作本身不再受技术水平的限制，因而降低了对技能水平的要求，在多数情况下也就降低了工资水平。

为防止雇主采取诸如此类的行为，工会一般会寻求通过谈判将公认的涉及“工作规则”的条款写入集体协议。这些规则内容非常广泛，但一般包括诸如最小的“人员规模”、工作定额或工作进度限制，以及工作内容的限制等。最小人员规模，规定了管理方完成一定工作和任务所应该投入的最少人数；工作定额或工作进度则规定了在一定时间内，个人或群体应完成的工作数量或工作速度；对工作内容的限制，则主要是按照特定职位的工作类型或级别，规定相应工作职责范围，确保低职位的工人不会从事高职位工人才能正常完成的工作，或者从事不是其职位正常范围内的工作。

“工作规则”条款近年来受到了广泛的批评，尤其是来自新保守派和管理学派的批评。这些学者认为，“工作规则”不仅侵犯了管理方所拥有的管理权利，而且导致了相当大的浪费和效率低下，妨碍了管理方为应对全球市场挑战和变化所必需的灵活性。例如像换灯泡之类的事情，尽管车间任何一个工人都能完成这样的工作，但却规定只允许熟练电工做，这种情况并不少见。有时，一些工人所做的工作完全没有必要、没有意义，但之所以还要这样做，仅仅是因为集体协议的“工作规则”条款对此作了规定。

虽然这些批评的广泛性还不是很清楚，但显然过多的批评会影响“工作规则”条款在集体协议中的必要性。其实，真正的问题在于协议条款的模棱两可，在集体协议中很难具体界定多数工作职位的性质和范围。因而，那些在工人看来只是最低限度能够接受的工作规则，在管理方看来已是过分约束了管理者的权力。但只要在“剩余权利”规则占优势的情况下，“工作规则”条款显然会成为工会在谈判中保护其成员利益，以及免受技术革新冲击的唯一途径。取消“工作规则”条款，可能有利于提高工作效率，从长远看甚至有利于保留工作岗位，但同时也意味着丧失了对工人的保护。

（四）工作和收入保障

工作和收入保障向来是工会关注的主要事务，尤其是在经济发展不稳定的时期。对工作和收入保障主要反映在集体协议的“工作规则”和“资历”条款的谈判上，“工作规则”条款主要保护工人不受技术下滑的影响，“资历”条款则主要用于保护资深雇员不被解雇。另外也反映在“工会制企业”条款的谈判上。除此之外，集体协议还包括了大量保障工作和收入安全的具体条款，如工作合同的转让；解雇通知及技术变化条款；补充失业保险条款等。

1. 工作合同转让

除非集体协议有具体约定，否则根据“剩余权利”规则，管理方有权将部分工作任务转包给谈判单位以外的、那些不受集体协议约束的工人去做，包括利用外部资源，尤其是从外部购买部分原材料及配件以代替自己生产，或者将部分生产任务转包给其他企业和工人，而不是交给自己的工人生产。当然，在企业生产任务充足，或不影响工人完成正常劳动定额时，生产合同转让条款相对来说也就没有特别意义。但如果不是这样，则会产生极大的危害。因为谈判单位内部工作量的减少，不仅意味着会解雇工人、减少加班收入，而且还使雇主能以低于本企业的工资福利成本完成生产任务，从而破坏集体协议的完整性。正因为如此，工会经常要通过谈判限制雇主的转让生产合同。

尽管限制生产合同转让的条款比较常见，但其约束力却很有限。因为它通常规定，只有在导致解雇或不能召回已被解雇的工人时，雇主才不能把那些能在企业内部完成的工作转包给外部。近年来人们不断地批评对资方管理权限的其他限制，认为它妨碍了雇主对降低成本重要性的认识，而这对于维持企业经济竞争力又十分必要。不管争论结果如何，事实上越来越多的企业，无论是否建立工会，都确实趋于将部分生产合同转让给其他企业去做。面对雇主降低生产成本的要求，工会也逐渐地对工资福利的增长做出让步，尤其是在工人的工作安全受到真正威胁时。

2. 解雇及技术变革

与生产合同转让密切相关的，是有关解雇和技术变革带来的问题。解雇对工人产生的不利影响是显而易见的，它不仅意味着工人会立刻丧失收入来源，而且还会给工人造成严重的心理创伤，使其丧失自我价值及自我认同感。虽然最终大部分工人都能找到其他工作，但同时他们也承受了相当多的挫折与压力，即使再次被雇用，实际上他们也不得不重新开始没有资历的积累，而且多数情况下收入也比较低。技术变革同样也会给工人带来很大的影响，虽然它不会立即导致解雇，但却给工人造成了相当大的压力和不安。工人常常担心，这种变革意味着他们将来会面临解雇，或者技能下降、工资级别降低；担心自己不能掌握必需的新技术，或被分配到不满意的工作岗位上。一般而言，主要技术的变革会削弱建立集体协议的基础，因为技术变革意味着要对工作分类重新做出较大的调整，意味着大量较高工资水平的工作职位，在谈判单位内部将变为普通工资水平的工作职位。

由于这些原因，工会经常要通过谈判限制管理方解雇工人或实行技术变革，或者将解雇和技术变革的影响及冲击降到最低程度。在集体谈判中，这类条款并不是很普及，效力也很有限，通常只限于雇主解雇工人时，要适当提前通知和/或要与工会磋商。在某些情况下，雇主也会采取诸如支付经济补偿金、再培训、提前退休及自然减员（辞职或退休）、将工人调回到以前较低工资类别的岗位，甚至安排到其他企业就业等措施，来降低技术变革给工人带来的影响。当技术变革导致集体协议难于执行时，雇主也会主动或根据法律规定重新进行谈判，修改某些条款。

3. 补充失业保险

补充失业保险是在集体谈判中，约定由雇主（在某些情况下也可以是工人）建立一个基金计划，用于提高被解雇工人的失业保险福利。虽然工人领取失业保险的时间是有限的，领取的保险金额也与其在特定时间内交纳的保险费有关，但毫无疑问，补充失业保险计划明显有利于保护工人个人利益，能把解雇带来的收入损失减至最低程度。同时它对雇主也有一定的价值，因为对被临时解雇的工人来说，他们更愿意被重新招回，而不是去寻找其他工作，这样可以为雇主节省招聘及培训新雇员的费用。

（五）资历

资历通常主要有两种，即“福利资历”和“竞争资历”。福利资历主要用于决定雇员享有相关福利的资格地位，最常见的是休假。雇员依法所享有的休假时间，按照其服务年限的不同而不同，一般随工龄的增加而增加，比如工作年限满 5 年的，有权享有 3 周的休假；满 10 年的，享有 4 周的休假，并以此类推等。此外，个人养老账户的建立、退休金的计发、解雇经济补偿金的支付以及其他福利一般也要以雇员的资历为基础。总地讲，福利性资历相对比较简单，而且不易产生争议。竞争性资历则相对较为复杂，它要求雇主在决定有关晋升、解雇及召回、岗位调动、工作安排、轮班、休假的选择、请假的批准以及加班等事宜时，要考虑雇员的资历问题。与福利性资历相比，竞争性资历往往不是由单一因素、而是由多种因素综合决定的，其中最主要的是雇员的能力和资格。比如，大多数集体协议在涉及资历对晋升的影响时，通常做出这样两种规定：（1）如果最资深的申请者，能够在一个合理时间内证明或显示其具有足够的能力，那么最终他/她将获得提升；（2）除非在同等条件下最资深的雇员获得晋升，否则应提升能力最强的雇员。这两种规定虽然都认为雇员的能力对晋升具有明显作用，但它们的一个重要区别是资历对晋升的影响程度不同，在第二种情况下，管理方对资历的考虑明显要弱于前者。

许多集体协议还对“资历”的认定、适用条件作了具体限制。比如有的规定资历仅限于本部门范围内工作的时间和经历，这样，尽管有的雇员可能在其他部门已工作过多年，但也不能计算为本部门的资历。另外，有的集体谈判还确定了一些非常具体的资历条款，比如规定只有某些职位的雇员才有资格晋升到更高的职位。雇主通常会追求这类限制性规定，因为他们认为，那些在某一组织中具有一定资历的雇员，对所做的工作更熟悉，而且已经融合到工作团队之中，从而使他们更容易接管更高职位的工作。

此外，多数集体协议都规定了解雇的资历限制，即“替补权”制度。替补权有两种基本类型：一是“链条式替补”，即当一个雇员的岗位被暂时或永久裁减时，他有权“排挤”、取代任何一个资历比他浅的人的职位。被挤掉职位的雇员依次可以再排挤其他资历更浅的人，以此推至资历序列这一链条的末端，最后，资历最浅的雇员将被替代而遭解雇。二是“劳动力储备库”，在这种情况下，被替代的雇员只能挤占资历最低的雇员的岗位，否则他只能在“储备库”中等待，直到有更好的工作机会。

“链条式替补”方式明显导致了管理上的困境，因为要裁减一个资历较深的雇员，会在整个资历序列引起连锁反应。因此，雇主往往趋于谈判签订“劳动力储备库”条款，将岗位的替补限制在一个较窄的资历序列，并规定那些替补了别人职位的雇员要在最短时间内证明自己具备与新职位相适应的能力。然而，工会一般会反对这些限制，认为其缺乏公正性。例如，一个资深雇员可能从一个适合他的职位上离开后不久，就发现自己原来的职位（比较好）将被替代、裁减。在雇员看来，如果他现在被解雇或者被安排在资历序列最末端，这对他是很不公平的，尤其是在替代其职位的雇员资历很浅的情况下。工会追求资历条款主要有三方面的原因：（1）认为资历较深的工人，通过其长期努力工作，有权获得与其资历相联系的权利，他们不应该担心自己在年老之后被年轻工人所替代。(2) 资历条款为晋升、解雇和其他有关雇佣的决策，提供了一个客观的、不受人为因素影响的基本原则。而以能力为标准决定晋升和解雇，则会过于主观，使工人陷于管理方决策的偏袒或专横中。(3) 如果缺乏合理的、强有力的资历规定，工人会发现他们将受制于管理者的高压统治和政策，因为雇主总是会提拔那些他们最满意的工人而解雇那些他们最不满意的工人。这样，工人会发现自己经常处于对上司的卑躬屈膝的压力之下，丧失了尊严。

但是，“竞争性资历条款”也受到人们的严厉批判，最主要的、流传最为广泛的批评是：(1) 资历条款限制了管理方按照工人技能和过去的工作绩效安排工作的权力，最终会降低劳动生产效率。同时它还限制了管理方裁员的灵活性，增加了本不该有的成本负担。(2) 资历规定降低了工作绩效及创新精神，因为当工人知道即使他们忠诚努力工作也没有资格得到晋升时，就会变得沮丧、失去希望。(3) 资历条款在解雇方面保护了落后，因为它要求管理方保留资深工人，即使他们相对于那些被解雇者可能更差。(4) 资历条款构成了对妇女和少数民族的歧视，虽然雇主有意雇用他们以改变过去的歧视，但因为他们没有足够的资历而仍然不能获得好工作，同样，也因为他们没有足够的资历还会首先遭到解雇。

虽然这些观点具有一定的事实依据，但也有一些不同意见对此进行了反驳。(1) 资历条款有助于减少个人偏见对管理决策的影响，使决策更为客观、公正，因而也更具积极的道德寓意。(2) 资历条款有助于减少工人间的竞争和对抗，有助于在工作场所营造更多的合作氛围，使资深工人更愿意帮助培养年轻的合作伙伴，而不担心这样做会给自己的工作安全或未来的晋升造成威胁。(3) 资历条款的赞成者认为，不管怎样，资历较深的工人一般具备更强的能力，因为他们经验丰富，对生产操作更为熟悉和了解，也更能理解什么才是“扎实的基本技能”。(4) 在建立了资历原则的地方，工人有希望得到擢升，获得更好的工作，职业稳定而不被解雇。对劳资双方来说，这转而降低了离职、停工的概率，提高了员工士气。(5) 虽然资历条款可能在短期内妨碍了妇女和少数民族工人找到好工作，但从长期看，实际上保护了他们免受歧视，因为资历条款降低了管理者依据个人偏见做出决策的可能性。

资历条款的好与坏，并不是这里要解决的问题。但依据谈判订立的资历条款，其隐含的意义变化之大，可能远远超过了它本身在谈判中的重要性。有证据显示，在那些技能水平要求高的大型企业，强有力的资历条款所带来的利益比管理成本更重要，而在那些基本技能要求低的较小企业，结果则正好相反。同样具有重要意义的研究表明，资历制度传统上被视为非工会化企业决定晋升、解雇的重要决定因素（即使不像在工会化企业中那样重要），这似乎说明，即使在许多非工会化企业中，管理方也意识到资历制度的价值和意义。另外，美国的一项研究显示，资历条款并没有损害、影响妇女和少数民族的就业机会。在加拿大，研究发现，在同等条件下，工会化企业实际发生解雇的概率要远远低于非工会化企业。这表明，工会所倡导的资历制度可能确实起到了保护少数民族免受歧视的作用。

（六）工会保障和权利

工会仅仅获得承认，并不意味着工会就能稳固地生存，或有效地为其会员服务。因为雇主可能会继续抵制工会，一些工人也可能会不缴纳会费或拒绝罢工，从而可能使工会感到内外交困，缺乏谈判改善雇佣条件的力量和资源，在协议过程中不能充分代表和维护会员利益。因而，在集体协议中签订工会保障和权利条款，就是为了防止这些情况的发生。

工会保障条款，具体是指无论工人是否加入工会都要缴纳会费。工会保障条款在很大程度上是出于工会安全的考虑，防止雇主以鼓励工人不缴会费的方式破坏工会。在市场经济国家，传统的工会保障制度主要有四种类型：（1）“封闭式企业”。在封闭式企业制度下，集体协议明确规定，工人在被雇主雇佣之前，必须成为工会会员。换句话说，也就是“企业”对非工会成员是“封闭的”，只雇佣参加工会的会员。（2）“工会制企业”。在工会制企业制度下，雇主优先雇佣工会会员，若无工会会员则可招用非工会会员，但他们必须在规定的时间内加入工会。工会制企业不要求工人一开始就成为工会会员，但要求工人在被雇佣后一定时间内（比如3个月）必须加入工会。（3）“代理制企业”。代理制企业制度不要求工人加入工会、成为工会会员，但必须要向工会支付一定的费用，其金额相当于会员的会费，以作为对工会服务的回报。全体雇员不论是否为工会会员，均应向工会缴纳一定经费，并由工会出面代表的一种制度安排。（4）“开放式企业”。开放式企业制度既不要求工人必须加入工会，也不要求其缴纳一定的费用。企业实行自由雇佣，不论是否工会会员都可以招雇。除了这四种基本制度外，还有两种特殊形式的工会保障制度：一是“维持会员身份的企业”，即集体协议规定所有该工会的会员和未来的会员，必须在协议有效期内保持会员身份才能继续受雇。在会员身份维持条款中，它不要求工人一定要加入工会，但如果工人一旦选择加入了工会，在整个雇佣期内就必须保持自己的工会会员身份。二是“可变更的工会制企业”，是指工会会员必须维持自己的会员身份，而且新雇员必须加入工会，但那些已被雇佣而且选择保持非工会身份的工人可以不加入工会。

工会保障制度是许多争议的根源，其中最具争议的是“封闭式企业”制度安排。在封闭式企业制度下，工会控制了劳动力的供给，并有权决定雇佣的人事安排。在这一制度下，如果雇主要雇佣工人，通常要给工会雇佣办公室打电话，由工会给雇主具体安排工人，通常工会会优先安排资深工人。虽然雇主有权拒绝他们认为不适合的人选，但却无法掌握整个劳动力的供给情况，而同时没有加入工会的工人发现他们只能到其他地方寻找工作。封闭式企业制度条款通常为一些就业不稳定的行业，如建筑业、码头工作所采用，它能够保证被解雇的工会会员随后即被雇用，并为他们提供更好的收入保障，也保证了工会会员人数的稳定性和连续性。同时，封闭式企业制度还保护了资深工人免遭年龄歧视，以及避免被年轻工人所取代。另外，工会雇佣办公室实际上是为雇主服务的一个自由雇佣的代理机构，节省了雇主寻找合格雇员的成本。

“封闭式企业”和“工会制企业”制度引出的另一个问题是，在一个自由民主的社会里，工人在不被强制加入工会的前提下，是否仍然享有工作的权利。这一问题在美国争论尤为常见，美国有 21 个州颁布了《工作权利法案》，明确规定“封闭式企业”和“工会制企业”制度为非法，各州法律均允许雇主采用“开放式企业”制度即自由雇佣形式，而且几乎半数的州甚至要求必须采用自由雇佣形式。与此相反，加拿大各省都没有规定雇主必须采用自由雇佣形式，在多数省区，“开放式企业”制度实际是非法的，雇主至少应该遵守“罗德规则”[①]。英国 1999 年 1 月颁布的《就业关系法》也禁止采用“封闭式企业”制度，但却没有禁止工人与雇主签订个别劳动合同。主张工人必须加入工会的支持者认为，工会提供的是一种“不能分割的”的服务，无论工人是否付费均可以从中受益，正如政府提供的服务通常能使公众受益一样。正因为如此，不应该有允许工人“搭便车”的现象存在，因为这样做不仅有失公平，还会引起其他工人竞相效仿，最终会大大削弱工会的力量。“代理制、会员身份维持以及可变更的工会制企业”制度，为主张“强制性会员身份”和“赞成工作权利”这两种观点之争提供了一条折中道路。“代理制企业”制度，通

---

① 以艾凡·罗德（Ivan Rand）法官命名的规则，他最先在 1946 年提出了“代理制企业”条款和会费代扣制度，作为保障工会安全的折中方案。

过要求工人为工会服务支付一定费用，但并不要求其加入工会的方式，解决了“搭便车”问题。“会员身份维持”条款则更进一步规定，只有工人自觉自愿加入了工会，才要求他们维持会员身份。“可变更的工会制企业”制度只要求新工人必须加入工会，从理论上讲，如果他们不愿成为工会会员，可以不选择这份工作。

与工会保障紧密联系的，是“会费代扣”条款，即雇主同意从雇员工资中统一扣除应交的工会会费（或等额经费）并将其交给工会。雇员个人对会费代扣，有的是自愿、同意的，但通常是强制性的。“会费代扣”这一制度安排，不仅节省了工会官员自己直接收费所需的时间和费用，而且还可以避免工人个人不缴纳会费，以确保工会更加安全，并最终有利于形成更加稳定的劳资关系。因此，一些国家司法判例确认了法律规定的强制性的会费代扣制度。

除了规定工会保障条款之外，许多集体协议中都包含了工会“权利”条款的规定。如允许工会官员在工作时间从事工会事务，并为其提供被称之为“超级资历”的待遇。工会官员可以利用工作时间处理不满申诉、进行谈判以及从事其他有关代表职责的事务，在某些情况下甚至可以参加工会大会。在一些大企业，还允许工会官员专职从事工会工作。作为回报，超级资历条款通常还规定工会官员在诸如解雇与召回、加班和轮班方面享有最具竞争力的资格。事实上，这些规定又构成了对不积极从事工会活动工人的歧视，在美国被认为是违法的。但是，这样做可以确保工会官员能够及时、有效地处理各种工会事务。

总之，集体谈判是很复杂的，许多条款的争论也是很激烈的。这些争论不仅反映了“剩余权利规则”面临的困境，也揭示了潜在的劳资冲突的根源。因而，集体协议的谈判过程及其协议的实施都相当地复杂且更具争议。这也是为什么工会与管理方的关系经常会如此对立，为什么集体谈判会破裂、会导致罢工或第三方介入进行调解的原因。

三、我国集体协议的主要条款

（一）法定条款和约定条款

关于集体协议的主要条款，有些国家在立法中详细规定了协议的必要条款，有些国家只是简略地规定了必要条款，有些国家在立法中不作规定，完全由签约双方商定应规定哪些条款。在我国，《劳动法》对集体协议条款作了不完全的列举规定，2004 年的《集体合同规定》具体列举了集体协议的条款。从现行法律规定看，集体协议这些条款比较广泛，包括了实体性内容，也包括了程序性内容。

以法律形式规定集体协议条款，其实质意义和后果在于确立了集体谈判的范围。在法律明确规定集体协议必备条款的情况下，任何一方如果拒绝就法定事项进行谈判，就属于违法行为；反之，则有权拒绝。

一般认为，完整的集体协议应当由下述两类条款构成：

1. 法定条款

即法律规定应当进行谈判签订的条款，属于强制性的规定，如工资、工时、休息休假、劳动安全卫生、补充保险福利、合同期限等条款。在国外通常主要包括报酬率、工资、工作时间、加班报酬、轮班、公休、假期、遣散费、退休金、保险福利、利润分享计划、圣诞节红利、公司住房就餐及优惠、雇员保障、工作绩效、工会保障、劳资关系等。集体协议的法定条款可以作为个别劳动合同的基础，也可以直接成为个别劳动合同的组成部分。它直接来源于法规和政策，在集体协议的有效期内持续有效，是集体协议中最重要的一类条款。

2. 约定条款

即谈判双方自主协商订立的条款，这类条款不是法律要求必须具备的条款，但只要条款本身不违法又符合双方当事人意愿，就可以作为集体协议的条款。在国外通常包括补偿合同、管理方关于工会事务的权利、退休雇员的退休金福利、谈判单位的范围、工会标签的使用、处理擅自改变劳动内容的问题、自助餐食堂价格、过去合同的延续、谈判小组的成员、工头的雇佣等。约定条款一经写入协议，具有与法定条款同等的法律效力。

（二）存在问题和对策

集体协议的条款体现了劳资双方的谈判结果，其结果主要取决于谈判双方的力量对比，体现了劳资自治的理念和思想。

目前，我国《劳动法》对集体协议条款的规定非常原则，实际操作的难度还很大。集体协议条款与本企业的实际情况联系不紧密，一些劳动者普遍关注但法律又没有明确规定或规定原则的问题还没有通过集体协议体现出来，如企业必须续订劳动合同的条件和程序等。提高集体协议的质量，要根据企业具体实际，解决劳资双方共同关注的问题。协议条款只有充分体现劳资双方的共同意志，才能达到消除分歧、化解冲突的目的。

针对集体协议起步晚、条款粗的现状，2004 年《集体合同规定》具体细化了谈判条款，规定集体协商双方可以就下列多项或某项内容进行集体协商，签订集体合同或专项集体合同：劳动报酬；工作时间；休息休假；劳动安全与卫生；补充保险和福利；女职工和未成年工特殊保护；职业技能培训；劳动合同管理；奖惩；裁员；集体合同期限；变更、解除集体合同的程序；履行集体合同发生争议时的协商处理办法；违反集体合同的责任；双方认为应当协商的其他内容。其中，（1）劳动报酬主要包括：用人单位工资水平、工资分配制度、工资标准和工资分配形式；工资支付办法；加班、加点工资及津贴、补贴标准和奖金分配办法；工资调整办法；试用期及病、事假等期间的工资待遇；特殊情况下职工工资（生活费）支付办法；其他劳动报酬分配办法。（2）工作时间主要包括：工时制度；加班加点办法；特殊工种的工作时间；劳动定额标准。（3）休息休假主要包括：日休息时间、周休息日安排、年休假办法；不能实行标准工时职工的休息休假；其他假期。（4）劳动安全卫生主要包括：劳动安全卫生责任制；劳动条件和安全技术措施；安全操作规程；劳保用品发放标准；定期健康检查和职业健康体检。（5）补充保险和福利主要包括：补充保险的种类、范围；基本福利制度和福利设施；医疗期延长及其待遇；职工亲属福利制度。（6）女职工和未成年工的特殊保护主要包括：女职工和未成年工禁忌从事的劳动；女职工的经期、孕期、产期和哺乳期的劳动保护；女职工、未成年工定期健康检查；未成年工的使用和登记制度。（7）职业技能培训主要包括：职业技能培训项目规划及年度计划；职业技能培训费用的提取和使用；保障和改善职业技能培训的措施。（8）劳动合同管理主要包括：劳动合同签订时间；确定劳动合同期限的条件；劳动合同变更、解除、续订的一般原则及无固定期限劳动合同的终止条件；试用期的条件和期限。（9）奖惩主要包括：劳动纪律；考核奖惩制度；奖惩程序。（10）裁员主要包括：裁员的方案；裁员的程序；裁员的实施办法和补偿标准。除此之外，还可以包括双方认为应当协商的其他内容，如工作评估程序等。

第4节 集体协议的订立、变更和终止

一、集体协议的订立

集体协议是工会与雇主、雇主组织之间的法律行为。与其他类型合同的签订一样，集体协议的达成也需要双方意思表示一致

才能成立，集体协议的订立程序一般要经过双方谈判签约、政府确认和公布三个阶段。当然各国规定不尽相同，程序也有繁有简。

关于集体协议是否需要送交政府主管部门备案或批准，取决于各国对集体协议的看法。备案是将协议文本留存的行为，协议效力取决于协议自身的约定，备案并不是协议生效与否的依据。而批准则不同，批准是享有批准权的机构对协议效力的表态。协议因批准而生效，也因未获批准而不生效。法国、德国采取备案制，而中国实行批准制（审查制）。2004 年《集体合同规定》具体规定，集体合同或专项集体合同签订或变更后，应当自双方首席代表签字之日起 10 日内，由用人单位一方将文本一式三份报送劳动保障行政部门审查。劳动保障行政部门自收到文本之日起 15 日内未提出异议的，集体合同或专项集体合同即行生效。由此可见，集体合同的生效条件是“劳动行政部门自收到集体合同文本之日起 15 日内未提出异议”，生效时间是“收到集体合同文本满 15 日”之时。生效的集体合同或专项集体合同，应当自其生效之日起由协商代表及时以适当的形式向本方全体人员公布。

二、集体协议的订立原则

集体协议的订立要遵循相应的原则，这些原则体现了集体协议的本质，贯穿于集体谈判的整个过程。订立集体协议，应遵循合法、平等、合作的原则。2004 年《集体合同规定》第 5 条规定，进行集体协商，签订集体合同或专项集体合同，应当遵循下列原则：（1）遵守法律、法规、规章及国家有关规定；（2）相互尊重，平等协商；（3）诚实守信，公平合作；（4）兼顾双方合法权益；（5）不得采取过激行为。合法原则是进行谈判、签订协议的基本准则，其内容包括双方主体资格合法、内容合法、程序合法和形式合法。平等原则要求劳资双方以平等的地位进行谈判和对话。合作原则要求劳资双方在谈判过程中相互配合、相互合作。谈判双方是两个组织之间的磋商与交涉，双方利益既有差异性又有一致性，合作贯穿于签订集体协议的全过程，体现了集体协议的基本精神。兼顾双方合法权益原则要求协议条款所确定的权利和义务要对等，做到互利互惠。不得采取过激行为原则，要求双方在进行谈判、签订协议的过程中，不得采取怠工、罢工、关闭工厂等争议行为，实际上是要求谈判双方负有和平的义务。

此外，有学者还提出了“利益共享原则”，认为利益共享也是签订集体协议的原则。集体谈判和集体协议是工会与企业在承认利益共享的原则基础上进行协商和签约的行为。集体谈判不是对既有权利的确认，而是对既存权利以外的利益的协商和认可，是在劳动基准之上为劳动者争取更大利益的谈判，所以利益共享原则是集体协议的精髓，并且是集体协议存在的根本理由，也是贯穿签订、变更集体协议过程中不可忽略的原则。

三、集体协议的变更

集体协议的变更，是指因订立集体协议所依据的客观情况发生变化，当事人依法对尚未履行或尚未完全履行的集体协议进行修改和补充。依法订立的集体协议具有法律约束力。一般说来，除非经过双方同意，否则任何一方在合同到期前都不得修改合同内容。因为执行合同中遇到的最主要问题是对合同条款的理解与应用，且执行合同是日复一日的行动，如果合同可以随意变更，则对执行合同非常不利。

资方主要负责协议的解释与执行。通常，雇主通过召开会议或举办培训班，指出协议的重要性并逐条分析合同条款。基层主管尤其要清楚他们在协议执行中的责任，应鼓励基层和中层管理人员向高层管理人员提出在下一轮谈判中应对哪些条款进行修改，或新增哪些条款。

根据我国法律规定，在集体协议期限内，由于集体协议订立时所依据的客观环境和条件发生变化，如因用人单位被兼并、解散、破产，因不可抗力或发生合同约定的条件变更等情形，致使集体协议难以履行时，集体合同任何一方均可提出变更协议的要求。签约一方就集体协议变更提出商谈时，另一方应当给予答复，并在7日内进行协商；双方协商一致对原集体协议进行修改后，应在7日内报送劳动行政部门审查。

四、集体协议的终止

集体协议的终止，是指由于一定法律事实的发生而导致集体协议效力消灭。西方国家法律一般规定，只要法定或约定的终止条件成就时，集体协议就自行终止。

（一）集体协议终止的原因

1. 集体协议因有效期限届满而终止

集体协议规定的权利得到实现，约定的义务获得完全履行，协议目的已经实现，约定期限已经届满时，除依法延期者外，应当终止；依法延期者在所延长期限届满时，也应当终止。

2. 双方合意修正尤其是新协约取代原协议时，原协议终止

集体协议签订后，法律允许当事人经过协商一致变更或解除集体协议，其目的是为了适应客观实际需要，使集体协议更好地发挥作用。

3. 集体协议因依法解除而终止

多数国家都规定了集体协议可以依法解除的情形，包括：因企业撤销、解散、破产或停产，使集体协议无法履行的；发生不可抗力，使集体协议绝大部分不能履行或全部内容不能履行的；一方当事人违约，使集体协议部分或全部履行成为不必要。当集体协议解除的法定条件成立时，有解除权的一方当事人应当在法

定期限内书面通知对方当事人，并说明解除原因和提交必要证明文件。

（二）我国法律规定的集体协议终止的条件和程序

2004 年《集体合同规定》第 38 条规定：集体合同或专项集体合同期限一般为 1～3 年，期满或双方约定的终止条件出现，即行终止。集体合同或专项集体合同期满前 3 个月内，任何一方均可向对方提出重新签订或续订的要求。第 40 条规定，有下列情形之一的，可以变更或解除集体合同或专项集体合同：（1）用人单位因被兼并、解散、破产等原因，致使集体合同或专项集体合同无法履行的；（2）因不可抗力等原因致使集体合同或专项集体合同无法履行或部分无法履行的；（3）集体合同或专项集体合同约定的变更或解除条件出现的；（4）法律、法规、规章规定的其他情形。集体协议终止，必须经过一定的法定程序。享有单方解除集体协议权的一方当事人可直接行使其权利，但应分别不同情况履行下列手续：企业破产，应提供人民法院宣告企业破产的裁定书副本；当事人因不可抗力事件发生而需要解除集体协议时，应提供有关证明；因对方违约致使合同履行成为不必要时，无过错一方要求变更或解除合同的，应及时通知对方，并向劳动行政部门提出申请。单方变更或解除集体协议的当事人，在行使权利的过程中与对方发生争议时，可提请劳动争议仲裁委员会仲裁或人民法院判决。

◆ 本章小结 ◆

本章阐述了集体协议的性质和意义，概述了集体协议的管理制度和主要条款，分析了集体协议订立、变更和修正制度。

◆ 关键词 ◆

集体协议　集体协议的订立　集体协议的变更　集体协议的

终止　开放式企业　封闭式企业　代理制企业　开放式企业　工会制企业

◆ 复习思考题 ◆

1. 试述集体协议的含义和作用。
2. 集体协议的订立原则包括哪些?
3. 试述我国集体协议解除和变更的情形。
4. 试述确定集体协议范围的规则。
5. 谈谈我国集体协议的主要条款和内容。

◆ 案例分析 ◆

某钢铁厂本来是集体企业，由于年年亏损被卖给了私人。作为收购条件之一，新工厂同意全部接受原厂老职工，并与原厂职工签订了一份集体合同，职工方要求在集体合同中约定职工的月工资不得低于600元。双方为此发生分歧，私人老板为了尽快顺利地收购钢铁厂，最终勉强答应了该条件。但正式接管工厂后，私人老板便以效益不好为由，拒不履行集体合同的约定，且让职工重新签订个人劳动合同，给付职工的月工资大多只有400～500元。于是职工们找到老板，要求增加工资。老板则借口说，集体合同约定的600元的最低工资只是象征性的，且工厂经营困难，能解决职工的就业问题就不错了，因此拒绝了职工们的要求。双方为此纠纷不休。

问题　单位和职工个人签订的劳动合同与集体合同之间有何关系。私人老板的做法正确吗?

第 10 章

三方协商机制

◆ 学习目标 ◆

本章学习的重点是我国协调劳动关系的三方机制。目的是通过本章的学习，了解三方协商机制的概念和特点，理解政府在三方协商中的作用及三方机制的形式和职能，掌握三方协商机制的规则和程序以及我国的三方协商机制。

引导案例：工会主席与员工“对簿公堂”

2002 年 10 月，某航空发动机（集团）有限公司医院职工杨某诉公司劳动纠纷一案的审理就是一个很典型的案例。杨某 1983 年 7 月因参加公司组织的活动时摔伤，定为伤残八级，但公司没有向其支付一次性伤残补助金。1999 年 11 月，杨在工作中又发现青霉素过敏症状。2003 年 3 月中旬，杨旧病复发休假。从该月起，航空公司以其休病假为由，只支付杨工资总额的 70%。就这个问题，杨申请了仲裁，要求公司支付其伤残补助金和落实工伤复发治疗期间的工伤待遇。对仲裁委员会做出的裁决杨不服起诉至区人民法院。一审判决之后，双方均不服，又上诉至市中级人民法院。在二审审理过程中，身兼数职的航空公司某领导，以公司委托代理人的身份两度与杨对簿公堂。杨曾当庭提出异议，但该领导坚持自己不是以工会主席的身份而是以职工医院干部的身份出庭，法院没有采纳杨的意见，继续让该领导出庭。本案中的这位领导的本职工作是医院的党总支书记，另兼副院长和分工会主席，分工会主席一职是上级任命的，公司大部分二级单位的工会主席都是兼职的。他的这种双重身份，既要维护职工利益，又要维护单位利益，在法庭上因角色不清，自然会处于很尴尬的境地。

第 1 节　三方协商机制概述

三方协商机制是市场经济条件下劳动关系处理的基本格局和制度，是社会经济政策制定和实施中的一个重要程序。在目前国际经济一体化的世界经济发展趋势下，三方协商作为一个原则，已被多数市场经济国家所接受并予以具体实施，用以协调和处理劳动关系。

一、三方协商机制的概念和特点

（一）三方协商机制的含义

根据国际劳工组织 1976 年第 144 号《国际劳工标准三方协商公约》规定，三方协商机制是指政府（通常以劳动部门为代表）、雇主和工人之间，就制定和实施经济与社会政策而进行的所有交往和活动。即由政府、雇主组织和工会通过一定的组织机构和运作机制共同处理所有涉及劳动关系的问题，如劳动立法、经济与社会政策的制定、就业与劳动条件、工资水平、劳动标准、职业培训、社会保障、职业安全与卫生、劳动争议处理以及对产业行为的规范与防范等。

三方协商机制是市场经济条件下处理劳动关系的基本格局和制度，是社会经济政策制定和实施中的一个重要程序，它要求在制定劳动法规、调整劳动关系、处理劳动争议和参加国际劳工会议方面，要由政府、雇主和工会三方代表参加。三方协商机制的具体形式包括各种类型的谈判、协商或信息交流。谈判是指各方进行讨论协商之后，最终达成有约束力的协议；协商是指各方在一起讨论、商量，但并不做出决策；信息交流是三方互相了解彼此情况，进行信息传递。

我国协调劳动关系的三方机制是指由政府劳动行政部门、雇主（企业）组织和工人组织三方代表，按照一定的制度、规则和程序，在协调劳动关系方面所形成的组织体系和运作制度。三方协商机制是有关发挥三方协商作用的组织体制、法律制度及其制度运行的总称，在不同国家其具体形式各不相同。坚持三方原则，有利于促进政、劳、资三方的合作，共同改善劳动状况，坚持社会正义。劳动关系运行的市场化，劳动关系类型的多样性和复杂性，单由政府、工会或企业组织来处理劳动关系的机制已不能适应经济社会发展的需要，迫切需要由代表雇主的组织和代表工人的组织通过协商共同处理劳动关系问题。由雇主组织或工会组织在经济利益或其他权利方面寻找各方比较满意的平衡而达成协议或合作。三方协商机制包括以下内涵：

1. 三方机制是专门为协调劳动关系而建立的管理体制和组织体系，通过这种体制和体系，由参与各方共同制定协商规则和协商程序，共同处理劳动关系。

2. 三方机制的宗旨是通过政府、雇主组织和工会组织的合作，通过制定正确的政策和制度，促进全社会劳动关系的稳定，保障雇主和劳动者的合法权益，达到稳定社会、发展经济的目的。

3. 三方机制中的政府、雇主组织和工会三方处于平等的地位，在相互理解、相互合作的基础上，进行对话、协商和谈判。

4. 三方机制的各方各自代表不同的利益主体，维护各自代表主体的利益，因此协商的过程实际上是不同利益主体之间的协调和平衡。

5. 三方机制处理的事务都是当前在劳动关系方面的重大问题和重大事务，如有关劳动法律法规和政策的制定与实施，特别是劳动合同、集体合同政策和法律法规的制定和实施及有关劳动争议的处理等。

三方机制的本质是在市场经济条件下，协调与平衡不同利益主体之间各自不同的利益需求，实行三方权利分享，共同协商，消除误解，增进了解、弱化争议，取得共识。在市场经济条件下，不同的利益主体有着不同的利益追求，形成了不同的利益倾向，其所关注的问题也不尽相同。雇主最关心的是企业利益的最大化，强调尽量降低生产成本，提高生产效率，增强竞争力，获取更大利润。而工人组织则强调劳动者权益保护，特别是希望劳动者能更多分享企业发展的成果，提高生活水平。政府则倾注于经济持续发展、社会的安定、政局的稳定。因此，对于涉及劳动关系的重大问题难免出现分歧。在这种情况下，任何一方都不能单独作出决定。为了保证三方各自的利益，就需要一种制度和机制来解决各方的分歧，通过协商、对话和合作达到各方基本满意的目标。特别是在现代社会，崇尚社会生活民主化，更需要广泛发扬民主，通过吸收不同利益主体的意见，达到相互间的协调与平衡。劳动关系是社会利益关系的实现方式，体现了劳动关系领域的民主化，是平衡各方利益，保持和谐统一的重要机制。

三方机制作为三方协商所要实现的整个目标过程的组织结构、运作方式等系统的制度规定和具体实施，其机制的具体内容，主要包括组织结构及其相互关系的确定，以及协商的内容及目的要求；其机制的外在形式，主要包括有关三方协商具体的实际操作与实施。因而，三方机制一方面要研究有关组织结构和制度规定，同时，还要研究这一制度的形成和实施以及相关的社会条件。

（二）三方协商机制的特点

从三方协商机制的构成和运行实践看，具有以下特点：

1. 主体独立

主体独立是指参与协商的三方代表即政府、雇主组织和工会组织在地位上是独立的，代表不同的利益主体。各方都有独立的发言权和表决权，不受其他方的制约。这种独立性为三方充分行使各自权利奠定了重要基础。

2. 权利平等

权利平等是三方平等协商的基础和条件，也是三方机制的重要特征。在涉及劳动关系重大问题的协商过程中，由于各方代表的利益主体不同，各方的要求和目的会有很大的差距。缩短这种差距，达到各方都能接受的方案，必须充分行使各方的权利，而且这种权利必须是平等的，任何一方都不能凌驾于他方之上，无权单独发号施令，指使、命令另一方。这种权利对等性对于在劳动关系中总是处于劣势和弱者地位的劳动者来说，是一种保障。如果权利不对等，劳动者听命于企业，企业遵从于政府，协商谈判也不能正常进行。

3. 民主协商

民主协商是三方机制产生的根源，也是三方机制的重要特征。只有在协商过程中充分发扬民主，充分听取各方、甚至每位代表的意见，才能形成比较科学可行的方案和意见。民主协商体现在三方友好的对话和商讨中，互相理解，互相支持，对于讨论的事项，反复商量后取得共识。

4. 充分合作

三方机制的目的就是在民主协商的基础上达成共识，因此，在协商过程中三方要充分合作，通过友好协商、互相谅解，取得各方都能接受的方案。协商时各方要充分考虑对方的意见和共同的利益，雇主一方既不能只强调生产经营而损害劳动者权益，劳动者一方也不能只强调劳动权益而影响或阻碍企业生产的发展。诚然，在劳动关系中，各方存在一定的利益取向，会发生利益冲突，但利益冲突只有在双方合作的基础上才能得到解决，各方利益也只有经过合作才能实现。

5. 定期协商

三方机制需要协商的事务都是涉及劳动关系中的重大问题，而且三方机制大多是一种议事制度，因此，一般都采取定期协商的方式，如每季度召开一次协商会议，或每半年召开一次协商会议等。

二、三方协商机制的作用

三方协商机制产生的根源是劳资关系的激化和社会民主进程的加快。从三方协商机制产生和发展的社会现实和长期运行实践的客观效果看，政府、雇主和工会相互合作，在一定程度上缓和了劳资矛盾，减少了劳资纠纷，促进了民主进程，保护了企业和劳动者的合法权益，进而促进了经济发展和社会进步。

（一）缓解劳资矛盾，建立和谐稳定的劳动关系

劳资力量的失衡是产生劳资矛盾的条件，而劳资矛盾的加深极易发生劳资纠纷。如果没有正常的渠道和途径进行疏导，势必导致罢工等对抗手段，造成劳动关系的动荡。20 世纪 30 年代，资本主义世界爆发了严重的经济危机，造成大量企业破产和工人失业，劳资关系变得重新紧张起来。为了缓解劳资矛盾，政府采

取了有效的干预措施，出面协调劳资冲突，促使劳资双方开展对话和谈判，通过有组织的交涉和谈判来解决工资、劳动条件等问题，对缓和劳资矛盾发挥了重要作用。这种方式较之过去通过激烈的劳资对抗来达到目的，更易于被各方所接受。之后，随着经济的发展，产业合理化运动的兴起，以工人参与企业管理的产业民主化运动在许多国家出现。政府、劳方、资方协商处理劳资关系事务已较为普遍，协调劳资关系的方式更加多样，内容更为广泛。第二次世界大战之后，三方机制有了进一步发展，市场经济国家都设立了不同形式的三方性机构。劳动关系领域的诸多问题如工资、工时、福利、劳动条件等，都可以通过三方协商、集体谈判的方式来解决。在这种情况下，劳资间大规模的激烈对抗和冲突相对减少，取而代之的是日常的规范化、法制化、程序化的协商和谈判，并逐步形成了比较规范的体系，从而使劳资关系保持了相对稳定。

在我国，建立和谐稳定的劳动关系具有特别重要的意义。改革开放 20 多年来，我国的经济成分、所有制结构日趋多元化，劳动关系问题日趋复杂，劳动争议日趋增多，一些行业和地区劳动关系问题还很严重，拖欠工资现象时有发生，有的企业不签劳动合同、集体合同，忽视劳动者权益，劳资矛盾时有激化。劳动关系是社会关系中最基本、最重要的关系之一，解决好劳动关系对企业稳定、社会稳定具有重要意义。

（二）确立工会地位，保护劳动者合法权益

在西方资本主义产业革命时代，由于缺乏协调劳资矛盾的有效机制，劳资关系始终处于一种激烈对抗和冲突状态。在劳资关系中，资方是生产资料所有者，处于绝对优势，控制着生产经营管理的一切方面，资本家可以任意延长劳动时间，无限加大劳动强度，压低工人工资。由于政府在劳资关系领域实行自由放任政策，在“竞争自由”、“契约自由”的旗号下，资本家残酷剥削和

压榨工人，工人得不到应有的保护。为了反对残酷的剥削，工人开始奋力反抗，从破坏机器设备、破坏厂房，到怠工、罢工，但由于没有工会组织，形不成集体力量而遭到失败。这一时期，资本主义各国政府的法律都严厉禁止工人组织工会和罢工。到19世纪末，三方协商机制出现后，这种局面才发生变化。政府承认工会组织，废除了歧视性法条，允许结社和罢工，从而确立了工会的地位。在三方协商机制中，工会作为一方独立的主体，可以代表工人提出意见，劳动者的影响明显增强，工人的许多权益在工会组织的抗争下得到保护。

（三）促进经济发展，推动社会进步

生产力水平是衡量经济发展的标志，劳动者是生产力系统中最活跃且处于主导地位的因素。劳动关系是一个国家社会关系中最重要的关系之一，在协调劳动关系问题上，实行由政府、雇主和工会组成的三方机制，对经济发展和社会进步的促进作用表现在：（1）三方协商机制中确立的工会组织地位，使工会可以代表工人自由讨论，发挥意见，行使职权，劳动者在劳动过程中的权益有了自己的组织保障，从而提高全社会的生产力水平。（2）三方协商机制对劳资关系的协调，保护了劳动力再生产的持续进行，促进了劳动力资源的开发，从而为社会生产力发展提供了最本质的条件。（3）三方协商机制协调劳资关系，维护了劳动者的物质利益和政治权利，调动了劳动者的生产积极性，从而有效地发挥劳动者在生产力系统中的能动作用。（4）实行三方协商机制，在涉及劳动关系的重大问题上能充分发扬民主，充分听取各方意见，从而大大促进政策制定的民主化和科学化。通过三方充分协商共同制定涉及劳动关系的政策、制度和法令，可以使劳动关系方面的法律和制度更加符合各方要求，更加符合客观实际，更加规范化。（5）在三方协商机制中，通过政府、工会和雇主的协商对话，相互合作，增进了团结，消除了对抗，为发展生产创

造了良好的社会环境。

三、三方协商机制产生的社会条件

通过三方协商来协调和处理劳动关系，是市场经济条件下经济和社会关系发展的客观要求。

三方协商机制的形成和发展经历了一个长期的过程。它是工人运动的产物，是工业民主化的一个重要组成部分和重要的表现形式。它的发展完善，既取决于社会生产力水平和现代化程度的提高，也取决于工人运动的发展壮大。

三方协商发端于 19 世纪末，至 20 世纪 20 年代初步形成为一种制度。

三方协商发端的直接动因是国际劳动立法运动的兴起。19 世纪下半叶，劳动立法作为国际工人运动共同的行动纲领，不仅得到了各国工人的响应，而且得到了一部分资产阶级社会活动家和政治家的关注，他们主张，为保证社会稳定，应对工人的要求给予理解和同情，并通过立法在保证雇主利益的同时适度限制其为所欲为。这一主张被法国、德国和瑞士等国家的议会和政府所接受，并在 1890 年举行了第一次由各国政府派代表参加的讨论劳动事务的国际会议。1898 年 8 月，在瑞士工人联合会的倡议下，13 个国家的工人组织的代表在苏黎世举行了劳动保护首届国际代表会议。1901 年，由工人组织、学者和政府的代表在瑞士成立了国际劳动立法协会。这是一个非官方的具有三方协商色彩的关于劳动事务的国际机构。第一次世界大战爆发后，这一组织解体。但这个协会在劳工组织的构成及通过国际劳工公约的程序等方面提供了经验，并为后来的国际劳工组织所继承。

1919 年成立的国际劳工组织是劳资关系领域三方协商机制正式形成和发展的重要标志。1919 年在美国劳联主席的主持下拟订了有关劳动问题的 9 项原则宣言和国际劳工组织章程草案，经巴黎和会讨论通过，并作为巴黎和约的第 13 部分，即所谓《国际劳动宪章》。国际劳工组织据此于当年成立。国际劳工组织是一个政府间的国际组织，但在组织原则上又有其独特之处，即所谓三方性的体制和三方协商的议事规则。这种体制和规则，保证了会员国的政府代表、雇主代表和工人代表都有权参加该组织一切事务的讨论和决定。国际劳工组织不仅在机构组成上具有三方性的鲜明特点，而且活动宗旨也充分体现了其促进政府、雇主、劳方合作，共同改善劳动状况，协调劳资关系，维护劳动权益的精神。这一原则逐步被世界各国所接受，并作为处理本国劳工事务和劳动立法的原则。提出和实行三方协商的社会条件主要是：

1. 从经济关系看，三方协商是市场经济发展到一定阶段的产物。实施三方协商的社会经济条件，主要是现代企业制度和集体合同制度的实行。19 世纪末 20 世纪初，以公司制为主要形式的现代企业制度在主要资本主义国家出现。现代企业制度要求重组各生产要素，使土地、资本、管理、劳动等都发挥其作用。这种客观要求使得劳动在生产过程中的地位得以提高。与此同时，以劳动者权益保障为基本目的的集体谈判和集体合同制度也开始兴起。从 1904 年到 1919 年，新西兰、奥地利、荷兰、德国、法国等相继颁布了集体谈判和集体合同制度的有关法律。现代企业制度和集体合同制度的实行，要求用一种新的形式来制定有关的劳动法律和社会政策。这种要求，成为三方协商制度产生的社会经济条件。

2. 从政治关系看，资产阶级民主制度的发展，为三方协商机制的出现提供了政治条件。20 世纪初，资产阶级在统治策略上发生了重大的转变，即趋向于扩大政治权利，实行改良等。三方协商之所以能被资产阶级及其政府所接受，正是由于这种方式与资产阶级自由主义的民主政治相契合。

3. 从社会关系看，劳资矛盾的激化和工人力量的增长和发展，是三方协商的社会基础。劳资矛盾的发展，迫使资产阶级政府对劳资矛盾采取一种“建设性”的干预政策。通过三方协商来实行劳工立法，以稳定劳资关系正是这种“建设性”干预政策的一个重要内容。

四、三方协商是国际劳工组织的基本原则

三方协商作为一种制度，是由国际劳工组织确立并加以提倡，才作为一个处理劳资事务的原则被各国所接受的。国际劳工组织作为联合国的一个专门机构，其组织制度的独特之处即在于它的三方性原则。对此，国际劳工组织自我评价说：国际劳工组织的与众不同的优势来自它的三方性制度，这种制度使得工人代表和雇主代表能够同政府代表处于平等的地位参与该组织所有问题的讨论和决策。三方性作为一项基本的原则明确地规定在国际劳工组织的章程中，并具体体现在国际劳工组织的组织结构、议事规则和有关的公约和建议书之中。

（一）三方性原则体现在国际劳工组织的组织结构中

国际劳工组织的组织机构主要由国际劳工大会、理事会和国际劳工局组成。国际劳工大会是国际劳工组织的最高权力机关，由每个会员国各派四名代表组成，其中政府代表 2 人，工人和雇主代表各 1 人。理事会是国际劳工组织的执行机关，该会现有理事 56 人，其中政府理事 28 名，工人和雇主理事各 14 人。政府理事中有 10 名理事由“主要工业国”委派，其余的政府理事和工人及雇主理事分别在出席国际劳工大会的政府、工人和雇主的代表中选举。国际劳工局是国际劳工组织的常设工作机构，也是国际劳工大会和理事会的秘书处。除以上三个主要机构外，国际劳工组织还设有许多产业性、专门性和区域性的委员会，这些委员会除财务委员会等个别委员会外，其组织机构与国际劳工大会及理事会一样，均实行三方性原则。

（二）三方性原则体现在国际劳工组织的议事规则中

国际劳工组织在举行大会、理事会和各种委员会时，要求会员国尽可能地派遣完整的由三方组成的代表团。如果会员国代表团的非政府代表只有雇主代表或只有工人代表时，该团的非政府代表只有发言权而没有表决权。在会议的讨论和表决中，代表团中的三方代表都享有按照各自的立场自由表达观点和投票的权利。在表决中，国际劳工大会和理事会的政府代表等于工人和雇主代表之和，其他的小组委员会中，政府、雇主和工人三方的表决权是相等的。

国际劳工组织的这种三方性原则在组织结构和议事规则中的实施，体现了对于劳动关系的当事各方的尊重和谋求通过协商讨论达到共识的愿望。三方性原则的实施，使得国际劳工组织作出的决定比较符合实际，比较能够兼顾到各方的利益，因而便于付诸实施。按照国际劳工组织章程的规定，实施三方性原则的目标为："有效的集体谈判的权利，经营管理与劳动双方在不断提高劳动效能的合作，以及工人和雇主的合作以促进经济和社会发展。"从国际劳工组织的基本指导思想来看，三方性原则的实施是为了推动工人与雇主的合作以促进社会经济的发展。

（三）有关三方性原则规定的国际劳工公约和建议书

"三方协商"作为处理和协调劳动关系的原则，是由三方性组织或三方性机构具体实施，并由国际劳工组织首倡和竭力推行。20 世纪 60 年代末一些国家已兴起了劳资双方"产业一级的对话"，80 年代在欧洲一体化过程中又进一步发展了雇主组织与工会组织之间的对话。国际劳工组织进一步促进了三方机制的形成，使工会和雇主参与涉及劳工的社会经济政策的制定和实施。1960 年国际劳工组织通过的《（行政和国家级别）协商建议书》（第 113 号）规定，"应采取措施，在行业范围内和全国范围内推动公共当局与雇主组织和工人组织之间进行有效的协商与合作”，而且这种协商与合作的“具体目标应是共同研究双方关心的问题，尽可能找到双方均同意的解决办法。”1976 年通过的《三方协商促进国际劳工标准公约》和《三方协商促进国际劳工标准建议书》，即 144 号公约和 152 号建议书，对推动三方协商制度起到了积极作用。三方协商机制是基于这样一种信念，即制定社会经济政策过程中的三方合作，对于建立民主、公正并有经济效益的社会能够起到长期的作用。这一原则等量齐观地把工人和雇主都看作是发展经济的主要力量，主张政府在调整劳动关系时，应当吸收他们双方以平等的地位参与协商和决策，因此，西方工业国家普遍推行这种机制，相应建立了不同类型的三方协调机构，并把广泛的三方性协商当成国家社会经济政策形成的一种重要形式。20 世纪 90 年代以来，三方机制的实施已经成为一个世界性的趋势。

此外，有关劳动关系和集体谈判的公约和建议书，如 1951 年的《集体协议建议书》（第 91 号）、1981 年的《促进集体谈判公约》（第 154 号）和同名建议书（第 163 号）等，也对促进和推动三方协商制度起到积极作用。在 1983 年第 70 届国际劳工大会上，众多的代表提出，各国就国际劳动标准问题加强三方协商，是国际劳动标准受到重视和政府就国际劳动标准作出决定时听取工人和雇主意见的重要保证。国际劳工局局长在报告中表示，推动各国根据《（国际劳工标准）三方协商公约》（第 144 号）的规定，建立与加强三方协商安排，将作为国际劳工组织今后一个优先致力的目标。

第 2 节　三方协商机制的主要内容

一、三方协商的级别和内容

三方协商的级别根据协商的主体和所要解决问题的不同，依据国际劳工组织的文件和各国实施三方协商的实践，主要分为以下几种级别：

（一）国家一级的协商

三方协商机制最主要和最基本的是国家一级的协商。国际劳工组织在其有关三方协商的文件中所强调和侧重的也是国家一级的三方协商。参加国家一级三方协商的主体，国家的代表是政府的劳动部门和有关经济部门，雇主代表是全国一级的最有代表性的雇主组织，工人代表则是全国一级的最有代表性的工会组织。其协商的内容主要包括：（1）有关参加国际劳工大会的事宜和批准或履行国际劳工公约或国际劳工建议书的建议；（2）关于国家经济和社会发展的政策和立法；（3）关于实施国际劳工标准和国内劳动法。

（二）产业一级的协商

产业一级的协商是指国家一级产业的协商。产业一级的协商主体是政府的产业部门、产业的雇主协会和产业工会。协商的内容主要是：（1）产业的国际劳工标准；（2）产业发展的有关经济和问题；（3）产业的劳动关系和劳动标准。

（三）地方一级的协商

地方一级的协商主要是指地方政府的协商。其协商主体为地方政府的劳动和有关经济部门、地方的雇主协会、地方工会。协商的内容主要是地方社会经济政策的制定和立法，以及地方的劳动标准和劳动法规。

（四）企业一级的协商

企业一级的协商在过去一般并不作为三方协商的直接构成级别，而只是作为国家和产业一级协商的基础和相关内容。但目前企业一级的协商越来越被人们所关注，并作为三方协商的直接内容加以研究和实施。企业协商的直接主体是雇主和企业工会，政府部门一般不直接参与，但在协商遇到障碍时，政府也会出面调解。并且，有些国家规定企业一级协商或谈判的结果要在政府有关部门登记或认定方为有效。这种两方协商的形式在其他级别上也会出现，比如产业一级的集体谈判也可以看作是两方的协商。除此之外，劳资双方还可以就双方关心的有关问题开展任何一级的协商，但主要是在企业一级。企业一级的协商一般有两种形式，一种是企业的集体谈判，另一种是集体谈判之外的双方就企业有关涉及劳资关系的问题进行的灵活接触和协商。其内容主要是劳动关系和劳动标准，但有时也涉及企业经营和发展的有关问题。

三方协商是以企业的劳资协商为基础，以国家一级的协商为重点和主导的。协商的内容，根据国家和时期的不同以及级别的不同而有所不同。所以，对于具体国家的具体协商，应进行具体分析。

二、三方协商机制的组织形式

成立三方性协商机构是三方机制顺利进行的组织保证。各国三方机制的具体活动基本上都是由三方性组织机构来实施的。以国际劳工组织的三方协商组织原则为基础，许多国家都设立了不同类型的三方协商组织机构。但各国三方机制的组织形式十分灵活，在不同国家有不同的做法。

(一) 由三方代表组成常设机构

多数国家的三方机制都是由政府劳动行政部门、雇主组织和工人组织组成，由政府劳动部门、雇主组织和工会组织的代表组成常设机构，如法国的经济社会理事会，由政府、雇主组织、工会组织三方代表在该机构中共同讨论经济和社会政策。但也有一些国家的政府组织不是固定的部门，而是根据工作关系确定相关部门。如挪威的劳动关系三方协商机制，政府一方就是根据协商的内容来确定相应的部门。也就是说，政府一方是由政府的各个部门来代表。而且在进行如工资谈判等具体问题的协商时，如果雇主组织和工会达不成协议，还需要由政府派调解官来协调。但一般出席国际会议，如参加国际劳工大会则由政府的劳动行政部门代表政府参与三方机制。

(二) 采取劳动大会形式

有的国家则采取劳动大会的形式，这种大会由政府组织三方召开，每隔一段时间就有关全国性的劳动问题进行讨论，为一些重要的法律颁布做准备，并使雇主与雇员组织达成协议。协议的内容包括劳资双方的一些共同利益，双方休战的解决办法，以及对有关不履行协议的惩罚措施。如印度就通过这种方法实现三方协商，协调劳资关系。

（三）成立三方专业委员会

有的国家在三方协商组织机构中，还成立一些专门的三方组织，如国家就业促进委员会、国家劳资生产委员会、国家劳动关系委员会、国家工资委员会、国家社会保险委员会等。各专业委员会分别由三方代表组成，针对就业、劳动关系、工资、社会保险等专门问题进行协商讨论。如有些国家组成的劳资生产委员会，由政府、雇主组织和工会组织各派出相同的代表人数，定期讨论有关全国性的与经济和劳动问题相关的问题，参与政策和法规的制订等。还有的国家设立专门的工资委员会，由政府、雇主组织、工会组织三方组成，每年发布工资增长的意见，供企业工资谈判时参考。此外，还有澳大利亚的全国职业安全与卫生委员会、新加坡的全国工资理事会等。

（四）设立三方劳动争议处理机构

还有更多的国家在劳动争议处理机构中设立三方代表，或由三方人员组成调解委员会、仲裁委员会、劳资关系委员会等。

（五）设立综合性的三方联系制度

在有些国家还实行综合性的三方联系制度，如日本的产业劳动恳谈会、俄罗斯的社会与劳动关系三方协调委员会、马来西亚的全国联合咨询委员会等。

为了保证三方协商机制的有效运行，各国通常还制定了一些具体的规则，如协商正常进行规则、解决协商僵局规则、协商不成的处理规则等。一般三方机制的组织机构可分为国家级和地方级（行业）不同的层次。

三、三方协商的职能

（一）磋商和咨询职能

磋商和咨询在三方协商中，主要是对于一个国家的劳动立法和劳工政策的制定提出意见和建议。西欧等工业化国家的三方机构，对于制定劳动法规和劳动标准享有“建议权”。在东欧一些国家，劳动立法一般也是通过三方委员会的反复磋商才通过的，如 1991 年匈牙利制定的《罢工法》和修改的《工会法》，1990 年捷克斯洛伐克制定的《集体谈判法》，波兰 1991 年开始制定的《工会法》，罗马尼亚从 1991 年起制定的《集体合同法》和《处理劳动冲突法》等都经过了这个程序。关于社会政策的制定，在一些三方协商比较完善的国家，在涉及就业、社会保障、职业培训等有关问题时，都要听取三方委员会的意见。

（二）谈判决定职能

三方协商的谈判职能主要是体现在以工资为中心的劳动标准的确定上。作为劳动标准特别是工资标准，直接涉及雇主和工人的切身利益，同时也直接涉及社会经济的发展政策。三方对此都会有自己的具体立场和要求，解决这一问题的基本手段便是谈判。协商或磋商与谈判之间的差别在于：协商或磋商是人们就某些重要的社会经济问题提出意见和交换看法，其结果可能会有一个比较统一的意见，也可能仍然各执己见。谈判，则要求双方在阐明自己观点的同时必须考虑对方的意见，谈判的结果是为了取得一个共同的协议，为此，双方必须要做出某些让步。当然，这种界限并非是绝对的，两者在一定的情况下可以互相转变，协商可以发展为谈判，谈判没有结果也只能限于协商。但涉及劳动标准特别是工资问题，不经过谈判很难能有一个正式的协议。在三方委员会中，国家一级和地区一级的谈判主要是最低工资标准和劳动标准；在产业和企业一级的谈判，则主要是具体的劳动条件和就业条件。

（三）仲裁和协调职能

这一职能主要是指在集体劳动争议发生时，通过三方委员会的努力调解矛盾，化解冲突，以缓解劳资矛盾和社会不满，防止社会动乱。通常，各国的三方委员会都具有劳资矛盾调解人的权力，这一机构与政府或工会等单一的组织机构相比，其意见和态度更易于被社会接受。尤其是在社会转轨和动荡时期，三方委员会的这一作用就更加明显。

四、三方机制的主体

政府、雇主组织、工会是构成协调劳动关系三方机制的三个独立的主体。其中，政府代表国家和社会利益，雇主组织代表雇主（企业）的利益，工会代表工人利益。三方协商主体的各方有不同的作用。

（一）政府

政府是国家利益和社会利益的代表者和维护者。政府作为协调劳动关系三方机制中的一方代表，最关心的是国家利益和社会的安定。在三方机制中，政府一方一般由国家劳动行政部门代表。各国政府一般都设置了劳动（劳工）行政机构。1978 年国际劳工大会通过的第 150 号公约《劳动行政管理公约》和第 158 号同名建议书，对各国建立劳动（劳工）组织系统作了规定，提出了建议。公约规定，各会员国应以适合国情的方法，保证在其领土内组织和有效实施劳工行政机构，对其任务和职责应予适当确定；在劳工行政机构系统内应作出安排，以保证公共机关同最有代表性的雇主组织和工人组织之间的协商、合作与谈判；劳工行政机构系统应由有资格从事其被委派的活动的人员组成，他们应有独立性而不受不正当的外来影响，应具备为有效履行其职责所必需的地位、物质手段和资金来源。公约还对主管机关在劳工行政组织系统内应担负的主要职责作了规定。建议书则就劳动行政机构系统的作用、职能和组织等问题，对公约的规定作了详细的补充。

但各国政府设置劳动行政机构的方式有所不同，有的国家设置一个单独的专门性劳动（劳工）行政机构，如美国的劳工部，日本的劳动省等。有的国家政府中设置两个以上机构管理劳动（劳工）事务，如牙买加内阁设有公共服务和社会保险部，加拿大内阁设有劳工部、就业和移民部，毛里求斯部长会议设有劳工和劳资关系部、就业部，这些机构都管理劳动（劳工）工作。有的国家将劳动事务和有关事务合并，由一个机构主管，如巴林、伊拉克等国设有劳工和社会事务部，巴基斯坦设有劳工、人力和侨民事务部，巴拉圭设有司法和劳工部。有的国家只在政府的某个部门内设有劳动机构，如泰国内阁中不设置劳动部，仅在内政部设有劳动厅。

在我国，劳动行政机构是政府中专门设立的对劳动工作实行统一管理的部门。国务院设劳动和社会保障部，它在国务院领导下，综合管理全国的劳动和社会保障工作。

政府在协调劳动关系三方机制中发挥重要的作用。在世界各国，由于政治体制和经济制度不同，各国经济发展水平、历史文化传统、民主法制体制等存在一定差异，政府作为三方协商机制的一方，其活动方式、工作目标、介入程度一般也有所不同。一般说来，政府的作用主要体现为：

1. 维护国家利益

无论国家实行何种政治、经济制度，政府的根本职能就是维护国家利益。协调劳动关系三方机制也不例外，维护国家利益是政府参与三方机制的首要目标。在劳资关系中，它最关心的是国家的利益。政府必须通过对劳资关系的协调来维护国家利益，促进经济发展。在市场经济条件下，政府一般不直接介入，而是通过立法和制定社会政策来平衡劳资之间的利益，指导双方合作，保持劳动关系的协调和稳定。

2. 组织作用

政府是国家权力机关的执行机关，由于三方机制协商的都是对经济发展和社会进步有着重大影响的劳资关系事务，因此，政府在三方机制中要发挥主导作用和组织作用。政府的组织作用具体包括：

在三方机制组织机构的建立上发挥作用。政府在三方机制组织机构的建设、三方机制的组织原则、三方机制的协商规则的制定等方面都要起主导和组织作用。一般三方机制的办事机构也都设在政府部门中。

在三方机制的协商中起组织作用。三方会议的组织、议题的确定、会议的时间协调等，一般由政府进行组织。

对三方商定事项的组织实施。对每次三方商定的重要事项，一般都由政府部门组织另两方和其他部门实施。

组织劳动关系方面的调研和检查。定期或不定期组织三方开展劳动关系方面的联合调研与检查，特别是对劳动合同、集体合同、劳动纠纷等方面情况进行调研与检查。

3. 平衡协调作用

政府是雇主组织和工人组织两个群体利益矛盾的调节者。在市场经济条件下，国家、企业和劳动者是不同的利益主体，在经济活动中有着各自不同的利益追求，因而难免产生矛盾和冲突。在三方协商过程中，一般主要是雇主组织和工会组织对有关劳动关系问题进行协商，如制定有关法律法规和重大经济政策，政府起协调和平衡作用。特别是在调整劳动关系和涉及劳动者根本利益的重大问题，如制定工时制度、确定最低工资标准、确定劳动条件标准和劳动保护措施、社会保险福利制度等，雇主组织和工会往往意见不一致。这时，政府要耐心听取雇主组织和工会双方的意见，组织双方共同讨论，达成一致。如果双方对有些问题无法达成一致，政府应采取多种方式，进行协调和平衡，促使双方合作，达成协议。

此外，一般认为，劳资双方的力量必须保持均衡，任何一方过于强大，都会发生利益倾斜，不利于经济发展和社会稳定，因而主张对劳资关系实行宏观调控。如果雇主组织和工会双方力量的对比有较大差距，双方已经不能处于平等协商的地位，一旦双方在某一时期或某一问题上出现分歧，政府就要采取措施，使双方力量保持平衡。特别是当雇主严重侵害劳工利益或者当劳工运动危及到经济发展和雇主的利益时，政府往往会使用权力，采取强硬措施，以平衡劳资关系。

4. 监督作用

随着三方机制的不断完善及法制化进程的加快，西方国家逐渐形成了比较完善的协调劳动关系制度和比较规范的法律法规体系，劳资双方的协商方式也发展成一种有序的组织行为，解决劳资纠纷的途径实现了制度化、法律化。劳动关系的处理逐步由雇主组织和工人组织双方按照规则和程序依法进行协商谈判、签订集体合同和劳动合同，使劳动关系趋于稳定。因此，随着劳动关系的规范化运作，政府对劳动关系的直接干预程度会越来越小，而监督的作用越来越强。在许多国家劳资双方协商签订集体合同后，要经政府有关部门依法予以确认方能生效。有些西方国家政府劳动部门还设立专门机构对劳资协商结果进行监督、控制，通过政府确认来监督和指导集体合同的订立，确保劳资双方协商内容的公平、合理、合法、完备和可行。政府确认的方式为登记、备案、审查或批准。监督既包括日常对劳资双方履行协议情况的检查，也包括劳资双方对履行协议争议的处理和对违反协议一方的处罚。同时还对促进失业人员就业、制定消除就业歧视的政策和措施、规范雇主的裁员等问题进行监督。

5. 服务作用

在三方机制中，政府的另一重要作用体现为政府的服务功能，即政府要为劳动关系的协调创造条件和提供服务。政府服务的内容一般包括：政府通过立法，建立完整的劳资关系法律体系，为劳资关系的法律调整提供依据，制定标准；按照国际劳工组织1981年第163号建议书的要求，政府部门对参加集体协商、集体谈判的雇主代表和工人代表的身份予以确认，并在谈判过程中提供必要的资料；政府对劳资双方在建立劳动关系，进行合作方面给予指导帮助，提供中介、咨询服务，发布各种信息；为劳资关系双方进行人员和义务培训，组织国际间的合作与交流。

（二）雇主组织

雇主组织是雇主依法组成的，旨在代表、维护和增进雇主在劳动关系中的共同利益而与工会抗衡和交涉的团体。在三方机制中，它是雇主一方的代表。

雇主组织最初是随着工会的产生，为对抗工会而形成的。早期的雇主组织，就其职能而言，主要是反对工会。随着工人运动的发展和劳资关系的法制化，雇主组织的职能随之发生了变化。雇主组织同工会进行协商谈判、协调劳资关系成为其主要职能。雇主组织有多种形式，其中包括行业雇主协会、职业雇主协会、雇主协会联合会、地方雇主协会和全国雇主协会。

在国际劳工组织的组织制度和法律文件中，雇主协会作为三方格局的一方与工会享有平等的地位。国际劳工组织的组织制度和活动规则一直实行三方协商机制。即各成员国代表须由政府代表2人，劳工、雇主代表各1人组成。政府、劳工、雇主三方都参加各类会议和机构，雇主代表可以和劳工代表自由讨论，各自独立行使表决权。在劳工组织的一些公约和建议书中，雇主协会有权制定章程，自主选举代表，组织各种事务，拟订工作计划等。

各国雇主协会在劳资关系中具有重要地位和发挥着重要作用，各国法律对此也都作出了规定。其内容一般包括：（1）雇主协会必须由一定数量的雇主所组成。如意大利规定，雇主协会至少须由雇用同一地方特定产业 1/10 以上的劳动者之雇主组成。（2）雇主协会由雇主自愿加入，有的国家明确规定雇主有退出雇主协会的自由。（3）雇主协会具有公法人资格，它是独立于各雇主之外的主体。（4）雇主协会的机构主要为会员大会和理事会，前者决定重大事项，后者处理日常事务。（5）雇主协会的活动宗旨，是维护所代表之雇主在劳资关系中的利益，不得有政治目的。（6）雇主协会不得从事反工会活动，不得制造困难阻止雇员加入工会或参加工会活动，不得干涉工会事务、破坏工会组织的罢工，不得拒绝按规定程序与工会进行集体谈判或阻碍集体谈判的正常进行。（7）雇主协会负有协调劳资关系的法定职责。（8）雇主协会内部组织及其活动方式。

在我国，企业的代表一般有三种情况：一是多数地方由企业联合会/企业家协会为代表。二是县市以下的企业方代表，由于企业联合会组织不健全，一般由外资企业、私营企业、乡镇企业、个企、工商联等企业协会推举代表，包括国有企业则由经贸部门为代表参加三方机制。三是少数省由经贸部门代表企业方参加三方机制，这在西部地区较有代表性。

（三）工会

工会是由工人自愿组织起来的团体或联合体。在三方协商机制中，工会是工人的代表，以维护和改善工人的劳动条件，提高工人的经济地位，保护工人的权益为目的。

现代许多国家的宪法都明确肯定了工会的合法地位，如日本宪法规定，“劳动者团结的权利受保障”。工会的合法地位不仅为各国国内法所确定，而且还为国际法所保障。1948 年联合国《世界人权宣言》规定：“人人有维护其权益而组织和参加工会的权利。”1949 年国际劳工组织在第 98 号公约《组织权利和集体谈判权利公约》中规定：“工会应享有充分的保护，以防止在就业方面发生任何排斥工会的歧视行为。”1966 年联合国《经济、社会、文化公约》中，要求缔约各国承担下述保证：

1. 人人有权组织工会和参加其所选择的工会，以促进和保护其经济和社会利益。这种权利只受工会有关规章的限制。对这一权利的行使，除法律所规定的及在民主社会中为了国家安全或公共秩序的利益或为保护他人权利和自由所必需的限制以外，不得加以任何限制。

2. 工会有权建立全国性的协会或联合会，有权组织或参加国际工会组织。

3. 工会有权自由地进行工作，除法律所规定的在民主社会为了国家安全或者公共秩序的利益或者为保护他人的权利和自由所必需的限制外，不受任何限制。

4. 有罢工权，但应按照各个国家的法律行使此项权利。

各国工会的法律地位，决定其在三方协商格局中的地位和作用。市场经济国家对工会的地位主要规定了下述内容：

1. 工会是雇员的团体，并且必须是一定人数以上的雇员的联合。不少国家都把拥有最小限度会员人数作为成立工会的法定条件，如意大利规定，产业工会必须是被雇于特定产业的劳动者10%以上的集合。法国规定，成立工会至少须有 20 名会员。

2. 工会不得有政治、经济目的。工会属于社会团体，工会不得有任何政治目的，也不得从事以营利为目的的经营。

3. 工会具有社团法人资格。

4. 工会有组织罢工、同雇主或其团体谈判和签订集体合同、监督雇主遵守劳动法等项权利。

5. 工会在与雇主的关系中受到法律的特别保护。如不得随意解雇工会理事，工会依法组织罢工使雇主利益受损时，工会及其理事个人均不负损害赔偿责任等。

三方机制有效运作的前提是对话各方彼此独立，并且有能力适当地履行自己的职能。政府应当能够根据需要扮演不同的角色，或管理，或促进，或调整，或在必要时根据既定程序进行仲裁。其他两方即雇主和工会，应合理设置机构，并具有充分的代表性和权威来替雇主和工人说话，尤其是在企业层面，工人组织应有能力代表工作场所一级成员的利益，个体雇主及其组织应有能力开发良好的人力资源/劳动关系政策并在谈判磋商中代表雇主的观点。在企业一级如果没有强大的、独立的社会伙伴组织，三方机制就不能运作好。

第3节　我国协调劳动关系的三方机制

一、三方协商机制在我国的建立和发展

现代市场经济国家均设立了不同形式的三方性组织机构，许多发展中国家也相继实行了三方协商原则。目前，三方协商机制已成为世界各国普遍采用的协调劳动关系的重要原则和基本格局。

中国在三方协商机制方面也迈出了重要一步。1990年9月7日，全国人大常委会批准了《三方协商促进国际劳工标准公约》，对三方协商原则做出了承诺。公约规定，批准国应建立一项工作程序，以便就国际劳工公约的制定、批准、实施及其监督等，进行国家一级的政府与雇主和工会组织代表的协商，其内容涉及结社自由、工资、工时、最低就业年龄、各类工人的工作条件、工伤事故补偿金、社会保险、带薪休假、工业安全、就业服务等。1996年5月国家劳动部、全国总工会、国家经贸委、中国企业家协会在《关于逐步实行集体协商和集体合同制度的通知》中明确

提出："在有条件的地区应当逐步建立由劳动行政部门、工会组织、经贸部门和企业家协会共同组成的三方性协调机制，定期就劳动关系中存在的重大问题进行协商"。2001 年修订的《工会法》提出了三方协商制度，使工会更加及时和有效地参与劳动关系的宏观决策。《工会法》第 34 条规定："各级人民政府劳动行政部门应当会同同级工会和企业行政方面代表，建立劳动关系三方协商机制，共同研究解决劳动关系方面的重大问题。"这是首次在法律中明确规定建立劳动关系三方协商机制。早在 1996 年海南省率先建立了劳动关系三方协调机制。1997 年山西省也建立了这一机制。2001 年 8 月劳动和社会保障部、中华全国总工会、中国企业联合会/中国企业家协会成立了国家协调劳动关系三方会议制度，标志着国外市场经济发达国家实行了上百年的协调劳动关系三方机制在我国的正式建立，中国的劳动关系协调工作从此有了一个较为规范和稳定的工作机制。截至 2002 年底，全国除西藏之外的 30 个省、自治区、直辖市都建立了三方协调机制。2002 年 8 月 2 日，全国建设系统建立了协调劳动关系三方会议制度，这是全国第一个行业性最高层面的劳动关系三方协调机制。一些省市还将三方委员会向地（市）、县（市、区）、乡镇、街道延伸，形成多层次的三方协调机制。

二、三方协商的职责任务

在我国，国家一级的三方协商，主要是对国家劳动立法和劳动政策的制定进行协商并提出意见，对劳动标准的确定和实施，劳动关系的运行和协调等制定有关政策和规章。研究和分析经济改革政策和社会经济发展规划对劳动关系的影响，对基层建立三方机制、通过"平等协商"签订集体协议给予建议和指导，并总结推广经验。产业一级和区（县）级别的三方机制，除了三方对话之外，还进行产业一级和区域级别的集体谈判，签订集体协议，制定行业或区域内的最低工资和工作条件，既适用于工会会员，也适用于那些没有加入工会的中小私营企业工人。三方委员会的建立为中国在行业和地区一级开展集体谈判提供了可能性。企业级别的协商机制，原则上就是劳资双方的集体谈判，集体谈判是传统的对话方法。

我国劳动关系三方会议制度明确规定了国家级三方机制的主要职责任务和工作内容：

1. 研究分析经济体制改革政策和经济社会发展计划对劳动关系的影响，提出政策意见和建议。

2. 通报交流各自协调劳动关系工作中的情况和问题，研究分析全国劳动关系状况及发展趋势，对劳动关系方面带有全局性、倾向性的重大问题进行协商，形成共识。

3. 对制定并监督实施涉及调整劳动关系的法律、法规、规章和政策提出意见和建议。

4. 对地方建立三方协调机制和企业开展平等协商、签订集体合同等劳动关系协调工作进行指导、协调，指导地方的劳动争议处理工作，总结推广典型经验。

5. 对跨地区或在全国具有重大影响的集体劳动争议或群体性事件进行调查研究，提出解决的意见和建议。

三方协商的内容主要有：

1. 推进和完善平等协商、集体合同制度以及劳动合同制度；

2. 企业改制改组过程中的劳动关系；

3. 企业工资收入分配；

4. 最低工资、工作时间和休息休假、劳动安全卫生、女职工和未成年工特殊保护、生活福利待遇、职业技能培训等劳动标准的制定和实施；

5. 劳动争议的预防和处理；

6. 职工民主管理和工会组织建设；

7. 其他有关劳动关系调整的问题。

三、三方机制的组成

我国协调劳动关系三方机制是由政府劳动行政部门、工会和雇主代表三方共同组成。2001 年 8 月由劳动和社会保障部、中华全国总工会、中国企业联合会/中国企业家协会三方组成了国家级协调劳动关系三方会议制度。三方会议的领导成员由劳动和社会保障部副部长担任主席，中华全国总工会副主席和中国企业联合会/中国企业家协会副会长担任副主席。

各方确定相对固定的部、室人员参加三方会议。其中，劳动和社会保障部的成员由劳动工资司、办公厅等相关部门人员组成，中华全国总工会的成员由办公厅、集体合同部、法律工作部、保障工作部、政策研究室等相关部门人员组成，中国企业联合会/中国企业家协会的成员由雇主工作部、雇主工作委员会、维护企业和企业家合法权益委员会、研究部等相关部门人员组成。三方会议在劳动和社会保障部劳动工资司设立办公室，负责协调召开会议的日常工作。中华全国总工会和中国企业联合会/中国企业家协会分别确定各自的部门参加办公室工作。

根据每次会议的议题，由各方确定参会人员，视议题的重要程度，可请三方主要领导同志出席，也可由有关司局领导同志召开会议。根据议题涉及的具体内容，可邀请其他有关部门、三方非成员单位或有关研究机构的人员参加。

四、三方会议工作原则

我国协调劳动关系三方会议遵循以下工作原则：

（一）合法、公正、及时原则

三方协商要以国家法律、法规为依据，以符合国家政策和法律为前提，所有的政策和规则必须合法。在协调过程中要公正、公平，不能有袒护任何一方的行为。此外，三方协商过程和结果要及时、迅速，不能久议不决。

（二）相互理解、信任、支持、合作原则

在我国，协调劳动关系三方机制的各方的根本利益是一致的，这就是发展社会生产力，不断改善人民群众不断增长的物质文化生活需要。因此，在协调过程中，要以维护各方利益为出发点，要相互理解、相互信任和相互支持，采取合作的态度，这样，才能使三方机制得以正常运作。三方协商中，各方虽都有权发表意见，但在协商中必须考虑对方意见和共同利益，相互理解、相互妥协，以促进企业和职工共同发展为目标，不能以损害对方利益为条件。协商中，劳资双方任何一方不得有过激行为，不得互相攻击和采取不合作态度。

（三）兼顾国家、企业、职工三方利益原则

协调劳动关系要注重兼顾国家利益、企业和职工三者利益，任何决策不能损害国家利益，同样也不能损害企业集体和职工个人利益，这是三方协商的出发点和前提条件。

（四）平等协商原则

三方代表以平等的身份民主协商，并做到利益兼顾，共同发展。三方机制中的任何一方都处于平等的地位，不能凌驾于他方之上，这是保证协商能够进行的重要条件。

五、三方机制运行规则

三方机制应通过制定工作目标、确定工作规划，建立活动秩序来进行三方机制运作。通常情况下，国家级协调劳动关系三方机制应一季度或半年召开一次联席会议，地方级三方协商机构应每季度或2个月召开1次联席会议或根据需要召开联席会议。三方协商机构召开联席会议的议题可由三方代表中任何一方单独提出，并将议题的详细内容用书面形式告知其余两方。各方代表接到会议议题后，应当认真研究，做好讨论发言的书面材料准备。三方协商机构中，任何一方代表遇有特别需要协商讨论的问题时，均可向三方机构提出讨论议题，三方协商机构应及时作出决定。对三方协商机构讨论的问题，应当作出决议或形成解决问题的方案。

为使三方协商机制运行畅通有效，保证政府、工会和雇主组织在平等的基础上充分发挥作用，必须建立一定的规则，遵从一定的程序。一般来说，三方机制的运行规则和程序主要包括：

（一）协商的准备

协商前的准备工作是三方协商的重要程序，无论是政府、雇主组织、工会组织进行三方协商，或是政府组织雇主与工会之间谈判，都要事先做好准备。协商前准备工作的内容包括：（1）确定三方代表组织人数及组成方式；（2）约定协商内容并拟订协商方案；（3）确定具体的协商日期和地点；（4）协商内容的有关资料准备。有的国家在协商准备工作中还包括对各方代表的联络方式、各方代表的资格认定等内容。

（二）召开协商会议

经过一定阶段的准备工作后，三方协商机构按确定的日期召开协商会议进行协商。协商会议一般由三方会议主席主持，或主席指定副主席主持，或三方选出主持者，或按三方机构的工作章程由三方代表轮流主持。协商会议中，如果出现事先未预料到的问题，三方可暂时中止协商，然后另行确定协商时间。

（三）缔结协商协议

每一次协商，如果形成一致意见，都要缔结协商协议。在西方国家，劳资双方集体协商谈判，政府通过一定方式介入，以促进双方达成协议。

◆ 本章小结 ◆

本章阐述了三方协商机制的概念、特点、作用和级别，分析了三方协商机制的主要内容，概述了我国协调劳动关系三方机制的主要内容。

◆ 关键词 ◆

三方机制　三方协商的级别　三方机制主体

◆ 复习思考题 ◆

1. 什么是三方协商机制？它具有哪些特点？
2. 三方协商机制的作用是什么？
3. 政府在三方协商中的作用有哪些？
4. 为什么说三方协商是国际劳工组织的基本原则？
5. 试述三方机制的组织形式及其职能。
6. 我国三方协商的职责任务是什么？
7. 我国三方会议应当遵循的工作原则是什么？

第 11 章

劳动争议处理

◆ 学习目标 ◆

本章学习的重点是劳动争议的处理原则、方法以及劳动争议调解、仲裁、诉讼。目的是通过本章的学习，了解劳动争议的概念、特点、种类和范围，理解集体争议处理制度，掌握劳动争议处理的原则和方法以及劳动争议调解、仲裁和诉讼制度。

引导案例：棉纺厂应该向哪个仲裁委员会提出仲裁申请？

某市棉纺一厂从国外引进了一套新型的织布生产线，由于该厂的技术人员无法掌握这套设备的技术，于是从二厂借调了一名技术人员李某。李某的工资关系仍保留在棉纺二厂。

棉纺一厂送李某到国外培训，花费了近 20 万元。李某回国后，棉纺一厂在他的技术指导下获得了很大的经济效益。

2002 年 10 月，市棉纺六厂又想以高薪“挖走”李某。李某向棉纺一厂提出：“我已将这套技术全部传授给了你们的技术人员，我的任务已经完成了，我要求提前离职。”厂长坚决反对：

"我们为了培养你花了 20 万元的培训费，要走你就返还 20 万。"李某对厂长的要求根本不予理睬，从 2002 年 11 月 1 日起不再到棉纺一厂上班。棉纺一厂无奈，只得向厂所在地的区劳动争议仲裁委员会提出仲裁申请。

该仲裁委员会发现李某的工资关系在棉纺二厂，于是将案件移送到棉纺二厂所在地的区劳动争议仲裁委员会，而该区仲裁委员会接到移送后，认为劳动争议不发生在本区，不应由自己受理。于是两个劳动争议仲裁委员会都拒绝受理此案。经协商不成，于是又提请两个仲裁委员会的共同上级指定管辖。①

在发生劳动争议后，当事人应正确确定仲裁案件的管辖权，以便于自己正确行使申诉权，使争议得到及时处理。

第 1 节　劳动争议处理的原则和方法

一、分类和立法意义

（一）劳动争议的分类

劳动争议，也称劳资争议，是指劳资关系当事人之间因为对薪酬、工作时间、福利、解雇及其他待遇等工作条件的主张不一致而产生的纠纷。在我国，具体指劳动者与用人单位之间，在劳动法调整范围内，因适用国家法律、法规和订立、履行、变更、终止和解除劳动合同以及其他与劳动关系直接相联系的问题而引

① 左祥琦．用人单位劳动法操作实务．北京：法律出版社，2002．506

起的纠纷。劳动纠纷是劳动关系不协调的反映，只有妥善、合法、公正、及时处理劳动争议，才能维护劳动关系双方当事人的合法权益。

一般而言，根据争议的主体不同，可将劳动争议分为个别争议和集体争议两种：

1. 个别争议：雇主与员工个人之间所发生的争议，其争议对象是私法上的权利，也是劳动合同上的内容，因而也可称为“权利争议”。

2. 集体争议：雇主与员工的团体即工会之间所发生的争议，其争议的对象是团体的利益，也就是有关集体协议的内容。集体争议是以劳动者团体即工会为主体的、在集体谈判过程中发生的争议。

根据劳动争议性质不同，劳动争议可区分权利事项争议和调整事项争议：

1. 权利事项争议：国际劳工组织认为，权利争议（或称法律争议）是指那些产生于对一项现行法律或集体协约的使用或解释（在某些国家也包括现行劳动合同）引起的争议。[①] 即劳资双方当事人基于法律、集体协议和劳动合同规定的权利义务所产生的争议，也就是双方因为实现劳动法、集体协议和劳动合同所规定的既存权利义务所发生的争议。

2. 调整事项争议：劳资双方当事人对于劳动条件主张继续维持或变更的争议。

此外，在市场经济国家，劳动争议种类还可以从其内容上进行分类，区别为下列四类：

1. 由于双方对劳动契约或集体协议规定条款的解释、理解不同而发生的差异，或者对合同条款的执行与否发生的争执。

---

① 国际劳工组织．劳动争议调解与仲裁程序比较研究．北京：中国工人出版社，1998．7

2. 双方对工资、工时及其他劳动条件在议定载入劳动契约之前所发生的争议。

3. 有关工会的承认或确定集体协议代表权，以及其他团体交涉问题发生的争议。

4. 有关劳工与雇主或其他代理人之间的一切人事问题引起的争执。

之所以将劳动争议进行这样的分类，其法律意义在于，在多数国家，因为争议的种类不同，而设置了不同的解决争议的机构，采用了不同的法律程序。权利争议的处理多采用仲裁、诉讼的方法解决，因为既定权利的确认相对容易，而利益争议则由于其复杂性和专业性特点，通常由政府或专业人士出面进行仲裁，而很少采用诉讼途径。

在中国，目前通常把劳动争议分为"一般劳动争议"和"因签订、履行集体合同发生的争议"。"一般劳动争议"是发生在特定的劳动者与雇主之间，因为适用国家法律、法规和订立、履行、变更、终止和解除合同等劳动权利义务而产生的争议。并且，根据劳动者一方人数的多少和争议理由是否相同，进一步规定，发生劳动争议的职工一方在 3 人以上，并有共同理由的，应当推举代表参加调解或者仲裁活动。在实践中，目前在劳动争议的统计口径上，一般把劳动者人数的多少（是否 3 人以上）作为是否属于集体争议的标准，因而认为个别争议是劳动者一方不足法定集体争议人数，争议标的不同的劳动争议；而集体争议则是劳动者一方达到法定的集体争议人数，争议标的相同，并通过集体选出的代表提起申诉的劳动争议。

因签订集体合同而发生的争议由劳动保障行政部门会同同级工会代表、企业代表共同进行协调；因履行集体合同而发生的劳动争议可以向劳动争议仲裁委员会提起申诉，对仲裁裁决不服，可以向法院起诉。

（二）劳动争议立法的意义

劳动争议的产生源于工业革命。工业革命以后，劳资之间的关系逐渐变得异常复杂，劳资双方由于利害关系而处于对立地位。在多种学说的影响之下，劳资之间爆发了相当规模的各种纠纷，随着工业的发达，这些纠纷越来越多，第一次世界大战之后，劳资争议成为各国重要的社会问题。由于劳资争议往往会引发巨大的社会风险，给劳资双方甚至整个社会带来很大危害，因此迅速、适当处理劳动争议，减少、缓和争议，维持社会公共秩序和生产秩序的安宁就成为各国政府所共同谋求解决的问题，各国均在立法上对劳资争议处理作了规定，但由于国情不同，各国处理劳资争议的法律内容也不尽相同。我国一向重视劳动争议的处理工作，制定了一系列有关劳动争议的法律、法规。有关劳动争议处理的法律主要是《劳动法》，这部法律就劳动争议处理的一些基本问题作出了规定。1993 年国务院颁布的《企业劳动争议处理条例》是一部重要的有关劳动争议处理的行政法规，它对劳动争议的处理作了较为详细的规定。此外 1993 年劳动部还颁布了一些部门规章，主要有《劳动争议仲裁委员会办案规则》《劳动争议仲裁委员会组织规则》《企业劳动争议调解委员会组织及工作规则》等。另外，一些地方立法中也对劳动争议的处理作了规定。

虽然各国都制定了相关劳资争议处理的法律，但有一点必须注意，即无论这些立法如何完善和周密，仍不能绝对避免劳资争议的一再发生，同时也不能以现有的劳动立法完全解决所有的劳资争议问题，即使劳动立法最进步的国家，仍不能避免劳资争议问题。因此，这就需要我们对劳动争议要有正确的认识。在现代社会，从事经济活动的劳动者与雇主之间存在纠纷是正常现象，如果毫无纠纷发生，则说明劳动者处于绝对低下和被奴役的境地，这种情况必然会导致社会的停滞不前。正如美国学者皮德生

(Prof. Florence Paterson) 在其《劳动经济学概论》中指出的，劳资争议并非一定要造成工作的停顿，既要维持罢工与开除工人的权利，同时也要采取有效措施避免争议的一再发生。对劳资纠纷采取和平的方式加以处理，不仅是政府的目标，其实也是劳动者和雇主共同企求的目标，通过劳、资、政三方努力，以达到共同目标。

二、劳动争议的特征

劳动争议具有以下特征：

（一）劳动争议的当事人是特定的

劳动争议的主体是彼此存在劳动关系的用人单位和劳动者，即雇主和雇员。雇主是具有用人权利能力和行为能力的经济组织或个人，我国立法称其为“用人单位”。“用人单位”包括具有法人资格的企业和不具有法人资格的用人单位。具有法人资格的企业，应由其法定代表人参加仲裁活动；不具备法人资格的用人单位应由其主要负责人参加仲裁活动。雇员是具有劳动权利能力和行为能力的人，我国立法称之为“职工/劳动者”。雇员是依照国家和地方法律、法规规定，依法与企业确立劳动关系的劳动者，包括企业的管理人员、专业技术人员和工人以及外籍员工等。

（二）劳动争议的范围是限定的

我国劳动争议的范围限定在法律规定的范围之内。只要属于法律规定范围内的劳动争议，当事人均可向当地劳动争议仲裁委员会提起申诉。劳动争议的范围，视国家不同而有所区别。根据《劳动法》《企业劳动争议处理条例》及有关规定，目前我国劳动争议仲裁委员会受理劳动争议的范围从争议标的上看主要包括：

1. 因企业开除、除名、辞退职工和职工辞职、自动离职发生的争议；

2. 因执行有关工资、保险、福利、培训、劳动保护的规定发生的争议；

3. 因履行劳动合同发生的争议，具体包括因执行、变更、解除、终止劳动合同发生的劳动争议；

4. 因认定无效劳动合同、特定条件下订立劳动合同发生的争议；

5. 因职工流动发生的争议；

6. 因用人单位裁减人员发生的争议；

7. 因经济补偿和赔偿发生的争议；

8. 因履行集体合同发生的争议；

9. 因用人单位录用职工非法收费发生的争议；

10. 法律、法规规定应当受理的其他劳动争议。随着立法步伐的加快，越来越多的劳动争议会纳入劳动争议处理机构的受案范围。

（三）劳动争议内容和形式的特定性

劳动关系是用人单位与劳动者在实现劳动过程中发生的社会关系，即用人单位实现用人权，劳动者实现就业权的过程。这一过程必然涉及劳动合同的订立、变更、解除、终止和续订问题；涉及岗位及职责、工资福利、安全卫生、职业培训、劳动纪律等。劳动争议具有不同于其他争议的表现形式，如罢工、怠工、解雇等。因而劳动争议常常被作为重要的社会问题，由专门法律和专门政策加以调整。

（四）不同的劳动争议适用不同程序处理

一般劳动争议的处理程序包括协商、调解、仲裁和诉讼。我国法律规定，劳动争议发生后，当事人应当协商解决；不愿协商或者协商不成的，可以向本企业劳动争议调解委员会申请调解；

调解不成的，可以向劳动争议仲裁委员会申请仲裁。当事人也可以直接向劳动争议仲裁委员会申请仲裁。对仲裁裁决不服的，可以向人民法院起诉。劳动争议处理制度的基本特点是：自愿选择企业调解，仲裁是劳动争议诉讼的前置程序。发生劳动争议的职工一方在三人以上，并有共同理由的，应当推举代表参加调解或者仲裁活动。因签订集体合同而发生的争议由劳动保障行政部门会同同级工会代表、企业代表共同进行协调；因履行集体合同而发生的劳动争议可以向劳动争议仲裁委员会提起申诉，对仲裁裁决不服，可以向法院起诉。

三、劳动争议处理的目的

劳动争议处理的目的是为了和谐劳动关系，化解冲突。《企业劳动争议处理条例》明确规定："为了妥善处理企业劳动争议，保障企业和职工的合法权益，维护正常的生产经营秩序，发展良好的劳动关系，促进改革开放的顺利发展，制定本条例。"这一规定明确了处理劳动争议的立法目的。

妥善处理企业劳动争议，保障用人方和员工的合法权益，是劳动争议立法的直接目的。只有将劳动纠纷纳入法制的轨道，才能妥善处理，切实保障双方的合法权益。

维护正常的生产经营秩序，发展良好的劳动关系，是劳动争议处理立法的间接目的。劳动争议，特别是集体争议，如果不能及时预防和有效解决，就会引起停工、罢工，影响经济发展和社会安定，因而事先预防和事后公正处理劳动纠纷具有重要意义。这就需要建立解决纠纷的相应机构，通过法定程序解决纠纷，使劳动关系在协调、稳定、有序的轨道上发展，促进劳资双方的合作与共同发展。

促进改革开放的顺利发展，是劳动争议立法的根本目的。加强劳动法制建设的最终目的是保证改革开放事业的顺利发展。

四、劳动争议处理的原则

劳动关系原则上是一种不受国家权力直接干预的私人自治关系，但如果不能及时预防和有效解决劳资间发生的各种纠纷，可能对国家经济发展带来不利的后果。因此，事先预防和事后公正处理劳资纠纷具有重要的意义。这就需要建立解决纠纷的相应机构，通过合适的方法解决。

（一）着重调解、及时处理原则

调解是处理劳动争议的基本手段，贯穿于劳动争议处理全过程。企业劳动争议调解委员会处理劳动争议的工作程序全部是进行调解。仲裁委员会和人民法院处理劳动争议，也应当先行调解，在裁决和判决前还要为当事人提供一次调解解决争议的机会。调解应在当事人自愿的基础上进行，不得有丝毫的勉强或强制。调解应当依法进行，包括依照实体法和程序法，调解不是无原则的“和稀泥”。

对劳动争议的处理要及时。企业劳动争议调解委员会对案件调解不成，应在规定的期限内及时结案，避免当事人丧失申请仲裁的权利；劳动争议仲裁委员会对案件先行调解不成，应及时裁决；人民法院在调解不成时，应及时判决。

（二）在查清事实的基础上依法处理原则

正确处理调查取证与举证责任的关系。调查取证是劳动争议处理机构的权力和责任，举证是当事人应尽的义务和责任，两者有机结合，才能达到查清事实的目的。处理劳动争议既要依实体法，又要依程序法，而且要掌握好依法的顺序，按照“大法优于小法，后法优于先法”的顺序处理。处理劳动争议既要有原则性，又要有灵活性，坚持原则性与灵活性相结合。

(三) 当事人在适用法律上一律平等原则

劳动争议当事人法律地位平等，双方具有平等的权利和义务，任何一方当事人不得有超越法律规定的特权。当事人双方在适用法律上一律平等、一视同仁，对任何一方都不偏袒、不歧视，对被侵权或受害的任何一方都同样予以保护。

五、劳动争议处理方法

劳动争议处理方法，分为一般调整方法和紧急调整方法。一般调整方法，又可以具体分为协商、斡旋和调解、仲裁审判。

(一) 一般调整方法

1. 协商

协商是争议双方采取自治的方法解决纠纷，根据双方的合意或团体协议，相互磋商，和平解决纷争。协商解决劳动纠纷，不是基于法律的强制，而是基于当事人自主选择。以协商方式解决争议的优越性在于：容易解决纠纷，由于双方当事人最熟悉纠纷的起因和争议的焦点，便于“对症下药”；解决问题的成本低，双方可以选择彼此都方便的时间、地点和方式进行协商，既不会过多影响工作，更不必支付过多的费用；后遗症较小，劳动争议与其他的纠纷不同，双方很可能今后仍要维持劳动关系，仍得“共事”与合作，以协商方式处理纠纷，既容易解决问题，又不至于闹翻脸，不仅不会影响今后的合作，反而会促进双方的理解；有利于争议真正解决，由双方自主协商，没有任何外在压力，可以充分表达当事人内心意愿，便于协议的执行；影响面小，以协商方式解决纠纷，避免将争议闹得沸沸扬扬、人人皆知。通过协商解决纠纷，要注意选择适当的时间、场所和方式，为协商顺利进行创造较好的外部条件。双方要充分表明自己的主张、要求及理由，认真听取对方的主张、观点及其依据，在“知己”的同时，做到“知彼”。同时，要清楚两方主张之间的异同点，把握争议的焦点，熟悉大环境，包括国家的政策和法规、国家和地区的经济状况、单位生产经营状况，乃至自己在单位中所处地位。反省自己的主张和要求，进行换位思考，必要时可以暂时中止协商过程，冷静思考一段时间。审时度势，作出必要的让步和妥协，达成协议，如不能及时达成协议，应终结协商程序，选择其他方式。

2. 斡旋和调解

斡旋是在争议双方自我协商失败的情况下，由第三者或中间人介入，互递信息，传达意思，促成其和解。斡旋分为自愿斡旋和强制斡旋，自愿斡旋是一方或双方自愿接受斡旋和解建议；强制斡旋出现在仲裁或审判程序中，是政府使用强制手段介入劳动纠纷，以预防罢工和关闭工厂。调解是第三者或者中间人介入争议处理过程，并提出建议，促使双方达成协议。与斡旋相比，调解人的角色更加独立，可以提出解决争议的具体方案或建议，供双方参考。调解分为自愿调解和强制调解。自愿调解是当事人一方或双方自愿申请的调解，强制调解是依法律规定由调解者出面进行，不以当事人自愿与否为条件。

3. 仲裁

仲裁是仲裁机构对争议事项做出的裁决决定。仲裁裁决具有约束力，并具有强制执行的效力。仲裁分为自动仲裁、自愿仲裁和强制仲裁。自动仲裁是双方在争议发生前已在集体协议之中规定，一旦发生争议，双方以仲裁方式解决。自愿仲裁是双方在争议发生后或争议未达成和解协议时，自愿将争议提交仲裁机构处理，并服从仲裁裁决。强制仲裁是根据法律规定，双方必须将争议提交仲裁机构处理，或由仲裁机构主动介入争议处理。

4. 审判

审判是法院依照司法程序对劳动争议进行审理并做出判决的

诉讼活动，是处理劳动争议的最终程序。

（二）紧急调整方法

各国劳动争议立法普遍对公益事业或紧急情况下的劳动争议采取紧急调整的方法。所谓紧急情况下的劳动争议，即对公众的日常生活不可缺少或对国民经济产生重大影响的劳动纠纷事件，如铁路、邮电、医疗、银行、广播等行业的集体纠纷，许多国家都规定了特殊的处理程序，具体方法是：（1）坚持优先和迅速处理的原则；（2）政府在必要时可采取强制仲裁，即停止或者限制影响公共利益和国民生活的争议行为，采取紧急的方法提出解决问题的方案；（3）争议行为的实施期限短。

第 2 节　劳动争议调解

一、劳动争议调解的概念

劳动争议调解，是指调解委员会对企业与劳动者之间发生的劳动争议，在查明事实，分清是非、明确责任的基础上，依照国家劳动法律、法规，以及依法制定的企业规章和劳动合同，通过民主协商的方式，推动双方互谅互让，达成协议，消除纷争的一种活动。劳动争议调解是一种力求达成一致的过程，在这一过程中，调解人不是偏袒任何一方，而是帮助双方找到一个都可以接受的解决办法。调解人不能将自己的决定强加于当事人。调解劳动争议的依据是有关劳动法律、法规，以及依照法律、法规制定的企业规章和劳动合同。作为调解依据的规章内容和通过程序必须符合法律、法规的规定；作为调解依据的劳动合同必须是依法签订的。违法的企业规章和劳动合同不能作为企业劳动争议调解委员会调解劳动争议的依据。

调解是解决争议的一种古老方法，在我国具有悠久的历史。劳动争议的调解是在企业调解委员会的主持下，把争议解决在企业内部的一种活动，调解工作者身在企业，对争议发生的经过比较清楚，能够对争议双方进行正确引导，有利于及时化解纠纷，阻止双方矛盾激化，和谐劳动关系。调解虽然不是劳动争议处理的必经程序，但却是劳动争议处理制度中的“第一道防线”，对解决劳动争议起着很大的作用，尤其是对于希望仍在原单位工作的员工，通过调解解决劳动争议当属首选步骤。它具有及时、易于查明情况、方便争议当事人参与调解活动等优点，是我国劳动争议处理制度的重要组成部分。

二、劳动争议调解机构

劳动争议调解委员会是进行调解工作的机构。根据《劳动法》第 80 条和《企业劳动争议处理条例》第 7 条的规定，企业可以设立劳动争议调解委员会，负责调解本企业发生的劳动争议。1993 年劳动部颁发的《企业劳动争议调解委员会组织及工作规则》第 2 条规定：调解委员会是调解本企业劳动争议的组织。从上述规定不难看出，企业内部设立的劳动争议调解委员会是本企业的劳动争议调解组织，负责调解本企业职工与企业间的劳动争议。

企业劳动争议调解委员会是在职工代表大会领导下，负责调解本企业内劳动争议的群众组织。调解委员会由职工代表、企业代表和企业工会代表组成。职工代表由职工代表大会或者职工大会推举产生；企业代表由企业领导指定；工会代表由企业工会委员会指定。调解委员会主任由工会代表担任，其办事机构设在企业工会委员会。没有建立工会组织的企业，调解委员会的设立及其组成，由职工代表和企业代表协商决定。调解委员会处理劳动争议不是必经程序。

三、劳动争议调解的原则

（一）自愿原则

劳动争议调解委员会应当依照法律、法规，遵循双方当事人自愿原则进行调解。自愿是进行调解的本质和前提，如果一方不愿调解，则调解程序就无法启动；如果当事人在调解过程中不能达成共识，取得一致，任何人也不得强迫当事人接受调解协议。劳动争议调解应尊重当事人双方的真实意愿。经调解达成协议的，制作调解协议书，双方当事人应当自觉履行；调解不成的，当事人在规定的期限内，可以向劳动争议仲裁委员会申请仲裁。自愿原则体现在以下几方面：

1. 是否向调解委员会申请调解，由当事人自行决定，任何一方不得强迫。调解委员会的调解，在我国劳动争议处理程序中不是必经的程序，是否向调解委员会申请调解，由争议双方自愿选择。当事人任何一方或双方也可以直接向当地劳动争议仲裁委员会申请仲裁。

2. 在调解过程中，始终贯彻自愿协商的原则。调解委员会作为调解机构，本身并无决定权，劳动争议的解决主要依靠双方自愿。经调解达成的协议，由当事人自愿执行，不得强迫。调解机构在调解过程中不能强行调解或勉强达成协议，更不允许包办代替。调解的过程是一个自愿协商的过程，双方当事人法律地位平等，任何一方不得强迫另一方。

3. 调解协议的执行是自愿的。经劳动争议调解委员会达成的协议，没有强制执行的法律效力。调解协议只能依靠当事人之间的承诺、信任以及道德约束自觉遵守。一方反悔，不履行协议，任何人无权强制其履行。根据劳动法律法规的规定，劳动争议经调解达成协议的，当事人应当自觉履行，对当事人一方或双方不履行协议的，任何一方可以通过仲裁或诉讼解决问题。

（二）民主协商原则

这由劳动争议调解委员会的性质决定。企业劳动争议调解委员会是专门处理企业内部劳动争议的群众性组织，不像司法、仲裁机构和行政机关那样拥有国家授予的权力，调解活动的参加人不享有诉讼活动中的权利和义务。企业劳动争议调解委员会对劳动争议没有强制处理权，对调解达成的协议也没有法律强制力的保障。因此，在调解劳动纠纷时，主要依据法律、法规，运用民主讨论、说服教育的方法，摆事实，讲道理，做深入细致的思想工作，在双方认识一致的前提下，动员其自愿协商后达成协议。坚持这一原则，要反对强迫命令、用权势压服的做法。

（三）当事人适用法律一律平等原则

劳动争议双方享有平等的法律地位，具有平等的权利和义务，双方在适用法律上一律平等。

（四）尊重当事人申请仲裁和诉讼的权利

如果当事人选择企业调解，即应及时调解；如果当事人在调解过程中又选择仲裁，应当积极支持当事人进行仲裁。调解委员会调解劳动争议，不能久拖不决，调解的最长期限为 30 日，到期未结束的，视为调解不成，应及时告知当事人申请仲裁。

四、调解案件的受理范围

（一）劳动争议调解委员会的受案范围

1. 必须是劳动争议；

2. 必须是本企业范围内的劳动争议；

3. 必须是我国法律规定受案范围内的劳动争议；

4. 必须是争议双方自愿调解的劳动争议。

（二）调解委员会的职责

1. 调解本企业内发生的劳动争议；

2. 检查督促争议双方当事人履行调解协议；

3. 对员工进行劳动法律、法规的宣传教育，做好劳动争议的预防工作。

五、调解的程序和期限

调解委员会调解劳动争议，一般包括调解准备、调解开始、实施调解、调解终止等几个阶段。

1. 当事人申请调解，应当自知道或应当知道其权利被侵害之日起 30 日内，以口头或书面形式向调解委员会提出申请，并填写《劳动争议调解申请书》。

2. 调解委员会接到调解申请后，应征询对方当事人的意见，对方当事人不愿调解的，应做好记录，在 3 日内以书面形式通知申请人。调解委员会应在 4 日内作出受理或不受理申请的决定，对不受理的，应向申请人说明理由。对调解委员会无法决定是否受理的案件，由调解委员会主任决定是否受理。

3. 发生劳动争议的职工一方在 3 人以上，并有共同申诉理由的，应当推举代表参加调解活动。

4. 调解委员会按下列程序进行调解：

（1）及时指派调解委员对争议事项进行全面调查核实，调查应作笔录，并由调查人签名或盖章；

（2）调解委员会主任主持召开有争议双方当事人参加的调解会议，有关单位和个人可以参加调解会议协助调解，简单的争议，可由调解委员会指定1～2名调解委员进行调解；

（3）调解委员会应听取双方当事人对争议事实和理由的陈述，在查明事实、分清是非的基础上，依照有关劳动法律、法规，以及依照法律、法规制定的企业规章和劳动合同，公正调解；

（4）经调解达成协议的，制作调解协议，双方当事人应自觉履行，协议书应写明双方当事人的姓名（单位、法定代表人）、职务、争议事项、调解结果及其他应说明的事项，由调解委员会主任（简单争议由调解员）以及双方当事人签名或盖章，并加盖调解委员会印章，调解协议书一式三份（争议双方当事人、调解委员会各一份）；

（5）调解不成的，应做记录，并在调解意见书上说明情况，由调解委员会主任签名、盖章，并加盖调解委员会印章，调解意见书一式三份；

（6）调解委员会调解劳动争议，应当自当事人申请调解之日起30日内结束。到期未结束的，视为调解不成。对企业劳动争议调解委员会的调解工作的时间加以限制，可以督促调解委员会提高工作效率，及时调解，避免久拖不决，使劳动者丧失了通过仲裁、审判等其他途径解决劳动争议的时机。

六、调解协议的执行

调解协议是在调解委员会主持下双方当事人意思表示一致的结果，是双方按照自愿原则达成的。调解协议只能依靠当事人之间的承诺、信任以及道德约束自觉遵守，如果任何一方反悔，不履行协议，任何人都无权强制其履行。之所以如此，是因为企业劳动争议调解委员会是专门处理企业内部劳动争议的群众性组织，不像司法、仲裁机构和行政机关那样拥有国家授予的权力，因此，调解活动的参加人也没有诉讼活动中的权利义务，相应地调解委员会对劳动争议没有强制处理权，对调解达成的协议也没有法律强制力的保障。对一方或双方不履行协议的，双方当事人还要通过仲裁或诉讼使问题最终得到解决。

由于调解委员会委员也属于本企业的员工，对争议发生的经过比较清楚，能够对争议双方进行正确引导，排除双方的对抗情绪，有利于妥善地处理争议，而且通过争议的处理还可以发现一些潜在的问题，在以后的工作中采取措施加以预防。反之，一旦发生争议就对簿公堂，可能使双方的矛盾进一步激化，有时甚至会得不偿失。

第3节　劳动争议仲裁

一、劳动争议仲裁的含义

仲裁也称公断，其基本含义是由一个公正的第三者对当事人之间的争议做出评断。劳动争议仲裁指劳动争议仲裁委员会对用人单位与劳动者之间发生的劳动争议，在查明事实、明确是非、分清责任的基础上，依法做出裁决的活动。劳动争议仲裁具有较强的专业性，其程序与司法程序相比，较为简便、及时。在我国，仲裁是处理劳动争议的中间环节，也是劳动争议诉讼的前置程序。劳动争议仲裁具有强制仲裁的特点，当事人要向人民法院起诉就必须先向劳动争议仲裁委员会申请仲裁，人民法院不受理未经仲裁的劳动争议案件。法律之所以将劳动争议仲裁作为劳动争议诉讼的前置程序，目的就是为了发挥劳动争议仲裁方式灵活、快捷的优势，使大量的劳动争议通过仲裁得到及时解决，同时也减轻法院的工作负担。

二、仲裁的机构

劳动争议仲裁委员会是国家授权的，依法独立处理劳动争议的专门机构。在我国，县、市、市辖区设立劳动争议仲裁委员会，负责处理本行政区域内发生的劳动争议。省、自治区、直辖市是否设立劳动争议仲裁委员会，由省、自治区、直辖市人民政府根据实际情况自行决定。

劳动争议仲裁委员会的组成，采用“三方性”的组织原则。我国劳动争议仲裁委员会由劳动行政部门的代表、同级工会的代表和用人单位方面的代表组成。所谓“用人单位方面的代表”是指雇主组织，即企业联合会。劳动争议仲裁委员会由三方代表组成，其好处在于可以给争议当事人以公平感和可靠性，从而赢得其信任，有利于仲裁活动的开展。另外，由于三方分别代表不同的身份，有各自的劳动关系方面的专门知识，可以从不同的角度看待问题，能够代表和反映不同方面的认识和利益要求，从而在广泛、客观的基础上做出公正的裁决，防止发生偏颇，也使裁决易于为当事人接受并执行。

仲裁委员会的组成人员必须是单数，这样才不会出现持不同意见的仲裁员相持不下，不能取得一致的局面，仲裁委员会也才能实行少数服从多数的原则。

劳动争议仲裁委员会由组成仲裁委员会的三方组织各自选派。仲裁委员会设主任一人，副主任一至两人，委员若干人。主任由同级劳动行政主管部门的负责人担任，副主任由仲裁委员会委员协商产生。委员的确认或更换，须报同级人民政府批准。仲裁委员会确有特殊情况需委托本组织其他人员出席会议的，应有委托书，仲裁委员会召开会议决定有关事项，应有 2/3 以上的委员参加。劳动行政主管部门的劳动争议处理机构为仲裁委员会的办事机构，负责办理仲裁委员会的日常事务。

三、仲裁管辖

管辖是指确定各个仲裁机构审理劳动争议案件的权限，明确当事人应向哪一个仲裁机关申请仲裁，由哪一个仲裁机关受理的法律制度，其实质是仲裁机关审理案件的内部分工。明确管辖范围，有利于仲裁机关行使仲裁权和当事人正确行使申诉权。劳动争议仲裁案件管辖，涉及各级劳动争议仲裁机关之间和同级但不同地区的劳动争议仲裁机关之间受理劳动争议案件权限的分工。我国劳动争议案件的管辖可以分为：

（一）地域管辖

地域管辖指同级仲裁委员会之间，对于审理劳动争议案件的职权划分。我国劳动争议仲裁委员会在处理劳动争议时实行属地管辖原则。同级仲裁委员会的管辖权，原则上依行政区域划分。《企业劳动争议处理条例》第 12 条、第 17 条规定：县、市、市辖区仲裁委员会负责本行政区域内发生的劳动争议。设区的市和市辖区的仲裁委员会受理劳动争议案件的范围由省、自治区人民政府规定。第 18 条特别规定：发生劳动争议的企业与职工不在同一个仲裁委员会管辖地区的，由职工当事人工资关系所在地的仲裁委员会处理。“工资关系所在地”是指向劳动者当事人发放工资的单位所在地。我国公民与国（境）外企业签订的劳动（工作）合同，因履行而发生争议，若履行地在我国领域内，由劳动（工作）合同履行地仲裁委员会管辖，也可以在合同中约定仲裁管辖。

（二）级别管辖

级别管辖指上下级仲裁委员会之间，受理劳动争议案件的分工和权限。其实质是由哪一家仲裁委员会审理什么样的劳动争议案件。划分级别管辖的主要依据是案件的性质、重大与复杂程度，在劳动争议仲裁实践中还依据企业的类型等。目前，主要有两种级别管辖的方法：一是直辖市与其所辖区审理案件的权限划分。市辖区仲裁委员会处理本辖区的劳动争议案件；直辖市的仲裁委员会则受理本市范围内有重大影响、案情复杂以及涉外的劳动争议，如集体争议、外资企业劳动争议和大型企业的劳动争议等。二是省、自治区仲裁委员会与其所属的地、市一级的仲裁委员会的权限划分。一般省一级仲裁委员会不直接受理劳动争议案件，只负责指导全省（区）的劳动仲裁工作；计划单列市、省辖市、地区一级的仲裁委员会受理本行政区域内有重大影响、案情复杂以及外资企业和大型企业的劳动争议。

（三）移送管辖

移送管辖指劳动争议仲裁机关受理了劳动争议案件后，发现该案件不属于本劳动争议仲裁委员会管辖，从而将案件移送给有管辖权的仲裁机关。接到移送的劳动争议仲裁委员会认为不应由自己受理的，不应再向其他仲裁委员会移送，而应同有关仲裁委员会协商，协商不成的，报送共同的上级机关决定。

（四）指定管辖

指定管辖是指由于辖区不明或其他原因而导致两个劳动争议仲裁机关发生争议时，由他们共同的上级机关指定下级某劳动争议仲裁机关行使管辖权。

掌握劳动争议仲裁委员会的管辖，对当事人意义重大。它决定劳动争议发生后当事人应当向哪一级和哪一个仲裁委员会申请仲裁。正确确定仲裁案件的管辖权，便于正确行使申诉权，保证劳动争议得到公正、及时处理。

四、仲裁时效

时效是指在规定的期限内，劳动争议当事人不行使申诉权，申诉权因期满而归于消灭的制度。劳动争议仲裁时效，是指劳动争议发生后，争议当事人如果不在法定的期限内向仲裁机构申请仲裁，则丧失通过仲裁程序保护自己的合法权益的制度。通常我们也把仲裁时效称作申诉时效。时效期限届满，当事人即丧失请求保护其权利的申诉权，仲裁委员会对其仲裁申请不予受理。

法律为行使申诉权规定了时间界限。《劳动法》第 82 条规定：提出仲裁要求的一方应当自劳动争议发生之日起 60 日内向劳动争议仲裁委员会提出书面申请。因此，我国仲裁时效应是 60 日。仲裁时效问题无论是对争议当事人还是劳动争议仲裁委员会都是非常重要的，因为法律不保护权利上的“睡眠者”。劳动法律之所以对时效作出规定，目的之一是为了稳定劳动关系。因为劳动争议发生在劳动者和用人单位之间，如果争议得不到及时解决，双方对立的情绪就得不到缓解，势必影响正常的生产经营秩序。另外，规定仲裁时效，也便于及时查清事实真相，避免由于时间太长而难以收集到证据，造成人力、物力的浪费，甚至劳而无获。

对于如何理解“争议发生之日”，也是一个十分重要的问题，因为它关系到时效起算日的确定。根据有关法律解释，“争议发生之日”是指“知道或者应当知道权利被侵害之日”，也就是说，“争议发生之日”，并不是非得以双方当事人产生正面冲突为标志，而是从当事人知道自己的权利被侵犯之时，在法律上就被认为是产生“争议”之日，此时也就是仲裁时效的起算之日。申诉时效的起算点不是凭空设定的，而是有证据表明当事人知道自己的权利被侵害的日期，或者根据常理可以推断当事人应当知道自己的权利被侵害的日期。特别注意的是，“权利被侵害之日”是指侵权行为开始的时间，而不应理解为侵权行为终止的时间。

时效的规定，是针对正常情况做出的，如果当事人因不可抗力或者有其他正当理由超过时效的，仲裁委员会应当受理。

五、仲裁人员的回避

在通常情况下，仲裁庭一旦组成，即负责所受理的劳动争议案件的处理直至结案，但如果遇到仲裁庭组成人员有应当回避的情况，就要另行组成仲裁庭。回避，是指劳动仲裁委员会组成成员或仲裁员及其他有关人员，遇有法律规定的情形，不参加劳动争议案件的审理和裁决。根据《企业劳动争议处理条例》第 35 条的规定，仲裁委员会组成成员或仲裁员有下列情形之一的，应当回避：

1. 是劳动争议的当事人或当事人的近亲属的；
2. 与劳动争议有利害关系的；
3. 与劳动争议当事人有其他关系，可能影响公正裁决的。

回避是贯穿于劳动争议仲裁活动的重要原则。法律对回避情形的规定，是为了保证仲裁员能客观公正地处理案件，防止仲裁员先入为主，偏袒一方，或与一方当事人恶意串通。同时也是为了消除当事人的疑虑，保证仲裁活动顺利进行。当事人在仲裁活动中，若发现仲裁员符合应当回避的情形时，应及时向劳动争议仲裁委员会提出回避申请。

回避的方式主要有两种：一是申请回避，即当事人认为仲裁委员会组成成员或仲裁员有法律规定的应当回避的情形之一的，可以口头或书面形式申请其回避；二是自行回避，即承办案件的仲裁委员会组成成员或仲裁员认为自己具有法律规定的应当回避的情形之一的，主动申请回避。

六、仲裁调解

仲裁委员会处理劳动争议应当先行调解。仲裁庭在处理劳动争议案件时，只有在调解不成的情况下，才应及时地做出仲裁裁决。因而，调解并不是企业劳动争议调解委员会的“专利”，在劳动争议仲裁程序中同样存在着调解。仲裁调解应当按照一定的步骤开展，一般可以分为以下几个阶段：

（一）调解准备

这一阶段，仲裁庭应查明事实，分清双方当事人的是非责任；了解双方当事人是否愿意接受调解。

（二）主持调解

仲裁员在查明事实、分清是非的基础上，对双方当事人进行说服教育，促使双方自愿达成协议。在这一阶段，当事人可以提出调解方案，也可以进行辩论。仲裁员也可以提出调解方案供双方当事人参考。对职工一方在 30 人以上的集体争议，仲裁庭可以督促职工代表与企业代表召开会议协商。

（三）结束调解

调解结束，通常有两种结果：一是经调解双方自愿达成一致；二是双方分歧过大，未能达成协议，或虽达成协议，但在调解书送达前当事人反悔的，或拒绝接受调解书的，视为调解不成，仲裁庭应及时裁决。

（四）制作调解书

经调解达成协议，仲裁庭或仲裁员应根据协议内容制作调解书，调解书应由双方当事人签名，仲裁员署名，加盖仲裁委员会印章并送达双方当事人。仲裁调解协议是双方当事人自愿处分其劳动权利的方式，调解书自送达之日起具有法律效力，一方当事人逾期不履行，另一方当事人可以申请人民法院强制执行。

七、仲裁裁决

仲裁裁决是仲裁庭做出的、对当事人具有拘束力的、具体解决争议的决定。仲裁庭处理劳动争议案件应当先行调解，调解不能达成协议或者调解书送达前当事人反悔的，仲裁庭应当及时裁决。当事人对仲裁裁决不服的，自收到裁决书之日起 15 日内，可以向人民法院起诉；期满不起诉的，裁决书即发生法律效力，当事人对发生法律效力的裁决书，应当依照规定的期限履行。一方当事人逾期不履行，另一方当事人可以申请人民法院强制执行。劳动争议仲裁委员会做出仲裁裁决后，当事人对裁决中的部分事项不服，依法向人民法院起诉的，劳动争议仲裁裁决不发生法律效力。劳动争议仲裁委员会对多个劳动者的劳动争议做出仲裁裁决后，部分劳动者对仲裁裁决不服，依法向人民法院起诉的，仲裁裁决对提出起诉的劳动者不发生法律效力；对未提出起诉的部分劳动者，发生法律效力，如其申请执行的，人民法院应当受理。

仲裁程序主要包括三个步骤：立案、裁决和结案。当事人向仲裁委员会申请仲裁，应当提交申诉书，并按照被诉人数提交副本。申诉书应当载明下列事项：职工当事人的姓名、职业、住址和工作单位，企业的名称、地址和法定代表人的姓名、职务；仲裁请求和所根据的事实和理由；证据、证人的姓名和住址。仲裁委员会应当自收到申诉书之日起 7 日内做出受理或者不予受理的决定。仲裁委员会决定受理的，应当自做出决定之日起 7 日内将申诉书的副本送达被诉人，并组成仲裁庭，决定不予受理的，应当说明理由。被诉人应当自收到申诉书副本之日起 15 日内提交答辩书和有关证据。被诉人没有按时提交或者不提交答辩书的，不影响案件的审理。仲裁庭应当于开庭的 4 日前，将开庭时间、地点的书面通知送达当事人。当事人接到书面通知，无正当理由拒不到庭的，或者未经仲裁庭同意中途退庭的，对申诉人按照撤诉处理，对被诉人可以作缺席判决。

仲裁庭处理劳动争议，应当自组成仲裁庭之日起 60 日内结束。案情复杂需要延期的，经报仲裁委员会批准，可以适当延期，但是延长的期限不超过 30 日。仲裁庭应当严格执行时限的规定。《劳动争议仲裁委员会办案规则》规定，对于请示待批、工伤鉴定、当事人因故不能参加仲裁活动，以及其他妨碍仲裁办案进行的客观情况，应视为仲裁时效中止，并报仲裁委员会审查同意。仲裁时效中止不应计入仲裁办案时效内。

当事人对发生法律效力的调解书和裁决书，应当依照规定的期限履行。一方当事人逾期不履行的，另一方当事人可以申请人民法院强制执行。当事人申请人民法院执行劳动争议仲裁机构作出的发生法律效力的裁决书、调解书，被申请人提出证据证明劳动争议仲裁裁决书、调解书有下列情形之一，并经审查核实的，人民法院可以根据《民事诉讼法》第 217 条之规定，裁定不予执行：

1. 裁决的事项不属于劳动争议仲裁范围，或者劳动争议仲裁机构无权仲裁的；

2. 适用法律确有错误的；

3. 仲裁员仲裁该案时，有徇私舞弊、枉法裁决行为的；

4. 人民法院认定执行该劳动争议仲裁裁决违背社会公共利益的。

人民法院在不予执行的裁定书中，应当告知当事人在收到裁定书之次日起 30 日内，可以就该劳动争议事项向人民法院起诉。

第4节　劳动争议诉讼

一、劳动争议诉讼的概念

劳动争议诉讼，是指劳动争议当事人不服劳动争议仲裁委员会的裁决，在规定的期限内向人民法院起诉，人民法院依照民事诉讼程序，依法对劳动争议案件进行审理的活动。劳动争议的诉讼，还包括当事人一方不履行仲裁委员会已发生法律效力的裁决书或调解书，另一方当事人申请人民法院强制执行的活动。劳动争议诉讼是处理劳动争议的最终程序，它通过司法程序保证了劳动争议的最终彻底解决。由人民法院参与处理劳动争议，从根本上将劳动争议处理工作纳入了法制轨道，有利于保障当事人的诉讼权，有助于监督仲裁委员会的裁决，有利于生效的调解协议、仲裁裁决和法院判决的执行。

最高人民法院于2001年4月30日公布了《关于审理劳动争议案件适用法律若干问题的解释》，对劳动争议案件的受理、举证责任、仲裁效力等方面做出明确规定。《解释》主要体现了《劳动法》保护劳动关系中弱势群体——劳动者的立法精神，同时也有效地保障用人单位的正当权益。

二、劳动争议诉讼的原则

人民法院审理劳动争议案件适用《中华人民共和国民事诉讼法》所规定的诉讼程序，遵循司法审判中的一般诉讼原则，如以事实为根据、以法律为准绳的原则；独立行使审判权的原则；回避原则；着重调解的原则等。此外，根据劳动争议案件的特殊性，还应体现密切与有关单位配合的原则。处理劳动争议案件要以劳动法律、法规和政策为依据，劳动行政机关是国家管理劳动工作的专门部门，了解和熟悉劳动法律、法规和政策；另外，工会等有关部门都从事企业生产、安全、工资福利、劳动保护等各项管理和监督检查工作，情况也比较熟悉；特别是劳动争议仲裁机关，是代表国家处理劳动争议的专门机构，直接受理和负责处理各种劳动争议案件，对争议的原因、过程等情况比较了解，且有一定的办案经验。人民法院审理劳动争议案件时应多向这些部门调查，密切与之配合。

三、劳动争议案件的受理

关于劳动争议案件的受理范围，《最高人民法院〈关于审理劳动争议案件适用法律若干问题的解释〉》适当地扩大了人民法院受理劳动争议案件的范围，规定劳动者与用人单位之间发生的下列纠纷，属于《劳动法》第 2 条规定的劳动争议，当事人不服劳动争议仲裁委员会做出的裁决，依法向人民法院起诉的，人民法院应当受理：

1. 劳动者与用人单位在履行劳动合同过程中发生的纠纷；

2. 劳动者与用人单位之间没有订立书面劳动合同，但已形成劳动关系后发生的纠纷；

3. 劳动者退休后，与尚未参加社会保险统筹的原用人单位因追索养老金、医疗费、工伤保险待遇和其他社会保险费而发生的纠纷。

在严格执行《劳动法》规定的劳动仲裁是诉讼的前置程序的基础上，《解释》规定，对劳动争议仲裁委员会以当事人申请仲裁的事项不属于劳动争议为由，或以当事人的仲裁申请超过 60 日期限等为由，作出不予受理的书面裁决、决定或者通知，当事人不服，依法向人民法院起诉的，人民法院应当受理。属于劳动争议案件的，应当受理；虽不属于劳动争议案件，但属于人民法院主管的其他案件，应当依法受理；对确已超过仲裁申请期限，又无不可抗力或者其他正当理由的，依法驳回其诉讼请求。

劳动争议仲裁委员会以申请仲裁的主体不适格为由，作出不予受理的书面裁决、决定或者通知；当事人不服，依法向人民法院起诉的，经审查，确属主体不适格的，裁定不予受理或者驳回起诉。

劳动争议仲裁委员会为纠正原仲裁裁决错误重新作出裁决，当事人不服，依法向人民法院起诉的，人民法院应当受理。

《解释》还规定，劳动争议仲裁委员会仲裁的事项不属于人民法院受理的案件范围，当事人不服，依法向人民法院起诉的，裁定不予受理或者驳回起诉。

四、劳动诉讼案件的当事人

当事人双方不服劳动争议仲裁委员会作出的同一仲裁裁决，均向同一人民法院起诉的，先起诉的一方当事人为原告，但对双方的诉讼请求，人民法院应当一并作出裁决。

用人单位与其他单位合并的，合并前发生的劳动争议，由合并后的单位为当事人；用人单位分立为若干单位的，其分立前发生的劳动争议，由分立后的实际用人单位为当事人。用人单位分立为若干单位后，对承受劳动权利义务的单位不明确的，分立后的单位均为当事人。

用人单位招用尚未解除劳动合同的劳动者，原用人单位与劳动者发生的劳动争议，可以列新的用人单位为第三人。原用人单位以新的用人单位侵权为由向人民法院起诉的，可以列劳动者为第三人。

原用人单位以新的用人单位和劳动者共同侵权为由向人民法

院起诉的，新的用人单位和劳动者列为共同被告。

劳动者在用人单位与其他平等主体之间的承包经营期间，与发包方和承包方双方或者一方发生劳动争议，依法向人民法院起诉的，应当将承包方和发包方作为当事人。

五、劳动争议诉讼案件的证据

2001年12月最高人民法院发布了《关于民事诉讼证据的若干规定》，共计83条，极大丰富了民事审判的证据规则，无论是对公民参加诉讼还是法院审理案件都具有非同寻常的意义。在这些规定中，对劳动争议而言，应特别注意：

（一）举证责任后果

举证责任，是指当事人在诉讼中对自己的主张加以证明，并在自己的主张最终不能得到证明时承担不利的法律后果的责任。在证据规则中，对举证不能的后果进行了明确规定，“没有证据或者证据不足以证明当事人的事实主张的，由负有举证责任的当事人承担不利的法律后果”。同时还规定了因证据的证明力无法判断导致争议事实难以认定的，人民法院应当依据举证责任分配的规则做出裁判。就劳动争议案件的举证问题，《最高人民法院〈关于审理劳动争议案件适用法律若干问题的解释〉》免除了劳动者的一些举证责任，规定：“因用人单位作出的开除、除名、辞退、解除劳动合同、减少劳动报酬、计算劳动者工作年限等决定而发生的劳动争议，用人单位负举证责任。”

（二）举证时限制度

针对过去长期实行的当事人在诉讼中的各个阶段均可以随时提出新的证据主张，导致诉讼程序的安定性得不到应有的保障，新的证据规则明确规定了举证时限问题。人民法院应当根据案情确定举证期限，举证期限不得少于 30 日，自当事人收到案件受理通知书和应诉通知书的次日起算，举证期限也可由当事人协商并经法院认可。人民法院应当向当事人说明举证的要求及法律后果，促使当事人在合理期限内积极、全面、正确、诚实地完成举证。对逾期举证，法院将不组织质证，也就是不能作为定案的依据，并且逾期举证提供的证据不能作为推翻原判决的新证据。举证期内提交证据材料有困难的，须由当事人提出申请并经法院决定。

（三）证据交换制度

双方当事人在开庭审理前互相交换证据，证据交换可以由当事人申请，也可以由法院依职权决定。证据交换的主持人是审判人员。

（四）界定了非法取证的范围

《证据规则》明确规定“以侵犯他人合法权益或者违反法律禁止性规定的方法取得的证据，不能作为认定案件事实的依据”，对“非法”的范围进行了限定。电视暗访、私自录音、录像，不一定就是非法证据，只有侵犯了他人隐私权、侵犯了国家秘密、企业商业秘密等非法方法取得的证据才成为非法取证。

（五）被告的答辩义务

《证据规则》规定“被告应当在答辩期届满前提出书面答辩，阐明其对原告诉讼请求及所依据的事实和理由的意见”，明确被告如果不答辩，不向法院提供其相关证据，将要承担对其不利的诉讼后果。从而改变了以前司法实践中，答辩被视为当事人的一种权利的做法。

六、劳动争议案件的审理

劳动争议案件由用人单位所在地或者劳动合同履行地的基层人民法院管辖。劳动合同履行地不明确的，由用人单位所在地的基层人民法院管辖。

当事人双方就同一仲裁裁决分别向有管辖权的人民法院起诉的，后受理的人民法院应当将案件移送给先受理的人民法院。

人民法院受理劳动争议案件后，当事人增加诉讼请求的，如该诉讼请求与讼争的劳动争议具有不可分性，应当合并审理；如属独立的劳动争议，应当告知当事人向劳动争议仲裁委员会申请仲裁。

用人单位对劳动者作出的开除、除名、辞退等处理，或者因其他原因解除劳动合同确有错误的，人民法院可以依法判决予以撤销。对于追索劳动报酬、养老金、医疗费以及工伤保险待遇、经济补偿金、培训费及其他相关费用等案件，给付数额不当的，人民法院可以予以变更。

第5节　集体争议处理

一、集体争议的含义

集体争议的本质，是劳动者依据团结权进行团体交涉，进而行使争议权，以达到改善劳动条件之目的。为达到这一目的，劳动者的争议权最终将落实在与雇主签订的集体协议中，因此争议权行使的目的在于缔结集体协议，凡不以缔结或修订集体协议为目的的行为，均不得称之为“集体争议”。集体争议是法律上具有特定含义和意义的专有名词，并不是一切冲突、械斗、纠纷都可以称为争议行为。各国对劳资集体争议介入的程度不同，因而也就形成了制度上的差异。市场经济国家大多采当事人自主解决原则，国家处于援助地位。解决争议遵循的原则是诚实原则、自主性原则和政府积极合作原则。

世界各国劳资争议处理的方法各异。总的说来，无非是尽量避免激烈的对立和对抗，尽量延长和谐义务之期限。在具体做法上多以各种机制尽可能防止或限制公开的冲突，比如对争议权的主体进行限制，规定军队、警察及公用事业不能行使争议权，限制对国民日常生活重要的公用事业单位的争议权的行使，如韩国《劳动争议调整法》规定，对公众日常生活不可缺少或对国民经济产生重大影响的事业如国家运输、公共事业（电气、煤气等）、公众卫生或医疗事业、银行事业、广播事业的争议，以及规模大且性质特殊的争议采取紧急特殊调整方法，即这类争议应得到优先和迅速处理，必要时可采取职权仲裁，采取紧急调整方法，争议行为的实施期限为15天。紧急调整是一种事后解决争议的措施，可以一时停止争议行为，由中央劳动委员会调整争议。除此之外，还有一些其他限制，如德国法律规定只有工会才有罢工权，不承认工会会员的罢工权；有些国家规定权利事项不得罢工，只能遵循司法途径解决，只有利益争议（调整事项）才允许罢工；规定合同期内的和平义务；规定冷却期间，进行强制调解、斡旋及实情调查等。

二、集体争议处理方法

在当今世界各国中，通行的解决集体争议的方法，虽然不尽相同，但大致不外乎以下三种：

（一）自行交涉

劳资双方在争议发生后，自行谋求适当的解决办法，不求助于政府或私人的第三者进行协助解决。在欧美工业化国家，由于工会组织非常健全，政府倡导工会与雇主订立集体协议，在集体协议中规定纠纷的解决程序，一旦发生争议，则依据集体协议规定的程序，由工会代表与雇主代表直接交涉，以求得到解决办法。

（二）调解

调解也称为调停，是由第三者包括私人或政府所设立的调解机构派出的人员出面所进行的斡旋，以协助劳资双方解决争议的方法。当劳资双方经过直接交涉而不能成功解决争议时，如果集体协议中规定了须交付调解的条款，或者虽无类似条款，但双方愿意以和平而不是威胁方法解决争议的，则双方可以协议由第三者出面进行调解。第三者凭借其地位、名誉，以及对劳工问题的研究，通常能说服双方找到适当的解决方法。如果第三者是政府官员，虽然不能以政治力量强迫双方接受其解决办法，但以其声望和地位，其意见也更容易获得劳资双方的尊重。而且如果调解者所提供的事实与意见仍不能为双方或一方所接受，调解人还可以将其报告予以公布，借助公众舆论力量往往也能使调解方法获得成功。比如美国政府近年来经常采用的实情调查机构，名义上是调查劳资争议事实，实则是进行调解。这种事实及调解办法一经公告，不接受调解的一方势必要承担反对责任，在这种情况下，常常能使不愿意接受调解的一方改变态度。

（三）仲裁

仲裁是解决集体劳资争议最有效，也是最后的方法。仲裁与调解一样都需要第三者出面进行干预，但与调解所不同的是，仲裁人无论是私人或是政府官员都比调解人更加独立，更能发挥独立判断作用，而且仲裁书具有拘束力。也就是说，仲裁人根据争议内容可以独立进行判断，对争议事项进行裁决，劳资双方都有接受的义务。仲裁分为自动仲裁、自愿仲裁和强制仲裁三种。

三、重要代表性争议处理模式

尽量避免激烈的对立和冲突，和谐劳动关系，是各国处理劳动争议的目标。了解世界上有代表性国家的争议处理模式，有助于建立和完善中国集体争议处理制度。

（一）日本制度

在日本劳资关系中，劳资争议分为权利争议和利益争议。凡是权利争议，则不论劳动者人数是个人还是团体，都可以最终由法院按司法程序处理，但涉及不当劳动行为的案件则依照劳动委员会的审查程序处理。而利益争议，最典型的是工资、工作时间谈判则主要由劳资双方通过互相交涉的方式处理，如有必要则可依照劳动委员会的争议处理程序（如斡旋、调停和仲裁）加以处理，在特殊情况下，适用紧急调整程序，但法院不受理利益争议。

团体交涉处理争议主要在企业内部，特别是在工作场所层级，争议处理的非正式程序占有重要地位。日本集体争议主要源于其《工会法》第7条第2款的规定，即“禁止无正当理由拒绝谈判”。这里，“拒绝”不仅指不与对方谈判者见面，而且也包括不认真地与对方谈判者进行谈判，因此集体谈判争议可以区分为“拒绝谈判和不诚实谈判”。全国级别的总工会和产业级别的工会在“春斗”所进行的工资决定中，扮演着重要角色。

在第三者对集体争议的调解处理程序中，最为重要的是劳动委员会的争议处理程序，民间第三者仅扮演次要角色，甚至几乎不存在。劳动委员会以外的公共机关如地方劳政事务所，仅在地方处理较不重要的争议时扮演非正式角色。日本劳动委员会完全由政府设立，委员由劳动大臣任命，委员会由三方（即劳方委员、资方委员、公益委员）同数委员所组成。劳方委员的任命基于最具代表性的工会推荐，资方委员的任命同样是基于最具代表性的雇主团体推荐，而公益委员则由双方委员同意后任命。劳动委员会的主要功能是处理集体争议以及对不当劳动行为进行审查。日本《劳动关系调整法》对斡旋、调停、仲裁、紧急调整、对抗行动的限制和禁止等事项做了规定，其中斡旋、调停、仲裁是劳动委员会处理争议的三种方式。

所谓斡旋，是最为缓和的处理方式。这是在劳动争议仅依靠当事人双方协商解决已无希望的时候，劳动委员会根据双方或其中一方的申请，或者劳动委员会会长依据自己的职权提出要求进行说服指导。出面斡旋的委员，由会长指定。

在遇到下述情况之一时，由劳动委员会进行调停：（1）当有关当事人双方向劳动委员会提出调停申请时；（2）当有关当事人双方或一方依据“集体协议”的规定向劳动委员会提出调停申请时；（3）事件涉及公益事业，有关当事人一方向劳动委员会提出调停申请时；（4）事件涉及公益事业，或因事件规模较大或涉及特殊性事业而对公众利益造成明显危害，劳动大臣或都道府县知事向劳动委员会提出调停申请时。调停结束，劳资双方可以自由决定是否接受。也就是说，劳动委员会提出的调停意见，对于当事人双方不具有法律约束力。

当遇到下述情况之一时，由劳动委员会进行仲裁：（1）当有关当事人双方向劳动委员会提出仲裁申请时；（2）集体协议中有必须向劳动委员会申请仲裁的规定，有关当事人双方或其中一方依据这一规定向劳动委员会提出申请时。劳动委员会做出裁决，立即对当事人双方产生法律约束力。在日本，仲裁裁决具有与集体协议同等的法律效力。

另外，总理大臣在争议事件关系到公益事业，且规模较大或涉及特殊性事业，致使该项事业中断，并严重妨碍国民经济正常活动或危及国民日常生活时，享有做出紧急调整的权力。对公众日常生活不可缺少的公用事业，如运输、邮政、电信、自来水、电力、瓦斯、医疗、公共卫生及经总理大臣指定的其他事业，当事人采取争议行为时，应于10日前通知劳动委员会及劳动大臣或都道府县知事。劳动委员会为确保公用事业劳资争议早日解决，应采取优先处理原则。总理大臣如果认为集体劳动争议涉及公众利益或由于规模的理由，有权做出紧急调整的决定。紧急调整的决定公告后50天内，禁止采取任何之争议行为。①

日本没有专门的劳工法院，在普通法院系统基本上也没有特设劳工法庭和专门处理劳动争议案件的法官。劳动委员会和法院两个系统并不重叠，理论上，劳动委员会主要处理集体争议和不当劳动行为案件，法院基本上只处理既存权利（即个别争议、权利争议）的争议，但实际在判断何为权利争议、何为利益争议方面却颇为复杂。例如，雇主无正当理拒绝工会的团体交涉要求，是侵犯宪法所保障的团体交涉权问题；雇主介入工会组织运作与工会主张时，则侵害团结权的问题，故这些应当属于权利争议。但传统上一般将这些问题当作不当劳动行为，属于利益争议的范畴。

（二）瑞士制度

瑞士劳动争议分为权利争议和利益争议，权利争议通过司法程序解决，利益争议则通过调解和仲裁程序解决。集体争议处理制度的特色在于强调绝对和平义务，从根本上避免集体争议的发生。其劳资协约的精神在于：

1. 对于重要意见分歧可能引起的争议，劳资双方应本着诚

---

① 黄越钦．劳动法新论．台湾：翰芦图书出版有限公司，2000．473

信原则并依照协约规定加以解决。在协约有效期间务必维持和平，所有争议手段均应加以排除。

2. 劳资之间的任何纠纷及一切争议必须首先在产业内部自行处理寻求解决，所有产业应组织劳工委员会。

3. 劳资双方不能达成协议时，应组织简易仲裁委员会进行调停，寻求双方都能够接受的解决方案。

4. 有关工资变更争议，如情形严重不能由简易仲裁委员会裁决的，劳资双方不必得到对方同意，均可申请特别仲裁委员会进行仲裁。

5. 双方预付一定数额的违约赔偿保证金，存于瑞士国家银行。一方违约时，由仲裁法院审理违约赔偿，赔偿额依实际损害计算。赔偿金及诉讼费用应于判决送达后 1 个月内缴清，到期未缴清者，另一方可以没收对方寄存在国家银行的违约赔偿保证金。

劳资协约强调绝对和平义务，在协约有效期内劳资双方不得进行争议行为，只能申请调解和仲裁，而且仲裁不以团体协商失败为前提，因而往往形成短暂的强制仲裁。瑞士劳资协约成效显著，自 1937 年第一次签订时期限 2 年，此后每 5 年延长一次迄今。问卷调查显示，60％的瑞士人对集体协议给予正面评价，57％的集体协议中订有绝对和平义务条款。

（三）美国制度

美国劳动争议也分为权利争议和利益争议，权利争议由司法程序解决，利益争议则通过调解仲裁程序解决。

美国大部分产业的团体交涉主要依据《国家劳动关系法》第 8 条的规定，即雇主以及工会“应秉持诚信原则，就工资、工时及其他雇佣条件，进行交涉之相互义务”，但“此项义务并不强制任一当事人去同意提案或要求做出让步”。如果雇主或工会任何一方拒绝进行团体交涉，则构成《国家劳动关系法》上所谓的

“不当劳动行为”。不论是全国性的还是地方层级的团体交涉，劳资双方均以组成的交涉委员会为代表进行谈判。

当团体交涉出现僵局时，主要采用调解、实情调查及仲裁方式加以解决。如果工会与雇主不能就解决其本身分歧达成协议，可以寻求外部援助以打破僵局。如果争议严重侵害公共利益，尤其是公共部门的集体争议，政府机关也可以主动介入。首先是进行斡旋或调解，对公共部门而言，如果调解或斡旋失败时，还可以采用“实情调查”和“利益仲裁”两种程序。“实情调查”是依靠外来者调查争议事实并提出报告，通过提高争议的公开性，迫使当事人双方达成妥协。“利益仲裁”与实情调查的最大差异，在于它具有法律强制力。许多州的法律为了解决警察、消防队员等特定身份受雇者的团体交涉僵局，规定了最终具有拘束力的利益仲裁。在程序上，仲裁虽然较为正式，但类似于实情调查。在私营部门，美国雇主和工会传统上反对以仲裁作为解决“利益”争议的手段，尤其反对法律规定的强制仲裁制度。在美国，大量集体争议是透过仲裁制度解决的。仲裁机构有各种不同的形态，如临时的（特设的）或常设的仲裁者；三方组成的委员会、仅由中立或公正人士组成的委员会，或单一的仲裁者等形态等，但以单一公正人士担任仲裁者最为普遍。在仲裁形式上，任意仲裁条款已成为集体协议的重要内容，为了使争议获得迅速、廉价而又是最终的解决，争议双方可以选定仲裁者对其争议进行裁决，争议处理制度的突出特点是具有分散性、任意性和民间性。

规定了紧急调整程序。1947 年的《塔夫托·哈特莱法》对罢工规定了紧急调整程序，赋予总统在紧急状态下享有暂停争议的命令权，即总统在收到调查委员会报告之后，如果认为罢工将“危及国民之健康或安全”时，可以授权司法部长对罢工或锁厂下达 80 天的联邦禁止令。在禁止令失效前 20 天内，全国劳动关系委员会应举行劳动者秘密投票，以确认受雇者是否接受雇主的最终提案。

（四）德国制度

明确将劳资争议区分为利益争议和权利争议是德国劳动争议制度的重要特征。权利争议由专门的劳工法院处理，利益争议属于集体争议范畴，通过调解和争议行为加以解决。德国劳动法属于私法，劳工法院对于受雇者与雇主之间由于雇佣关系所引起的私法纠纷具有专属管辖权，即劳工法院就劳资之间由于雇佣契约的存续与否，雇佣契约终止后存续义务等雇佣关系所引起的民事法律上的争议，以及雇佣关系中所产生的侵权行为民事法律争议，具有排他的审判权限。劳工法院不审理集体劳动争议。

团体交涉基本上受 1949 年颁布的《集体协议法》规范，该法规定了集体协议缔结的资格权限，并对协议的形成、内容、对个别劳动契约的效力以及集体协议拘束力的范围做出了规定。集体协议当事人在劳动者一方仅限于工会，在雇主方则是个别雇主或雇主团体。集体协议的内容包括当事人的权利义务，以及集体协议的订立、内容、终止等问题的规范。协约双方最重要的义务是相对和平的义务。在集体协议有效期间，任何一方都不能以协约规定的劳动条件的变更为目的而发动争议行为。也就是说，当事人对集体协议已经规定的事项须承担和平义务，不得进行争议行为，而对集体协议没有规定的事项，则可以成为争议行为的主题。

当事人通过团体交涉无法缔结集体协议时，其纠纷可以通过两种方式解决，一是根据调解仲裁协定所规定的调整程序处理，二是调解失败，当事人可以采取争议行为。

德国对集体争议采取自愿调解原则。依调解协定规定，基于当事人一方或双方的申请或谈判破裂时自动进入纠纷处理程序。调解协定规定了当事人双方参加调解程序的义务。调解机构由雇主团体与工会派遣同数的代表及中立的主席组成。调解委员会所作的调解方案，除非当事人双方同意，否则不具拘束力。如果当事人双方一旦接受，则该调解方案与集体协议具有同样效力。在没有调解协定的地方，或者调解协定程序失败时，当事人可以将纠纷提交仲裁委员会处理。

美国、日本、德国、瑞士集体争议处理制度是比较典型的几种模式。其共同之处都是将劳动争议区分为权利争议和利益争议，并规定权利争议由司法程序处理，而利益争议则通过斡旋、调解和仲裁程序处理。瑞士制度强调劳资双方在协议期内的绝对和平义务，实际从制度上禁止了罢工和争议行为。美、德、日本规定在调解、仲裁无法奏效的情况下，才允许进行争议行为。这些调解、仲裁程序确保了争议双方在罢工之前，已经明了对方的观点，使双方有了不使事态扩大的基础。因此法律实际上对争议行为进行了适当的控制，尤其是日本和美国还规定了紧急调整程序。

自 20 世纪 80 年代之后，由于劳资之间的权利纠纷快速增加，法院受理的案件也明显增多，司法诉讼变得严重迟缓，一些学者主张在法院之外另辟解决途径。这一主张影响了许多国家立法，最显著的影响是打破权利争议仅由法院判决原则，改为也可以寻求调解程序解决，以减少法院的讼累。

四、我国集体争议处理

集体争议的产生与集体谈判、集体协议的发展密切相关，是工会与雇主、雇主组织因参与集体谈判、签订和履行集体协议而发生的争议。如果一个国家调整劳动关系不是通过集体谈判或者主要不是通过集体谈判，则集体谈判和集体协议制度就不会发展起来，处理集体争议的法律制度也就不会完善起来。

1993 年国务院颁布的《企业劳动争议处理条例》并没有明确规定集体劳动争议的含义和范围，但在该条例第 2 条关于劳动争议范围的规定中留下了一个开口条款，即法律、法规规定应当依照本条例处理的其他劳动争议。2004 年劳动和社会保障部颁布的《集体合同规定》将集体争议具体分为“因集体协商发生的争议”和“因履行集体合同发生的争议”两类。前者通过行政调解程序解决，后者则主要依据个别劳动争议的处理程序，即协商、仲裁和诉讼。

（一）因集体协商发生的争议处理

2004 年《集体合同规定》明确规定，集体协商过程中发生争议，双方当事人不能协商解决的，当事人一方或双方可以书面向劳动保障行政部门提出协调处理申请；未提出申请的，劳动保障行政部门认为必要时也可以进行协调处理。劳动保障行政部门应当组织同级工会和企业组织等三方面的人员，共同协调处理集体协商争议。集体协商争议处理实行属地管辖，具体管辖范围由省级劳动保障行政部门规定。中央管辖的企业以及跨省、自治区、直辖市用人单位因集体协商发生的争议，由劳动保障部指定的省级劳动保障行政部门组织同级工会和企业组织等三方面的人员协调处理，必要时，劳动保障部也可以组织有关方面协调处理。协调处理集体协商争议，应当自受理协调处理申请之日起 30 日内结束协调处理工作。期满未结束的，可以适当延长协调期限，但延长期限不得超过 15 日。

协调处理集体协商争议应当按照以下程序进行：受理协调处理申请；调查了解争议的情况；研究制定协调处理争议的方案；对争议进行协调处理；制作《协调处理协议书》。《协调处理协议书》应当载明协调处理申请、争议的事实和协调结果，双方当事人就某些协商事项不能达成一致的，应将继续协商的有关事项予以载明。《协调处理协议书》由集体协商争议协调处理人员和争议双方首席代表签字盖章后生效。争议双方均应遵守生效后的《协调处理协议书》。

我国现行规定中的“因集体协商发生的争议处理”，实际就是国际上通常所说的“利益争议”，是在签订或变更集体协议过程中当事人双方就如何确定合同条款所发生的争议，其标的是在合同中如何设定尚未确定的利益。它往往表现为集体谈判出现僵局或破裂，罢工、闭厂是其最激烈的形式，将这类争议的处理程序规定为“行政调解”，基本符合利益争议的通行处理方法，但有两个重要问题没有解决：（1）在《协调处理协议书》无法达成的情况下，争议如何处理没有相关法律规定。（2）《协调处理协议书》达成后，如果一方拒绝执行，法律尚未做出规定。在现有法律框架下，《协调处理协议书》尚不具备可执行性。这两个问题不解决，谈判协商过程中的争议也就无法解决，集体协议制度发展就会受到很大限制。政府会同其他机构协调因集体协商发生的争议，应当秉承劳资双方利益共享的理论和原则，将劳动者利益与资方利益结合起来，使劳动者能够分享企业发展成果。

将集体协商谈判中的争议处理纳入法制轨道，通过法律明确在何种情况下谈判双方可以提起集体争议调解、由谁负责处理、通过调停或斡旋达成的协议是否具有可执行性，以及在无法达成一致时能否强制调解或仲裁，采取产业行动的申请和报告，对超过合法范围的产业行动的法律制裁等，这些对于建立和完善集体协商谈判争议处理制度，极为重要。

（二）因履行集体合同发生的争议处理

因履行集体合同发生的争议，是指在履行集体合同过程中当事人双方就如何将协议条款付诸实现所发生的争议，其标的是实现协议中已经设定并表现为权利义务的利益。它通常是由于解释协议条款有分歧或违约所致。

我国法律、法规规定，因履行集体合同发生的争议，当事人协商解决不成的，可以依法向劳动争议仲裁委员会申请仲裁，对仲裁裁决不服的可以在法定期限内向人民法院提起诉讼。因履行集体合同发生的争议，是以工会作为主体的、以既存权利义务为标的的争议，在处理程序上适用法律规定的个别劳动争议处理程序，但有其自身特点：(1) 不适用基层调解。因履行集体合同产生的争议，不适用企业基层调解程序，当事人双方不能自行协商解决的，就可以向仲裁机构申请仲裁。(2) 适用我国劳动争议处理程序中关于集体争议仲裁的特别规定。具体包括：在管辖方面，县级仲裁委员会认为有必要可以将争议报请上一级仲裁委员会处理；在受理方面，仲裁委员会应当自收到申诉书之日起 3 日内做出受理或不予受理的决定。受理通知书送达或受理布告公布后，当事人不得有激化矛盾的行为；在仲裁组织方面，仲裁委员会应当在做出受理决定的同时，组成特别仲裁庭；在仲裁方式方面，仲裁庭应按照就地、就近的原则进行处理，开庭场所可设在发生争议的企业或其他便于及时办案的地方。仲裁庭应先行调解，或者促成双方召开协商会议，在查明事实的基础上促使当事人自愿达成协议。调解或协商未能达成协议的，应及时裁决，并制作裁决书送达当事人或用布告形式公布；在仲裁期限方面，仲裁庭处理争议，应当自组成仲裁庭之日起 15 日内结束；案情复杂需要延期的，经报仲裁委员会批准可适当延期，但延长的期限不得超过 15 日；在其他方面，仲裁委员会对受理的争议及其处理结果，应及时向当地政府汇报。

第 6 节　争议预防和处理技巧

一、健全和完善企业人力资源管理制度

企业人力资源管理制度一定要完善、全面、缜密，同时在依法、依程序制定这些制度之后，还必须要让劳动者知道。企业人力资源管理制度，主要包括薪酬制度、招聘管理、培训管理、业绩考评与奖惩管理、工作时间和休息休假管理、劳动保护和劳动

条件、福利保险管理、劳动者的行为准则等，这些制度都应该用书面文件形式，且必须公开透明。管理制度的健全完善和可具操作性，是避免引发劳动纠纷的基础。人力资源管理不能随心所欲，必须依据劳动法和相关法律法规以及本企业规章制度，不能与法律、法规冲突，如果企业人力资源管理随心所欲、无章可循，或企业规章制度不严谨，劳动者的心理就不平衡。没有标准就不会有公平和公正，劳动者的心态就不会平和，管理者也无法真正做到激励劳动者努力工作。

目前，在劳动关系管理方面，企业招聘制度应注意规定录用条件，明确规定应聘材料如学历、经历、婚育和健康状况的真实性，要求劳动者能完成工作任务，具有符合工作要求的道德素质、技能和身体素质等。招聘简章要注意避免一些歧视性用语，试用期约定要符合法律、法规规定，注意签订无固定期限合同的法定条件。

培训制度应包括培训协议的签订，规定有关培训费、服务期、违约责任以及履行的有关事项。对特殊岗位劳动者，企业可以与之签订商业秘密保护和竞业禁止协议，明确需要保密的内容、范围、保密期限、违约责任以及经济补偿等。完善企业各类专项协议和保密制度，加强离职管理。

建立健全考核制度，做到每个步骤都有明确规定，且合理合法。合理使用考核结果维护企业利益，规定考核结果可以作为调动工作、升降薪酬，甚至解除合同的依据。考核结果须形成书面文件，作为以后争议中企业的举证依据。

薪酬制度应包括企业的薪酬体系、薪酬标准及薪酬调整原则和程序，规定工资的调整权限、发放时间、工资的构成以及变更等，明确工伤、婚丧假、探亲假、年休假、少数民族节假日期间的工资支付，以及病假工资、女职工三期、事假工资的发放等，并履行告知义务，确保工资制度得到劳动者认可。贯彻“薪随岗变”的原则，劳动者薪酬水平的变动，必须根据企业薪酬体系标准来进行，这样才能得到支持。实行密薪制的，要按照与劳动者的约定执行。

劳动保护制度是保障劳动者在劳动过程中获得适宜的劳动条件而采取的各项保护措施，包括工作时间和休息时间、休假制度，保障劳动安全与卫生的措施，女职工与未成年工劳动保护等。为避免引发劳动保护争议，企业要了解相应的法律规定，主要是《劳动法》《工厂安全卫生规程》《关于装卸、搬运作业劳动条件的规定》《职业病范围和职业病患者处理办法规定》《女职工劳动保护规定》《女职工禁忌从事劳动范围》《国务院关于工作时间的规定》等，并结合本企业实际，将法律法规的相关规定进行细化、具体化。

二、提高争议预见能力，掌握应诉技巧

（一）规章制度措辞要准确，条款要严谨，并注意及时更新

规章制度是由企业制定和认可的行为规则的总和。规章制度作为约束和规范人们行为的规则，从其内部逻辑结构来讲，都包括三个要素，即假定、处理、制裁。假定是适用该规范的条件和情况，它是规章制度超前性和预见性的浓缩。处理是该规范行为规则本身，包括义务性行为规则、授权性行为规则和禁止性行为规则。制裁是对违反该规范行为的制裁或承担的后果。例如，某企业一个劳动者借了企业的钱，拖了 2 年也没有还。企业的规章制度规定：出差或项目完成之后 2 个月内必须报销完毕。财务人员告诉他，拖了 2 年没报销是严重违反企业财务规定的行为。可员工却说："你只规定了要在 2 个月内报销冲账，但并没有说超过 2 个月该怎么办呀?"遇到这种情况，企业就很难依据规章对员工进行制裁了。

（二）处理员工要以事实为根据，预先准备好证据

人力资源管理者应提高劳动纠纷产生的预见能力，并在纠纷产生之前做好准备工作，对问题员工处理要预先准备好充分证据。例如在解除问题员工劳动合同时，先不要急着处理，要先与员工的直接领导进行沟通，调查了解情况，只有在事实依据和法律依据充分，并有相关证据能够证明的情况下才能作出处理决定。如果事实和法律依据不足，则不能立即解除劳动合同，否则一旦出现争议，企业就要承担败诉结果，这样能有效避免劳动纠纷的产生。一般而言，管理者在做出处理前收集证据比较容易，而在做出处理决定以后，证据的收集就显得十分困难。要注意尽快、尽可能地收集证据，把证据准备好，再处理问题员工。劳动关系管理者只有提高预防争议的能力，才能有效避免争议或在争议中败诉。

（三）依法保护权益，增强仲裁时效意识

目前，企业方的时效意识偏低，尤其是仲裁时效意识更是薄弱。《劳动法》明确规定，当事人应当在劳动争议发生之日起 60 日内申请劳动争议仲裁，即仲裁时效为劳动争议发生之日起 60 日，超过仲裁时效申请劳动争议仲裁的，仲裁机构不予受理。实践中，有的企业因为根本不知道仲裁时效而丧失了通过法律途径解决问题的时机；有的企业自认为一直在同员工交涉可导致时效中断（实际上这并不必然导致时效的中断）而超过时效期限；有的企业则以不办理离职手续为手段逼迫员工承担违约责任，而并未及时申请仲裁，结果逼迫未成反而丧失了时效期限；有的企业则盲目认为，仲裁时效过了但诉讼时效还未过，仲裁不受理仍可诉讼，实际上我国实行“先裁后审，仲裁前置”制度，劳动争议仲裁是诉讼的必经前置程序，如果确已丧失了仲裁时效，那么即使进入了诉讼程序，企业也丧失了胜诉权。因而，如果企业想通

过法律途径解决争议，保护合法权益，应把握申诉时机，不要超过法定的时效期限。

三、几种特殊争议处理应注意的问题

（一）企业追索劳动者培训费争议的处理

这类争议多见于劳动者要求调动、解除劳动关系、违约出走时发生。处理这类争议应注意以下几点：（1）享有向劳动者追索培训费权利的用人单位，必须是有支付货币凭证的对劳动者进行各类技术培训的用人单位，否则，不能享有追索培训费的权利。（2）在试用期内，即使用人单位出资培训了职工，若职工要求解除劳动关系，用人单位也不得要求职工支付培训费用。（3）如果合同期满，职工要求终止劳动合同，用人单位也不得要求劳动者支付培训费。（4）只有在试用期满，合同期内，职工要求解除劳动关系时，用人单位可要求职工支付培训费用。具体支付办法是：约定服务期的，按服务期等分出资金额，以职工已履行的服务期递减支付；没约定服务期的，按合同期限等分出资金额，以职工已履行的合同期限递减支付；没有约定合同期的，按 5 年服务期等分出资金额，以职工已履行的服务期限递减支付；双方对递减计算方式已有约定的，从其约定。（5）如果是由用人单位出资招用的职工，职工在合同期内（包括试用期）解除劳动关系，则该用人单位可按照《违反〈劳动法〉有关劳动合同规定的赔偿办法》第 4 条第 1 款规定向职工索赔。

（二）精神病患者解除劳动合同争议的处理

企业招用的合同制职工在试用期内发现患有精神病不符合录用条件的，可以解除劳动合同。合同制职工试用期满，合同期内患精神病的，在规定的医疗期内治愈或病情很轻并得到控制，经劳动鉴定委员会鉴定具有劳动能力的，用人单位不得解除劳动合同，应安排适当工作。在规定的医疗期满未治愈，经劳动鉴定委员会鉴定确实丧失劳动能力的精神病患者，可以解除劳动合同，并由企业发给经济补偿金和医疗补助费。

（三）员工未缴纳风险抵押金、股金等而被开除、辞退、安排下岗的争议处理

用人单位收取风险抵押金等，主要有两种情况。一是建立劳动关系时收取抵押金，不交者不与之建立劳动关系，交了的建立劳动关系之后又解除劳动关系时，抵押金不予退还；二是建立劳动关系后全额收取抵押金，不交者予以开除、辞退或安排下岗等。因这两种情况发生的劳动争议，劳动争议仲裁委员会均应受理。用人单位在建立劳动关系时非法收取的名目包括：集资款、风险基金、培训费、抵押金、保证金等。在建立劳动关系之后或解除劳动关系之时，如果职工对建立劳动关系时用人单位的非法收费提出争议并申请仲裁，仲裁委员会应依据有关规定，要求企业将非法收取的费用退还职工。企业的收费行为违反了《劳动法》关于订立劳动合同应遵循平等自愿、协商一致、合法原则的规定。因用人单位强制在职职工缴纳风险抵押金、股金而发生劳动争议，并申诉到仲裁委员会的，仲裁委员会应依据有关规定，要求企业撤销其强制行为，废止其强制性内部规定和措施，按照自愿原则依法调整收取风险抵押金和职工入股的内部规定及措施。对有别于上述风险抵押的情况，如出租汽车公司实行承包经营，将运营车交职工使用，向职工收取一定的车辆抵押金。饭店为职工制作若干套工作服，有的质量比较高级，向职工收取一定的服装抵押金等，应根据公平、合理、对等、合乎实际的原则来处理。

◆ 本章小结 ◆

本章阐明了劳动争议的含义、特征和分类，讲述了劳动争议处理的目的、原则和方法，分析了劳动争议调解制度、仲裁制度和诉讼制度的主要内容，概述了集体争议处理制度的主要内容以及争议预防和处理的技巧。

◆ 关键词 ◆

劳动争议　个别争议　集体争议　调解　仲裁　诉讼　时效

◆ 复习思考题 ◆

1. 劳动争议的概念、种类和特征是什么？
2. 处理劳动争议的目的和方法是什么？
3. 处理劳动争议应坚持哪些基本原则？
4. 试述劳动争议调解制度的主要内容。
5. 试述劳动争议仲裁制度的主要内容。
6. 试述集体争议的含义及处理制度的内容。
7. 试述我国集体争议处理制度的主要内容。

◆ 案例分析 ◆

杜某是某国有企业职工，2000 年底与企业签订了下岗协议后一直待岗在家。2001 年 11 月该企业突然接到一批大订单，可以安排 20 名下岗工人上岗。消息在下岗工人中传开后，大家欣喜若狂，不到两天就有 30 多名下岗职工报名上岗，杜某也在其中。

面对这么多下岗职工的申请，企业领导决定，对报名上岗者进行考核，从考核合格者中筛选出 20 名安排上岗，不合格者继续待岗。考核结果宣布后，杜某发现自己被评为“不合格”，十分不满，向企业询问理由。企业答复是，杜某在下岗期间，曾因报销医疗费问题来厂里大吵大闹，带着家属在工厂办公室吃住一个星期，无理要求工厂报销属于自费范围内的医药费，干扰了工厂的正常工作秩序。因而，其不遵守劳动纪律的行为影响了他的考核成绩。

杜某对企业的解释不服，他说："我与企业签有待岗协议，之后一直在家待岗，没上班怎么会违反劳动纪律？非说我的医疗费不属于公费范围，不给报销，我来工厂说理能算违反劳动纪律吗？我要向劳动争议仲裁委员会请求仲裁。"

"你想为这事儿申请劳动争议仲裁，就怕人家仲裁委员会不受理。"厂长回敬了他这么一句。

问题 杜某与工厂之间的这起纠纷，能否得到劳动争议仲裁委员会的受理？

第12章

当代劳动关系的发展

◆ 学习目标 ◆

本章学习的重点是转型时期我国劳动关系的特点以及伙伴关系的内容。目的是通过本章的学习，了解劳动关系的发展演变、工会面临的问题，理解劳动争议的现状及劳动关系面临的挑战，掌握转型时期我国劳动关系的特点以及伙伴关系的内容。

引导案例：不确定的“白领”生涯

1995年我国《劳动法》开始实施时，劳动争议多集中于“蓝领”阶层。其后数年，“白领”劳资冲突不断增加。从2000年下半年开始，诉讼标的越来越大，情节越来越复杂，处理难度也越来越大。随着网络泡沫的破灭，几乎没有不裁员的网站。网站裁员的风潮从2000年下半年持续到2001年上半年。2001年10月以后，受美国“9·11”事件的影响，网络公司以外的IT行业也开始裁员。网络寒冬引爆了“白领”劳资冲突。2004年3月，仅仅5天之内，联想宣布完成了战略裁员5%（600人）的任务，而在此之前，联想已经完成了末位淘汰5%计划。“3月6日启动计划，7日讨论名单，8日提交名单，9—10日HR审核，并办理手续，11日面谈。整个过程一气呵成。”联想旋风般大规模实施裁员，不仅裁员人数空前，而且波及到了联想各个部门，再度引起世人瞩目。

经济全球化、中国加入WTO、巨大的竞争压力、战略的调整、人才流动的加速等，势必导致劳动关系冲突的增加。“白领”阶层的劳资冲突已经成为一个比较普遍的社会现象，在可以预见的将来还会扩大。

第1节　来自国外的影响

一、劳动关系的发展演变

（一）禁止、限制工会

劳动关系的发展演变，与工会组织、劳工运动，以及经济发展和各国法律具体规定紧密相关。劳工运动不是简单地、一帆风顺地发展起来的，某些时期可能使劳动者受益，但更多的时候是有利于管理方。总的来看，在经济发展的大多数阶段，管理方拥有左右工会的权力。

20世纪30年代以前，劳动关系的发展对资方绝对有利。政府通过制定法律，禁止、限制工人结社，对结社工人以“共谋罪”论处。如英国将普通法规定的共谋罪，移植到劳动关系领域，规定共谋是二人或二人以上合谋侵犯他人权益或损害社会的行为，如拒绝工作或要求高工资。其重要特征是，单个人的合法行为由一群人共同实施时，就成为不合法的行为。这一规定后来广泛地适用于英、美、法、德等国劳动关系领域。雇主为限制工会发展而使用的其他策略还有“禁止令”和“黄狗协议”。所谓“禁止令”，是指雇主拥有的禁止某些工会运动的法定权力，包括罢工和联合行动。所谓“黄狗协议”，是指由劳资双方共同签订的、禁止员工以个人名义参加工会及其活动的书面协议。资方的这些策略和措施，得到了国家法律的认可和支持，从而限制和阻碍了工会的发展。这一时期劳资矛盾尖锐，劳资关系紧张，频繁、大规模的罢工时常出现，形成了巨大的社会压力。

（二）确认工会的法律地位

20 世纪 30 年代以后，劳动关系的发展开始有利于工会。各国相继制定了一系列劳动法律法规，确认了劳资谈判和建立工会的制度。一方面，随着产业结构的调整，发达国家的企业已经走过了原始资本积累阶段。资本的大量积累，使经营者能够加大资金的投入，扩大再生产，改善劳动条件，从而也使劳资关系日趋缓和。另一方面，工会经过不懈的努力，取得了不可替代的法律地位。工会最主要的作用在于使劳资冲突得以制度化，使劳动争议能够以一种成本最低的方式得到解决。通过集体谈判确定劳动条件和标准，不仅具有降低罢工所引起的潜在经济损失的作用，还能对稳定社会发挥作用。因而，工会被看作民主社会不可缺少的一个重要组成部分。工会在国家和社会发展中的作用体现在：（1）解决了工人的结社自由问题，确定了工会代表维护职工权益的地位；（2）解决了工会代表如何维护职工合法权益的问题，主要包括：参加国家立法、集体谈判签订集体协议、建立企业委员会、建立企业安全委员会、作为一方参加社会保险的管理和运作、参与社会对话、举行罢工等；（3）解决了国家对工会的保护支持问题，包括对工会组织、工会干部、工会的行为以及对雇主拒不执行法律法规时的约束等。

（三）社会伙伴关系

进入 20 世纪 90 年代以后，随着劳资双方合作的日益普遍，工会运动和劳资谈判也在发生改变。世界竞争的加剧，要求劳资谈判不仅要把工资福利与宏观经济因素相联系，而且还要与本企业的具体情况相联系。特别是近年来，政府对劳资关系的调整十分重视，提出了推进劳资双方建立伙伴关系的政治主张。在欧洲，工会和资方被称为“社会合作伙伴”（有组织的资本和劳动），社会伙伴可以对话、协商、谈判签订协议，促进劳资双方在共同体的水平上进行协商，在提出社会政策之前要与社会伙伴协商。社会伙伴关系促进了劳资关系的稳定，表现为社会各阶层对话和集体谈判制度的建立，即适合伙伴之间的相互作用与运动。在美国成立了由劳工部、联邦劳资关系委员会、联邦调解调停署等九个组织组成的国家伙伴关系委员会，专门研究美国劳资关系的发展趋势，提出建立和谐劳动关系的对策和措施。“伙伴关系”的基本内容是：（1）工会与企业应本着平等和信任的态度，共同参与企业的经营活动，分享信息和福利；（2）利用工人参与伙伴关系来最大限度地满足工人的利益要求，以充分调动工人的积极性；（3）通过工人参与伙伴关系来加强企业内部的民主化。伙伴关系的最终目的是通过保持和发展良好的劳动关系，提高生产率，增强企业在国际市场上的竞争力。在这一思想指导下，劳动关系呈现相对缓和的趋势，对立冲突日益减少，双方迫于自身需求和外部压力力求通过合作来提高竞争力，实现双方利益的共同提高。许多企业形成了劳资会议制度，及时解决出现的问题。在政府和社会各方面的推动下，这种伙伴关系已成为一种潮流。在这种潮流和其他因素的影响下，工会力量有所削弱，工会会员数量也在减少。

二、劳动关系面临的问题

（一）工会密度降低，会员人数减少

近年来，全球范围内工会会员人数每年以5%～7%的速度减少。例如作为法国五大全国性工会组织之一的法国总工会（CGT）的会员人数2001年还不到80万，面临着较严重的组织建设问题。美国工会会员人数，自20世纪60年代开始减少，1980年工会组织率降至22%，1989年继续降至16%，目前工会会员人数仅为员工总数的10%左右。日本工会会员比例1975年为34%，1995年降至24%。工会化比例较高的经济部门，从制造业转向了公共机构部门。工会会员人数减少的主要原因是：(1) 产业结构发生重大变化，制造业萎缩，第三产业迅速发展。而传统上制造业工会会员比例较高，第三产业工会会员比例则较低。(2) 年轻员工更关注高收入和良好的工作保障，较少关心工会的保护。(3) 国际竞争的日益加剧，使工人认识到和雇主团结的重要性，不同企业员工之间的团结已经被各企业内部雇主与部分员工的信任所取代。(4) 非全日制工人数量上升，而他们加入工会的意愿淡漠。如美国近年来非全日制工人数量是20年前的3倍。劳动力市场分割的趋势，可能是工会权限及其国际影响力下降的信号。

（二）失业率上升

随着全球性的经济竞争的加剧，近年来失业率一直较高。1995年，欧盟15国劳动力的10.7%没有工作，人数达到1 800万。法国近年经济徘徊不前，全国就业的员工有2 000万人左右，而登记失业的工人有225万人，失业率在11%左右。德国近年来的失业率也在10%左右。失业率上升，促使劳资双方进行合作，工会理解资方为刺激就业所需要的财政基础，放慢了提出增加工

资要求的速度，通过降低员工工资增长率来减少失业率。而雇主则在减少每周工作小时上做出让步。

（三）经济全球化的冲击

经济全球化和国际贸易把世界连成一个经济实体，为了提高竞争力，各国都十分重视建立新型的劳动关系。为了在经济不景气时能减少企业的压力并保持就业率，欧盟许多国家政府改变了过去长期实行的对雇员劳动报酬严格保障的制度，通过劳资谈判冻结工资，或者延缓工资的增长速度，使国家经济不因为劳动成本过高而丧失竞争力。在政府的干预下，劳资双方通过谈判而不是对抗来解决经济纠纷，以合作代替对抗的做法进一步加强。

经济全球化，使劳资谈判和工会已突破了一国范围，成为全球化的问题。如法国现有的关于保障员工合法权益的法律规定，要优于欧盟各国共同承认的法律，这使法国工会原有的有利于员工的法律面临怎么办的问题。对企业而言，不仅要研究其他国家的生产制度，还要研究其劳动关系制度。近年来日本和欧洲（尤其是德国）企业在国际竞争中表现的优势，已引起了广泛的关注。通常认为，导致其企业成功的重要因素之一是欧洲、日本的劳动关系制度体系。

（四）知识员工的出现

随着工人结构的白领化、干部化，工会会员人数急剧下降，工会面临是否“终结”的挑战。知识社会出现了大量的高知识、高技能员工，工人结构发生巨大变化，而工会在吸引他们入会方面至今没有找到好的办法，传统上体力劳动者的入会率大大高于脑力劳动者。如法国总工会巴黎冶金系统有体力劳动者 10 万人，其中5 800人加入法国总工会，入会率为 5.8%；干部有 10 万人，有1 800人加入工会，入会率为 5.8%；工程师等白领人员 10 万人，有 200 人加入了工会组织，入会率为 0.2%。知识员工的大量出现，工人结构的巨大变化，是会员人数急剧减少的一个重要社会背景。在我国，尽管工人总量仍然很高，但知识社会和工人阶级知识化的影响也开始显露，特别是在高新技术行业，组建工会难、入会难的问题比较严重。据调查统计，2000 年在北京高新技术园区和各类工业开发区开业的企业有4 000多家，职工有 20 万人左右，但建会企业只有 638 家，会员也只有 5.4 万人。

第 2 节　中国劳动关系的发展变化

一、劳动争议现状分析

在实践中，我国劳动关系问题日益严重，已成为经济发展过程中不可回避的重大课题和敏感社会问题。劳动纠纷自 20 世纪 80 年代以来日益增多，近年更是成倍增长，出现了前所未有的新情况，发生了前所未有的深刻变化。正确分析和把握劳动关系的发展变化趋势，采取积极有效的措施加以疏导和调整，是关系到我国经济持续稳定和健康发展的亟待研究和解决的重要课题。

（一）调解委员会受理案件的数量及成功处理争议数量逐年减少

根据中国法律规定，劳动争议发生后，当事人可以选择先向企业劳动争议调解委员会申请调解，经调解不成，再向仲裁委员会申请仲裁；也可以选择直接向仲裁委员会申请仲裁，对仲裁裁决不服的，可以向人民法院提起劳动诉讼。通过比较“直接选择仲裁”和“先向调解委员会申请调解”二组数据，可以看出直接申请仲裁的争议数量持续走高，由 1997 年的62 299件上升为 2001 年的154 072件；而向企业调解委员会申请调解的争议数量则持续走低，由 1997 年的54 689件降至 2001 年的6 374件，二者之比呈现出大幅度下降趋势（见表 12—1）。表明劳动争议发生后，当事人越来越倾向于直接向仲裁委员会申请仲裁，而不以向企业调解委员会申请调解作为解决争议的首选途径，从而导致调解委员会受理的争议数量减少。

表 12—1　申请调整与直接申请仲裁的争议数量比较　单位：件

	1997 年	1998 年	1999 年	2000 年	2001 年
申请调整数量	54 689	43 519	51 478	31 193	6 374
申请仲裁数量	62 299	84 829	112 550	131 127	154 072
调解与仲裁之比	0.878：1	0.513：1	0.457：1	0.238：1	0.041：1

根据《中国劳动和社会保障年鉴（1997—2002）》计算所得，其中申请仲裁数量指未申请过调解，直接申请仲裁的争议数量。

而且，劳动争议调解委员会调解成功的争议数量（所谓调解成功，是指经企业调解委员会调解后，当事人不再申请仲裁的案件）也呈递减的趋势，从 1996 年的107 439件降至 2001 年的5 825件，减少了 94.58%，且企业劳动争议调解委员会调解成功的争议数量有继续下降的趋势。而同一时期仲裁委员会受理的争议数量则呈持续高速增长态势，由47 951件增至154 621件，增长了 2.22 倍，基本呈直线增长态势，而且仲裁委员会受理的争议数量将呈现继续增长趋势。调解委员会与仲裁委员会处理争议数量呈现出反向变化的趋势，且二者处理争议数量之比急速大幅度降低，表明在劳动争议总量持续增长的情况下，调解委员会成功处理争议的数量不仅没有同比增长，反而呈下降趋势。说明调解委员会成功处理争议数量的减少，并不是由于争议总量减少所致，而是由于调解委员会有效处理争议的作用在不断减弱，没有对争议做到有效分流所致。

以上海为例，上海市 1995 年以来劳动争议平均每年以 30%的速度上升，与此同时，企业劳动争议调解委员会调解劳动争议的数量则大幅度下降。据上海市总工会对 5 000 家企业劳动争议调解委员会调解劳动争议的数字统计：1995 年调解 4 972 件，1996 年 3 601 件，1997 年 2 521 件，1998 年 1 435 件，1999 年

1 461件，2000 年 1 385 件，2001 年 1 301 件。[①] 2001 年比 1995 年调解劳动争议的绝对数下降 73.8%。以劳动争议每年递增 30%推算，2001 年企业调解劳动争议的比例仅为 2%。在企业调解委员会组建率低、国有企业较少的地区，连这个比例都达不到。

（二）仲裁委员会受理的劳动争议总量持续大幅度上升，涉及人数剧增

自《劳动法》1995 年实施以来，全国各级劳动争议仲裁委员会处理争议的数量及涉及人数发生了重大变化（见表 12—2）。1994 年全国各级劳动争议仲裁委员会共受理劳动争议案件19 098起，涉及劳动者人数77 794人，到 2002 年受理案件数已增加到184 116起，涉及人数达608 000人，分别是 1994 年的 9.64 倍和 7.82 倍。8 年间劳动争议案件平均年增长率达 34.09%，涉及人数平均年增长率达 31.63%。

表 12—2　1994—2002 年全国劳动争议案件总体增长情况

年度	案件总数	年增长（%）	涉及人数	年增长（%）
1994	19 098		77 794	
1995	33 030	72.95	122 512	57.48
1996	47 951	45.17	189 120	54.37
1997	71 524	49.16	221 115	16.92
1998	93 649	30.93	358 531	62.15
1999	120 191	28.34	473 957	32.19
2000	135 206	12.49	422 617	−10.83
2001	154 621	14.6	467 000	10.5
2002	184 116	19.1	608 000	30.19

（三）集体争议数量及涉及人数明显上升

集体劳动争议呈现大规模上升趋势，自 1994 年至 2002 年，平均年增长率达 31%，其中 1995 年和 1998 年是两个增长高峰，分别

① 周万玲．对劳动争议处理制度建设、创新的建议．北京市劳动法学和社会保障法学年会论文，2002

达到74.63%和64.69%（见表12—3、图12—1）。集体争议涉及的人数除1996年外，各年度均占当年劳动争议总人数的一半以上，表明集体争议始终是劳动争议处理的重中之重，居于重要地位。2002年受理集体劳动争议案件1.1万件，比上年增长约12%；涉及劳动者37.4万人，比上年增长30%。且集体争议规模不断扩大，涉及人数已占劳动争议总人数的62%，平均每一案件涉及约34人。集体争议影响面大，处理难度大，是劳动争议仲裁的重点和难点。

表12—3　　　1994—2002年全国集体争议数量及人数情况

年度	集体争议数量	集体争议年增长比（%）	集体争议人数	劳动争议总人数	集体争议人数占劳动争议总人数的比例（%）
1994	1 482		52 637	77 794	67.66
1995	2 588	74.63	77 340	122 512	63.13
1996	3 150	21.72	92 203	189 120	48.75
1997	4 109	30.44	132 647	221 115	59.99
1998	6 767	64.69	251 268	358 531	70.08
1999	9 043	33.63	319 241	473 957	67.36
2000	8 247	−8.80	259 445	422 617	61.39
2001	9 847	19.4	287 000	467 000	61.46
2002	11 000	11.7	374 000	608 000	62.56

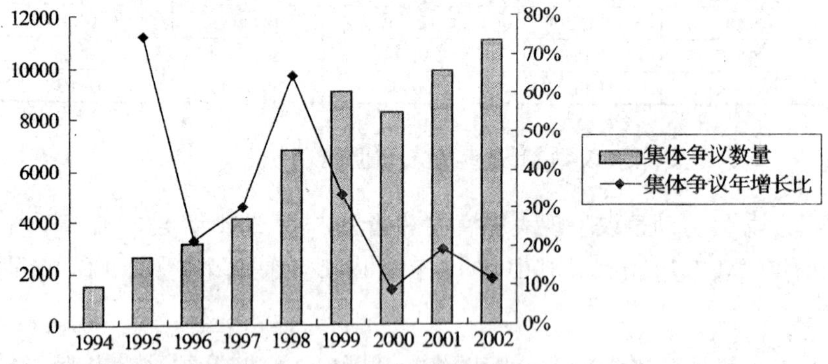

图12—1　1994—2002年集体争议数量及集体争议年增长比

（四）仲裁裁决比重增大，案件处理难度加大

劳动争议内容的复杂化，增加了案件的处理难度。从劳动争议仲裁委员会处理案件的方式看（见表12—4），1994年52%的争议是以调解方式结案，裁决结案的仅占19%，而到2002年调解结案的比例下降为29%，而裁决结案的比例则上升为43%。仲裁委员会调解结案的比例呈不断下降趋势，而裁决结案的比例则不断上升。2000年以后，每年以裁决方式结案的总数均高于调解结案总数，表明争议案件日益复杂，通过调解说服方式，快速解决纠纷的可能性越来越小，案件处理难度在不断加大。2002年全国各级劳动争议仲裁委员会处理的案件中，以裁决方式结案的占到总数的43%；以调解方式结案的占总数的29%。其他方式结案50 479件，占到总数的28%。2002年统计结果表明，全国有27个省、自治区、直辖市地区的仲裁裁决数明显超过调解数。

表12—4　　1994—2002年全国劳动争议仲裁委员会案件处理方式

年度	结案数	处理方式					
		仲裁调解		仲裁裁决		其他方式	
		数量	所占比例(%)	数量	所占比例(%)	数量	所占比例(%)
1994	17 962	9 362	52	3 465	19	5 135	29
1995	31 415	17 990	57	7 269	23	6 156	20
1996	46 543	24 223	52	12 789	27	9 531	20
1997	70 792	32 793	46	15 060	21	22 939	32
1998	92 288	31 483	34	25 389	28	35 155	38
1999	121 289	39 550	33	34 712	29	47 027	39
2000	130 688	41 877	32	54 142	41	34 699	27
2001	150 279	42 933	29	72 250	48	35 096	23
2002	178 744	50 925	29	77 340	43	50 479	28

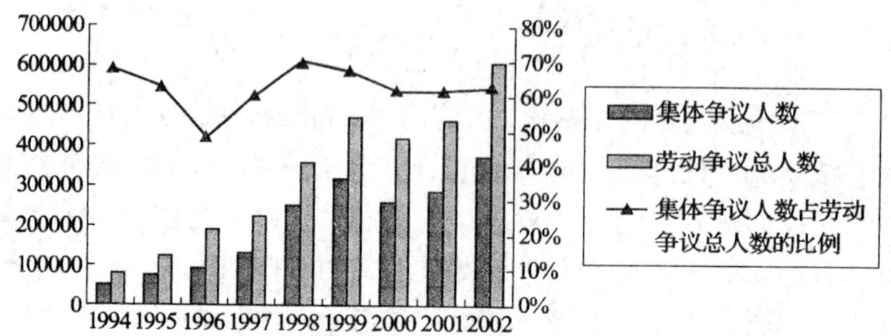

图 12—2 集体争议人数、劳动争议总人数，以及集体争议人数占劳动争议总人数的比例

（五）劳动者申诉比重大，胜诉比率高

1996 年至 2002 年 7 年间平均 93%的争议案件由劳动者提起，由雇主提起申诉的案件比例仅为 6%。从案件的处理结果看，自 1995 年至 2002 年 8 年间，劳动者胜诉的比例平均为 51%，雇主胜诉的比例平均为 15%，双方部分胜诉的比例平均为 31%（见表 12—5）。2002 年，在全国各级劳动争议仲裁委员会受理的劳动争议仲裁案件总数中，劳动者提出仲裁申诉的案件为172 253件，占受理案件总数的 94%。从处理结果看，劳动者胜诉率为 47%，雇主胜诉率为 15%，其余为双方部分胜诉。

（六）劳动争议的焦点是劳动报酬和保险福利待遇

劳动报酬和保险福利待遇始终是中国近年劳动争议的一个突出问题，也是劳动关系的主要矛盾。表 12—6、图 12—3、图 12—4 显示，从 1997 年至 2002 年 6 年间各类劳动争议原因的具体分布情况看，因劳动报酬和保险福利问题产生的争议，平均超过争议总量的半数以上，占全部受理案件的 54%，居于首位，表明争议的焦点涉及劳动者的基本生存权。居于第二位的

表 12—5　1995—2001 年全国劳动争议仲裁委员会受理申诉案件及处理结果

年度	案件数	雇主申诉		劳动者申诉		结案数	处理结果					
							雇主胜诉		劳动者胜诉		双方部分胜诉	
		数量	比例（%）	数量	比例（%）		数量	比例（%）	数量	比例（%）	数量	比例（%）
1995	33 030					31 415	6 189	20	16 272	52	8 954	28
1996	47 951	6 254	13	41 697	87	46 543	9 452	20	23 696	51	13 395	29
1997	71 524	2 751	4	68 773	96	70 792	11 488	16	40 063	57	19 241	27
1998	93 649	4 446	5	84 829	91	92 288	11 937	13	48 650	53	27 365	30
1999	120 191	6 039	5	114 152	95	121 289	15 674	13	63 030	52	37 459	31
2000	135 206	5 985	4	120 043	89	130 688	13 699	10	70 544	54	37 247	29
2001	154 621	7 840	5	146 781	95	150 279	31 544	21	71 739	48	46 996	31
2002	184 116	11 863	6	172 253	94	178 744	27 017	15	84 432	47	67 295	38

说明：本表系根据劳动和社会保障部编辑出版的《中国劳动和社会保障年鉴》整理，但出现 1999 年“雇主胜诉”、“劳动者胜诉”、“双方部分胜诉”统计情况不一致的现象，由于原始资料如此，只有照录。

是因变更、解除和终止劳动合同产生的争议，平均占案件总数的26%。劳动争议集中在报酬保险福利方面的主要原因，是一些国有企业因生产经营困难，长期拖欠职工工资，部分非国有企业无故拖欠、克扣工资；一些企业不依法履行缴纳社会保险费的义务，未参加统筹的企业不及时支付离退休人员的养老金或不报销医药费；另外，还有一些企业不能满足部分因工死亡职工遗属有关提高抚恤待遇、内退职工要求提高基本生活费等要求。

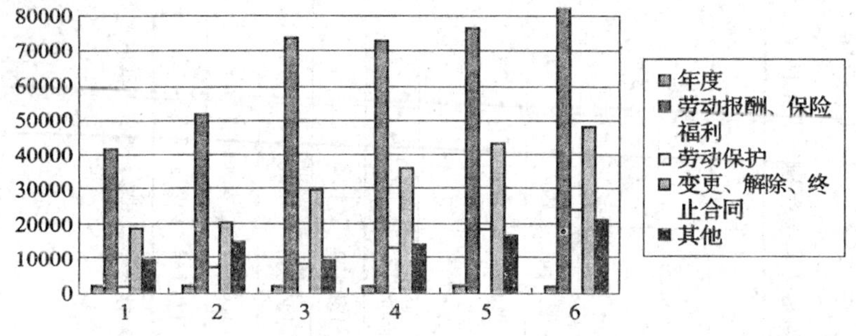

图12—3　1997—2002年全国劳动争议原因分类示意图

表12—6　　1997—2002年按争议原因分类的劳动争议案件情况

年度	案件总数	劳动报酬、保险福利	所占比例（%）	劳动保护	所占比例（%）	变更、解除、终止合同	所占比例（%）	其他	所占比例（%）
1997	71 524	41 145	58	2 256	3	18 673	26	9 450	13
1998	93 649	51 602	55	6 931	7	20 661	22	14 455	15
1999	120 191	73 522	61	7 820	7	29 608	25	9 241	8
2000	135 206	73 021	54	13 008	10	35 794	27	13 383	10
2001	154 621	76 330	49	18 171	12	43 590	28	16 530	11
2002	184 116	91 766	50	23 936	13	47 613	26%	20 801	11

资料来源：1998年至2003年《中国劳动和社会保障年鉴》

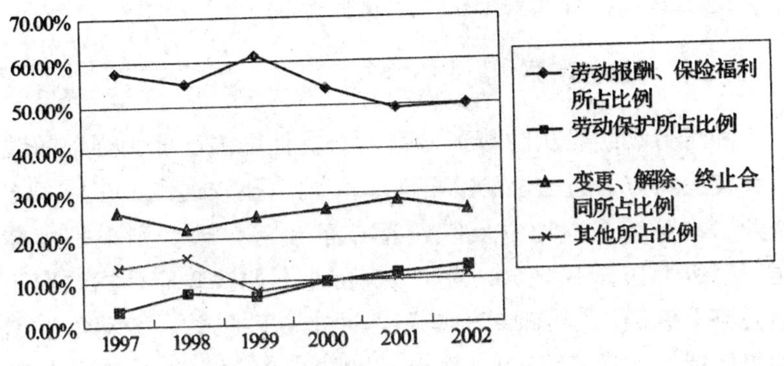

图 12—4　1997—2002 年全国劳动争议原因所占比例分布

二、转型时期我国劳动争议的特点

（一）集体争议的数量增多

集体劳动争议案件增长速度快，劳资冲突规模大，是劳动争议的主要特点。集体争议不仅涉及个别劳动者利益，而且关系到劳动者群体的基本生存权，如拖欠工资、生活费、欠缴社会保险等引发的争议。这类争议涉及人数多，突发性强，影响面广，当事人情绪容易激化，处理难度大，容易导致罢工、静坐、围堵交通、集体上访等突发性事件。近年来，一些地方因处理不当等多种原因，导致群体性事件数量递增，规模不断扩大，动辄成百上千甚至上万人。以北京市法院审判集体劳动争议的情况为例，全市法院 1995 年受理一审集体劳动争议案件仅为 23 件，1999 年猛增到 578 件，2001 年达到 823 件，2002 年又达到 987 件（均含集体争议分个案受理的）。几十名甚至上百名劳动者集体起诉的情况已不少见。随着中国加入 WTO 可能带来的风险与压力加大，可以预测在今后一段时间内，集体争议、群体性事件发生的数量还会继续攀升，对社会稳定产生重要影响。

（二）对抗性增强

随着劳动纠纷从隐蔽到显露，对抗性增强已成为当前争议的一大突出特点。过去上访的职工大多情绪比较温和，多数只在本企业、本系统、本地方反映情况或静坐等，现在则多是集体上访、越级上访。不少人认为，“找企业不如找政府，找政府不如堵公路上铁路”，动辄封桥堵路，冲击党政机关。劳动争议引发的集体罢工、游行示威、静坐、围堵政府、非法拘禁企业负责人、杀害企业负责人等激烈冲突事件不断增多，说明劳资冲突的激烈程度正在不断升级。

（三）利益性矛盾突出

由于劳动力过剩，企业减员增效以及再就业困难和社会保障制度不健全，在劳动争议中劳资双方的利益冲突表现得相当突出，尤其是涉及对劳动者开除、除名、辞退和企业单方解除劳动合同的案件，用人单位为了自身经济利益和生存发展需要，坚持强调企业的用人自主权，而劳动者在面临失业，陷入生存困境时，也绝不退让，甚至表示以死抗争、同归于尽和以制造恶性事件相威胁。

（四）发展趋势更加复杂多变

随着社会、经济体制转型的加快，新情况新问题不断产生，劳动争议与其他矛盾进一步交织，争议成因复杂性增强，使得争议处理的难度也相应更大。如当前因企业破产和兼并重组过程中对职工安置补偿不当引发的案件，其处理就极为复杂。在赵某等235名职工要求破产的某工厂给付破产安置费、自谋职业补助费、医疗保险费等集体劳动争议一案中，仲裁委员会和人民法院均认为，破产程序是特别程序，在破产还债过程中发生的纠纷应当优先适用破产还债程序的有关规定，故职工与企业之间的争议应在破产还债程序中解决，不应按劳动争议案件受理，遂分别驳回了职工的仲裁申请和起诉。而当这些职工向法院提出要求撤销宣告破产裁定，恢复破产程序时，法院审判监督庭又以职工一方不是破产案件当事人为由，驳回了职工一方要求裁定恢复破产程序的再审申请。这类案件既有理论研究和法律适用方面的问题，又潜伏着群体性的不稳定因素，必须认真应对，妥善处理。

三、我国劳动关系的发展趋向

我国的劳动关系目前正处于一种历史的转换时期。这种历史转换从体制上说是由计划经济的劳动关系转换为市场经济的劳动关系；从性质上说则是从利益一体型的劳动关系转换为利益协调型的劳动关系。市场化的劳动关系基本形成并逐步占居主导地位，其基本走向呈现几个特征。

（一）劳动关系逐步趋于国际化

主要表现为劳动关系主体的国际性以及适用规则的国际化。加入 WTO，是中国迈向经济市场化和全球化的重要步骤。它通过进出口关税的降低，非关税贸易壁垒的拆除，投资和贸易政策的自由化，实行国民待遇，以促进国内市场的进一步开放。中国加入 WTO，将进一步刺激外商在华投资的扩张，目前在全球 500 家大公司中，已有一半以上在中国设立了企业或机构。跨国公司和国际财团比例的上升，直接促进了中国劳动关系的国际化，使其人力资源政策、劳动关系政策对国内企业的示范效应愈加明显。加入 WTO 对劳动关系的影响，主要表现为外资企业特别是跨国公司的人力资源政策和劳动关系对国内企业的影响。这种涉外劳动关系的发展以及经济全球化的进程，要求中国劳动关系的运作符合国际通行的“游戏规则”和公认的国际劳工标准及惯例，如工资作为劳动力的市场价格要由劳动关系双方谈判确定等，从而使劳动关系趋于国际化。

（二）劳动关系更加市场化

首先，国有企业劳动关系面临市场化的重大转折。国有企业劳动关系市场化的进程分为“双轨——并轨——单轨”三个阶段：即至2000年底，实行下岗与失业双轨并行；自2001年起，到2003年底，实行并轨运行，取消下岗人员进入再就业中心，采用符合市场规律的失业方式承接新增的经济性裁员，直至全部人员出中心；从2004年开始，实行单轨运行，所有下岗人员全部纳入失业保险，把“企业人”变为“社会人”，通过统一规范的市场机制配置劳动力资源，确立劳动力市场供求主体的独立地位，使国有企业劳动关系由过去以政治利益为基础、行政控制为手段的利益一体化的劳动关系，转变为以经济利益为基础、市场调节为手段的利益协调型劳动关系。其次，市场化将加剧劳动关系的剧烈变动和冲突。加入世界贸易组织，意味着全面推进市场化，按照市场规则进行国际贸易。进出口贸易结构的调整必然带来国内产业结构的相应调整，生产资料和劳动资源的重新配置势在必行，企业破产、兼并、合并、联合、转让将经常发生，从而带来劳动关系的剧烈变动和冲突。最后，劳动力市场个体化、弹性化的趋势，使劳动关系突破了传统的单一、稳定、静止的状态，表现出灵活、弹性、多样的特点，兼职、非全日制、阶段性就业关系将呈增长趋势。

（三）劳动关系单极化

劳动力市场供求状况是劳动关系双方力量抗衡的重要经济基础。劳动力供过于求是我国的基本国情。加入WTO后，大幅度削减关税，大范围开放市场，农村劳动力从农村流向城镇，社会劳动力从第一产业流向第二产业、特别是第三产业，将是一个不可避免的趋势，原本是分割状态的城乡劳动力市场在趋同过程中将加剧城镇就业压力。1997—2000 年，城镇公开登记失业率连续四年为 3.1%，失业人员总量从 1993 年的 420 万增长为 575 万，增长了 37%。在产业结构转换过程中，将会进一步强化劳动力供给方的弱势地位，劳动力供求双方实力不均衡的现象日趋严重，供大于求的现状决定了劳动者在劳动关系中的弱势地位。劳动关系呈现单级化的态势：投资经营者享有完全决策和高度自主权，处于强者地位，员工则处于从属、被支配的弱者地位，对企业的知情权和参与权极为有限；在收入分配方面，充分体现按资分配，普遍存在着投资者对利润的独占和职工相对收入水平偏低的矛盾；劳动合同短期化现象越来越明显，有的企业 1 年期的劳动合同占了 80%，有的企业只与员工签订 3 个月甚至期限更短的劳动合同。有的企业除了长期雇用一定数量的核心员工外，绝大多数员工均为临时工。

（四）劳动关系冲突易激化

劳动关系力量对比的失衡，使企业内部难以形成适应市场化需求的劳动关系协调机制和方式，从而使劳动关系日益朝着不利于劳动力供给方的方向发展，导致冲突容易激化。主要表现为：(1) 非国有企业组建工会难，经营者阻挠、抵制工会现象严重。经营者一方面通过向核心层员工提供高工资、高福利的方式，淡化其加入工会的愿望，另一方面通过招用大量临时工、短期工的方式，使员工流动频繁而不易被组织到工会中来，使得非国有企业工会组建率低。(2) 现有的工会活动模式难于适应员工利益多元化的需要。在企业内部，不同员工有着不同的具体利益和要求，员工的需求呈现多样化和复杂化的趋势，工会作用的发挥，还取决于它能否适应这种新的局面。(3) 企业工会在相当程度上仍然依附于管理方，难于发挥制衡作用，在集体协商中地位偏低，致使协商机制在相当多的企业流于形式，难以形成劳动关系的自律机制。

（五）劳资对立社会化

劳动关系在多样化、复杂化的基础上继续发生深刻变化，现有的一裁两审体制难以及时有效地解决劳动争议，劳动关系冲突、对立呈社会化的趋势。一方面，劳动争议的数量大幅度上升。劳动纠纷自 80 年代以来日益增多，而且出现了前所未有的新情况，发生了前所未有的深刻变化。因劳动争议引发的群众来信来访已连续多年高居榜首。劳动纠纷日益复杂，数量逐年上升，涉及职工人数剧增，处理难度不断加大。集体争议高幅增长，群体上访、围堵政府、阻碍交通、罢工、静坐、甚至非法拘禁企业领导人等恶性事件也不少见。国有企业劳动关系进一步市场化、显形化、公开化，下岗人员的总量进一步增加，同时在国企转换经营机制过程中，部分在岗人员的劳动权益也会受到影响，集体上访与突发事件会增多；在外资企业和私营企业中，资方在报酬待遇、生产条件、劳动时间和管理等方面侵害职工权益的现象也会有增无减。另一方面，现行的仲裁体制与国际惯例不接轨的问题进一步凸现。仲裁人员少、案件多的现状，已很难保证办案的质量和仲裁的公正性，大量的劳动争议在仲裁这个“瓶颈”上，出现“大塞车”。同时，随着劳动争议日趋复杂，调解余地越来越小，处理的难度也在不断加大。

加入 WTO 后我国劳动关系的发展将呈现国际化、市场化、单级化、易激化、社会化走势。无论是政府、还是企业、工会和劳动者；也无论从宏观上，还是在微观上，都需要对劳动关系的理念、理论和制度，及实务加以研究，以适应我国劳动关系的发展，为我国劳动关系的调整制度、立法和社会政策提供参考和理论上的准备，为我国在市场经济条件下的劳动关系调整的目标、策略，提出建设性的务实的操作性方案，以及对劳动关系问题最尖锐时期的情况加以提早预防的应对措施，建立和完善适应市场经济体制的劳动关系协调体系。

四、对策与思考

(一) 加强对我国劳动关系运行、变化及其特点的理论研究

与过去相比，我国劳动关系发生了巨大变化。经济结构的战略性调整，必然会带来劳动力结构的调整；与国有企业相关的一些深层次矛盾，如“有劳动无关系，有关系无劳动”的问题亟待解决；非公有制经济的发展，给劳动关系的协调带来了新的课题；加入世界贸易组织后，劳动标准体系、劳动关系调整方式、管理手段，需要与国际惯例衔接等。劳动关系的巨大变化必然形成劳动关系理念上的转变，传统的理论将受到冲击。劳动关系的发展变化，迫切需要理论的创新和指导。研究、把握市场经济条件下劳动关系变化的特点与规律，针对不同时期经济发展给劳动关系带来的变化，寻找劳动关系双方合作的方式，及时调整相应对策，推动双方以合作方式解决冲突和矛盾，是摆在我们面前的一大课题。合作式劳动关系的关键，不是利益冲突的消失，而是把冲突减少到最低限度。劳动关系的问题不在于是否应该有冲突，而在于冲突的大小和形式。要把双方的冲突控制在一定范围和一定期间，使冲突不会影响双方总体上的合作。

(二) 重视对劳动关系调整模式的研究

1. 劳动力成本比较优势下的劳动关系模式——集体协商谈判制度

劳动力市场供大于求，劳动力成本具有比较优势，是中国劳动力市场的基本特点。在这一劳动关系模式下，企业普遍规模小，劳动力技术水平较低，以劳动密集型为主，劳动力流动程度较高，组织工会的可能性较小。相应存在的突出问题，是职工工

资水平偏低，克扣、拖欠工资现象严重，随意延长工作时间，不缴纳社会保险费；忽视安全生产，恶性事故不断发生；甚至采取各种非法手段，任意打骂、侮辱、处罚职工。这些问题集中反映了企业员工的主体资格得不到承认，劳资双方权利、义务不对等，劳动者处于弱势的劳动关系体制。

推行集体协商谈判制度，建立企业和员工的自主协商机制，是调整这类劳动关系的主要手段和模式。协商、谈判的过程，就是劳动关系双方求同存异、逐步达成共识的过程。劳动关系的许多矛盾，可以通过双方的平等协商来解决。协商谈判是签订集体协议的前提和基础，它决定着集体协议的质量。协商谈判不仅是签订集体协议必经的法定程序，也是履行集体协议过程中处理矛盾和问题的重要手段。一些省、自治区、直辖市颁布了地方性的集体协议法规和劳动合同管理条例和规章。建立和有效运用集体协商谈判制度是调整劳动关系的主要手段和机制。

2. 一体化国际生产战略下的劳动关系调整模式——人力资源管理

大型企业、跨国公司及一些高新企业，是以市场规模和发展潜力、高素质劳动力、发达的交通通信等基础设施、网络以及高效运转的管理体制为特征的，其劳动关系的模式是：要求员工工作范围更广，弹性更大，更多地发挥以协作为基础的员工能力；生产组织灵活而非官僚化，中间层次少，实施更紧密的职能一体化；劳动报酬与业绩挂钩，保险福利水平一般高于同行业其他企业；企业同员工进行广泛磋商，注重与职工进行直接交流和沟通，强调企业管理不仅自上而下，还应当吸引职工自下而上地参与。

自 20 世纪 60 年代发展起来的企业人力资源管理，是调整劳动关系的一种新型模式。在这一模式下，员工自身素质是决定其利益实现的重要尺度。企业会向那些核心层员工提供高水平的收入和工作保障，以保持他们最大限度的合作，同时也削弱其加入工会的动力。管理弹性的增强、收益共享和员工参与，培植了劳资合作的新时代。通过发展员工参与和员工代表参加决策过程等新型合作关系，实现劳资一体化，促进企业提高竞争力。

3. 关注经济全球化对劳动关系的影响

全球化使劳资关系更加复杂。关注全球化对劳动关系的影响，制定积极的劳工政策，促进劳资关系的协调与稳定，达到促进经济和社会的平衡与发展，是摆在我们面前的新课题。全球化所引起的劳资关系的变化，不仅直接表现为企业雇主和雇员之间的冲突，而且还表现在劳动者与政府、发达国家的工会与发展中国家的工会，以及不同国家的政府之间的利益差别和矛盾。加入WTO后，中国面临吸引外资的大发展和剧烈的产业结构调整，就业和劳资关系问题将会更加突出和复杂。如何适应全球化条件下劳动关系的新变化，制定积极的劳动政策，加强对弱势劳动群体的扶助，促进经济的持续健康发展，是中国当前面临的紧迫问题。

4. 研究转型时期中国劳动关系的现实问题

国有企业下岗职工的劳动关系问题，是国有企业体制转型、经济结构调整所面临的挑战。随着企业改制力度的加大，国有经济吸纳新增劳动力的减少，建立现代企业制度要求减员增效、下岗分流，使国有企业隐性失业正逐步显性化，劳动关系遇到前所未有的挑战。国有企业下岗、隐性就业问题的实质，是劳动关系与劳动过程相脱节，一个人同时保持两个或两个以上的劳动关系，其中一个与劳动过程相联系，一个不与劳动过程相联系。劳动者与原单位保留“虚”的劳动关系（没有工作岗位，不与劳动过程相联系，但有法律认可的劳动关系），同时与新的用人单位建立“实”的劳动关系（与劳动过程相联系，但不签劳动合同）。解决下岗职工劳动关系问题的关键，是如何从根本上理顺劳动关系的虚实衔接问题。这关系到解决国有企业长期形成的富余人员的出路问题，关系到解决旧体制中固定工的国家职工身份及其背后的相关利益问题，关系到体制转轨过程如何形成与市场经济体制相适应的市场就业机制问题，其核心是如何处理旧体制遗留的利益关系矛盾。主要的障碍是如何补偿旧体制事实上承诺的终身就业和低工资制对其劳动贡献的“预先扣除”；如何解决近年来形成的工资、医疗费、集资款等项拖欠；如何将下岗职工今后的养老、医疗保险与新体制接轨。先“接上社会保险关系”，再“断劳动关系”，将劳动关系与社会保险关系分开处理。

◆ 本章小结 ◆

本章阐述了劳动关系的发展演变以及全球化背景下劳动关系面临的问题，分析了中国劳动争议的现状、特点及发展趋向，概述了调整劳动关系的对策。

◆ 关键词 ◆

共谋　禁止令　黄狗协议　伙伴关系

◆ 复习思考题 ◆

1. 试述加入 WTO 后中国劳动关系面临的挑战和发展趋势。
2. 试述伙伴关系的内容。
3. 如何建立健全劳动关系调整？
4. 论述我国劳动争议的现状及转型时期我国劳动争议的特点。

中文参考文献

1. 史尚宽．劳动法原论．台湾正大印书馆，1978
2. 黄越钦．劳动法新论．台湾翰芦图书出版有限公司，2000
3. 张其恒．世界劳动关系总览．台湾国立政治大学劳工研究所，1998
4. 焦兴铠．劳工法制之最新发展趋势．台湾月旦出版社股份公司，1997
5. 卫民．劳资关系——问题与政策．台北环球经济，1990
6. 石美遐．市场中的劳资关系：德、美的集体谈判．北京：人民出版社，1993
7. 李昌徽．国际劳工局技术审查报告：中国三方社会对话及劳动关系．2002
8. 王益英．外国劳动法和社会保障法．北京：中国人民大学出版社，2001
9. 杨体仁，李丽林．市场经济国家劳动关系——理论、制度、政策．北京：中国劳动社会保障出版社，2000
10. 郭军．修正后的《工会法》解析与适用手册．北京：红旗出版社，2001
11. 郭庆松．企业劳动关系管理．天津：南开大学出版社，2001
12. 杨燕绥．劳动与社会保障立法国际比较研究．北京：中国劳动社会保障出版社，2001
13. 夏积智．中国劳动法若干重要理论与政策问题研究．北京：中国劳动社会保障出版社，1999
14. 陈恕祥，杨培雷．当代西方发达国家劳资关系研究．武汉大学出版社，1998
15. 张再平，夏佩军．雇主与老板的较量——海外劳动争议处理及预防．北京：人民出版社，1993

16. 刘毅. 集体协商与集体合同的订立履行与管理. 北京：中国工人出版社，1998
17. 约里斯·范·鲁塞弗达特，耶勒·菲瑟. 欧洲劳动关系——传统与转变. 北京：世界知识出版社，2000
18. 佘云霞. 市场经济国家的集体谈判制度. 北京：中国经济出版社，1999
19. 张彦宁. 雇主组织在中国. 北京：企业管理出版社，2002
20. 劳动和社会保障部劳动科学研究所. 外国劳动和社会保障法选. 北京：中国劳动社会保障出版社，1999
21. 劳动部劳动关系与监察司. 劳动争议处理工作手册. 北京：中国劳动出版社，1988
22. 国际劳工组织. 集体谈判. 北京：中国工人出版社，1994
23. 劳动部劳动科学研究所. 外国劳动法选（4）. 北京：劳动人事出版社，1989
24. 全国总工会. 外国工会法选编. 北京：经济管理出版社，1986
25. 林燕玲. 国际劳工标准. 北京：中国工人出版社，2002
26. ［美］约翰·P·温德姆勒等. 工业化市场经济国家的集体谈判. 北京：中国劳动出版社，1994
27. ［美］丹尼尔·奎因·米尔斯. 劳工关系（第5版）. 北京：机械工业出版社，2000
28. ［美］劳伦斯·S·克雷曼. 人力资源管理：获取竞争优势的工具. 北京：机械工业出版社，1999
29. ［美］雷蒙德·A·诺伊，约翰·霍伦拜克，拜雷·格哈特，帕特雷克·莱特. 人力资源管理：赢得竞争优势（第3版）. 北京：中国人民大学出版社，2001
30. ［美］劳埃德·拜厄斯，莱斯利·鲁. 人力资源管理（第6版）. 北京：华夏出版社，2002
31. ［德］拉德布鲁赫. 法学导论. 北京：中国大百科全书出版社，1997
32. ［美］道格拉斯·L·莱斯利. 劳动法概要. 北京：中国社会科学出版社，1997
33. ［加］西蒙·多伦，兰多·舒尔乐. 人力资源管理：加拿大发展的动力源. 北京：中国劳动社会保障出版社，2000
34. ［加］A·E·奥斯特，L·夏莱特. 雇佣合同. 北京：中国对外翻译出

版公司，1995
35. 刘俊海．公司的社会责任．北京：法律出版社，1999
36. 董保华．劳动关系调整的法律机制．上海交通大学出版社，2000
37. 王家宠．国际劳工公约概要．北京：中国劳动出版社，1991
38. 史探径．劳动法．北京：经济科学出版社，1990
39. 史探径．中国工会的历史、现状及有关问题探讨．环球法律评论．2002
40. 史探径．中国劳动争议情况分析和罢工立法问题探讨．法学研究．1999，6
41. 邱小平．劳动关系（第二版）．北京：中国劳动社会保障出版社，2004
42. 程延园．劳动关系．北京：中国人民大学出版社，2002
43. 程延园．劳动法学．北京：中国劳动出版社，1998
44. 卫民．工会组织与劳工运动．台湾国立空中大学，1993.9
45. 陈国钧．劳工问题．台湾三民书局印行，1982.2
46. 劳动科学研究所劳动法学研究会．劳动法手册．北京：经济管理出版社，1988
47. 程延园．集体谈判制度研究．北京：中国人民大学出版社，2004
48. 刘志鹏．劳动法理论与判决研究．台湾：元照出版公司，2000
49. 王爱文．社会劳动关系：演变过程的考察与分析．北京：红旗出版社，1993
50. 周长征．全球化与中国劳动法制问题研究．南京大学出版社，2003
51. 国际劳工组织．结社自由：国际劳工组织理事会结社自由委员会的决定和原则摘要．日内瓦，1996
52. 张世诚．中华人民共和国工会法问答．北京：中国法制出版社，2001
53. 中国劳动和社会保障年鉴（1995—2002）．北京：中国劳动社会保障出版社，2003
54. [美] 加里·德斯勒．人力资源管理（第六版）．北京：中国人民大学出版社，1999
55. 李琪．改革与修复——当代中国国有企业的劳动关系研究．北京：中国劳动社会保障出版社，2003
56. 宋晓梧．产权关系与劳动关系．北京：企业管理出版社，1995

英文参考文献

1. Arthurs, Harry, D. D. Carter, J. Fudgge, H. J. Glasbeek, and G. Trudeau, *Labor Law and Industrial Relations in Canada*, 4th Ed. Markham, ON: Butterworths. 1993

2. Chamberlain, N. and Kuhn, J. W, *Collective Bargaining*, McGraw—Hill, New York. 1965

3. Michael Salamen, Industrial Relations: Theory and Practice, 3rd edition, London: Prentice Hall, 1998

4. Keith Thurley and Stephen Wood (eds.), *Industrial Relations and Management Strategy*, Cambridge: Cambridge University Press, 1983

5. John Godard, *Industrial Relations: the Economy and Society*, 2nd edition, Capus Press Inc, North York, 2000

6. Richard C. Kearney and David G. Carnevale, *Labor Relations in the Public Sector*, 3rd edition, New York: Marcel Dekker, 2001

7. Graham Hollinshead, Peter Nicholls and Stephanie Tailby (eds.), *Employee Relations*, London: Financial Times Pitman Publishing, 1999

8. Michael Poole, *Industrial Relations: Origins and Patterns of National Diversity*, London: Routledge & Kegan Paul, 1986

9. Andrew J. Taylor, *Trade Unions and Politics: A Comparative Introduction*, Basingstoke: Macmillan, 1989

10. Dominic Strinati, *Capitalism, the State and Industrial Relations*, Lon-

don: Croom Helm, 1982

11. Cyril Grunfeld, *Modern Trade Union Law*, London: Sweet & Maxwell, 1966
12. Ralph Fevre, *the Sociology of Labor Markets*, New York: Harvester Wheatsheaf, 1992
13. Colin Crouch, *The Politics of Industrial Relations*, 2nd edition, London: Fontana, 1982
14. Andrew J. Taylor, *Trade Unions and Politics: A Comparative Introduction*, Basingstoke: Macmillan, 1989
15. Robert Martin Blackburn, *Union Character and Social Class: A Study of White-Collar Unionism*, London: Batsford, 1967
16. Kenneth Prandy, Alexander Stewart and Robert Martin Blackburn, *White-Collar Unionism*, London: Macmillan, 1983
17. Robert L. Sauer and Keith E. Voelker, *Labor Relations: Structure and Process*, 2nd edition, New York: Macmillan, 1993
18. Terry L. Leap, *Collective Bargaining & Labor Relations, 2nd edition, New Jersey*: Prentice Hall, 1995
19. Frederick H. Harbison and John R. Coleman, *Goals and Strategy in Collective Bargaining*, New York: Harper and Brother, 1951
20. Harold S. Roberts, Roberts' dictionary of industrial relations, 4th edition, Washington, D. C.: The Bureau of National Affairs, 1994
21. Kochan, T., and H. Katz, *Collective Bargaining and Industrial Relations*, 2nd *Ed*. Homewood, IL: Irwin. 1988
22. Drache, Daniel, and Harry Glasbeek, *the Changing Workplace*. Toronto: Lorimer and Company. 1992
23. Averitt, R., *the Dual Economy: Dynamics of American Industrial Growth*. New York: Norton. 1968
24. Kerr, C., and A. Siegel, "The Interindustry Propensity to Strike," in Kornhauser et al (Eds.), *Industrial Conflict*. New York: McGraw—Hill. 1954
25. Arthurs, Harry, D. D. Carter, J. Fudgge, H. J. Glasbeek, and G. Trudeau, *Labor Law and Industrial Relations in Canada*, 4th Ed.

Markham, ON: Butterworths. 1993

26. Akerlof, G., and J. Yellon, *Efficiency Wage Models of the Labor Market*. Cambridge: Cambridge University Press, 1986

27. Arthur A. Sloane and Fred Witney, *Labor Relations*, 9th edition, New Jersey: Prentice Hall, 1997

28. Katz, H., *an Introduction to Collective Bargaining and Industrial Relations*. New York: McGraw Hill. 1992

29. Terry Mcllwee: "Collective Bargaining" in *European Labor Relations*. England, 2001

30. Adell, N., "Law and IR in Common Law Canada," in G. Hebert et al. (Eds.), *the State of the Art in Industrial Relations*. Kingston: Queens University Industrial Relations Center. 1988

31. Keith Sisson and Paul Marginson, "Management: Systems, Structures and Strategy", in Paul Edwards (ed.), *Industrial Relations: Theory and Practice in Britain*, Oxford: Blackwell, 1995

32. William Brown, Paul Marginson and Janet Walsh, "Management: Pay Determination and Collective Bargaining," in Paul Edwards (ed.), *Industrial Relations: Theory and Practice in Britain*, Oxford: Blackwell, 1995

33. Gunther Schmid, Bernd Reissert and Gert Bruche, "Unemployment Insurance and Active Labor Market Policy: An International Comparison of Financing Systems," Detroit, MI: Wayne State University Press, 1992

34. William H. Hutt, "The Strike-threat System: The Economic Consequences of Collective Bargaining," New Rochelle, NY: Arlington House, 1973

35. Colin Crouch, Class Conflict and the Industrial Relations Crisis: Compromise and Corporatism in the Policies of the British State, London: Heinemann, 1977

36. Colin Crouch, "The State: Economic Management and Income Policy," in Paul Edwards (ed.), *Industrial Relations: Theory and Practice in Britain*, Oxford: Blackwell, 1995

37. Linda Dickens and Mark Hall, "The State: Labor Law and Industrial

Relations", in Paul Edwards (ed.), *Industrial Relations: Theory and Practice in Britain*, Oxford: Blackwell, 1995

38. David Winchester and Stephen Bach, "The State: The Public Sector", in Paul Edwards (ed.), *Industrial Relations: Theory and Practice in Britain*, Oxford: Blackwell, 1995
39. Stephen Wood, John Godard, "The Statutory Union Recognition Procedure in the Employment Relations Bill: A Comparative Analysis," *British Journal of Industrial Relations*, 1999
40. Jeremy Waddington and Colin Whitston, "Trade Unions: Growth, Structure and Policy", in Paul Edwards (ed.), *Industrial Relations: Theory and Practice in Britain*, Oxford: Blackwell, 1995
41. Michael Terry, "Trade Unions: Shop Stewards and the Workplace", in Paul Edwards (ed.), *Industrial Relations: Theory and Practice in Britain*, Oxford: Blackwell, 1995
42. Gerard Kester and Henri Pinaud (eds.), Trade Unions and Democratic Participation in Europe: A Scenario for the 21st Century, Aldershot: Avebury, 1996
43. George Strauss, Daniel G. Gallagher and Jack Fiorito (eds.), the State of the Unions, Madison, WI: Industrial Relations Research Association, 1991
44. Joel Seidman, Democracy in the Labor Movement, 2nd edition, Ithaca, New York: New York State School of Industrial and Labor Relations, Cornell University, 1969
45. William N. Cooke, Labor-Management Cooperation: New Partnership or Going in Circles? Kalamazoo, MI: W. E. Upjohn Institute for Employment research, 1990
46. Michael H. Schuster, Union-Management Cooperation: Structure, Process, and Impact, Kalamazoo, MI: W. E. Upjohn Institute for Employment Research, 1984
47. Michael J. Duane, the Grievance Process in Labor-Management Cooperation, Westport, Connecticut: Quorum Books, 1993
48. Edward Cohen-Rosenthal and Cynthia E. Burton, Mutual Gains: A

Guide to Union-Management Cooperation, New York: Praeger, 1987

49. Terry Mcllwee: "Collective Bargaining" in *European Labor Relations.* England: 2001

50. Nikkeiren Report: The Current Labor Economy in Japan, Japan Federation of Employers'Associations. 2001

51. Fox, A. "Industrial Sociology and Industrial Relations", *in Royal Commission on Trade Unions and Employers' Associations Research Papers*, #3. HMSO, London. 1966

52. Purcell, J. and Sisson, K., "Strategies and Practice in the Management of Industrial Relations", in J. S. Bain (Ed), *Industrial Relations in Britain*, Basil Blackwell, Oxford. 1983

53. Akerlof, G., and J. Yellon, *Efficiency Wage Models of the Labor Market.* Cambridge: Cambridge University Press. 1986

54. Groshen, Erica, and David Levine, "The Rise and Decline of U. S. Internal Labor Markets," Federal Reserve Bank of New York, Research Paper, 1998

55. Farkas, G., and P. England (Eds.), *Industries, Firms and Jobs.* New York: Plenum Press. 1988

56. Taras, Daphne, "Collective Bargaining in Canada and the United States," in B. Kaufman (Ed.), *Government Relation of the Employment Relation.* Madison, WI: IRRA. 1997a

后 记

经全国高等教育自学考试指导委员会同意，由经济管理类专业委员会负责高等教育自学考试经济管理类专业教材的组编工作。

《劳动关系学》自学考试教材由中国人民大学劳动人事学院程延园副教授担任主编，本书各章的编写人有程延园（第一、二、四、五、六、七、八、九、十一、十二章），首都经济贸易大学宋湛（第三章），中国劳动保障报社高云（第十章）。

参加本教材审稿讨论会并提出修改意见的有中国劳动关系学院沈琴琴教授、北京交通大学石美遐教授、中国人民大学仇雨临教授。全书由程延园修改定稿。在此一并表示感谢。

全国高等教育自学考试指导委员会
经济管理类专业委员会
2004 年 12 月

附：

劳动关系学自学考试大纲

（含考核目标）

全国高等教育自学考试指导委员会制定

大纲出版前言

为了适应社会主义现代化建设事业对培养人才的需要，我国在 20 世纪 80 年代初建立了高等教育自学考试制度，经过近 20 年的发展，高等教育自学考试已成为我国高等教育基本制度之一。高等教育自学考试是个人自学、社会助学和国家考试相结合的一种新的高等教育形式，是我国高等教育体系的一个组成部分。实行高等教育自学考试制度，是落实宪法规定的“鼓励自学成才”的重要措施，是提高中华民族思想道德和科学文化素质的需要，也是造就和选拔人才的一种途径。应考者通过规定的考试课程并经思想品德鉴定达到毕业要求的，可以获得毕业证书，国家承认学历并按照规定享有与普通高等学校毕业生同等的有关待遇。

从 20 世纪 80 年代初期开始，各省、自治区、直辖市先后成立了高等教育自学考试委员会，开展了高等教育自学考试工作，为国家培养造就了大批专门人才。为了科学、合理地制定高等教育自学考试标准，提高教育质量，全国高等教育自学考试指导委员会（以下简称“全国考委”）组织各方面专家对高等教育自学考试专业设置进行了调整，统一了专业设置标准，陆续制定了几十个专业考试计划。在此基础上，各专业委员会按照专业考试计划的要求，从造就和选拔人才的需要出发，编写了相应专业的课程自学考试大纲，进一步规定了课程学习和考试的内容与范围，有利于社会助学，使自学要求明确，考试标准规范化、具体化。

“全国考委”根据国务院发布的《高等教育自学考试暂行条例》，参照教育部拟定的普通高等学校有关课程的教学大纲，结合自学考试的特点，组织制定了《劳动关系自学考试大纲》，现经教育部批准，颁发试行。

《劳动关系自学考试大纲》是该课程编写教材和自学辅导书的依据，也是个人自学、社会助学和国家考试（课程命题）的依据，各地应认真贯彻执行。

全国高等教育自学考试指导委员会

2004 年 12 月

大纲目录

Ⅰ 课程性质与设置目的 501

Ⅱ 课程内容与考核目标 503

第 1 章 劳动关系导论 503

一、学习目的和要求 503

二、课程内容 503

三、考核知识点 506

四、考核要求 506

第 2 章 劳动关系理论 507

一、学习目的和要求 507

二、课程内容 507

三、考核知识点 509

四、考核要求 509

第 3 章 劳动关系的历史和制度背景 510

一、学习目的和要求 510

二、课程内容 510

三、考核知识点 513

四、考核要求 513

第 4 章　雇主　514
一、学习目的和要求　514
二、课程内容　514
三、考核知识点　516
四、考核要求　517
第 5 章　工会　518
一、学习目的和要求　518
二、课程内容　518
三、考核知识点　521
四、考核要求　521
第 6 章　政府　522
一、学习目的和要求　522
二、课程内容　522
三、考核知识点　524
四、考核要求　524
第 7 章　劳动合同管理　525
一、学习目的和要求　525
二、课程内容　525
三、考核知识点　528
四、考核要求　529
第 8 章　集体谈判　530
一、学习目的和要求　530
二、课程内容　531
三、考核知识点　533
四、考核要求　534
第 9 章　集体协议　535
一、学习目的和要求　535
二、课程内容　535

三、考核知识点　537
四、考核要求　537
第 10 章　三方协商机制　538
一、学习目的和要求　538
二、课程内容　539
三、考核知识点　540
四、考核要求　541
第 11 章　劳动争议处理　541
一、学习目的和要求　541
二、课程内容　542
三、考核知识点　545
四、考核要求　545
第 12 章　当代劳动关系的发展　547
一、学习目的和要求　547
二、课程内容　547
三、考核知识点　548
四、考核要求　548

Ⅲ　关于大纲的说明与考核实施要求　550
Ⅳ　题型举例　554
大纲后记　556

I 课程性质与设置目的

《劳动关系学》课程是全国高等教育自学考试专业（本科）的必考课，是为培养和提高自学应试者的劳动关系的基本理论和实际业务水平设置的一门专业基础课程。

劳动关系是市场经济中极为重要的一个领域，劳动力市场越发展，劳动关系问题越重要。改革二十多年来，我国劳动关系发生了巨大变化，新情况、新问题不断涌现。劳动关系学是研究劳动关系理论、制度和历史发展的学问。《劳动关系学》这门课程主要讲述了劳动关系的理论、历史发展、劳动关系的主体以及劳动关系的运行制度，如劳动合同制度、集体谈判和集体合同制度、三方协商机制和劳动争议处理制度等。本书对市场经济国家的劳动关系进行了深入系统的比较，概括了西方国家劳动关系的基本理论、学派、制度模式和理念，总结了市场经济国家调整劳动关系的基本制度和一般规律。尤其是分析了我国劳动关系问题的立法、政策和经验，介绍了我国劳动关系的主要制度，探索了在加入 WTO 背景下劳动关系所面临的挑战以及发展方向。

学习本课程应具备劳动法和劳动保障概论等相关基础知识。

在学习重点上，应重点掌握和运用涉及我国劳动关系制度的相关内容。

设置本课程的具体目标是：使自学应试者比较全面地了解劳动关系的历史发展概况、现状以及主要问题；理解劳动关系的基本理论、基本知识和基本制度；掌握我国劳动关系的主要制度及相关法律规定，并应用其基本原理解决、处理实际的劳动关系问题。

Ⅱ

课程内容与考核目标

第1章　劳动关系导论

一、学习目的和要求

本章的学习重点是劳动关系的概念和实质及劳动关系合作与冲突原理。目的是通过本章的学习，了解劳动关系的概念和实质、劳动关系的主体、个别劳动关系和集体劳动关系、影响冲突与合作的内部因素和外部环境，理解劳动关系双方冲突和合作的根源及表现形式。

二、课程内容

第1节　劳动关系的概述

劳动关系是指劳动者与用人单位在劳动的过程中形成的社会经济关系的总称。

（一）劳动关系的概念

劳动关系的内涵。我国劳动关系的概念。劳动关系中“劳动”的内涵。劳动的主体、目的、性质、形式。

（二）劳动关系的本质

劳动关系的本质。合作、冲突、力量和权力的相互交织。

（三）劳动关系主体

劳动关系主体的概念。劳动关系主体包括：雇员、雇员团体、雇主、雇主组织、政府。

（四）个别劳动关系和集体劳动关系

个别劳动关系的概念。个别劳动关系的特点。集体劳动关系的概念。集体劳动关系的特点。

（五）劳动关系的特点

劳动关系具有以下特性：个别性与集体性；平等性与隶属性；对等性与非对等性；经济性、法律性与社会性。

第 2 节　劳动关系的实质：冲突与合作

（一）合作的根源

合作的含义。合作的根源的两方面：“被迫”和“获得满足”。“获得满足”的三个内容：员工对雇主的信任、工作有积极的一面、管理方努力使雇员获得满足。

（二）冲突的根源

冲突的根本根源：异化的合法化；客观的利益差异；雇佣关系的性质。

冲突的背景根源：广泛的社会不平等；劳动力市场状况；工作场所的不公平；工作本身的属性。

（三）冲突的表现形式

冲突的表现方式包括明显的冲突和潜在的冲突。

明显的冲突有：罢工。

不太明显的冲突形式：各种“不服从”行为；怠工、辞职；

权利义务的协商。

（四）冲突与合作的影响因素

文化因素。

非文化因素："客观"的工作环境；管理政策和实践；宏观经济环境和政府政策。

冲突和合作的根源与影响因素之间的关系。

第3节　劳动关系的外部环境

影响劳动关系的外部环境因素可归纳为五个方面：经济环境、技术环境、政策环境、法律和制度环境，以及社会文化环境。

（一）经济环境

经济环境的含义。经济环境对劳动关系主体双方的力量对比的改变。

（二）技术环境

技术环境的含义。技术环境对劳动关系主体双方的力量对比的改变。

（三）政策环境

政策环境的含义。货币政策和财政政策。就业政策。教育和培训的政策。

（四）法律和制度环境

法律和制度环境的含义。法律和制度环境对劳动关系的影响。

（五）社会文化环境

社会文化环境的含义。社会文化环境对劳动关系的影响。

三、考核知识点

（一）劳动关系的概念

（二）劳动关系的实质：冲突与合作

（三）劳动关系的外部环境

四、考核要求

（一）劳动关系的概念

1. 识记：（1）劳动关系的含义；（2）劳动关系的本质：合作、冲突、力量、权力；（3）劳动关系的主体；（4）劳动关系的特点。

2. 领会：（1）劳动关系的本质；（2）对“劳动”的理解；（3）个别劳动关系和集体劳动关系及其特点。

（二）劳动关系的实质：冲突与合作

1. 识记：（1）合作的含义；（2）合作的根源；（3）冲突的含义；（4）冲突的根源；（5）冲突的表现方式。

2. 领会：（1）冲突的根本根源和背景根源；（2）冲突与合作的影响因素。

3. 运用：利用冲突与合作的原理来解释现实中劳动关系的有关现象。

（三）劳动关系的外部环境

领会：环境因素对劳动关系的影响。

第2章　劳动关系理论

一、学习目的和要求

本章的学习重点是劳动关系的五种学派及劳动关系调整模式。目的是通过本章的学习，掌握市场经济国家劳动关系的五种基本观点和理论渊源，以及市场经济国家对劳动关系问题的价值判断和调整劳动关系的模式。

二、课程内容

第1节　劳动关系理论：各学派的观点

西方学者从不同立场、理念和对现象的认识出发，对劳动关系进行研究，得出了互不相同的结论，形成了比较有代表性的五大理论学派：新保守派；管理主义学派；正统多元论学派；自由改革主义学派；激进派。

（一）新保守派的主要观点

新保守学派的主要观点。美国模式。

（二）管理主义学派的主要观点

管理主义学派的主要观点。日本模式。

（三）正统多元论学派的观点

正统多元论学派的观点。德国模式。

（四）自由改革主义学派的观点

自由改革主义学派的观点。瑞典模式。

（五）激进派的主要观点

激进派的主要观点。前南斯拉夫的工人自治制度；瑞典的梅得尔计划；西班牙巴斯克地区的孟作根体系。

第 2 节　劳动关系的价值取向：一元论与多元论

（一）一元论与多元论

一元论观点强调资方的管理权威，要求雇员忠诚于企业的价值观。

多元论观点则承认冲突，甚至认为在工作场所冲突的存在是不可避免的。

（二）价值观的适用范围和特点

传统型企业。精明的家长型企业。精明的现代型企业。标准现代型企业。

第 3 节　劳动关系调整模式

劳动关系的主要调整模式可归纳为四类：斗争模式；多元放任模式；协约自治模式；统合模式。

（一）斗争模式

“斗争模式”的含义、表现形式及本质。

（二）多元放任模式

多元放任模式的含义及主张。

（三）协约自治模式

劳资抗衡模式。劳资制衡模式。

（四）统合模式

社会统合模式。经营者统合模式。国家统合模式。

三、考核知识点

（一）劳动关系理论：各学派的观点

（二）劳动关系的价值取向：一元论与多元论

（三）劳动关系调整模式

四、考核要求

（一）劳动关系理论：各学派的观点

1. 识记：（1）正统多元论学派；（2）管理主义学派；（3）新保守派；（4）自由改革派；（5）激进派。

2. 领会：（1）新保守派及其主要观点和典型模式；（2）管理主义学派及其主要观点和典型模式；（3）正统多元论学派及其主要观点和典型模式；（4）自由改革主义学派及其主要观点和典型模式；（5）激进派及其主要观点和典型模式。

3. 运用：阐述劳动关系主要学派的观点以及实践模式。

（二）劳动关系的价值取向：一元论与多元论

1. 识记：（1）一元论；（2）多元论。

2. 领会：（1）一元论的观点；（2）多元论的观点；（3）适用范围。

（三）劳动关系调整模式

领会：劳动关系调整的几种模式：（1）斗争模式；（2）多元放任模式；（3）协约自治模式；（4）统合模式。

第3章　劳动关系的历史和制度背景

一、学习目的和要求

本章的重点是劳动关系发展的一般规律及我国劳动关系的发展变化。目的是通过本章的学习，了解发达市场经济国家历史发展中所蕴涵的劳动关系内涵，理解劳动关系历史发展的阶段特点、发展规律，以及当前劳动关系面临的问题和挑战，掌握我国劳动关系的发展变化趋势。

二、课程内容

第1节　早期工业化时代的劳动关系

（一）时代背景

18世纪中叶到19世纪中叶：产业革命。

（二）斯密的管理思想

劳动创造价值的思想。“看不见的手”的原理。

（三）劳动关系

雇主对工人的残酷剥削；政府不干预劳资关系；早期的工会。

（四）劳动关系的特点

雇主通过强硬手段剥削利润；政府不干涉；冲突和斗争分散。

第 2 节　管理时代的劳动关系

（一）时代背景

19 世纪中期到 20 世纪初期：第二次技术革命。

（二）科学管理理论

“泰勒制”的含义。科学管理思想。

（三）劳动关系

AFL（劳联）的成立；政府的“建设性”干预政策。

（四）劳动关系的特点

政府出台立法；雇主改进管理；工人形成了工会组织；集体谈判制度建立。

第 3 节　冲突的制度化

（一）时代背景

20 世纪上半叶：两次世界大战和经济大危机。

（二）行为科学理论

工业心理学的出现。霍桑试验。社会系统理论。

（三）劳动关系的制度化

国家干预开始制度化、法制化；“产业合理化”运动；三方性原则。

（四）劳动关系的特点

政府干预产业发展实施宏观调控；雇主逐渐关心员工的社会性；三方原则等制度建立。

第 4 节　成熟的劳动关系

（一）时代背景

二战结束后直至 20 世纪八九十年代：战后发展的黄金阶段、第三次技术革命。

（二）现代管理学的发展——“管理理论的丛林”

经验主义学派及其观点。经理角色学派及其观点。权变理论学派及其观点。

（三）成熟的劳动关系

更多的产业民主化政策；集体谈判制度进一步完善；规范化、制度化的法律体系和调整机制的形成。

（四）劳动关系的特点

劳动关系实现了制度化、法制化；劳资矛盾总体趋于缓和、合作成为主流。

第 5 节　新的矛盾和问题

（一）经济和组织发展的背景

新时代高新技术和通信技术的发展和运用使工作组织和工作设计发生了根本性的变化。

（二）劳动关系的新变化

全球经济一体化带来国际竞争的加剧和雇主策略的变化；跨国公司的兴起和经济全球化的趋势也改变了资方、政府和工会的权力平衡；跨国工会和工会联盟发展的相对滞后；发展中国家面临新问题；发达市场经济国家的工会也面临着知识经济的挑战。

第 6 节　我国劳动关系的发展

（一）计划经济体制下我国劳动关系的建立

主要表现方式是统包统配。基本特征：劳动关系类型的单一性；劳动关系内容的国家计划性；劳动关系运行规则的行政性；劳动关系主体利益的一体性。

（二）向市场经济过渡时期劳动关系的变化

主要表现：不同类型的劳动关系运行规则还有一定差别；在劳动关系建立的形式上，劳动合同关系与非劳动合同关系仍然并存；劳动力市场配置机制和行政配置机制同时对劳动关系发生作用；劳动关系调整还存在着法律规范不健全的问题；劳动争议大幅上升，劳动关系不稳定因素增多。

（三）市场经济条件下我国劳动关系的发展

劳动关系主体利益明晰化；劳动关系形成的合同化；劳动关系运行的市场化；劳动关系规范的法制化。

三、考核知识点

（一）早期工业化时代的劳动关系

（二）管理时代的劳动关系

（三）冲突的制度化

（四）成熟的劳动关系

（五）新的矛盾和问题

（六）我国劳动关系的发展

四、考核要求

（一）早期工业化时代的劳动关系

1. 识记：早期工业化时代的时代背景。

2. 领会：(1)“看不见的手”的原理；(2) 早期工业化时代的劳动关系及其特点。

（二）管理时代的劳动关系

1. 识记：(1) 管理时代的时代背景；(2)“泰勒制”的含义。

2. 领会：(1) 科学管理思想；(2) 管理时代的劳动关系及其特点。

（三）冲突的制度化

1. 识记：(1) 时代背景；(2) 工业心理学；(3) 霍桑试验；(4) 社会系统理论。

2. 领会：(1) 该时期劳动关系的制度化；(2) 该时期劳动关系的特点。

（四）成熟的劳动关系

1. 识记：（1）经验主义学派及其观点；（2）经理角色学派及其观点；（3）权变理论学派及其观点。

2. 领会：成熟劳动关系时期的劳动关系具有哪些特点。

（五）新的矛盾和问题

领会：（1）经济和组织发展的背景；（2）劳动关系的新变化；（3）结合劳动关系发展的历史，总结出劳动关系发展的规律。

（六）我国劳动关系的发展

1. 领会：我国在向市场经济过渡时期劳动关系的表现和特征。

2. 运用：（1）系统认识建国后我国劳动关系的建立、变化、发展过程；（2）论述我国劳动关系的发展趋势。

第4章 雇主

一、学习目的和要求

本章的重点是雇主角色理论、管理模式、雇员参与制度和劳资合作。目的是通过本章的学习，了解六种雇主角色理论、管理模式的几种组合方式，理解独裁／剥削、权威／宽容、自主／合作的管理模式的主要特征和对待工会的措施，掌握雇员参与制度和劳资合作的主要策略。

二、课程内容

第1节 谁是雇主

（一）雇主的概念

雇主的概念。我国的雇主概念。

（二）雇主组织

雇主组织的概念。我国的雇主组织的概念。

（三）雇主组织的角色和作用

雇主组织的主要作用。雇主组织的四种活动：参与谈判；解决纠纷；提供帮助和建议；代表和维护。

第2节　雇主的角色理论

（一）新古典经济理论

新古典经济理论的主要内容。对新古典经济理论的评价。

（二）权变管理理论

权变管理理论的主要内容。对权变管理理论的评价。

（三）劳动过程理论

劳动过程理论的主要内容。对劳动过程理论的评价。

（四）利益相关者理论

利益相关者理论的主要内容。对利益相关者理论的评价。

（五）决策过程理论

决策过程理论的主要内容。对决策过程理论的评价。

（六）战略选择理论

战略选择理论的主要内容。对战略选择理论的评价。

第3节　管理模式和实践

（一）管理模式

管理模式的概念。管理模式分类的两个维度：职权结构和管理理念。按职权结构的管理模式分类。按管理理念的管理模式分类。管理模式图。

（二）独裁／剥削管理模式

独裁／剥削管理模式的概念。独裁／剥削管理模式的主要特征。对待工会的措施。

（三）权威／宽容管理模式

权威／宽容管理模式的概念。权威／宽容管理模式的主要特征。对待工会的措施。

（四）自主／合作管理模式

自主／合作管理模式的概念。自主／合作管理模式的主要特征。对待工会的措施。

第 4 节　雇员参与管理

（一）雇员参与和参加

雇员参与和参加的含义。雇员参与管理的好处。

（二）雇员参与的目的

雇员参与的主要目的。

（三）雇员参与的形式

员工持股计划。质量圈。共同磋商。工人董事。工作理事会。建议方案。职工代表大会制度。

第 5 节　劳资合作策略

（一）劳资合作的涵义

劳资合作的涵义。劳资合作的特征。

（二）劳资合作的条件

劳资合作计划顺利推行的必要条件。

（三）促进劳资合作的方法

收益分享计划：斯坎隆计划；拉克计划；集体收益分享计划。

非收益分享计划：质量圈；共同磋商；工作再设计等。

三、考核知识点

（一）谁是雇主

（二）雇主的角色理论

（三）管理模式和实践

（四）雇员参与管理

（五）劳资合作策略

四、考核要求

（一）谁是雇主

1. 识记：（1）雇主的含义；（2）我国的雇主涵义；（3）雇主组织的含义。

2. 领会：雇主组织的角色和作用。

（二）雇主的角色理论

领会：（1）新古典经济理论的主要内容及其评价；（2）权变管理理论的主要内容及其评价；（3）劳动过程理论的主要内容及其评价；（4）利益相关者理论的主要内容及其评价；（5）决策过程理论的主要内容及其评价；（6）战略选择理论的主要内容及其评价。

（三）管理模式和实践

1. 识记：管理模式的含义及分类。

2. 领会：（1）独裁／剥削管理模式的主要特征及对工会的措施；（2）权威／宽容管理模式的主要特征及对待工会的措施；（3）自主／合作管理模式的主要特征及对待工会的措施。

（四）雇员参与管理

1. 识记：（1）雇员参与和参加的含义；（2）雇员参与的主要目的。

2. 领会：雇员参与管理的主要形式。

（五）劳资合作策略

1. 识记：（1）劳资合作的涵义；（2）劳资合作的特征；（3）劳资合作的条件。

2. 领会：试借鉴国外劳资关系管理策略方式，说明在我国劳资合作应采取的主要方式。

第5章　工会

一、学习目的和要求

本章的重点是工会的组织结构及其法律保障。目的是通过本章的学习，了解工会的基本概念、分类、职能，理解工会化的原因，掌握工会的组织结构及其法律保障、我国《工会法》对工会及工会干部的保障的相关规定，并能依法处理实际工作中碰到的有关工会的组织保障、法律保障的问题。

二、课程内容

第1节　工会的概念

（一）工会的内涵

工会的概念。

（二）工会的结构分类

职业工会：同行工会、半技术与非技术工人工会、白领工会。

行业工会：垄断性行业工会、单一性行业工会。

总工会。

（三）工会的产生和发展

早期职业工会时期：早期工会的概念和特征。行业工会时期：劳联、产联。总工会时期：总工会的形成。

（四）工会化的原因

工会化的原因：对资方的不满；工会的有效性；雇员对待工会的态度；雇员的集体凝聚力；一种社会化的途径；提供获取领导权的机会；强迫加入工会或来自同事的压力。

第2节　工会的职能

（一）工会的职能

工会的职能：经济职能；民主职能；整合职能；社会民主职能；阶级革命职能。

（二）工会的职能分类

工会的职能分类：工联工会；福利工会；政治工会。

（三）工会性职能的理论分析

工会性的概念。工会性的两种分析框架：阶级意识法；地位意识法。

（四）我国工会的社会职能

我国工会的社会职能：维护职能；建设职能；参与职能；教育职能。

第3节　工会的组织结构

（一）工会组织结构的概念

工会组织结构的定义。

（二）工会的组织体系

我国工会组织体系的设置：基层工会组织；乡镇、城市街道基层工会的联合会；地方总工会；产业工会；中华全国总工会。

（三）工会的组织原则

工会的组织原则：民主集中制原则。

（四）工会的组织保障

《工会法》规定任何组织和个人不得阻挠和限制职工依法参加和组织工会的权利以保障工会的正常组织。

第4节　工会的法律保障

（一）工会干部岗位的设置

《工会法》规定职工二百人以上的企业、事业单位的工会，可以设专职工会主席，从而以法律形式肯定了工会专职工作人员的岗位设置，保障了基层企事业单位有一定的专职工会工作人员的具体人数。

（二）对工会干部任职资格的限制

《工会法》规定企业主要负责人的近亲属不得作为本企业基层工会委员会成员的人选以保障工会站在职工的立场发挥代表和维护职工权益的作用。

（三）不得随意调动、罢免工会主席

《工会法》第17条、第51条从实体内容和程序上对调动和罢免工会主席做出了限制性规定，并对随意调动工会干部工作岗位，对工会工作人员进行打击报复的行为明确了相应的法律责任，从法律上为工会主席、副主席提供了任职保障。

（四）对工会干部劳动关系的保护

针对工会干部因维护职工权益而被企业单方面解除劳动合同的问题，《工会法》第18条、第52条的规定为保护工会干部的劳动权利提供了法律依据。

（五）工会干部从事工会工作的时间和物质保障

《工会法》第39条的规定为工会工作者提供了从事工会活动时间的保障、基层工会活动需要占用生产时间的保障；第41条、第48条规定了基层工会干部的工资福利待遇、县以上各级工会离休、退休人员的待遇。

（六）工会的经费和财产保障

《工会法》对工会财产权及其他权益作了明文规定以保障工会正常开展活动。

三、考核知识点

（一）工会的概念

（二）工会的职能

（三）工会的组织结构

（四）工会的法律保障

四、考核要求

（一）工会的概念

1. 识记：（1）工会的内涵；（2）工会的结构分类。

2. 领会：（1）工会的产生和发展；（2）工会化的原因。

（二）工会的职能

1. 识记：（1）工会的职能分类；（2）工会性的概念。

2. 领会：（1）工会性的职能分析；（2）工会的民主职能；（3）工会的社会职能。

3. 运用：阐述我国工会的四项社会职能。

（三）工会的组织结构

1. 识记：（1）工会组织结构的定义；（2）工会的组织原则。

2. 领会：（1）工会的组织体系；（2）工会的组织保障。

（四）工会的法律保障

1. 领会：（1）工会干部岗位的设置；（2）对工会干部任职资格的限制；（3）不得随意调动、罢免工会主席；（4）对工会干部劳动关系的保护；（5）工会干部从事工会工作的时间和物质保障；（6）工会的经费和财产保障。

2. 运用：（1）《工会法》对工会干部的工作岗位及劳动关系保护的规定，分析实际案例。（2）结合《工会法》对工会的组织保障、法律保障等的相关规定，理解分析具体案例。

第6章　政　　府

一、学习目的和要求

本章重点是我国《劳动法》调整劳动关系的主要内容。目的是通过本章的学习，了解政府在劳动关系中的作用及在劳动关系实践中承担的五种角色，理解不同劳动关系学派的政府理论及政府的劳动关系实践、政府通过劳动立法调整和规范劳动关系的作用，掌握我国劳动关系法律的主要内容。

二、课程内容

第1节　政府的角色

（一）政府的作用

政府在劳动关系中的重要性：政府有权修改劳动关系的各项制度；为劳动关系的发展提供示范“样本”；创造和谐劳动关系的制度环境。

（二）政府在劳动关系中的角色——5P角色

政府在劳动关系中的5种角色：劳工基本权利的保护者；集体谈判与雇员参与的促进者；劳动争议的调停者；就业保障与人力资源的规划者；公共部门的雇用者。

第2节　政府与劳动关系理论

（一）保守主义政府理论

新保守主义政府理论的主要内容及对工会的态度。

（二）管理主义政府理论

管理主义政府理论的主要内容及对工会的态度。

（三）正统多元主义政府理论

正统多元主义政府理论的主要内容。

（四）自由改革主义政府理论

自由改革主义政府理论的主要内容及在劳动关系方面的两种不同观点。

（五）激进主义政府理论

激进主义政府理论的主要内容。

第3节　劳动法——调整劳动关系的法律

（一）劳动关系立法

劳动法的功能。劳动法的本质和形式。

（二）工资的法律保障

工资的法律含义。工资支付的原则。工资的法律保障。最低工资法律制度。

（三）工作时间和加班加点

工作时间立法。工作时间法规：标准工作日、缩短工作日、不定时工作日、综合计算工作日，弹性工作时间、计件工作时间。加班加点。休息休假法规。

（四）工作场所的规则

劳动就业标准。女工保护标准。未成年工保护标准。劳动安全与卫生。

第4节　政府劳动关系实践

（一）劳动力市场政策

失业政策。收入政策。

（二）社会正义

最低工资立法。社会倾销。

（三）产业冲突

产业行动中的公共利益。政府在处理产业冲突中的角色。

三、考核知识点

（一）政府的角色

（二）政府与劳动关系理论

（三）劳动法——调整劳动关系的法律

（四）政府劳动关系实践

四、考核要求

（一）政府的角色

1. 识记：政府的作用。

2. 领会：政府在劳动关系中的角色——5P 角色。

（二）政府与劳动关系理论

领会：（1）保守主义政府理论；（2）管理主义政府理论；（3）正统多元主义政府理论；（4）自由改革主义政府理论；（5）激进主义政府理论。

（三）劳动法——调整劳动关系的法律

1. 识记：（1）标准工作日；（2）缩短工作日；（3）不定时工作日；（4）综合计算工作日；（5）弹性工作时间；（6）计件工作时间；（7）加班加点；（8）休息休假；（9）工资的法律含义；（10）最低工资。

2. 领会：（1）劳动法的功能、本质和形式；（2）工资支付的原则；（3）工作场所规则的主要内容；（4）工资的法律保障；（5）最低工资立法的主要内容。

3. 运用：(1) 我国《劳动法》对延长劳动时间有哪些主要规定；(2) 根据工资的法律保障、工作时间和加班加点、工作场所规则的有关规定，说明和分析具体的案例。

(四) 政府劳动关系实践

领会：(1) 政府的劳动力市场政策；(2) 政府在维持劳动力市场的社会正义上所做的努力；(3) 政府对产业冲突的处理。

第7章 劳动合同管理

一、学习目的和要求

本章的重点是劳动合同的订立、变更、解除、终止和续订，无效劳动合同的确认以及违反劳动合同的法律责任。目的是通过本章的学习，了解劳动合同的概念、种类和特征，掌握劳动合同的订立和内容、无效劳动合同的确认、劳动合同的变更和解除、劳动合同的终止和续订以及违反劳动合同的法律责任。

二、课程内容

第1节 劳动合同概述

(一) 劳动合同的概念

劳动合同的概念。

(二) 劳动合同的特征

劳动合同的法律特征：主体的特定性；主体意志的限制性；合同履行中的隶属性；劳动合同的目的在于劳动过程的完成，而不是劳动成果的实现；劳动合同是通过双方选择确定的；劳动合同是有偿的合同；劳动合同一般有试用期限的规定；劳动合同往往涉及第三人的物质利益。

（三）劳动合同的种类

劳动合同的种类：有固定期限劳动合同；无固定期限劳动合同；以完成一定工作为期限的劳动合同。

（四）非全日制用工劳动合同

非全日制用工的定义。非全日制劳动合同的内容和形式。非全日制劳动合同的解除或终止条件以及手续。

（五）劳动合同制度的历史发展

劳动合同立法实践：劳动合同制度的三个发展阶段。劳动合同制度面临的挑战。

第 2 节　劳动合同的订立和履行

（一）劳动合同订立的原则

订立劳动合同必须遵循的原则：平等自愿，协商一致；依法订立。其中依法订立包括主体合法、目的和内容合法、程序合法、形式合法。

（二）订立劳动合同的程序

签订劳动合同的程序：提议；协商；签约。

（三）劳动合同的形式

劳动合同的形式有两种：书面形式；口头形式。

（四）劳动合同的履行

劳动合同的履行的概念。

劳动合同履行的条件：履行主体明确、履行标的明确、履行期限明确、履行地点明确。

劳动合同履行的原则：全面履行原则、实际履行原则。

劳动合同履行的法律保障。

（五）无效劳动合同的确认及处理

无效劳动合同的概念。

无效劳动合同的确认：无效劳动合同由劳动争议仲裁委员会或者人民法院确认。无效劳动合同主要是：一方或双方当事人主体不合格、内容不合法、严重违反一方当事人的真实意思。

无效劳动合同的处理。

第3节　劳动合同的内容

（一）劳动合同的内容

主要义务：劳动者的主要义务；用人单位的主要义务。

次要义务：忠诚义务和照料义务。

（二）劳动合同的条款

法定条款：劳动合同期限、工作内容、劳动保护和劳动条件、劳动报酬、劳动纪律、社会保险、劳动合同终止的条件、违反劳动合同的责任。

约定条款：试用期、培训、保守商业秘密、竞业限制条款、补充保险和福利待遇、其他事项。

第4节　劳动合同的变更和解除

（一）劳动合同变更

劳动合同变更的含义及内容。

劳动合同变更的条件：须有正当理由；须双方协商一致。

劳动合同变更的程序。

（二）劳动合同解除

劳动合同解除的概念。法定解除的概念。协商解除的概念。

双方协商解除合同。

用人单位单方解除合同的三种情形：过失性解除；非过失性解除；经济性裁员。

用人单位不得解除合同的情形。

劳动者单方解除合同的情形：提前通知解除；随时解除。

解除合同的程序：提前书面通知；征求工会意见；经济补

偿；提供书面证明。

第 5 节　劳动合同的终止和续订

（一）劳动合同的终止

劳动合同的终止的概念。合同终止的条件。合同终止的程序。

（二）劳动合同的续订

劳动合同续订概念。劳动合同续订的具体情形。

第 6 节　法律责任

（一）劳动合同的法律约束力

劳动合同所具有的法律约束力的主要表现。

（二）用人单位的法律责任

用人单位违反劳动合同承担的经济赔偿责任。

（三）劳动者的法律责任

违反法律规定和合同约定的法律责任。违反保密条款的法律责任。

三、考核知识点

（一）劳动合同概述

（二）劳动合同的订立和履行

（三）劳动合同的内容

（四）劳动合同的变更和解除

（五）劳动合同的终止和续订

（六）法律责任

四、考核要求

（一）劳动合同概述

1. 识记：（1）劳动合同的概念；（2）有固定期限劳动合同的概念；（3）无固定期限劳动合同的概念；（4）劳动合同的特征；（5）非全日制用工的定义。

2. 领会：（1）劳动合同的种类；（2）非全日制用工劳动合同的内容、形式、解除或终止条件以及手续；（3）劳动合同制度的历史发展；（4）实行劳动合同制度的作用和意义。

（二）劳动合同的订立和履行

1. 识记：（1）劳动合同订立的原则；（2）订立劳动合同的程序；（3）劳动合同的形式；（4）无效劳动合同的概念。

2. 领会：（1）劳动合同履行的条件和原则；（2）无效劳动合同的确认及处理。

3. 运用：运用无效劳动合同的相关知识，对一份无效劳动合同存在的问题进行分析处理。

（三）劳动合同的内容

1. 识记：（1）劳动合同的内容；（2）劳动合同的条款。

2. 领会：（1）签订劳动合同应注意的问题；（2）根据我国《劳动法》的规定，说明劳动合同的法定条款和约定条款的主要内容。

（四）劳动合同的变更和解除

1. 识记：（1）劳动合同变更的含义；（2）劳动合同解除的含义。

2. 领会：（1）劳动合同变更的条件和程序；（2）《劳动法》关于劳动合同解除的规定。

3. 运用：根据我国《劳动法》关于劳动合同变更、解除的规定，分析说明具体的案例。

（五）劳动合同的终止和续订

1. 识记：（1）劳动合同终止的概念；（2）劳动合同续订的概念。

2. 领会：（1）我国《劳动法》规定的劳动合同续订的具体情形；（2）劳动合同终止的条件；（3）劳动合同终止的程序。

3. 运用：根据我国《劳动法》关于劳动合同终止和续订的规定，分析相关劳动合同案例。

（六）法律责任

1. 识记：违反劳动合同的法律责任的概念。

2. 领会：劳动合同所具有的法律约束力的主要表现。

3. 运用：（1）分别列举我国《劳动法》规定的用人单位、劳动者违反劳动合同应承担的法律责任；（2）结合《劳动法》的规定分析违反劳动合同的具体案例。

第 8 章　集体谈判

一、学习目的和要求

本章的重点是掌握我国集体协商谈判制度。目的是通过本章的学习，了解集体谈判的含义、功能，理解集体谈判的结构、谈判的技巧、谈判力量的含义以及不当劳动行为和诚信谈判制度，掌握我国关于集体谈判制度的相关规定。

二、课程内容

第 1 节 集体谈判的涵义和功能

（一）集体谈判的概念

集体谈判的概念。我国对集体谈判的表述。

（二）集体谈判的功能

集体谈判的功能：经济功能；政府的作用；决策功能。

第 2 节 集体谈判的结构

（一）“正式”与“非正式”的谈判结构

正式谈判结构。非正式谈判结构。

（二）集体谈判的级别

集体谈判的级别：产业级别的全国范围的谈判、企业或地区级别的谈判，以及工作场所的谈判。实行各级谈判的典型国家。

（三）谈判结构的调整

集体谈判结构的调整。影响集体谈判结构的主要因素。

（四）我国集体谈判的结构

我国集体谈判的结构：行业集体协议；企业一级的集体谈判和集体协议。

第 3 节 集体谈判的进程

（一）如何理解谈判

谈判的复杂性。谈判双方承受的压力和不确定性。

（二）谈判的内容

实体性内容。程序性内容。劳动关系问题。三类问题的相关重要性。

（三）双方的谈判底线

劳资双方各有最低让步底线。

（四）谈判的准备

工会的准备工作。管理方的准备工作。

（五）谈判阶段

谈判的四个阶段：接触；磋商；敲定；扫尾。

（六）我国集体谈判的进程

我国集体谈判的进程包括：协商准备；确定协商代表；协商程序。协商的策略和技巧。

第 4 节　集体谈判的结果

（一）谈判力量

谈判力量的含义。谈判力量包括：退出力量；罢工力量；岗位力量。

（二）利益、价值和期望值

影响管理方的三类因素。影响工会的三类因素。

（三）谈判技巧

谈判技巧的重要性。谈判技巧的获得。

第 5 节　不当劳动行为及其救济

（一）不当劳动行为

不当劳动行为的概念。法律规定的不当劳动行为的情形。

（二）不当劳动行为的救济

不当劳动行为的救济的主要措施有：行政救济；民事救济。

（三）我国法律对不当劳动行为的有关规定

我国法律对不当劳动行为的规定。我国法律对不当劳动行为的救济。

第 6 节　诚信谈判的责任

（一）诚信谈判责任的含义

诚信谈判责任的含义。一些国家对诚信谈判的界定。

（二）诚信谈判责任的内容

诚信谈判责任的内容。诚实谈判的责任及表现形式。

（三）我国劳动立法与诚信谈判责任

我国劳动立法对诚信谈判责任的规定。

第 7 节　罢工及其争议处理

（一）罢工的法律含义

罢工的法律含义。罢工的分类。

（二）罢工的功能

罢工的功能主要有：罢工是解决冲突的主要方法；罢工是迫使雇主让步的压力手段；罢工是工人自由表达不满的方式。

（三）对罢工的法律约束和限制

对公用事业的罢工限制。罢工的原则。规定合法罢工的条件。对罢工行为的限制。

（四）罢工原因分析

工业化国家对罢工原因的两种解释：罢工是一种“错误”；罢工是“集体的声音”。

（五）罢工的处理和解决

解决的两种方式：和解和裁决。和解的形式包括斡旋、调解和实情调查。裁决通常包括多种形式的“利益仲裁”。

（六）我国对罢工问题的法律规定

我国对罢工问题的法律规定的有关情况。

三、考核知识点

（一）集体谈判的涵义和功能

（二）集体谈判的结构

（三）集体谈判的进程

（四）集体谈判的结果

（五）不当劳动行为及其救济

（六）诚信谈判责任

（七）罢工及其争议处理

四、考核要求

（一）集体谈判的涵义和功能

1. 识记：（1）集体谈判的涵义；（2）集体谈判的功能。

2. 领会：集体谈判在劳动关系系统中的主要功能以及集体谈判是如何执行这些功能的。

（二）集体谈判的结构

1. 识记：集体谈判结构的概念。

2. 领会：我国集体谈判的结构。

（三）集体谈判的进程

1. 识记：（1）分配谈判；（2）整合谈判；（3）4P 原则；（4）2C 原则；（5）双赢原则。

2. 领会：集体谈判的技巧。

3. 运用：根据我国法律关于集体协商的有关规定，分析说明集体协商过程中出现的具体问题。

（四）集体谈判的结果

领会：谈判力量的含义及组成要素。

（五）不当劳动行为及其救济

1. 识记：不当劳动行为的概念。

2. 领会：（1）法律规定的不当劳动行为的情形；（2）不当劳动行为的救济的主要措施。

3. 运用：我国法律对不当劳动行为及其救济的有关规定。

（六）诚信谈判的责任

1. 识记：诚信谈判责任的含义。

2. 领会：诚信谈判责任的内容。

3. 运用：根据我国法律的相关规定，分析有关谈判中的诚信谈判责任问题。

（七）罢工及其争议处理

1. 识记：（1）罢工的法律含义及分类；（2）罢工的功能。

2. 领会：（1）对罢工的法律约束和限制；（2）罢工的原则；（3）罢工原因分析；（4）罢工的处理和解决。

第 9 章　集体协议

一、学习目的和要求

本章的重点是集体协议的订立、变更和终止以及我国集体协议制度的法律规定。目的是通过本章的学习，了解集体协议的含义和意义，理解集体协议的效力、期限和内容，掌握集体协议的订立、变更和终止以及我国集体协议的法律规定。

二、课程内容

第 1 节　集体协议的性质

（一）集体协议的含义

我国对集体协议的定义。台湾学者对集体协议的定义。德国对集体协议的定义。国际劳工组织对集体协议的定义。

（二）集体协议的意义

集体协议的意义：集体协议制度是劳动力市场机制运行的必要条件；集体协议制度建立了平等协商谈判机制；集体协议制度

是雇主谋求工业和平和工业利润的目标之一；集体协议制度是协调劳动关系的手段；集体协议制度是法律、法规的重要补充。

（三）集体协议制度的历史发展

国外集体谈判制度的产生和发展。集体谈判的国际立法。中国集体协议制度的产生和发展。

第 2 节　集体协议管理

（一）集体协议的当事人

签订集体协议的两方：工会与雇主组织；工会与单个雇主。

（二）集体协议的效力

集体协议具有规范效力。

（三）集体协议的内容

作为协议所具有的内容。作为法律规范所具有的内容。

（四）集体协议的形式

集体协议以书面形式签订。

（五）集体协议的期限

不定期集体协议。定期的集体协议。

（六）集体协议的批准

资方的批准程序和工会的批准程序。我国《集体合同规定》对批准集体协议的规定。

第 3 节　集体协议的条款

（一）确定集体协议内容的规则

集体协议的内容范围。确定集体协议范围的规则。

（二）市场经济国家集体协议的主要条款

市场经济国家集体协议的主要条款：工资和福利；工作时间和加班；工作规则；工作和收入保障；资历；工会保障和权利。

（三）我国集体协议的主要条款

法定条款和约定条款。存在问题和对策。

第4节　集体协议的订立、变更和终止

（一）集体协议的订立

集体协议的订立程序：双方谈判签约、政府确认和公布。

（二）集体协议的订立原则

集体协议的订立原则。

（三）集体协议的变更

集体协议的变更的概念。我国对集体协议的变更法律规定。

（四）集体协议的终止和解除

集体协议的终止的含义。集体协议的解除的含义。集体协议终止的原因。我国法律对集体协议终止的条件和程序的规定。我国对解除集体协议的法律规定。

三、考核知识点

（一）集体协议的性质

（二）集体协议管理

（三）集体协议的条款

（四）集体协议的订立、变更和终止

四、考核要求

（一）集体协议的性质

1. 识记：集体协议的含义。

2. 领会：集体协议的意义。

（二）集体协议管理

1. 识记：（1）集体协议的当事人；（2）集体协议的效力；（3）集体协议的期限。

2. 领会：（1）集体协议的内容；（2）我国对集体协议的批

准的法律规定。

3. 运用：我国对集体合同的当事人、法律效力及批准的有关规定。

（三）集体协议的条款

1. 识记：封闭式企业、工会制企业、代理制企业、开放式企业。

2. 领会：（1）确定集体协议内容的规则；（2）我国集体协议的主要条款和内容。

（四）集体协议的订立、变更和终止

1. 识记：（1）集体协议的订立原则；（2）集体协议的变更的概念；（3）集体协议终止的含义。

2. 领会：（1）集体协议的订立程序；（2）我国集体协议变更和解除的情形；（3）集体协议终止的原因。

3. 运用：结合我国对集体协议的订立、变更和终止的法律规定，分析有关集体合同的案例。

第 10 章　三方协商机制

一、学习目的和要求

本章的重点是我国协调劳动关系的三方机制。目的是通过本章的学习，了解三方协商机制的概念和特点，理解政府在三方协商中的作用及三方机制的形式和职能，掌握三方协商机制的规则和程序以及我国的三方协商机制。

二、课程内容

第1节　三方协商机制概述

（一）三方协商机制的概念和特点

三方协商机制的涵义。我国协调劳动关系三方机制的含义。三方协商机制的特点。

（二）三方机制的作用

三方机制的作用：缓解劳资矛盾，建立和谐稳定的劳动关系；确立工会地位，保护劳动者合法权益；促进经济发展，推动社会进步。

（三）三方协商机制产生的社会条件

三方协商机制产生的社会条件：从经济关系看，三方协商是市场经济发展到一定阶段的产物；从政治关系看，资产阶级民主制度的发展，为三方协商的出现提供了政治条件；从社会关系看，劳资矛盾的激化和工人力量的增长和发展，是三方协商的社会基础。

（四）三方协商是国际劳工组织的基本原则

三方性原则作为国际劳工组织的基本原则的体现：三方性原则体现在国际劳工组织的组织结构中；三方性原则体现在国际劳工组织的议事规则中；有关三方性原则规定的国际劳工公约和建议书。

第2节　三方协商机制的主要内容

（一）三方协商的级别和内容

国家一级的协商及其内容。产业一级的协商及其内容。地方一级的协商及其内容。企业一级的协商及其内容。

（二）三方机制的组织形式

三方机制常见的组织形式有：由三方代表组成常设机构；采

取劳动大会形式；成立三方专业委员会；设立三方劳动争议处理机构；设立综合性的三方联系制度。

（三）三方协商的职能

三方协商的职能：磋商和咨询职能；谈判决定职能；仲裁和协调职能。

（四）三方机制的主体

三方机制的主体：政府；雇主组织；工会。

政府在三方协商机制中的作用。

第3节　我国协调劳动关系的三方机制

（一）三方协商机制在我国的建立和发展

我国三方协商机制建立和发展的沿革。

（二）三方协商的职责任务

我国对国家级三方机制的主要职责任务和工作内容的规定。

（三）三方机制的组成

三方机制的组成：劳动和社会保障部、中华全国总工会、中国企业联合会/中国企业家协会。

（四）三方会议工作原则

三方会议工作原则：合法、公正、及时原则；相互理解、信任、支持、合作原则；兼顾国家、企业、职工三方利益原则；平等协商原则。

（五）三方机制运行规则

三方机制的运行规则和程序主要包括：协商的准备；召开协商会议；缔结协商协议。

三、考核知识点

（一）三方协商机制概述

（二）三方协商机制的主要内容

（三）我国协调劳动关系的三方机制

四、考核要求

（一）三方协商机制概述

1. 识记：三方协商机制。

2. 领会：（1）三方协商机制的特点；（2）三方协商机制的实质和作用；（3）三方协商是国际劳工组织的基本原则。

（二）三方协商机制的主要内容

1. 识记：（1）工会的概念；（2）雇主组织的概念。

2. 领会：（1）三方协商机制的组织形式；（2）三方协商的职能；（3）三方协商的级别；（4）政府在三方协商中的作用；（5）工会在三方协商中的地位和作用。

（三）我国协调劳动关系的三方机制

1. 领会：（1）我国三方协商机制的组成和三方会议工作原则；（2）国家级三方协商的职责任务和工作内容。

2. 运用：简要说明我国协调劳动关系三方机制职责任务和运行规则。

第 11 章　劳动争议处理

一、学习目的和要求

本章的重点是劳动争议的处理原则、方法以及劳动争议调解、仲裁、诉讼。目的是通过本章的学习，了解劳动争议的概念、特点、种类和范围，理解集体争议处理制度，掌握劳动争议处理的原则和方法以及劳动争议调解、仲裁、诉讼。

二、课程内容

第 1 节　劳动争议处理的原则和方法

（一）分类和立法意义

劳动争议的分类：根据争议主体的分类；根据争议性质的分类；根据争议内容的分类。中国对劳动争议的分类。劳动争议立法的意义。

（二）劳动争议的特征

劳动争议具有以下特征：劳动争议的当事人是特定的；劳动争议的范围是限定的；劳动争议内容和形式的特定性；不同的劳动争议适用不同程序处理。

（三）劳动争议处理的目的

劳动争议处理的直接目的、间接目的、根本目的。

（四）劳动争议处理的原则

劳动争议处理的原则：着重调解、及时处理原则；在查清事实的基础上依法处理原则；当事人在适用法律上一律平等原则。

（五）劳动争议处理方法

一般调整方法：协商、斡旋和调解、仲裁和审判。紧急调整方法。

第 2 节　劳动争议调解

（一）劳动争议调解的概念

劳动争议调解的概念、优点。

（二）劳动争议调解机构

劳动争议调解机构：劳动争议调解委员会。

（三）劳动争议调解的原则

劳动争议调解的原则：自愿原则；民主协商原则；当事人适用法律一律平等原则；尊重当事人申请仲裁和诉讼的权利。

（四）调解案件的受理范围

劳动争议调解委员会调解劳动争议的范围。调解委员会的职责。

（五）调解的程序和期限

调解的程序：调解准备、调解开始、实施调解、调解终止。调解的期限。

（六）调解协议的执行

调解协议只能依靠当事人之间的承诺、信任以及道德约束自觉遵守，如果任何一方反悔，不履行协议，任何人都无权强制其履行。

第3节　劳动争议仲裁

（一）劳动争议仲裁的含义

劳动争议仲裁的含义。

（二）仲裁的机构

仲裁的机构：劳动争议仲裁委员会。

（三）仲裁管辖

我国劳动争议案件的管辖可分为：地域管辖；级别管辖；移送管辖；指定管辖。

（四）仲裁时效

时效的含义。仲裁时效的规定。

（五）仲裁人员的回避

仲裁人员应回避情形。回避方式。

（六）仲裁调解

仲裁调解的阶段：调解准备；主持调解；结束调解；制作调解书。

（七）仲裁裁决

仲裁裁决的含义。仲裁程序。裁决书、调解书的履行。

第 4 节　劳动争议诉讼

（一）劳动争议诉讼的概念

劳动争议诉讼的概念。

（二）劳动争议诉讼的原则

劳动争议诉讼的原则。

（三）劳动争议案件的受理

劳动争议案件的受理范围。

（四）劳动诉讼案件的当事人

对劳动诉讼案件的当事人的规定。

（五）劳动争议诉讼案件的证据

劳动争议诉讼案件应注意的证据规则：举证责任后果；举证时限制度；证据交换制度；界定了非法取证的范围；被告的答辩义务。

（六）劳动争议案件的审理

对劳动争议案件的审理。

第 5 节　集体争议处理

（一）集体争议的含义

集体争议的含义。集体争议的本质。

（二）集体争议处理方法

解决集体争议的方法：自行交涉；调解；仲裁。

（三）重要代表性争议处理模式

日本制度。瑞士制度。美国制度。德国制度。

（四）我国集体争议处理

因集体协商发生的争议处理。因履行集体合同发生的争议处理。

第 6 节　争议预防和处理技巧

（一）健全和完善企业人力资源管理制度

企业人力资源管理制度，主要包括薪酬制度、招聘管理、培训管理、业绩考评与奖惩管理、工作时间和休息休假管理、劳动保护和劳动条件、福利保险管理、劳动者的行为准则等。

（二）提高争议预见能力，掌握应诉技巧

提高争议预见能力，掌握应诉技巧的措施：规章制度措辞要准确、条款要严谨，并注意及时更新；处理员工要以事实为根据，预先准备好证据；依法保护权益，增强仲裁时效意识。

（三）几种特殊争议处理应注意的问题

几种特殊争议处理应注意的问题：企业追索劳动者培训费争议的处理；精神病患者解除劳动合同争议的处理；员工未缴纳风险抵押金、股金等而被开除、辞退、安排下岗的争议处理。

三、考核知识点

（一）劳动争议处理的原则和方法

（二）劳动争议调解

（三）劳动争议仲裁

（四）劳动争议诉讼

（五）集体争议处理

（六）争议预防和处理技巧

四、考核要求

（一）劳动争议处理的原则和方法

1. 识记：（1）劳动争议的定义；（2）劳动争议的分类：个

别争议与集体争议；权利事项争议与调整事项争议；（3）劳动争议的特征；（4）协商；（5）调解与斡旋；（6）仲裁；（7）审判。

2. 领会：（1）劳动争议处理的目的；（2）劳动争议处理的原则；（3）劳动争议处理方法。

3. 运用：根据劳动争议的定义和特点，分析某一具体案例是否属于劳动争议。

（二）劳动争议调解

1. 识记：（1）劳动争议调解的概念；（2）劳动争议调解机构。

2. 领会：（1）劳动争议调解的原则；（2）调解案件的受理范围；（3）调解的程序和期限；（4）调解协议的执行。

3. 运用：结合我国对劳动争议调解制度的相关法律规定，分析实际案例。

（三）劳动争议仲裁

1. 识记：（1）劳动争议仲裁；（2）劳动争议仲裁委员会；（3）仲裁时效；（4）仲裁裁决；（5）回避。

2. 领会：（1）我国劳动仲裁管辖制度；（2）仲裁时效制度；（3）劳动仲裁回避制度；（4）仲裁调解的程序；（5）仲裁裁决的效力和程序。

3. 运用：结合我国对仲裁时效、仲裁管辖、仲裁回避、仲裁程序等相关法律规定，分析说明具体案例。

（四）劳动争议诉讼

1. 识记：（1）劳动争议诉讼的概念；（2）举证责任。

2. 领会：（1）法院受理劳动争议案件的范围；（2）劳动争议诉讼的原则；（3）劳动争议诉讼案件应注意的证据规则。

3. 运用：试述我国劳动争议诉讼制度的主要规定。

（五）集体争议处理

1. 识记：集体争议的本质。

2. 领会：通行的解决集体争议的方法。

3. 运用：试述我国集体争议处理制度的主要内容。

（六）争议预防和处理技巧

1. 领会：（1）如何健全完善企业人力资源管理制度；（2）提高争议预见能力，掌握应诉技巧；（3）几种特殊争议处理应注意的问题。

2. 运用：结合具体案例谈谈预防劳动争议的积极措施。

第12章 当代劳动关系的发展

一、学习目的和要求

本章的重点是转型时期我国劳动关系的特点以及伙伴关系的内容。目的是通过本章的学习，了解劳动关系的发展演变、工会面临的问题，理解劳动争议的现状及劳动关系面临的挑战，掌握转型时期我国劳动关系的特点以及伙伴关系的内容。

二、课程内容

第1节 来自国外的影响

（一）劳动关系的发展演变

劳动关系的发展演变经历了三个阶段：禁止、限制工会；确认工会的法律地位；社会伙伴关系。

（二）劳动关系面临的问题

劳动关系面临的问题有：工会密度降低，会员人数减少；失业率上升；经济全球化的冲击；知识员工的出现。

第 2 节　中国劳动关系的发展变化

（一）劳动争议现状分析和考察

我国劳动争议的现状：调解委员会受理案件的数量及成功处理争议数量逐年减少；仲裁委员会受理的劳动争议总量持续大幅度上升，涉及人数剧增；集体争议数量及涉及人数明显上升；仲裁裁决比重增大，案件处理难度加大；劳动者申诉比重大，胜诉比率高；劳动争议的焦点是劳动报酬和保险福利待遇。

（二）转型时期我国劳动关系的特点

转型时期我国劳动关系的特点：集体争议的数量增多；对抗性增强；利益性矛盾突出；发展趋势更加复杂多变。

（三）我国劳动关系的发展趋向

我国劳动关系的发展趋向：劳动关系逐步趋于国际化；劳动关系更加市场化；劳动关系单极化；劳动关系冲突易激化；劳资对立社会化。

（四）对策与思考

加强对我国劳动关系运行、变化及其特点的理论研究。重视对劳动关系调整模式的研究。

三、考核知识点

（一）来自国外的影响

（二）中国劳动关系的发展变化

四、考核要求

（一）来自国外的影响

1. 识记：（1）共谋；（2）禁止令；（3）黄狗协议；（4）伙

伴关系。

2. 领会：(1) 劳动关系面临的问题；(2) 劳动关系的发展演变；(3) 伙伴关系的内容。

(二) 中国劳动关系的发展变化

1. 领会：转型时期我国劳动争议的特点。

2. 运用：(1) 加入 WTO 后中国劳动关系面临的挑战和发展趋势；(2) 我国劳动争议的现状及转型时期我国劳动关系的特点。

Ⅲ

关于大纲的说明与考核实施要求

为了保证本大纲的规定在个人自学、社会助学和考试命题中得到切实地贯彻和落实，兹对有关问题做出说明和提出具体实施要求。

一、关于考核目标的说明

为使考试内容具体化和考试要求标准化，本大纲在列出课程各章内容的基础上，对各章的考核目标，包括考核知识点和考核要求做出了明确的规定。因此，只有首先明确各章的考核目标，自学应考者才能有目的地把握学习教材；才能使考试命题者更加明确命题的范围和准确地安排试题的知识能力层次和难易程度。

本大纲在考核目标中，按照识记、领会和应用三个层次，规定了应试者应达到的能力层次。三个能力层次存在着由低到高的递进等级关系。它们各自的含义是：

识记：能够知道有关名词、概念、知识的含义，并能准确表述出来。这是低层次的要求。

领会：在识记的基础上，能全面地把握本课程的基本知识、基本理论、基本方法；能理解和掌握有关知识、理论、方法的区别和联系。这是较高层次的要求。

应用：在领会的基础上，能运用基本知识、基本理论、基本方法来分析和解决有关的理论和实际问题。

二、关于自学教材

指定教材：《劳动关系学》，全国高等教育自学考试指导委员会组编，程延园主编，中国劳动社会保障出版社，2005 年版。

三、自学方法指导

1. 以学习教材为主，认真学习考试大纲。教材全面地叙述了劳动关系学的基本知识、基本理论和基本方法，考试大纲则告诉你哪些是教材的基本知识和基本理论，哪些是重点和难点，以及如何准备应考。因此，要把学习教材和考试大纲结合起来，以教材为主。

2. 在系统全面自学的基础上，真正理解、弄懂劳动关系学的基本知识、基本理论和基本制度。理解、弄懂的办法，一是多问几个为什么，一直到有了明确的答案为止；二是把各个基本知识、基本理论联系起来理解，既看到它们之间的区别，又看到它们之间的联系；三是联系实际，把基本知识、基本理论和基本原理放在处理劳动关系的实践中来理解。只有在理解、弄懂的基础上，才能记忆，切忌死记硬背。

3. 学习要循序渐进。教材本身有它的逻辑结构，前三章是劳动关系学的基本理论和历史发展，对全书起着“统帅”作用，第四、五、六章则分别阐述了劳动关系的主体，第七章至十二章是劳动关系的具体制度，主要包括个别劳动关系制度、集体劳动关系制度、三方协商对话制度，以及劳动争议处理制度。学习中要把握各章、节之间的联系，才有助于理解和记住全书的内容。

4. 自学考试和其他学习一样。目的是为了掌握科学知识，提高自身的政治和业务素质，而不只是为了应付考试。真正理解、弄懂、掌握了教材的有关内容，在考试中正常发挥出来，自然会取得好成绩。如果只是为了应付考试，往往就会走上猜题、押题的道路，这是要极力防止的。

四、对社会助学的要求

1. 社会助学者应根据本大纲规定的课程内容和考核目标，认真钻研教材，了解本课程与其他课程的不同特点和学习要求，对自学考试者进行切实有效的辅导，帮助他们端正学习态度，改进学习方法，理解、弄懂、掌握教材内容，提高分析问题、解决问题和应考的能力。

2. 要正确处理重点和一般的关系。课程内容有重点和一般之分，但考试内容是全面的，因此，不能只抓重点而不顾及一般。而且重点和一般有时是相互联系的，了解了一般有助于对重点内容的理解。

3. 要正确处理素质教育和应试教育的关系。助学辅导的一个目的，就是帮助自学应试者全面提高其政治和业务素质。因此，助学辅导不应引导学生去猜题、押题，不要引导学生去死记硬背，而要帮助学生树立自学成才的态度。

五、关于命题的若干要求

1. 考试命题应根据本大纲所规定的课程内容及考核目标来确定考试范围和考核要求，不要随意扩大或缩小考试范围，提高或降低考核要求。考试命题要覆盖到绝大多数的章节，并适当突出重点章节，体现本课程的重点内容。

2. 本课程试卷中对不同能力层次要求的分数比例一般为：识记占 30%，领会占 40%，应用占 30%。

3. 试卷的难易程度要合理。难易分为易、较易、较难、难四个等级。在一份试卷中，不同难易度的试题的分数比例一般为：易占20%，较易占35%，较难占30%，难占15%。难易度与能力层次是两个不同的概念。每个能力层次中都有难易度问题。

4. 本课程考试试题的题型一般为：单项选择题、多项选择题、名词解释题、简答题、论述题、案例分析等。各种题型的具体形式可参考本大纲的附录。

Ⅳ

题型举例

一、单项选择题（在每小题列出的四个备选项中，只有一个是符合题目要求的，请将其代码填写在题后的括号内）

1.《劳动法》规定，劳动争议当事人向劳动争议仲裁委员会申请仲裁的时效为（　　）。

A. 2年　　B. 1年　　C. 6个月　　D. 60天

2. 用人单位招用尚未解除劳动合同的劳动者，对原用人单位造成经济损失的，由（　　）。

A. 劳动者承担全部赔偿责任

B. 新用人单位承担全部赔偿责任

C. 劳动者和新用人单位承担连带赔偿责任

D. 劳动者和原用人单位承担连带赔偿责任

二、多项选择题（在每小题列出的五个备选项中有二至五个是符合题目要求的，请将其代码填写在题后的括号内。错选、多选、少选或未选均无分）

1. 劳动关系主体包括：（　　）。

A. 雇员　　　　B. 雇员团体

C. 雇主　　　　D. 雇主组织

E. 政府

2. 劳动合同的无效，由下列哪些选项确认：（　　）。

A. 用人单位

B. 人民法院

C. 劳动争议仲裁委员会

D. 劳动者

E. 劳动保障行政部门

三、名词解释

劳动合同

四、简答题

1. 谈谈你对劳动关系的含义和性质的理解。

2. 简述劳动合同订立的原则。

五、论述题

1. 试论在我国三方协商机制中政府的身份定位。

2. 实行劳动合同制度有何意义？劳动合同立法面临怎样的挑战？

六、案例分析

某合资企业的招聘广告中这样写道："本企业现招聘流水线工人100名，性别不限，有本市户口，身体健康，年龄在30岁以下，男性应聘者须具备高中以上学历，女性应具备大专以上学历……"小李高中毕业后，前去应聘。人事经理以她的学历不够大专，不符合录用条件为由，拒绝让她参加考试。经小李一再央求，经理答应她可以考试，是否录用视考试结果再定。考试结果小李名列第一，但仍因她是女性，没有大专毕业，而未被录取。小李认为企业在招聘中存在性别歧视。而企业则认为，招什么样的人，录用条件怎么定，是企业的用人自主权，不存在男女不平等问题。

问题：

企业的做法和解释对吗？为什么？

大纲后记

2004 年 4 月由教育部全国高等教育自学考试办公室召开了全国高等教育自学考试课程大纲、教材编前会，会上确定了《劳动关系学》课程大纲编写的指导思想、基本原则和要求。

本大纲由中国人民大学劳动人事学院程延园副教授负责编写，大纲写成后，由中国劳动关系学院沈琴琴教授、北京交通大学石美遐教授、中国人民大学仇雨临教授审稿。在此一并表示感谢。

全国高等教育自学考试指导委员会

经济管理类专业委员会

2004 年 12 月

律 师 声 明

湖南通程律师集团事务所和中国律师知识产权维权业务协作网各成员所接受教育部考试中心的委托，在中华人民共和国行政辖区内依法维护其著作权及与著作权有关的权利。特声明如下：

一、教育部考试中心合法拥有全国高等教育自学考试指导委员会组编的全国高等教育自学考试指定教材近700种图书的著作权。

二、全国高等教育自学考试指定教材已采用专门的防伪措施。凡假冒其防伪措施，复制、发行全国高等教育自学考试指定教材均构成侵权，必须承担相应的法律责任；凡销售全国高等教育自学考试指定教材侵权复制品的图书经销行为亦构成侵权，亦须承担相应的法律责任。

三、湖南通程律师集团事务所和中国律师知识产权维权业务协作网各成员所，将采取必要措施制止或消除任何侵犯教育部考试中心著作权及与著作权有关的权利的侵权行为，依法维护其著作权合法权益。

欢迎社会各界人士对侵犯教育部考试中心著作权的侵权行为进行举报。

维权电话：0731—5535762　　**传真**：0731—5384397

特此声明！

湖南通程律师集团事务所

杨金柱律师

2004年9月

附：中国律师知识产权维权业务协作网核心成员所名单

（排名不分先后，各地普通成员所名单未列）

湖南通程律师集团事务所	内蒙诚安律师事务所	山东中强律师事务所
湖北楚风德浩律师事务所	山西黄河律师事务所	广西中司律师事务所
福建天衡联合律师事务所	四川信言律师事务所	重庆康实律师事务所
海南东方国信律师事务所	江西添翼律师事务所	浙江京衡律师事务所
陕西许小平律师事务所	河南仟问律师事务所	上海天宏律师事务所
天津华盛理律师事务所	安徽华人律师事务所	新疆巨臣律师事务所
北京市盈科律师事务所	江苏苏源律师事务所	国浩律师集团(昆明)事务所

湖南通程律师集团湘剑律师事务所深圳分所、湖南人和律师事务所珠海分所

全国高等教育自学考试指定教材　劳动和社会保障专业（本科）

○毛泽东思想概论
○马克思主义政治经济学原理
○英语（二）
○管理系统中计算机应用
○管理系统中计算机应用（实践）
○劳动和社会保障法
○劳动经济学
○人力资源管理（一）
●劳动关系学
○社会保障国际比较
○社会保险基金管理与监督
○公共管理
○社会学概论

封面设计/曹　铀

ISBN 7-5045-4330-6　定价：23.00元